EIN LEBEN IN ZWEI WELTEN

J. Reuben Silverbird

EIN LEBEN IN ZWEI WELTEN

Aus dem Englischen von Stefan Ladinig

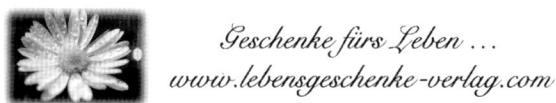

Geschenke fürs Leben …
www.lebensgeschenke-verlag.com

Anmerkung des Übersetzers:

Im englischen Original bezeichnet der Autor das Volk seiner Herkunft als Natives oder Original Natives. In unserer Sprache würden wir Indianer sagen. Da diese Bezeichnung jedoch vom Autor gemieden wird, habe ich abwechselnd den Ausdruck „Eingeborene, Ureinwohner oder Ureinwohner Amerikas" gewählt, ähnlich wie die Aborigines, die ja auch als Ureinwohner Australiens bezeichnet werden. Des Weiteren habe ich oft den Begriff „Original Native oder nur Native" ins Deutsche übernommen, da es ein Ziel des Autors ist, diesen Begriff bekannt zu machen.

Ich habe mich bemüht, dem Stil des Autors gerecht zu werden und dem englischen Original, so gut dies trotz der unterschiedlichen Sprachen möglich ist, sehr nahe zu kommen. In manchen Fällen, in denen die englische Sprache eine direkte Übersetzung nicht zulässt, finden sich weitere Anmerkungen.

Besuchen Sie uns im Internet:
www.lebensgeschenke-verlag.com
oder auf FACEBOOK:
www.facebook.com/lebensgeschenke

© 2011 Lebensgeschenke-Verlag – www.lebensgeschenke-verlag.com
Layout: Atelier Irene Brischnik, www.brischnik.at

Alle Fotos: © J. Reuben Silverbird

Fotos Buchrücken: © Erwin Gabriel & Irene Gabriel – www.erwingabriel.com

Bild des Autors (Cover): © www.voka.at

ISBN 978-3-902689-11-5

„Es ist mit Sicherheit eine etwas andere, historisch bildende und aufschlussreiche Geschichte, geschrieben direkt aus dem Herzen eines Nedni Apachen. Ich kann dieses Buch nur sehr empfehlen."

Udo Grube HORIZON & Herausgeber von Filmen wie „Bleep" & „The Secret"

„J. Reuben Silverbird ist ein inspirierender Reisender zwischen den Welten. Seine Musik berührt nicht nur mein Herz, sondern seine Geschichten nehmen mich auch mit auf eine Reise, die mir Einblicke in den religiösen Glauben und die Traditionen der Original Natives gewähren."

Catharina Roland, Regisseurin und Produzentin, www.awakeinthedream.net

„Ideen sind der wichtigste Schatz der Menschheit und viele verschiedene Kulturen haben viele unterschiedliche Vorstellungen entwickelt. Dies ist der Grund, warum es wichtig ist, die verschiedenen Kulturen am Leben zu erhalten. Nichts ist dümmer als andere Kulturen, ihre Bräuche, ihre Lebensstile und ihre Möglichkeiten, die Welt nachhaltig zu verändern, zu verlieren oder zu zerstören.

Neben dem am Leben erhalten der Kulturen ist es von ebenso großer Bedeutung, der Menschheit die verschiedenen Regeln, sowie die Denk-, und Lebensweisen anderer Kulturen näherzubringen. Dies ist jedoch nicht leicht und kann leider auch nicht aktiv erlernt werden. Es ist jedoch sehr hilfreich, in eine andere Kultur einzutauchen, um diese näher kennenzulernen. Wenn sich dadurch eine bestimmte Kultur in einer anderen wieder erkennt, dann werden nicht nur die offensichtlichen Unterschiede sondern auch die spezifischen Annahmen und Vorstellungen beider Kulturen offensichtlich. Hierdurch gewinnen beide Kulturen an Potential ihre eigene Kultur zu verstehen und automatisch das Verständnis für andere Kulturen zu verbessern.

Dies sind die zwei Hauptgründe, warum die Aktivitäten und dieses Buch von Herrn Silverbird von so enormer Wichtigkeit sind. Silverbird's Arbeit ist davon gezeichnet eine Kultur, durch die Verbesserung des gegenseitigen Verständnisses verschiedener Kulturen, am Leben zu erhalten. Heute laufen viele Kulturen Gefahr, durch die Globalisierung und Verwestlichung, verloren zu gehen. Obwohl die Globalisierung positiv gesehen wird, muss sie doch in einer Art und Weise vollzogen werden, die die emotionale und intellektuelle Kommunikation zwischen verschiedenen Kulturen möglich macht, um eine friedliche Welt für alle Völker schaffen zu können. Dies ist ein weiterer Grund für die Wichtigkeit dieses Buches.

Aus diesem Grund gratuliere ich dem Autor nicht nur sondern wünsche ihm, dass viele Menschen sein Buch lesen. Es könnte helfen, die Denkweisen vieler Menschen zu verändern, und so eine Welt ohne Rassismus, Ausbeutung und Krieg entstehen zu lassen."

Fritz Wallner, Prof. für Philosophie
Vorsitzender der Abteilung für interkulturelle Philosophie an der Universität Wien

„Auch wenn die Kraft der Musik nur auf wenigen Seiten ausdrücklich erwähnt wird, spielt sie doch eine wesentliche Rolle in Reuben's Leben. Schon als kleiner Junge begann er Musik zu komponieren und Texte zu Schreiben und hat auch bis ins reife Alter von über 80 Jahren nicht damit aufgehört. Sein Herz schlägt Zeit seines Lebens schon für nur eine Mission; zu unterhalten und zu begeistern. Mit seiner Musik versucht er aber auch seine Hörer zu mehr Verständnis zu erziehen und in ihnen Gedanken zu wecken. Die Musik und seine spirituelle Kraft ließen ihn viele verschiedene Orte, Bühnen, Theater und Fernsehstudios sehen. Sie half ihm viele Türen und Herzen zu öffnen und erlaubte es ihm Menschen mit Melodien, Harmonien und Rhythmen zu inspirieren und sie in einen Zustand des allgemeinen Wohlbefindens zu versetzen. Mit dieser Art der geistigen Kraft wurde er zum Boten des tiefsinnigen Lebens eines Apachen in den USA indem er seine Erfahrungen und seine Werte mit Europa und dem Rest der Welt teilt. Mit großer Hingabe versucht er uns unermüdlich an die wichtigen Dinge im Leben zu erinnern: Uns um unsere Familien zu kümmern und unser Volk in Einklang mit Mutter Erde zu bringen, unsere Kinder und Jugendlichen zu erziehen und sie auf den richtigen Weg zu führen und der Welt Frieden zu schenken.

Dieses Buch sollte von allen Politikern und Lehrenden gelesen werden, die sich für die Erziehung der zukünftigen Generation verantwortlich zeigen. Es wird ihre innere Einstellung gegenüber der Natur, der Seelen, des Respekts, der Liebe und des Kriegs in Frage stellen und sie zwingen ihre Standpunkte neu zu überdenken. Weiters möchte ich auch Musikern, die sich das Öffnen der Herzen ihrer Zuhörer durch ihre Harmonien zur Aufgabe gemacht haben, dieses Buch ans Herz legen."

Dr. Friedrich Horak Univ. Prof., Vorsitzender des Allergiezentrums Wien West.
Abgeordneter der UEMS, Klinischer Experte für EMEA und Pharmig

INHALTSVERZEICHNIS

O – SI – YO / YA - A -TEH

(Cherokee / Apache)

HELLO / GREETINGS

(Englische Übersetzung)

Im historischen und traditionellen Glauben der Original Natives heißt es: „Man kann nur das bestätigen und beschreiben, was aus eigenem Herzen und Geist kommt, und nicht das, was eine andere lebende Person erlebt hat." Aus diesem Grund handelt es sich bei den Memoiren in diesem Buch um meine eigenen, aus meinem Herzen und Geist.

Besonderer dank

Die Schönheit Arizonas

Als ich schlussendlich in Australien landete, hatte ich unerwartet eine Woche Freizeit, die ich mit meiner Freundin Marga Kocka verbrachte. Aber auch sie stellte mir ihren Computer zur Verfügung, um weiter an diesem Buch zu arbeiten. Renate Leyacker-Schatzl war eine große Hilfe und stand dem deutschen Übersetzer Stefan Ladinig, der unzählbare Stunden mit akribischer Genauigkeit, Hingabe und Einsatz damit verbrachte, der deutschen Übersetzung die Emotionen und Gefühle des Originals zu vermitteln, mit Rat und Tat zur Seite. Meine eigenen Gedanken niederzuschreiben, dann noch zu verbessern und abzuändern, war nicht einfach. Auch die Auswahl und Positionierung der Fotos stellte sich als schwierig heraus, wollten doch die Fotos zu den verschiedenen Geschichten passend zugeordnet werden. All die Landschafts-aufnahmen aus Arizona und auch die der anderen Gebiete habe ich selbst gemacht. Das Layout wurde meisterhaft gestaltet von Irene Brischnik (www.brischnik.at). Mit ergänzenden Grafiken von Bernhard Tucek (www.it-fachwerk.at). Abschließend möchte ich sagen, dass ich alle fina-len Entscheidungen über den Inhalt des Buches oder über die Positionierung der Fotos selbst getroffen habe, Es würde nicht der Wahrheit entsprechen, wenn ich sage würde, dass es sich bei diesem Buch um ein einfaches Projekt handle. Zuallererst musste ich abwägen was auf mich zukommen würde, wenn ich entschiede, mein Leben der breiten Öffentlichkeit zu öffnen. Ich wusste, dass ich tief in den Archiven meines Kopfes graben werden müsse, wo die Erzählungen und Geschichten aufbewahrt worden waren. Als ich schlussendlich zu schreiben begann merkte ich, dass diese dort schon so viele Jahre abgelegt waren, dass ich manchmal das Gefühl hatte, mich durch einen Tunnel mit uralten Spinnennetzen zu kämpfen, um die staubige Bibliothek meines Gehirns zu erreichen.

Wenn eine Person sich entscheidet ein Buch zu schreiben, dann gibt es immer wieder Hindernisse und Momente, in denen sie glaubt, nicht weiter zu kommen. Das ist wahrscheinlich der Grund, warum es so lange dauert, ein Buch zu vollenden. Das Gefühl des Alleinseins ist immer präsent, wenn man über persönliche Dinge schreibt, die man nur selbst beschreiben kann. Das Umfeld, in dem man schreibt, kann oft einen großen Unterschied machen. Entweder ist es ein Segen oder ein Hindernis. Ich wusste schon im Vorhinein, dass ich sowohl schöne Momente, die mich zum Lachen bringen, als auch Momente, die mit schmerzhaften und emotionalen Emotionen verbunden sind, durchleben würde. Als ich versuchte, mich an die frühesten Stunden meines Lebens zu erinnern, erschienen sie mir fast wie antiquierte Geschichten. Da ich für den Großteil meines Lebens ein ungewöhnlich zurückhaltender Mensch war, der Dinge gerne für sich behielt, wusste ich, dass es nicht leicht sein würde, den Tresor zu öffnen, der so viele der ergreifenden und wertvollen Geschichten enthielt. Manche der Geschichten hielt ich für so privat, dass ich nicht wusste ob ich sie überhaupt mit jemandem auf der Welt teilen wollte. Vielleicht waren es die vielen Freunde, die mich weiter antrieben und mir Inspiration und Mut zum Weiterschreiben gaben, vor allem in den schwersten Momenten, in denen es an Kreativität mangelte. Natürlich wusste ich, dass der Enthusiasmus vieler nur blanke Neugier war, und sie mehr über mich und meine innersten und verstecktesten Gedanken erfahren wollten. Ich war mir darüber hinaus auch immer bewusst, dass der endgültige Erfolg und die Kraft des Manuskripts ganz alleine darauf beruhen würden, was ich als Autor zu sagen habe. Jedes Mal, wenn ich daran dachte, bekam ich Gänsehaut am ganzen Körper, denn genau davor hatte ich die größte Angst. Des Weiteren muss ich sagen, dass es auch viele Menschen gab, die mir einfach helfen wollten, egal in welcher Form. Einigen von ihnen möchte ich an dieser Stelle danken. Als ich auf dem Weg von Europa nach Australien war, um dort einer beruflichen Verpflichtung nachzukommen, plante ich einen kurzen Urlaub im Hause meiner Freunde Makai und Michael Sagona, in der Wüste Kaliforniens. Doch anstatt dort 14 Tage Urlaub zu machen, fand ich mich an 12 dieser Tage an ihrem Computer wieder, um stundenlang über Skype zu telefonieren, um die, wie ich damals glaubte, letzten Änderungen am Buch durchzugeben.

Egal ob diese gut, schlecht oder unwichtig waren.

Ich glaube fest daran, dass es die spirituelle Energie meiner Eltern war, die zu allen Zeiten dieses Buchprojekts meine treibende Kraft und Wegweiser darstellte.

Walk in beauty,
J Reuben Silverbird

Die alte Route 66

DIE GEBURT EINES „WUNDER-KINDES", NAHE DER ROUTE 66

Ich habe noch nie einen Ureinwohner Amerikas getroffen, der in den 1930er Jahren im Mutterleib auf dem Weg nach Hollywood war, und dessen junger Vater einen Ford T auf der berühmten Route 66 durch Arizona auf dem Weg nach Kalifornien fuhr. Die meisten der Ureinwohner Amerikas versuchten noch immer verzweifelt sich anzupassen, nachdem sie systematisch dazu veranlasst oder offensichtlich gezwungen worden waren, an einem Ort zu leben, den die Regierung" Reservat" nannte. 8 Jahre später schien es so, als würde Adolf Hitler ähnliche Methoden für seine Konzentrationslager anwenden. Natürlich wählte dieser einen passenderen Namen. Reservat klang doch eher so als müsste man Bedenken haben, dort einzutreten (Anm. d. Übersetzers: Reservation und to have reservations – ein Wortspiel im Englischen – Reservat und seine Bedenken haben).

Unsere Geschichte spielt sich dagegen weit weg von diesem Thema ab. Sie hat viel mehr mit den beiden Verliebten zu tun, die die Straße entlang fuhren und nur einen einzigen Gedanken im Kopf hatten: Die Sicherheit ihres ungeborenen Kindes. Und dieses Kind war ich, im Bauch meiner Mutter. Hier folgt jetzt, was ich für eine der schönsten Geschichten über die Geburt eines Kindes halte. Ich habe diese Geschichte viele Male gehört, das erste Mal im Alter von zwei Jahren. Ich könnte sie nie vergessen, selbst wenn ich es versuchen würde. Ich konnte den Geschichtenerzähler nicht sehen, aber ich konnte dessen tiefe Liebe zu mir spüren. Es war die Geschichte, wie ich zur Welt kam, einschließlich all der unüblichen Umstände an dem Ort, wo ich geboren wurde, die meine Mutter immer so sanft, ergreifend und fürsorglich erklärte.

Die Geschichte begann mit zwei fröhlichen Ureinwohnern, die singend in Richtung Kalifornien fuhren. Ich kann mich an keine Zeit erinnern, zu der sie beim Auto fahren nicht gesungen hätten. Da waren sie auf ihrem Weg, zwei junge verliebte Leute, die nur vom allmächtigen Schöpfer geführt wurden. Der jedoch plant manchmal überraschende, ja humorvolle Abenteuer für uns, ohne sich darum zu kümmern, uns auch nur die leiseste Vorahnung haben zu lassen. Und jetzt war er gerade dabei, so ein gigantisches aber auch lustiges Ereignis zu veranstalten.

Natürlich beschloss der Schöpfer, dass ich meinen Debüt-Auftritt nahe abseits der Route 66 haben sollte, aber nicht genau dort, wo es meine Eltern geplant hatten. Ihrem Plan nach sollte ich inmitten des Glanzes der Lichter Hollywoods auf die Welt kommen. Eltern fantasieren bisweilen darüber, dass ihre Kinder in Schlössern und grandiosen Orten zur Welt kommen sollten Und in einigen wenigen Stunden hätte ich vermutlich auch ihren Wünschen entsprochen, wäre da nicht der so laut knurrende Magen meiner Mutter gewesen. Ihr Kind in einer Stadt zur Welt zu bringen, die in der ganzen Gegend bei Filmbegeisterten als „Tinsel Town" („Flitterstadt") bekannt war, war nicht nur der Wunsch meiner Mutter sondern auch der meines Vaters, dessen Liebe zum Film, wie ich manchmal den Eindruck hatte, eng mit der blinden Liebe für seine junge hochschwangere Frau konkurrierte. Wäre es nach meiner Mutter gegangen, hätte sie mich alleine auf die Welt gebracht. Sie hatte mit der Erzählung der Geschichte immer etwas früher begonnen, als es eigentlich passiert ist.

Es war in den frühen Morgenstunden eines ganz normalen Tages im Juli im Staate Kalifornien, als meine Eltern weiterfuhren. Meine Mutter, Florinda, wies ab und zu Joe an, mit seiner rechten Hand sanft ihren Bauch zu berühren und sagte: „Sing mit uns". Er glaubte, wenn er ihren Bauch berührte oder sehr nahe daran war, könnte er telepathisch Gedanken an mich übertragen. Sie freute sich über seine Berührung, ermahnte ihn aber gleichzeitig auch, mit beiden Händen das Lenkrad zu halten. Sie hatte endlich ihren jungen, gut aussehenden, eingeborenen Ehemann überzeugt, nach Hollywood zu fahren, und er war ganz aufgeregt und enthusiastisch, mit der Absicht, der nächste große Charakterdarsteller in der Filmszene zu werden. Die junge Mutter, die sehr hungrig war, hoffte, dass sie bald ankommen würden, um essen zu können, da sie Nahrung für zwei brauchte. Joe allerdings machte sich darüber weniger Gedanken. Er war zu aufgeregt, da sie fast an ihrem Ziel angekommen waren.

Ab und zu erzählte er zwischen seinen Liedern von seinem Freund, einem Schauspielkollegen, der in Hollywood lebte und für gewöhnlich einen Clown darstellte. Inzwischen kam er gut als Statist zurecht, der alles spielte, angefangen von einem Ureinwohner, der vom Pferd fällt, Tot stellen bis der Regisseur „cut" schreit, bis hin zu einem Darsteller in einer Menschenmenge. Er war ein leuchtendes Beispiel dafür, wie man über Nacht erfolgreich werden kann. Sobald du irgendwo ein Talent zum Schauspielen hast, kannst du dir auch ein sehr gutes Leben machen. Joe war wirklich ein toller und einfühlsamer Schauspieler mit einem unschlagbaren Timing. Ich glaube, dass viele Sänger und Musiker diesen speziellen Rhythmus im Blut haben und sie so automatisch eine Fähigkeit besitzen, an der andere Schauspieler hart arbeiten müssen. Seine Vergangenheit als Tänzer sowie als Musiker brachten weitere große Vorteile mit sich.

Er war sehr aufgeregt, während er unseren schwarzen Ford T fuhr. Ich sage „unser", weil ich auch im Auto war – noch nicht ganz bereit, meinen persönlichen Auftritt zu machen, aber kurz davor. Glücklich fuhren er und seine Frau entlang dieser berühmten Straße, die zu dieser Zeit durch ganz Neu Mexiko und Arizona führte, um dann an der Küste Kaliforniens zu enden. Zu dieser Zeit, als Flugreisen eher die Ausnahme waren, war diese Straße der einzige Weg nach Hollywood. Diese Straße war so bekannt, dass um 1940 ein eigenes Lied über sie geschrieben und aufgenommen wurde, das – wie könnte es anders sein? – „Route 66" genannt wurde. Dieses Lied wurde allbekannt zu dieser Zeit in Amerika, und ich war sehr nahe dran, da hineingeboren zu werden. Wie dem auch sei, Joe fuhr entlang der Straße weiter, denn sie hatten sich entschieden, nicht zu essen bis sie Hollywood erreicht hatten. Aber seine hübsche Frau wurde immer hungriger als sie auf die Orangenhaine blickte, die die Route 66 auf beiden Seiten säumten. Auch ich hatte meine eigenen Pläne, die wahrscheinlich durch das Hungergefühl meiner Mutter ausgelöst wurden. Die junge Florinda konnte es einfach nicht mehr aushalten und setzte sich plötzlich auf, zeigte auf die Orangenhaine und sagte: „Ich will ein paar Orangen." Joe, der wie immer ein sehr liebender und entgegenkommender Ehemann war, stoppte das Auto sofort am Straßenrand, sah sich um, stieg aus, nahm seinen Hut ab, pflückte ungefähr ein Dutzend Orangen, ging zum Auto zurück und fuhr weiter, während Florinda eine nach der anderen verzehrte. Zwar fütterte sie Joe mit der einen oder anderen Orange, jedoch verschlang sie alle anderen. Eine Idee, die mir im Bauch meiner Mutter natürlich nicht so gut gefiel. Als wir uns der Stadtgrenze einer kleinen, ländlichen, kalifornischen

Stadt mit dem Namen „Placentia" näherten, begann ich Anzeichen der Aufregung in ihrem Bauch zu zeigen, die vielleicht mit den kalifornischen Orangen zu tun hatten, die sie ganz aufgegessen hatte. Mein Vater saß nervös hinter dem Lenkrad und steuerte das Auto an den Straßenrand. Er sah meine Mutter an als sie ganz ruhig diese drei Worte sagte, die andere schwangere Frauen gerne herausschreien. „Es ist so weit", sagte sie. Sein Gesichtsausdruck war nicht annähernd so freundlich wie das Straßenschild, auf dem „Willkommen in Placentia" stand.

Mein Vater verließ die Hauptstraße, fuhr ein kurzes Stück und erblickte einen Tennisplatz mit Umkleidekabinen, in denen noch Licht brannte, als meine Mutter das Gesicht verzerrte und sagte, sie könne nicht mehr weiter. Er stieg schnell aus, rannte zu den Kabinen, klopfte an die Tür, wartete kurz und als niemand antwortete, drehte er den Knopf um und die Tür war offen. Mein Vater ließ meine Mutter in dieser Umkleidekabine zurück, während er sich aufmachte einen Arzt zu finden, was sich in einer unbekannten Stadt um 3:30 in der Früh als nicht so einfach herausstellte. So wurde eine ziemlich große Tennis-Umkleidekabine mit einem rechteckigen Tisch, die am 27. Juli 1930 um halb vier morgens offen war, zu meinem Geburtsort.

Als mir erzählt wurde, dass ich in einer Tennisumkleidekabine geboren worden war, war mir klar, dass dies der Grund für meine besondere Vorliebe für Tennis gewesen sein musste. Von allen Sportarten habe ich eine Vorliebe für Tennis und bin diesem Sport total verfallen. Für mich ist das der einzige Sport, den ich respektiere und von dem ich wirklich sagen kann, dass ich ihn mit voller Inbrunst liebe. Ich werde nie vergessen, dass ich im Jahre 1978 Augenzeuge von Jimmy Connors Sieg bei den US Open in Flushing Meadows werden durfte. Er war aber nicht der einige Tennisspieler, den ich über all die Jahre bewunderte. Nehmen wir Andre Agassi und Steffi Graf zum Beispiel. Zwei Größen des Sports, die mittlerweile unzählige humanitäre Organisationen unterstützen und sich für sie einsetzen. Kim Clijsters entschied sich für ihre Familie und kehrte dem Tenniszirkus den Rücken, nur um im Jahr 2009 ihr Comeback bei den US Open zu geben, das ihr das zweite Mal den Titel bescherte. Fragen Sie mich nicht warum, aber Roger Federer ist und bleibt einer meiner Helden des modernen Tennis. Auch Michael Changs Karriere verfolgte ich mit großem Interesse, denn auch er wurde in Placentia geboren und erreichte als Tennisspieler einen gewissen Bekanntheitsgrad. Immerhin war auch ich kurz davor, Teil der Gesellschaft Placentias zu werden. Aber nun zurück zu meiner Mutter in der Tennisumkleidekabine.

Die junge Dame, eine starke und geduldige Frau und diejenige, von der ich in den darauf folgenden Jahren so viel lernen sollte, brachte mich an diesem Tag allein zur Welt. Der Arzt, der mit meinem Vater eine halbe Stunde später ankam, konnte sich nicht vorstellen, wie sie das ganz alleine geschafft hatte. Die Antwort ist einfach: Die meisten jungen Mädchen der Ureinwohner waren mit dem Wunder der Geburt vertraut. Es war nicht seltsam für sie, ihre Kinder allein zur Welt zu bringen, manchmal auf der Flucht, wie meistens in der Zeit, als sie von den Truppen der amerikanischen Regierung verfolgt wurden. Das, was einer weißen Frau bisweilen wie eine schwere Aufgabe vorkommt, war für die Ureinwohner nur ein Teil des Lebens. Der Tennis-Umkleideraum war sogar wie ein luxuriöses Spital, verglichen mit dem, was Apachen gewohnt waren. Alles Notwendige war da: fließendes Wasser, Handtücher, ein Geburtstisch und sogar elektrisches Licht, das von einer überdimensional großen und hellen Glühbirne mit dicken Drähten ausging. Eine vom Typ der Dreißigerjahre, die an der Decke hingen und starkes Licht spendeten, als mich meine Mutter auf die Welt brachte. Ich wurde als perfektes Kind geboren, jedoch stellte es sich schon bald heraus, dass ich nicht sehen konnte. Unsere Leute betrachten jedes Kind, das mit einem physischen Defizit auf die Welt kommt, als „Wunderkind". Zu diesen zählte jetzt auch ich, denn ich kam blind auf diese Welt.

Die Theorie meiner Mutter bezüglich meiner Blindheit war die, dass ich neugierig meine neugeborenen Augen öffnete und vermutlich das helle Licht der Lampe mich erblinden ließ. Diese Erklärung war besser als jene, die der Arzt zu bieten hatte; denn meine Mutter hatte zumindest eine Vermutung. Der Arzt konnte nichts machen und nichts erklären, sondern nur einen Spezialisten in Beverly Hills empfehlen, den er kannte. Meine Eltern brachen am nächsten Morgen auf und mieteten eine Unterkunft für einen Monat. Meine Mutter vereinbarte einen Termin mit diesem Spezialisten, während sich mein Vater auf die Suche nach seinem Freund George machte. Wie der Zufall es so wollte, war dieser jedoch vor einer Woche zu Dreharbeiten aufgebrochen und dort nicht erreichbar. Er hatte jedoch meinem Vater bei seiner Freundin einen Brief mit Anweisungen für seinen Agenten hinterlassen. Seine Freundin wohnte zum Glück im gleichen Motel, in dem sich meine Eltern eingemietet hatten, nur ein paar Türen weiter.

Meine Mutter hatte eine Schwester in Hollywood, die in vielen kleinen Rollen bei Filmen, wie Graf Dracula mit Bela Lugosi, mitspielte. Doch sie war zu diesem Zeitpunkt nirgendwo auffindbar. Später haben meine Eltern erfahren, dass sie gerade auf dem Weg nach Europa war, auf einem Schiff, mit einem Regisseur, der irgendeine Art Werbung für sie machte Sie war so jung und hübsch, aber auch etwas zu spontan und unbeständig. So wie viele ehrgeizige junge Mädchen, die nach Hollywood kamen, um ihren aufgehenden Stern zu finden, fanden sie stattdessen nur eine Enttäuschung nach der anderen. Viele von den jungen, aufstrebenden Schauspielerinnen fanden sich jedoch leider nur auf den Sofas der Regisseure wieder. Ich gebe nur die Gerüchte wieder, die damals über Agenten, Manager und Regisseure in Hollywood verbreitet wurden, und diese haben sich sicher bis heute nicht verändert. Aber um eines klarzustellen: Ich habe nie solche Gerüchte über meiner Tante Mattie gehört. Ich traf sie erst, als ich 21 wurde. Ich war gerade beim Militär und in der Nähe von San Francisco stationiert, wo sie mit meinem weißen Onkel Rocky lebte. Ich beziehe mich auf die weiße Hautfarbe meines Onkels nur als Hinweis, und nicht, weil ich einen Unterschied darstellen will, denn es gibt wegen der Hautfarbe keine Unterschiede für mich in meinem Herzen.

Viele Jahre später hat sie mir ein Foto gegeben, das ein Fotograph auf der Reise gemacht hat, auf der sie sich befunden hat, als meine Mutter versuchte, sie zu kontaktieren. Die Werbeleute der Filmgesellschaft, mit der sie unterwegs war, wollten ein außergewöhnliches Werbefoto, und so hat sie einen der Vorhänge auf dem Schiff genommen und sich darin eingewickelt. Das Ergebnis war eine schöne junge Frau mit langen schwarzen Haaren, die bis zu ihren Knien reichten, eingehüllt in einen Vorhang. Dieses Foto war damals in vielen Zeitungen in Hollywood erschienen. Sie war eine sehr attraktive Frau mit der Figur eines Models, die in Hollywood damals sehr viele Leute kannte. Dennoch bin ich mir sicher, dass dieser Umstand meinem Vater nicht geholfen hätte. Mein Vater war jung und zuvorkommend und hätte eine Vielzahl von Rollen übernehmen können, doch sobald ihn der Vermittler fragte, welche Abstammung er hätte und er mit „Mexikanischer Apache" antwortete, hatte er keine Chance mehr. Agenten neigen dazu, die Schauspieler in verschiedene Kategorien einzustufen. Und wenn du zu dieser Zeit eben gerade ein Ureinwohner warst, dann wurdest du zu einem primitiven, skalpierenden Indianer, der nur die Wörter „How", Ugh" und „Kimo sabe" zu sagen hatte. Mein Vater wollte nichts damit zu tun haben, von dem er der Meinung war, dass es die Ehre seines Volkes herabsetzte oder verletzte. Er wollte schauspielern, aber Hollywood war damals noch nicht so weit, um dies einem Ureinwohner auch zu gestatten. Er war mit den Regeln der Filmbranche nicht so vertraut und wusste nicht, dass viele Stars ihre Karriere mit kleinen Statistenrollen begonnen hatten und nur langsam, manchmal auch durch politische Freundschaften und deren Hilfe, größere Nebenrollen erhielten. Nur wenige Auserwählte waren von Anfang an dazu bestimmt, Stars zu werden. Ich glaube, der Schöpfer hatte andere Pläne mit ihm.

Er kam jeden Tag nach Hause, nachdem er auf der Suche nach irgendeiner Arbeit durch die Straßen gestapft war, um Essen auf den Tisch zu bringen und um den sehr teuren Augenspezialisten aus Beverly Hills bezahlen zu können, der, obwohl er sehr mitfühlend mit meinen Eltern war, weil er sie mochte, mit seiner Rechnung weit über ihrem finanziellen Rahmen lag. Der Arzt gab meinen Eltern keine Hoffnung, dass ich jemals sehen können würde.

Der Agent teilte meinem Vater mit, dass es eine Statistenrolle gäbe, die nicht nur bedeutete, ein Pferd zu reiten, sondern auch zu fallen und sich tot zu stellen. Mein Vater war ein großer Charakterdarsteller und hatte das Gefühl, es ginge einen Schritt rückwärts, wenn er etwas tun müsse, was seiner Meinung nach nichts mit Schauspielerei zu tun hatte. Lon Chaney war einer der Idole meines Vaters. Er war mindestens genauso gut, doch es war nur Platz für einen Lon Chaney in Hollywood. Und die Tatsache, ein Ureinwohner zu sein, machte es nicht leichter. Er war ganz gegen die Art und Weise, wie Hollywood zu diesem Zeitpunkt die Ureinwohner Amerikas darstellte. Er ahnte, dass die Würde und der Stolz seines Volkes ständigen und dauerhaften Schaden von den Lügen und den schlecht recherchierten Drehbüchern davontragen würde, die von so vielen Autoren und Regisseuren Hollywoods schlampig erstellt wurden. Es fühlte sich beinahe so an als wäre die Film-Industrie ein weiterer Goldrausch in Kalifornien. Jeder, ob er nun Schauspieler war oder gar nichts mit der Szene zu tun hatte, strömte nach Kalifornien, um sich ohne Skrupel ihren Teil des Goldes zu sichern. Die Filmstudios hatten sich einen enormen Reichtum auf Kosten der Ureinwohner Amerikas angehäuft, ohne auch nur einen von ihnen in den meisten ihrer Filme mitspielen zu lassen.

Eines Tages kam mein Vater nach Hause und erzählte meiner Mutter, der Agent hätte ihm eine Statistenrolle in einem Film namens „Der letzte Mohikaner" angeboten, aber er hätte sich alle Haare abscheren lassen müssen. Mein Vater überlegte nicht einmal eine Sekunde und ging nicht einmal zum Vorsprechen. Ironischerweise ging die Rolle an einen unbekannten Schauspieler mit dem Namen Anthony Quinn, der wegen dieses Films der Schwiegersohn von Cecile B. Demille wurde. Inzwischen wurde die Abneigung meines Vaters gegen Hollywood von Tag zu Tag größer. Immer mehr fühlte er sich fehl am Platz, wie ein Fisch an Land. Alles was er wollte war eine einfach Ausrede, um nach Hause, nach Santa Fe in Neu Mexiko, zurückgehen zu können. Aber er wusste nicht, wie er das meiner Mutter sagen sollte. In der Zwischenzeit brachte mich meine Mutter zu einem weiteren Augenspezialisten, doch auch dieser konnte nicht mehr sagen, als die anderen davor. Es schien, als ob es keine Hoffnung für mich geben würde. Das Geld neigte sich dem Ende zu und Hollywood war damals kein freundlicher Ort, also mussten meine Eltern eine Entscheidung fällen. Meine Eltern hatten niemanden, an den sie sich wenden konnten und ihre

Finanzen standen schlecht, also begann sich Verzweiflung in beiden Gesichtern zu zeigen, wenn sie sich nach jedem langen Tag ansahen.

Nach sechs Monaten in der „Stadt der Stars" kam mein Vater eines Tages heim und meine Mutter traf die Entscheidung für ihn. Sie schaute in sein trauriges Gesicht und sagte: „Lass uns heimgehen, Liebling". Er nahm sie in die Arme und antwortete: „Danke, meine Liebe".

Ohne ein weiteres Wort packten sie am nächsten Tag ihre Sachen, machten sich auf der Route 66 auf den Rückweg durch Arizona und kamen zwei Tage später in Santa Fe, Neu Mexiko, an. Sofort dachten sie sich einen Plan aus, mich zu den heißen Quellen zu bringen, die unser Volk immer für heilig und heilend hielt. Sie lenkten jeden meiner Schritte. In der damaligen Zeit wurden mehrere Warmwasserquellen bei Tierra Amarilla, Neu Mexiko (eine kleine Stadt, die umgangssprachlich TA genannt wurde) für medizinisch wertvoll und heilend befunden. Ureinwohner kamen aus kilometerweiter Entfernung, um dieses Wasser mit nach Hause zu nehmen, das für heilig gehalten wurde. Meine Eltern blieben tagelang mit mir bei diesen Quellen, beteten und wuschen meine Augen zwei bis vier Mal täglich mit dem warmen Wasser von diesen natürlichen, heißen Quellen. Ein Freund des Navajo Stammes schlug mir eine Segnungs-Zeremonie („A Blessing Way Ceremony") vor, und führte diese dann auch für mich durch. Ihre Gebete, die von Herzen und voll ihres Glaubens waren, waren allgegenwärtig. Ihre positive Energie umhüllte mich und gab mir das Gefühl, sicher zu sein. Sie kamen oft zu den Quellen und verblieben dort für einige Tage. Wir waren so oft dort, dass ich mir die Umgebung schon eingeprägt hatte, obwohl ich nicht sehen konnte. Ich fühlte innerlich, wie dieser Ort aussah. Meistens waren wir alleine, außer wenn andere Familien kamen, um Wasser zu holen. An ein Paar erinnere ich mich besonders gut. Sie kamen mit einem Wagen und während sich der Mann mit meinem Vater unterhielt, schöpfte seine Frau Wasser aus der Quelle. Ich war sehr fasziniert von den Geräuschen, die das Pferd machte und so hatte ich viele Fragen, die ich meinen Eltern über dieses sanfte Tier stellen konnte.

JUANA

Mein Vater baute ein kleines Tipi für mich, um mich vor der Sonne und vor wilden Tieren, wie Schlangen und Insekten, zu schützen. Hauptsächlich jedoch sollte es mich davon abhalten davonzulaufen. Dieses Tipi war auch mein Schlafplatz. Wenn ich nicht gerade von meinem Vater überall, wo wir hingingen, getragen wurde, so erinnere ich mich, den Rest der Zeit, den wir an der Quelle verweilten, in dem kleinen Tipi verbracht zu haben. Ich baute eine starke Verbindung zu dem Zelt und zu einem kleinen Wolf auf, den meine Eltern hatten, der mir sehr zugetan war und nie von meiner Seite wich. Dies war mein eigenes Zelt, das auch zu einem faszinierenden Teil meines Lebens zählte. Zelte wurden so etwas wie meine zweite Heimat.

Ich war immer ein tiefsinniger Denker, sowohl in meinen jungen Jahren, als auch in meinem späteren Leben. Jetzt erkenne ich, dass dies von meinem Training in den frühen Lebensjahren herrührt. Während ich in dem Tipi saß, fand ich, dass mich diese entspannte Atmosphäre, die mich umgab, nicht nur zum Denken veranlasste, sondern mich auch klarer denken ließ. Ich brachte mir selbst bei, über mehrere Dinge gleichzeitig nachzudenken, einfach dadurch, dass ich über sie nachdachte und ihnen einen eigenen Platz gab. Ich wusste, wann wir an den heißen Quellen waren. Ich kannte das Geräusch, das das Wasser machte, wenn es nach oben schoss und dann zur Mutter Erde zurückkehrte. Ich kreierte verschiedene musikalische Rhythmen in meinem Kopf, die mit dem Auf und Ab des Wassers harmonierten. Ich stellte mir die heißen Quellen als musikalisches Wasser vor, das einzigartige und verschiedene Rhythmen hervorbrachte, jedes Mal wenn sie aufs Neue fielen, aber dennoch im allgemeinen Fluss des gesamten herabkommenden Wassers blieben. Ich entwickelte eine außergewöhnliche Vorstellungskraft.

Wir haben so viel Zeit an den Quellen verbracht, dass ich sogar dann, wenn wir nicht dort waren, ihren friedlichen Ruf vernehmen konnte. Nichts verzaubert mich heutzutage mehr, als neben einem Wasserstrom zu sitzen oder spazieren zu gehen und stehen zu bleiben, um von dem kristallklaren Wasser zu trinken. Es gibt noch einige Plätze in Amerika, von denen man sicher sein kann, dass das Wasser auch sauber genug zum Trinken ist. Ich erinnere mich, dass ich lernte, noch viele andere Geräusche voneinander zu unterscheiden.

Die Tatsache, dass ich nichts sah, hatte ich nie richtig wahrgenommen. Statt darüber nachzudenken, habe ich meine innere spirituelle Verbindung mit mir selbst gestärkt: Die Energie meiner inneren Fähigkeiten, oder Aura, wurde stärker. Ich lernte zu fühlen, ohne die Dinge zu berühren. Weil ich nicht sehen konnte, fühlte ich die Empfindung von etwas oder jemandem, der mir nahe kam. Nachdem ich blind geboren worden war, war das nicht eigenartig für mich, denn all das entwickelte sich instinktiv.

Eines Tages kam mein Vater ganz aufgeregt zu mir, und ich konnte sofort seine Begeisterung spüren. Ich glaube, er wusste damals schon, wie sehr ich die Musik liebte. Er konnte sehen, wie sehr mich schon in diesem Alter jegliche Musik erstrahlen ließ. Was er mir mitbrachte, sollte von jenem Moment an, und für viele Jahre danach, mein engster Verbündeter sein. Es war die aufregendste Sache für mich, weil ich in dem Moment, in dem ich es hörte, vor Begeisterung strahlte.

Nicht nur meine Ohren vernahmen dessen Pracht, sondern auch mein ganzer Körper.

Es war ein wunderschöner Klang, wie ich ihn noch nie zuvor gehört hatte. Nachdem es eine Weile gespielt hatte, erklärte mir mein Vater, dass es eine neue Musikbox war. Er beschrieb sie mir als Maschine, die übergroße und schwere runde Platten abspielte und „Victrola" genannt wurde. Es war nicht nur einzigartig sondern auch ein Weg für mich, um klassische Musik kennen und lieben zu lernen. Damals kannte ich den Unterschied zwischen klassischer und Pop Musik nicht. Ich liebte einfach alles, was mit Musik zu tun hatte. Mein Vater erklärte mir den ganzen Ablauf und brachte mir anschließend bei, wie ich die Victrola zu bedienen hatte. Es erfüllte mich mit Stolz, dass er so viel Vertrauen zu mir hatte.

Keiner von meiner Familie sprach zu mir von oben herab, so wie es manche Eltern mit ihren Kindern machen. Schon allein deshalb hatte ich das Gefühl, älter zu sein als ich zu diesem Zeitpunkt war. Wenn ich wuchs, dann wurde ich aufgrund dieses Gefühls des Vertrauens nicht nur physisch stärker, sondern auch geistig. Die erste Musik war eine Oper namens „Carmen", die ich immer und immer wieder spielte, den ganzen Tag lang.

Bis zum heutigen Tag habe ich das Gefühl, dass die Präsentation dieses Instruments in meinem Leben nicht nur meine Liebe zur Musik verstärkt hat, sondern dass es auch wie ein Heilungsprozess in mir wirkte. Ich war immer der festen Überzeugung, dass es mir enorm in der Wiedererlangung meiner Sehkraft geholfen hat. Ich glaubte, dass Musik uns von innen her träumen lässt. Weil ich vom Moment meiner Geburt an von der Welt des Lichts ausgeschlossen war, nahm Musik ihren Platz ein. Die Musik half mir, die Lücke durch spirituelle Heilung zu schließen und ersetzte die Dunkelheit in meinem Leben. Sie half mir, meine Vorstellungskraft zu entwickeln und Bilder mit jedem anderen Ton entstehen zu lassen. So zwang sie mich beinahe, meine Augen zu öffnen und zu sehen.

Mein Leben hindurch ist sie wie das ungelöste Mysterium meines Lebens geblieben.

Weil die Musik geradewegs durch die Ohren zu den Gehirnzellen kommt, und durch jeden einzelnen deiner Körperteile fließt und diese beeinflusst, kann sie so überwältigend sein, dass sie all deine Sinne mit positiver spiritueller Energie erfüllt.

Musik hat die kraftvolle Fähigkeit, uns an zurückliegende Ereignisse zu erinnern: Sie kann eine Träne oder ein Lächeln auf unserem Gesicht erscheinen lassen, während sie mit unseren Ohren und unserem empfänglichen Geist interagiert. Ich bin weder Wissenschaftler noch bin ich Doktor der Medizin, aber ich habe viel Vertrauen in die heilende Kraft der Musik. Ich weiß, dass es funktioniert, denn die Musik war ein enger und heilender Partner in meinem Leben. Ich war ein sehr neugieriges Kind und hatte immer eine Million Fragen, zum Beispiel, wie die Musik aus dieser Box kommen konnte.

Man konnte mich nicht stoppen – ich wollte jedes Detail erfahren: Wer diese schöne Musik spielte und warum ich sie so deutlich hören konnte. Ich wollte unbedingt wissen, warum sie mich so berührte, meinen Geist höher schweben ließ, mir so viel Freude brachte, dass ich unentwegt lächeln musste und mich dennoch manchmal zu bestimmten Zeiten melancholisch bis traurig werden ließ.

Wie auch immer, traurige Gefühle waren kein großer Bestandteil meines Lebens. Daher waren sie nicht von Dauer, sondern nur wie ein verblassender Schatten. Mein Vater nahm sich die Zeit, um mir zu erklären, wie Edison das Aufnahmeverfahren erfunden hatte. Dadurch lernte ich sehr früh Erfinder und ihre Erfindungen zu schätzen. Bis zum heutigen Tag höre ich klassische Musik gerne. Es erstaunt mich völlig, wie ein einziger Mensch so viele Musiker dirigieren kann. Wenn er gut ist, kommt immer eine musikalische Höchstleistung zustande. Wenn mich jemand fragt, welches mein Lieblingsinstrument ist, brauche ich nicht zweimal zu überlegen: das Cello. Einer meiner Lieblingscellisten war Pablo Casals aus Puerto Rico. (Später, als junger Mann, hatte ich die Ehre in San Juan während eines von Casals Festivals aufzutreten) Einem einfühlsamen Cellisten zuzuhören kann mich zum Weinen als auch zum Lachen bringen. Allerdings muss ich ehrlich zugeben, dass jede gute Melodie oder auch schöne Texte denselben Effekt haben können.

Mit drei Jahren fühlte ich mich sehr selbständig, weil meine liebenden Eltern mein Gehirn mit den Antworten zu meinen Fragen weiterentwickelt hatten, was mir ein starkes Gefühl des Selbstbewusstseins gegeben hat. Ich konnte ihre Gegenwart spüren, sobald sie sich mir näherten. Ich lernte das Geräusch ihrer Schritte zu unterscheiden, sodass ich wusste, ob es mein Vater oder meine Mutter war. Sie über die verschiedenen Dinge des Lebens um sie herum sprechen zu hören, machte mich neugierig, und daher wollte ich alles wissen. Über Dinge, wie die verschiedenen Farben, wie der Mond aussieht, die Sonne und die Sterne, den Unterschied zwischen Licht und Dunkelheit und zwischen Fröhlichkeit und Trauer.

Ein paar Wochen vor meinem vierten Geburtstag hörte ich, wie meine Mutter mit jemandem über die Möglichkeit sprach, aus seinem eigenen Körper herauszutreten, um sich selbst als zweite Person betrachten zu können. Später fragte ich meine Mutter danach. Für einige Wochen war ich ungemein hartnäckig und ließ nicht locker, bis meine Mutter eines Tages nachgab und mich in alle Details dieser Prozedur einweihte. Zuerst war ich etwas verwirrt, hatte diese doch mit spezieller Energie oder Kraft zu tun, die es einem möglich machen sollte sich selbst zu duplizieren. Sie sagte mir aber auch, dass in meinem Fall die Replik genauso wie ich sein könnte. Sollte allerdings der Wunsch zu sehen, die spirituelle Energie und der Glaube stark genug sein, würde die Möglichkeit bestehen, dass die andere Person sehen kann. Ich wiederholte: „Sie meinen, wenn mein spiritueller Glaube stark genug ist könnte die zweite Person, oder besser gesagt ich, mich sehen? Er könnte für mich die Farben sehen?" Sie erklärte mir das so genau, so lebendig und so glaubhaft, dass ich begann, vor allem wenn ich ganz alleine war, immer mehr darüber nachzudenken.

Ich stellte ihr viele Fragen dazu und begann dann langsam, mit dieser etwas Furcht einflößenden, aber faszinierenden Idee zu experimentieren, die große Konzentration vom wichtigsten und machtvollsten Teil meines Körpers verlangte … dem Gehirn.

Ich beachtete das damals nie so recht, aber ich dachte wie ein größeres Kind und nicht wie jemand in meinem Alter von dreieinhalb Jahren. Ich glaube, in meinen Gedanken habe ich mir nie viel daraus gemacht. Alles, was ich wusste, war, dass ich kurz davor stand, diese Herausforderung anzunehmen. Ich hatte genug Zeit, um genau darüber nachzudenken und letztendlich zu versuchen, in eine Trance zu fallen, die es mir möglich machen würde, diese Leistung zu vollbringen, nachdem ich schon so viel Zeit damit verbracht hatte, die Art des tiefen Denkens und der Geduld zu üben. Ich wiederholte eines der liebsten Sprichwörter meiner Mutter immer wieder für mich: „Es gibt keine Probleme, nur Lösungen".

Zuerst schien es ewig zu dauern. Es bedurfte an Zuwendung und Konzentration, um meine eigene unorthodoxe Technik zu entwickeln. Trotz meiner Jugend zeigte ich schon die Anzeichen der Selbständigkeit, die mir halfen, mein Meisterwerk zu vollbringen. Ich muss zugeben, dass ich manchmal die Geduld mit mir selbst verlor, doch dann wurde es immer einfacher. Ich fand heraus, dass ich in einen Zustand tiefer meditativer Trance und Sammlung fallen konnte, wenn ich mich direkt auf die Mitte meiner Stirn und das dritte Auge konzentrierte, so wie es mir meine Mutter gesagt hatte. Zuerst merkte ich, dass sich starke Kopfschmerzen in mir ausbreiteten. Ich hatte kaum Angst gekannt, aber diese sonderbare Empfindung verursachte so viel Schmerz, dass ich nicht wusste, ob ich wirklich das Endergebnis erfahren wollte, auf das ich aus war und mich am anderen Ende des Tunnels erwartete.

Mein mich beschützendes Haustier Juana war immer an meiner Seite. Wenn ich mich bewegte, machte sie netterweise das gleiche, so als ob sie jede meiner Bewegungen nachahmen würde. Sie war nicht wirklich ein Haustier, sondern viel eher mein Freund, mit dem ich mich sehr leicht unterhalten konnte, sie war immer da und ich fand ihre Sinne sehr auf mich abgestimmt. So, wie wenn man mit jemandem zusammen ist und einander versteht, ohne ein Wort sagen zu müssen. So war die Kraft der Kommunikation zwischen meinem Freund und mir. Daraus lernte ich die unermessliche Freundschaft, die man mit etwas haben kann, dass die Menschen gewöhnlich „Tierwelt" nennen. Ich wage sogar zu behaupten, dass ich mit ihr auf irgendeine Art stärker verbunden war als mit meinen Eltern. Ihre Zuwendung war instinktiv und das, was die Verbindung zu meinen Eltern stärker machte, war die überwältigende Liebe und Fürsorge.

Ihre Fähigkeit, mit der Sprache zu kommunizieren, war wichtig für mich. Aber mit Juana brauchte ich nicht zu sprechen: Sie verstand meine Gesten. Und so lernte ich und glaube, dass zwei Menschen, die sich gegenseitig verstehen, nicht zu sprechen brauchen und ihre Gefühle verbal ausdrücken müssen, sondern dass sie das ganz einfach mit ihren Augen und der Berührung tun können.

Juana war meine treue und enge Wolfskumpanin, die nie einen Laut von sich gab, immer so still wie die Ruhe selbst. Sie stand jedes Mal plötzlich auf und verließ das Zelt, wenn ich begann, meine Gabe zu üben, meinen Geist in tiefe Meditation zu führen. Dass sie meine Seite verließ, jedes Mal wenn ich begann, in Trance zu fallen, störte mich, weil ich sie nicht nur für meine engste Vertraute hielt, sondern auch, weil ich das Gefühl hatte, dass sie ahnte, dass das, was ich zu tun versuchte, vermutlich gegen die Gesetze der Natur verstoßen könnte und nichts Alltägliches sondern etwas Paranormales war, das mit der okkulten Welt zu tun hatte. Obwohl ich auch das Gefühl hatte, dass die Wellenfrequenz meines Experiments vielleicht zu viel für ihre feinen und empfindlichen Ohren war. Wie dem auch sei, ich wusste und spürte, dass sie verstand, dass das, was ich tat, Teil meiner Bestimmung war und nicht geändert werden konnte.

Unser Verhältnis war ähnlich dem von Geschwistern. Wir kommunizierten großartig miteinander mit unserem eingebauten sechsten Sinn, den manche als Instinkt bezeichnen. Als Juana eines Tages aufstand und ging, sagte plötzlich irgendetwas in mir „stopp" und ich begann, an mir selbst zu zweifeln. Ich spürte am ganzen Körper eine Hitze, so heiß wie Feuer, und begann übermäßig zu schwitzen. Doch mein Geist kehrte mit starker positiver Energie zurück, die mich auf dem Weg zu meinem Ziel weitermachen ließ. Unter Anwendung starker Willenskraft und indem ich alles andere aus meinem Geist verbannte, machte ich langsam weiter, bis ich in der Lage war, die Kopfschmerzen auszublenden und mein Ziel zu erreichen. Diese Kopfschmerzen schienen meinen Übergang von der Seite der totalen Finsternis zur anderen Seite, wo mich ein Lichtstrahl erwartete, zu blockieren. Zuerst war es nur ein Flackern von Licht.

Nach langem Versuchen geschah es dann endlich! Genau als ich anfing zu zweifeln, brach ich durch und fand mich auf der anderen Seite wieder. Ich befand mich unter einem glänzenden blauen Strahl, der sich aber schnell zu einer weichen, weißen Wolke aus Licht wandelte. Es sah fast so aus als ob ich aus dem Flugzeugfenster auf die unter mir vorbeiziehenden Wolken schaute. Das flackernde Licht begann langsam zu einem Bild zu werden und als dieses Bild klarer wurde, sah ich, dass es ein alleine dasitzendes, sich nicht bewegendes, kleines Kind war. Zuerst war ich erstaunt und fragte mich, ob das ich sein könnte, doch bei genauerer Betrachtung wusste ich instinktiv, dass ich es sein musste.

Ich konnte mich von außerhalb meines Selbst sehen. Im Angesicht einer Gefahr habe ich nie die Nerven verloren. Obwohl das hier nicht gefährlich war, war es dennoch so beeindruckend anders für mein junges Leben, dass es mich entsetzlich durchrüttelte, erschreckte und meine Gefühle komplett durcheinander brachte. Stell dir einmal vor, jemanden zu sehen, obwohl du in deinem ganzen Leben noch nie gesehen hast!

Ich weiß, dass es für jemanden, der mit all seinen Fähigkeiten geboren wurde, nicht leicht vorstellbar ist. Was ich hier zum ersten Mal in meiner Kindheit bezeugen durfte, war ein aktuelles Bild: ein Bild von mir. Aber der erstaunlichste Teil von dem ganzen ist, dass ich dieses Bild, das vor mir entstanden ist, nicht mit den Augen sah, sondern mit dem kraftvollsten Wunder überhaupt… meinem Geist.

Die ersten Male wusste ich nicht, ob es für mich richtig oder falsch war, das zu tun, aber nachdem ich mich schnell erholte, war ich erstaunt über das, was ich getan hatte. Die Energie fühlte sich nicht negativ an. Es dauerte nicht allzu lange an, ich vermute, weil ich das nicht wirklich wollte, oder hauptsächlich, weil ich nicht ganz daran glaubte, dass ich in der Lage sein würde, solche Wunder in die Tat umzusetzen, nur, indem ich mich selbst dazu brachte, mit der Gedankenkraft meines Geistes Grenzen zu überschreiten. Ich hatte es schon zuvor versucht, doch diesmal habe ich mir selbst erlaubt, genau diesen einen Moment länger durchzuhalten, der mich näher zu meinem erwählten Ziel brachte.

In meinem fieberhaften Zustand fragte ich mich, was ich denn gerade getan hatte, ob das wirklich ich war, den ich da gesehen hatte. Am Anfang wirkte es so, als ob ich aus einer großen Entfernung schauen würde, doch dann bewegte ich mich näher hin und bekam eine Nahaufnahme wie durch ein Vergrößerungsglas von mir, wie ich mit geschlossenen Augen dasaß. Ich brauchte meine ganze Konzentration und jedes bisschen Energie, das ich in mir aufbieten konnte, um das zu vollbringen. Danach fühlte ich mich völlig erschöpft. Kurz darauf war meine Mutter neben mir, ich lag auf dem Boden und sie wischte den Schweiß von meiner Stirn und sagte: „Oh nein, Fieber". Dann wollte sie wissen, was los war und ich sagte nichts, weil ich nicht wusste, wie ich ihr das eben Erlebte erklären sollte. So blieb ich für eine Weile am Boden sitzen und klammerte mich an meine Mutter. Für sehr lange Zeit konnte ich nicht darüber sprechen, doch eines Tages gestand ich es ihr. Ich erzählte ihr, dass ich das geschafft hatte, von dem sie meinte, dass ich in der Lage sei, es zu tun und beinahe weinend meinte ich: „Mutti, ich hab's geschafft! Ich hab gesehen, wie ich ausschaue." Ganz aufgeregt fuhr ich fort, ihr von meinem außergewöhnlichen Erlebnis zu erzählen. Ich konnte nicht aufhören, davon zu reden. Ich sagte, ich hätte die Farben und alles gesehen, von dem sie sagte, ich könne es sehen. Aber ich meinte auch, dass es nicht sehr lange angedauert hätte und ich nicht ganz glücklich darüber war. Sprachlos hörte sie mir sehr genau zu, drückte mich fest an ihre Brust und umarmte mich.

Dieses bleibende Erlebnis lehrte mich eine sehr wichtige Lektion in diesem frühen Zeitpunkt meines Lebens: Wir sind in der Lage, so außergewöhnliche und unglaubliche Wunder zu erschaffen, wenn wir unserem Gehirn erlauben, über die Leistung hinaus zu funktionieren, die es normalerweise zu erbringen gewohnt ist. Das Ausbildungssystem bringt den Großteil der Bevölkerung dazu, zu glauben, dass wir nicht mehr als zehn Prozent seiner Leistung zu verwenden brauchen. Für mich ist das Denken wohl die unterschätzteste unserer wertvollen Fähigkeiten.

Kurz vor meinem vierten Geburtstag arrangierten sie eine Reinigungs-Zeremonie für mich. Das war ebenfalls ein erstaunliches Abenteuer für meinen Geist. Ich konnte einige neue Empfindungen spüren, die ich nie zuvor erlebt hatte. Ich fühlte, dass so etwas wie eine Erneuerung in meinem Inneren stattfand. Das einzige, das mir gesagt wurde, war, es würde sehr heiß sein, und das war es auch. Ich wurde gebeten, über die Gedanken zu sprechen, die ich gerade hatte. Ich tat es, aber ich konnte keinen großen Sinn dabei entdecken und mich auch nachher nicht mehr erinnern, was ich gesagt hatte, abgesehen davon, dass ich dabei ganz nass wurde.

Es war ungefähr sechs Monate später, ich war viereinhalb Jahre alt, als ich durch das Wunder des Gebets und Glaubens, einer Segnung und fast durchgehend heißem Wasser der Quellen in Neu Mexico, und einer Reinigungs-Zeremonie, die sie mit großer Überzeugung und gewaltiger Ehrfurcht durchgeführt hatten, ein verschwommenes Bild sah, das plötzlich scharf wurde und das engelsgleiche Gesicht meiner Mutter mit ihren Sommersprossen auf der Wange und ihren lachenden Augen zeigte. Sie war absolut schön. Sie war in mein Tipi gekommen und sagte: "Ich habe deine geliebten Maiskolben hier!" Ich sah zum ersten Mal auf mein Lieblingsgericht, und auch heute noch ist Mais, den die Eingeborenen als eines der „Heiligen Schwestern Getreide" bezeichnen, eines meiner liebsten Nahrungsmittel.

Ich langte mit ängstlicher Neugier hinauf und berührte den reizenden Schönheitsfleck auf ihrer Wange. Sie lächelte, sah sanft hinauf und dankte dem Schöpfer. Dann, nicht fähig sich auch noch eine Sekunde länger zu halten, rief sie mit sanfter aber gut hörbarer Stimme: „Joseph, komm her, er kann sehen, er kann sehen!"

Ich sah also zum ersten Mal, wer mein liebender Vater war. Er hatte das angenehmste Lächeln und war genau so, wie ich ihn mir in meiner Vorstellung ausgemalt hatte. Ich drehte mich um und fragte: „Wo ist Juana?" Sie war nirgends auffindbar. Lange Zeit danach habe ich mich noch gefragt, ob sie einfach da war, um sicher zu gehen, dass es mir gut geht. Oder war sie ein Schutzengel, der mir geschickt wurde, um mich zu lehren, zu leiten und mich vor jeglichen Gefahren und vor mir selbst zu beschützen? Ich vermisste ihre stille Präsenz, die mich für sehr lange Zeit umgab.

Am nächsten Tag brachten sie mich zu einem Augenarzt, um prüfen zu lassen, ob ich Brillen brauchte, und der Arzt sagte nein. Ich hatte eine vollständige Sehkraft. Von diesem Tag an segnete mich der Schöpfer mit perfektem Sehvermögen. Ich hatte so viel über die Dinge gelernt, die ich nie gesehen hatte, und jetzt konnte ich sie genießen und mit dem vergleichen, was ich mir in meiner Zeit der Dunkelheit vorgestellt hatte.

Dunkelheit wird Licht

Aus den Schatten der Dunkelheit herauszukommen war kein einfacher Prozess für mich. Wo völlige Dunkelheit geherrscht hatte, war jetzt Licht: Es war, als wäre ich ganz neu geboren. Ich fühlte mich so, als ob ich eine völlig neue Welt sehen würde. Das Augenlicht half mir, meine noch immer wachsende spirituelle Kraft noch zu steigern aber ich brauchte lange, um mich an diese neue Welt mit meinen Augen zu gewöhnen. Ich würde nicht mehr ganz so viel nachdenken müssen. Allerdings konnte ich diese plötzliche Veränderung auch nicht so einfach akzeptieren. Vielleicht wäre es anders gewesen, wäre diese Veränderung langsam aber stetig eingetreten. Obwohl ich es sehr aufregend fand, war ich doch noch etwas langsam und vorsichtig, was mich manchmal sehr unsicher machte. Ich wurde mir eigenartiger Fähigkeiten bewusst, die andere Kinder nicht hatten: Meine Gedanken waren mehr auf die von Erwachsenen abgestimmt. Ich konnte die Gedanken anderer Erwachsener sehen oder lesen, während sie sprachen oder nur in meine Richtung schauten. Ich konnte allerdings noch immer in völliger Dunkelheit fühlen und mich zurechtfinden.

Meine Sensitivität und Wahrnehmung waren erstaunlich. Es war beinahe so, als hätte ich einen nicht näher erklärbaren sechsten Sinn, der mich führte und mir half, die ganze Zeit einen Schritt weiter vorauszusehen. Ich beschloss, nicht darüber zu sprechen, weil es mir sowieso schon schwer genug fiel, mich mit Kindern meines Alters zu umgeben. Ich wusste, dass meine Gedanken und meine Psyche viel weiter entwickelt waren als ihre. Ich zog mich immer mehr zurück. Ich bin mir sicher, dass genau aus diesem Grund viele dachten, ich wäre unnahbar.

Meine Konditionierung war nicht leicht zu erklären, daher ignorierte ich es und hielt es vor meiner Umwelt geheim. Ich konnte verstehen, dass sie keine Schuld für mein Anderssein traf. Ich hatte gelernt, hinter andere Leute zu sehen, während ich in meiner Welt der Dunkelheit war. Auf diese Art und Weise hatte ich auch gelernt, meinem Alter voraus zu sein und erstaunliche

Dinge zustande zu bringen, indem ich das benutzte, was die Menschen seit langer Zeit vergessen hatten. Ich hatte die Fähigkeit wiederbelebt, meinen Geist in ein Reich endloser spiritueller Energie auszubreiten, die davon kommt, dass man den Geist benutzt und trainiert. Wenn wir gewisse traditionelle Übungen der Meditation und des Gebets lernen, sind wir fähig, weiter zu kommen als zu dem, was von der Menschheit als normal gesehen wird.

Jetzt, da ich sehen konnte, wurde ich auch ausgesprochen still, und das hat, für mich unbewusst, meine Energie gestärkt. Diese neue Welt der Aktivität war schockierend auf eine Art und Weise, denn sie war ganz und gar nicht das, was ich erwartet hatte. Ich weiß nicht, welcher Art meine Erwartungen waren, aber es schien sich so viel weiter zu bewegen, ohne einen Gedanken an Entspannung. Natürlich, wenn man das mit der heutigen Welt vergleicht, war es friedlich und ruhig. Ich nahm all das auf, was ich viereinhalb Jahre lang versäumt hatte.

Was ich noch störender empfand war, dass ich spüren konnte, wenn jemand über mich sprach. Es war kein gutes Gefühl, weil ich auch das Negative genauso wie das Positive wahrnehmen konnte und ich das Negative noch viel stärker fühlte als das Positive. Es war überhaupt kein gutes Gefühl. Lange Zeit wollte ich mich von dieser Fähigkeit trennen, die ich erworben hatte oder die ich sogar noch weiter zu entwickeln lernte. Es schaffte eine sehr einsame Sphäre für mich, denn ich konnte in einen Raum gehen, dort jemanden treffen und wusste dessen wahre Gefühle oder Urteile über mich. Ich wollte diese Gabe loswerden, aber je mehr ich das versuchte, umso stärker schien sie zu werden.

Diese Kraft lebt stärker denn je in mir, bis heute. Ich war in der Lage, Geschäftsleuten von bevorstehenden Zwischenfällen zu berichten oder ihre Gedanken zu lesen und ich fühlte mich teilweise beschämt, wenn ich das tat. Ich reflektiere diese Fähigkeit als spirituelle Gedankenwellen, denn sie haben keine Grenzen. Ich kann sagen, was ein Freund gerade jetzt denkt, auch wenn er sich auf der anderen Seite des Ozeans befindet. Ja, ich glaube, das ist ein Wunder, so wie jeder einzelne von uns ein Wunder ist. Wir haben eine grenzenlose Welt von Körper und Geist, innere Fähigkeiten, die wir zu trainieren verweigern. Wir sind durch unsere Intelligenz zu selbstgefällig geworden, um diese Fähigkeiten zu benützen. Das ist nur eines der größeren Probleme der Menschen in der heutigen Welt. Wir sind zu konditioniert innerhalb der Regeln unserer antiquarischen Ausbildungssysteme, sodass wir die Kräfte, die wir besitzen, nicht verstehen.

Wir haben vergessen, dass alles Materielle auf dieser Erde die Erfindung des menschlichen Geistes ist. Mehr und mehr wenden wir uns selbst von diesen wundervollen Gaben ab, die einige als übernatürliche Fähigkeiten bezeichnen würden. Jedoch besitzen wir alle diese Fähigkeiten und haben auch das Können und die Kraft, diese anzuwenden. Bis heute glaube ich nicht, dass meine Fähigkeiten so etwas Außergewöhnliches sind, denn ich glaube, die menschliche Rasse hat mehr Macht, als die Mehrheit der Menschheit anwendet.

Einer der größten Beiträge, der mir dazu verhalf, einen kleinen Anteil dieser zusätzlichen Fähigkeit zu haben, war für mich die wahre und gebende Liebe in meinem jungen Leben. Es muss wahre Liebe vom Herzen sein, genau so wie ich sie von meinen Eltern empfand. Dadurch, dass ich nicht sehen konnte, war der einzige Weg ihre Energie zu fühlen, die direkte Verbindung zu ihren Herzen und Seelen. Die Energie, von der ich spreche, ist spirituell. Sie beginnt sich schon im Säuglingsalter zu entwickeln und verbreitet sich so gleichmäßig in unserem Körper, dass sie sehr schwer wahrzunehmen und zu finden ist. Wenn man älter wird beginnt man sie nicht nur zu erkennen, sondern sie wahrzunehmen und zu akzeptieren. Es wird leichter, die Unterschiede zwischen richtig und falsch, negativ und positiv, gut und böse und auch Liebe und Respekt zu erkennen. Ich war gesegnet mit ihren Lehren über Liebe und Respekt. Natürlich haben auch die Gene einen gewissen Einfluss.

Meine Eltern trugen sicherlich enorm dazu bei, was aus mir in meinem Leben geworden ist. Hätte ich nicht diese, für viele anormale, frühe Kindheit durchlebt, wäre ich vermutlich für all das, was in den darauf folgenden Jahren passieren sollte, nicht stark genug gewesen. Damals wusste ich es noch nicht, aber durch das Wunder, sehen zu können, sollte ich nur eineinhalb Jahre später, im Alter von sechs Jahren, mehr Schmerz zu sehen und zu fühlen bekommen, als ich mir jemals vorzustellen gewagt hatte.

Zeuge der Tragödie meiner Mutter mit sechs Jahren

Frauen und Liebe war nie ein einfaches Thema, was die männlichen Mitglieder meiner Familie betrifft. Ich verstehe, dass die Frauen sich in meinen Vater verliebten, da er sehr charismatisch und einfach zum Liebhaben war; doch er hatte nur eine Liebe in seinem Leben und das war meine Mutter. Als junger, heranwachsender Bub war ich sehr stolz auf die Liebe meiner Eltern. Seine Hingabe für meine Mutter war vollkommen und daher hatte ich ein sehr gesundes Familienleben durch ihre Liebe füreinander. Ich glaube sehr stark daran, dass die aufrichtige Liebe, die Eltern füreinander in der Gegenwart ihrer Kinder zeigen, besser ist, als ein tausendmal gesagtes „Ich liebe dich".

Man konnte seine Liebe für sie in allem sehen, was er machte, sei es auf oder abseits der Bühne Die eigenen Charakterdarstellungen meines Vaters waren einzigartig, doch zu diesem frühen Zeitpunkt fand ich seine Marionetten, welche ich nur „kleine Leute" nannte, da ich mich mit ihnen assoziieren konnte. Diese zwei Marionetten, mit denen ich aufwuchs, und zu denen ich sprach, waren wie meine Freunde. Ich war ihr Pfleger und war verantwortlich dafür, ihre Schnüre zu entwirren, damit mein Vater mit ihnen auf ihrer eigenen kleinen Bühne, die er auf die große Bühne für Menschen stellte, ohne Probleme auftreten konnte. Einer von ihnen hieß Mr. Bell, der Clown, der dem Publikum einen seiner „Hinfall-Tricks" demonstrieren wollte, ihn aber komischerweise nie auszuführen schaffte. Ich würde sagen, dass der Grund für sein Scheitern wahrscheinlich die an ihm befestigten Schnüre waren. Aber das ist natürlich ein guter, alter, amerikanischer Scherz. Der gesamte Dialog baute darauf auf, dass er den Salto vorwärts, den er immer versuchte, einfach nicht schaffte. Es war ungemein komisch. Der andere war der junge Mr. Jackson, ein junger schwarzer Mann, der den Blues sang. Einer seiner Scherze hatte damit zu tun, dass mein Vater ihn fragte, ob er denn aus dem Süden käme und er darauf antwortete: „Nein, mein Herr, ich komme von südlich der Grenze."

Ich wurde groß mit diesen Freunden, die ein Teil seiner Charaktere waren. Doch für mich waren all diese Marionetten wie lebendige Personen, mit denen ich sprach, wenn ich sie für ihren Auftritt vorbereitete. Ich beobachtete meinen Vater genau, wie er die Puppen über die Bühne tanzen ließ und das Publikum in schallendes Gelächter ausbrach. Ich genoss einfach alles was er machte, aber ich hatte auch Spaß mit den verschiedenen wirklichen Darstellern, die mit unserer Show reisten.

Mein Vater war nicht nur selbst ein Künstler, sondern er hatte auch die einzigartige Fähigkeit, junge Leute zu Künstlern zu machen. Ich erinnere mich daran, dass ich zusah, wie er viele junge

Leute unterrichtete Feuerschlucker, Schauspieler und Sänger zu werden, so wie er mich unterrichtete, egal welches Talent ich gerade an den Tag legte. Er zeigte nicht nur Zaubertricks, sondern er erfand selbst welche. Außerhalb der Saison dachte er sich neue Ideen aus, konstruierte sie und malte ihnen ein leuchtendes chinesisches Rot mit goldenen Drachen auf allen vier Seiten auf.

Trotz all seiner Talente gab es nichts, das mich in meinem jungen Leben so beeindruckt hatte wie der Zeitpunkt, wenn er sich hinsetzte und sein Gesicht bemalte. Es gab einen Tag, an dem sich dieser berühmte Clown hinsetzte, um mit seiner Kreation eines lachenden Gesichts zu beginnen und ihm Tränen über die Wangen rollten. Ich erinnere mich an diesen Zwischenfall so gut, weil mich diese Tragödie in einen Schock versetzte, der noch lange nach diesem Ereignis anhielt.

Es ereignete sich, als ich sechs Jahre alt war, in Conchos, Arizona. Es war eine „Ein Pferd Stadt", wie man im Südwesten zu sagen pflegte. Mein Vater hatte die Stadt immer gemieden, weil sie nicht auf seiner regulären Tour lag. Doch diesmal waren einige Auftritte abgesagt worden und mein Vater sagte zur Gruppe: „Wir sind nicht allzu weit weg von Conchos in Arizona. Wir können in ein paar Stunden dort sein und heute Abend eine Vorstellung geben."

Lange Zeit quälten meine Mutter, auf Grund der fatalen Entscheidung in Conchos aufzutreten, grauenhafte Schmerzen. Drei oder vier Wochen vor dem Start der Tournee hatten meine Eltern in der Nacht einen heftigen Streit in unserem neuen Heim in Albuquerque – den einzigen übrigens, den ich zwischen den beiden je miterlebt hatte. Mein Vater wollte, dass meine Mutter nicht mit auf die Tournee kam und begründete dies damit, dass die kleine Gloria noch zu zart war, um sie den Strapazen der Reise auszusetzen.

Er bekniete sie beinahe, daheim zu bleiben und betonte, er hätte das Gefühl, dass meine kleine Schwester nicht reisen sollte. Meine Mutter begann zu weinen und letztendlich gestand er ihr, dass der Grund, warum er sich so fürchtete, sie diesmal mitzunehmen, ein immer wiederkehrender Traum war, in dem jemand oder eine schreckliche, dunkle Macht versuchte, sie und die kleine Gloria von seiner Familie zu trennen. In seine Träume setzte er einen bedingungslosen, fast heiligen Glauben. Und diesen mochte er ganz und gar nicht. Als sie diesen Traum bagatellisieren wollte, wurde er sehr ärgerlich und belehrte sie: „Du hast dich nicht über die Träume eines Apachen lustig zu machen!" Sie versicherte ihm, dass sie das nicht tat und entschuldigte sich.

Nach einer langen Nacht mit turtelnder und küssender Versöhnung konnte sie ihn dann doch überzeugen, dass ihr Platz an seiner Seite war. Doch jetzt war der gleiche Traum während der Tournee geblieben und inzwischen zum Albtraum geworden, der meinen Vater verfolgte und mitten in der Nacht schweißgebadet aufwachen ließ.

Während meine Mutter versuchte, ihn zu beschwichtigen, wurde sie ebenfalls davon geplagt. Etwa eine Woche vorher gab es einen Zwischenfall zwischen unserem Freund, Sheriff Baca und Manny, unserem Gitarrenspieler, Sänger und Angehörigen des Yacqui Stammes. Er hatte die Nacht im Gefängnis verbracht, weil er zu viel getrunken hatte, und als Baca versuchte ihn zu stoppen, hatte Manny den Sheriff überrascht und ihn am Kopf mit seinem eigenen, lederüberzogenen Stahlschlagstock (umgangssprachlich als Billy Jack bezeichnet) verletzt. Es waren einige Männer nötig, um Manny zu überwältigen und einzusperren. Am nächsten Morgen gingen meine Eltern zum Sheriff, der Manny mit dem Kommentar freiließ: „Manny, bleib beim Singen und trink nie wieder in meiner Stadt Tierra Amarilla, ok?!" Manny war alles sehr peinlich und er antwortete: „Nein Sheriff, ich werde mich nicht mehr betrinken, versprochen".

Meine Mutter hatte gemeint, dass der Traum meines Vaters vielleicht etwas mit diesem Ereignis zu tun gehabt hätte, doch mein Vater widersprach ihr und sagte: „Nein, der Traum hat mit dir und dem Baby zu tun. Wir müssen sehr vorsichtig sein, das ist alles".

Der Umgang meines Vaters mit den Träumen der Apachen war ein ganz besonderer. Er hatte eine einzigartige Gabe, die Zukunft vorherzusagen. Mit der Art und Weise, wie er die Aura von fremden Menschen las, schockierte er viele Beobachter. Seine Voraussagen waren vergleichbar mit denen anderer berühmter Propheten wie Edgar Cayce, besser bekannt als „Der schlafende Prophet", oder Fiat, einem Illusionär, der ein riesiges Lagerhaus voll mit großen Illusionen hatte. Er war ein enger Freund meines Vaters. Wenn sie zusammenkamen, verbrachten sie den ganzen Tag damit, sich eine fantastische Illusion nach der anderen anzusehen. Sie konnten endlos lange damit verbringen, über historische Ereignisse und die Welt des Okkulten zu sprechen, die von den Alten vorhergesagt worden waren. Ich genoss jedes bisschen davon, auch wenn es danach manchmal schwer war, nachts zu schlafen. Die Entscheidung, nach Conchos zu fahren, wurde der ganzen Gruppe überlassen.

Wenn nur ein oder zwei von den Mitgliedern unserer Gruppe nein gesagt hätten, als mein Vater vorschlug nach Conchos zu fahren, hätte es ihn vielleicht umgestimmt oder ihn abgehalten zu fahren. Doch alle hatten begeistert zugestimmt. Sie waren wirklich alle einverstanden und so fuhren wir auf der Straße in Richtung Conchos. Wir kamen sonntagmorgens gegen sieben Uhr an, und die warmen Strahlen der Morgensonne schienen auf die Seite des Schulhauses am Gipfel des Hügels, das von offenem Land nach allen Seiten hin umgeben war. Es war ein wundervoller Anblick. Mein Vater hatte gehört, dass dieses Gebäude für alle Veranstaltungen der Gemeinde verwendet wurde. So fuhren wir sofort auf den Hügel und parkten neben dem einzigen anderen Auto. Unsere anderen beiden Autos folgten uns und parkten ebenfalls nebeneinander. Wenn ich jetzt darüber nachdenke, dass alle Autos schwarz waren und sich nebeneinander aufstellten, musste es fast wie eine Gruppe Autos von Banditen ausgesehen haben, die sich, wie in einem Film, aufmachten um eine Bank auszurauben. Wir waren auf jeden Fall gekommen, um unsere Arbeit zu verrichten, und die hatte gar nichts mit einem Banküberfall zu tun. Wenn mich meine Erinnerung nicht täuscht waren fast alle Autos, die in den frühen Jahren des 19.Jahrhunderts gebaut wurden, schwarz oder grau. Außer man war sehr wohlhabend und konnte es sich leisten, eine spezielle Farbe zu bestellen. Dies traf auch auf die Kleidung zu, die zu jener Zeit getragen wurde: schwarze Anzüge oder Nadelstreif mit weißen Hemden.

Wie auch immer. Auf jeden Fall sollte unsere Arbeit den Einheimischen hier Freude und Unterhaltung bringen. Sie sehnten sich vermutlich nach solch einer Show, denn wahrscheinlich kamen nur sehr wenige Theatergruppen in abgelegene Städte. Glücklicherweise kam, gerade als mein Vater aus dem Auto ausstieg, ein Mann aus dem Seiteneingang des Schulhauses. Mein Vater ging lächelnd und ohne zu zögern auf den Mann zu.

Ich saß da und presste meine Nase an das Fenster, das halb geöffnet war, damit auch meine Mutter mithören konnte, was die beiden besprachen. Mein Vater stellte sich vor und begann dem Mann zu erzählen, dass wir hier eine Vorstellung geben wollten. Der Mann unterbrach ihn mit einem Lächeln im Gesicht: „Ich kenne Sie doch. Sie sind Black Diamond. Ich habe Sie in einer Show in Tucson vor zwei Wochen gesehen." Der Mann war überglücklich meinen Vater wieder zu sehen und zu erfahren, dass wir hier in Conchos auftreten wollten. Er lud ihn ein, das Schulgebäude gleich ohne Entgelt zu benutzen. Er bot sich sogar an, die Flugblätter am Anzeigebrett der Kirche zu platzieren und den Priester, der ein guter Freund von ihm war, zu bitten, die Veranstaltung gleich in der Acht-Uhr-Messe anzukündigen. Er fuhr fort meinem Vater zu sagen, dass es seine einzige Aufgabe wäre, eine Lizenz im Warenhaus zu holen. Während er sprach, deutete er auf das Geschäft, das man vom Hügel aus sehr gut am Fuße dessen erkennen konnte. Mein Vater dankte und versicherte ihm, er würde sich gleich darum kümmern. Als Mann, der zu seinem Wort stand, wies er alle an, das Schulhaus für den Auftritt am Abend vorzubereiten, während er, Isaac und ich mit ihm den Hügel zu dem Geschäft hinunterfuhren, um die Lizenz zu bekommen.

Es dauerte nur ein paar Minuten, um zum Geschäft zu kommen. Kurz nachdem wir dort ankamen, sahen wir drei stark betrunkene Cowboys, die seitlich der Türe neben einem Pfahl standen, an dem drei Pferde angebunden waren. Isaac sagte zu meinem Vater, er würde die Blicke dieser Männer nicht leiden können, doch mein Vater lachte und meinte zu Isaac: „Es ist alles in Ordnung. Warte hier, während ich hineingehe und die Lizenz hole". Er stieg aus und ging eilig ins Geschäft. Isaak erklärte mir, dass sich hier alles in der Stadt scheinbar um dieses Geschäft abspiele, denn es war gleichzeitig Post, Schnapsladen und, wenn man aus irgendeinem Grund einen Richter brauchte, war auch das hier der richtige Platz dafür.

Ich wollte die Pferde streicheln und Isaac machte den Fehler, mir diesen Gefallen erweisen zu wollen, indem er ausstieg, mich an der Hand nahm und zu den Pferden führte. Genau in diesem Moment kam noch ein Cowboy angeritten. Als er abstieg, stieß er mich nieder und schrie Isaac an, er solle den schmutzigen kleinen Indianer von den Pferden fern halten. Isaac hob mich auf und als er den betrunkenen Riesenkoloss anstarrte, kam mein Vater aus dem Geschäft. „Ich hab die Lizenz, kommt, gehen wir."

Während wir losfuhren, fragte er Isaac, was passiert war, und dieser erzählte die Geschichte. Er flehte ihn an, doch bitte zu überdenken, ob es nicht besser sei, den Auftritt zu streichen und die Stadt zu umfahren, denn er ahnte Schwierigkeiten. Mein Vater erklärte Isaac, dass in den Vertragsbedingungen auch ein Hilfssheriff inkludiert war, der während der Veranstaltung für Ruhe sorgen sollte.

Isaacs Warnung zu ignorieren sollte sich später als der größte Fehler herausstellen, den mein Vater in seinem ganzen Leben gemacht hatte. Mein Vater setzte Isaac bei der Schule ab, um die Zaubertricks vorzubereiten und wir fuhren mit den Lautsprechern auf dem Autodach weiter, um öffentlich Werbung zu machen und Flugblätter zu verteilen. Das war für ihn so üblich und die Leute mochten das sehr, denn er würde auch seine Musik spielen und die Ankündigung machen, während ich oder einige der Stadtkinder (meistens zwei) die Flugblätter verteilten. Die Kinder liebten diese Tätigkeit, denn sie bekamen dafür eine Freikarte für die Vorstellung. Sie gingen von Tür zu Tür und drückten den Leuten ein Flugblatt in die Hand, wenn diese herauskamen. Die meisten Bewohner wussten schon Bescheid, denn bereits früh an diesem Sonntagmorgen hatte der Priester unseren Auftritt während der Messe erwähnt. Dennoch war mein Vater der Meinung, dass es nötig sei, die Leute noch einmal daran zu erinnern.

Manchmal kamen wir erst kurz vor der Aufführung zurück und auch diesmal war es so. Als wir zur Schule zurückfuhren, waren schon fast alle Parkplätze voll. Da standen LKWs, Autos und einige Pferdekutschen. Mein Vater lächelte: „Unterschätze niemals die Macht der Werbung, mein Sohn!" Zu diesem Zeitpunkt wusste ich noch nicht, was er damit meinte. Das Lächeln in seinem

Gesicht sagte mir, es war etwas Gutes und Positives, also lächelte ich zurück und stieg aus dem Auto. Ich half ihm, die leichten Teile der Tonausrüstung durch den Hintereingang der Schule und hinter die Vorhänge der Bühne zu tragen.

Es war keine Bühne im eigentlichen Sinn. Ein paar Vorhänge hingen etwa zehn Fuß von der Rückwand des rechteckigen Raumes herab und ein Flügel stand auf jeder Seite etwa fünf Fuß vor dem ersten Vorhang. Das Ganze nahm etwa 20 Fuß in Anspruch und diente sowohl als Backstage-Bereich als auch als Umkleideraum. Meine Mutter war bereits fertig, denn sie eröffnete jede Vorstellung. Mein Vater kam, um sich umzuziehen und verlangte nach seiner Trompete. Er blies üblicherweise die musikalische Einleitung für meine Mutter und auch heute Nacht war es nicht anders. Der Raum war zur Gänze gefüllt, die Leute drängten sich bis ungefähr 15 Fuß vor der Bühnenkante. Ich weiß es, denn eine meiner Angewohnheiten, die mein Vater mir nie abgewöhnen konnte, war, durch die Vorhänge zu spähen.

Auf einmal schien es eine fürchterliche Störung vorne zu geben und mein Vater fragte, was los sei. Genau zu diesem Zeitpunkt kam Emma, unsere Stepptänzerin, die am Haupteingang die Eintrittskarten kontrollierte, nach hinten und sagte. „Da sind vier sehr betrunkene Cowboys, die sich an mir vorbeigedrängt haben, und der größte und besoffenste von allen sagt, sie zahlen nichts, weil er der Neffe vom Richter ist". Mein Vater antwortete: „Lass es gut sein, ignorier sie einfach", und deutete dann Ralph, dem Zeremonienmeister und Leiter der Vier-Mann-Band, die Show zu eröffnen.

Zu diesem Zeitpunkt standen die vier betrunkenen Cowboys rechts von der Bühne aus gesehen, vor Familien und hinter den Kindern, die auf dem Boden saßen. Sie hatten eine arrogante Haltung und ein verächtliches Grinsen im Gesicht. Meine Augen waren auf den Mann fixiert, der mich in der Früh geschubst hatte. Ich fragte mich, wie sie sich noch auf den Beinen halten konnten, da sie bereits am Morgen so betrunken waren. Dad schickte Manny zum Geschäft, um dem Richter zu sagen, er solle sofort den Sheriff entsenden, den er versprochen hatte. Weiters beauftragte er Issac, nach den Autos zu sehen. Manny eilte los, und kam etwa zehn Minuten später zurück. Es war offensichtlich, dass er gerannt war, denn er war ganz außer Atem. Er erklärte meinem Vater, der Richter würde schlafen und seine Frau wollte ihn nicht aufwecken.

Man konnte Ralph hören, wie er meine Mutter auf der Bühne vorstellte, und auf ein Zeichen von ihm begann mein Vater mit seiner Trompeten-Einleitung für das Eröffnungslied meiner Mutter. Sie begann zu singen und sofort unterbrach der riesige Cowboy mit seiner lauten rauen Stimme: „Lass mal sehen, was du außer singen noch kannst". Mit diesen Worten begann er seinen gigantischen, bärenähnlichen, bedrohlichen Körper zu bewegen und auf sie zuzugehen. Die anderen drei folgten ihm ganz dicht und waren nicht minder bedrohlich. Sie waren so laut, dass es für alle Familien im Publikum offensichtlich war, dass dies zu nichts Gutem führen konnte. Dazwischen gab es Momente, in denen nichts zu hören war und in denen ich den erstarrten Blick und die ängstlichen Augen des Publikums sehen konnte.

Nicht wissend, was ich tun sollte, als sie meiner Mutter immer näher kamen, war ich in einem totalen Schockzustand gefangen. Ich konnte mich nicht bewegen oder meinen Vater rufen, obwohl ich das wollte. Ich konnte den bohrenden Blick dieses Mannes auf mir spüren, noch in lebhafter Erinnerung an das frühe Zusammentreffen mit ihm vor dem Geschäft. Doch das hier war mindestens zehn Mal schlimmer, so wie ich ihn auf meine Mutter zukommen sah. Sie versuchte, ihn wegen der über zweihundert Familien im Schulgebäude anzuflehen, doch sie hatte keine Chance, mit ihm in diesem betrunkenen Zustand zu verhandeln. Er kam einfach immer näher.

Ich konnte die gleiche Furcht spüren, die inzwischen das Publikum erfasst hatte, alle Kinder, Männer und Frauen, die in einen geistigen und körperlichen Zustand der Starre verfallen waren. Ich konnte hören, wie meine Mutter diesen Mann anflehte, als sie immer weiter zurückwich, ganz langsam in Richtung eines der Zaubertische meines Vaters. Üblicherweise bereitete Isaac zwei Tische vor der Show vor und platzierte sie links und rechts auf der Bühne. Auf einem stand eine aufgestellte Glasscheibe und auf dem anderen lag eine 22-Kaliber Pistole geladen mit Platzpatronen. Als der Betrunkene immer näher kam und sie in den Tisch rannte, nicht wissend, was es war, drehte sie sich leicht und sah die Pistole am Tisch liegen. Der Rüpel kommentierte: „Und, was wirst du jetzt machen?"

Ohne einen weiteren Gedanken zu verschwenden nahm sie die Pistole, richtete sie auf ihn und sagte: „Wenn du noch näher kommst, dann schieße ich". „Du kannst mir keine Angst einjagen", antwortete er, lachte und fuhr fort: „Na los, schieß doch!", und damit drückte er seine Brust an den Lauf der Pistole. Gleichzeitig drückte meine Mutter ab, nicht nur ein-, sondern zweimal. Sie erlebte eine böse Überraschung als der Cowboy das Gesicht verzog und zu Boden fiel, während Blut aus seiner Brust schoss. Ich rannte zu meiner Mutter und hielt mich an ihrem Bein fest, mein Vater war gleich hinter ihr und legte ihr einen weißen Schal um die Schultern. Sie war geschockt, starrte auf den Revolver in ihrer Hand und beugte sich in völligem Unglauben, was da geschehen war, über den Verletzten. Jeder von uns kannte diese Illusion und wusste, dass die Pistole nur mit Platzpatronen geladen war.

Was in Wahrheit passiert war, ist, dass Isaac, der seit dem frühen Nachmittag Schwierigkeiten vorausgesehen hatte, die Platzpatronen durch echte Patronen ersetzt hatte. Doch als mein Vater ihn hinausschickte, um die Autos zu kontrollieren, verabsäumte er es, jemandem zu sagen, dass die Waffe scharf geladen war, da er dachte, es würde nicht lange dauern, weil die Autos gleich beim Seiteneingang geparkt waren. Aber er nahm sich einen Moment länger Zeit und ging auf die Toilette. Als er die Schüsse hörte, hastete er ins Schulhaus, konnte aber an der Menschenmenge nicht vorbeikommen, die in Panik geraten war und in jede Richtung rannte, entweder zur Tür hinaus oder nach vorne zu dem verletzten Mann. Zwei seiner Freunde stellten sich über meine Mutter und drohten ihr, während der Dritte zum Friedensrichter beim Geschäft rannte. Obwohl dieser zuvor nicht gestört werden konnte, war er jetzt binnen Minuten mitten im Geschehen und brachte gleich einen Arzt mit, der sich sofort über den Verletzten beugte und ihn untersuchte. Der Richter drohte währenddessen meiner Mutter: „Wenn mein Neffe stirbt, dann wirst du gehängt, meine Dame". Der Verwundete, der jetzt sehr nüchtern schien, teilte dem Arzt mit schmerzverzerrter Stimme mit: „Ich bin schuld an den ganzen Schwierigkeiten. Die Dame kann nichts dafür". Der Richter sagte nur: „Hört nicht auf meinen Neffen, er ist nicht bei Sinnen". Der Sheriff, der mit einer Schrotflinte im Anschlag eintraf und sehr autoritär wirkte, hörte die Aussage des Verletzten auch.

Er zog Handschellen heraus und legte sie meiner Mutter an ohne ihr ihre Rechte vorzulesen. In der Zwischenzeit erholten sich einige der Leute von ihrem Schock und begannen, mit den Mitgliedern unserer Gruppe zu reden. Viele von ihnen sympathisierten mit meiner Mutter in dem Wissen, dass die Vier die lokalen Unruhestifter waren. Das hatten wir schon zuvor in vielen

Städten um 1930 erlebt, mit dem einzigen Unterschied, dass wir normalerweise einen Sheriff oder dessen Vertreter bei unseren Auftritten dabei hatten. Ich kann mich nicht erinnern, dass mein Vater viel gesagt hätte. Er konzentrierte sich ganz darauf, meine Mutter zu trösten, die so schnell abgeführt wurde, dass sie, als sie fragte, ob sie meine kleine Schwester mitnehmen könne, die immer noch von ihr gestillt wurde, zur Antwort bekam: „Keine Chance. Du gehst ins Gefängnis und nicht in die Kinderkrippe." Es gab jedoch kein Gefängnis in Conchos, also mussten sie zum Apachen Verwaltungsbezirk, der etwa 30 Meilen entfernt in St. Johns, Arizona, lag.

Beinahe sofort kamen einige der Stadtbewohner auf die aufgeregten Künstler zu, um sie zu unterstützen. Eine liebenswürdige Frau bot ihnen einen Schlafplatz und Essen an, solange es brauchte, um meine Mutter frei zu bekommen. In der Zwischenzeit versuchte mein Vater den Ort herauszufinden, wohin seine Frau gebracht wurde.

Der nächste Morgen kam sehr schnell. Ich kann mich nicht erinnern, von Conchos nach St. Johns gefahren zu sein. Ich glaube, die Erschöpfung von den Geschehnissen ließ mich letztendlich so schnell einschlafen, dass ich nicht einmal mehr wusste, wer mich zum Auto getragen hatte. Ich erinnere mich nur daran, dass ich am nächsten Morgen im Rücksitz unseres Ford A aufgewacht bin. Kaum, dass ich meine Augen geöffnet hatte, starrte ich stillschweigend durch die Rückscheibe des Autos auf das gigantische und solide Steingebäude. Es war mindestens vier Stockwerke hoch. Natürlich erschien es meinen Kinderaugen noch viel höher. Das Gebäude schien ziemlich neu zu sein, wirkte aber Furcht erregend und kalt. In den oberen Stockwerken waren kleine Fenster mit Eisenstangen.

Plötzlich wurde, vermutlich durch meine Bewegung, meine Baby-Schwester munter, die die ganze Nacht hindurch nichts zu essen bekommen hatte, und sie begann zu weinen. Sie musste wirklich sehr hungrig gewesen sein, denn ihr Weinen hallte mit einem durchdringenden Geräusch von den Steinwänden des Gebäudes wider, sodass es über die ganze Straße, in der unser Auto geparkt war, bis zum Gebäudeparkplatz und zum Gebäude hin, zu hören war. Dad wurde munter und versuchte, sie irgendwie zu beruhigen, doch das war vergeblich.

Auf einmal bemerkten wir ein weißes Ding, das von einem der kleinen Fenster aus winkte. Ich deutete dorthin und sagte es meinem Vater. „Das ist Florinda!", rief er.

Das nächste, das ich weiß, ist, dass wir auf dieses Fenster zugingen. Als wir näher kamen, war es offensichtlich, dass es der weiße Schal war, den mein Vater meiner Mutter letzte Nacht um die Schultern gelegt hatte. Es wurde immer schwieriger, das Baby zu beruhigen und als es die Stimme meiner Mutter hörte, war es, als ob man einen Alarm ausgelöst hätte. Jetzt schrie es richtig laut. Das arme Kind hatte seit etwa 18 Stunden nichts zu essen bekommen. Mein Vater meinte, er würde besser auf die Vorderseite gehen, um jemanden zu finden, der gerade Dienst hatte.

Als wir das Gebäude betraten war es etwa sechs Uhr morgens und niemand war zu sehen. Dad rief in der Hoffnung, dass ihn jemand hören konnte, aber es kam keine Antwort. Nach einer Weile setzten wir uns auf eine Bank und er schaukelte das Baby, sang ihm ein Wiegenlied und schließlich beruhigte es sich auch. Doch als schwere Schritte von Stiefeln und das Geräusch von Schlüsseln zu hören waren, schrie es in voller Lautstärke weiter. Das erinnerte mich daran, dass meine Mutter immer gesagt hatte, das Baby würde eines Tages Opernsängerin werden. Später stellte sich heraus, dass dies zumindest teilweise gestimmt hatte. Meine Schwester wurde zwar keine Opernsängerin, doch sie bekam eine sehr kräftige und schöne Singstimme.

Wie dem auch sei, in diesem Moment wollte sie nur etwas von der gesunden Nahrung meiner Mutter und sie würde nicht aufhören zu weinen, ehe sie diese bekam. Die Stiefel und Schlüssel gehörten zu einem nervösen Wachposten, der gerade von seiner Kontrollrunde um das Gefängnis zurückkam. Er sah auf das Baby und sagte irgendetwas zu meinem Vater über das Geschrei. Vater erklärte ihm, dass er nichts machen könne, weil es noch immer Muttermilch brauchte und die Mutter hier eingesperrt wäre. Dann gab der Wächter einen Kommentar zur Squaw in Zelle Nummer vier ab. „Das ist meine Frau", erklärte ihm mein Vater, „sie heißt Florinda." Mit einer Grimasse fuhr der Wächter fort: „Kannst du das Kind nicht dazu bringen, still zu sein?" Mein Vater antwortete: „Ihre Mutter ist die einzige, die das kann." – „Oh nein, das hier ist ein Gefängnis, keine Kinderkrippe", sagte der Wächter. Da kam ein blauäugiger Mann mit einer perfekt geschnei- derten Offiziersuniform herein und mein Vater las „Sheriff" auf seinem Abzeichen. Der Wächter stand fast „Habt-Acht" als dieser hereinkam. Zumindest bemerkte uns der Wächter, während der Sheriff geradewegs an uns vorbeiging und mit dem Wächter zu sprechen begann. Er stellte ihm die alltäglichen Routinefragen, dann endlich drehte er sich um, musterte uns eine Zeit lang, um uns dann mit rauer Stimme zu fragen, was wir denn zu einer so unchristlichen Stunde hier zu suchen hätten. Mein Vater erklärte ihm, dass das Baby seine Mutter brauchte, da es noch immer gestillt werden würde. „Das steht nicht zur Debatte. Wir haben hier keine Einrichtungen für Babys", antwortete der Sheriff. Der Wächter stimmte Kopf nickend zu. „Das habe ich ihm auch schon gesagt". Der Sheriff sah den Wächter scharf an und sagte: „Ich kümmere mich darum." Mein Vater bekniete den Sheriff, als ein weiblicher Offizier hereinkam, mit meiner Schwester zu spielen begann und den Sheriff mit diesem für Frauen typischen Blick ansah. Der Sheriff sah sie an und meinte: „Schau mich nicht so an, Pat. Ist gut, ist gut. Aber du allein bist dafür ver- antwortlich. Ich will mit der Sache nichts zu tun haben!" Ehe er seine Meinung ändern konnte, nahm uns Pat mit und führte uns zu Zelle Nummer Vier, in der meine Mutter schon aufgeregt wartete. Pat öffnete die Zelle und überreichte meiner Mutter das Baby, und schon nach wenigen Momenten war es zufrieden gestellt.

Jedoch war dies erst die erste Hürde, die wir zu überwinden hatten, denn es sollten noch viele weitere folgen. Die treuen Mitglieder unserer Künstlertruppe und die örtlichen Stadtbewohner unterstützten meine Mutter während der ganzen Tortur. Am Anfang wollte der Richter, der ein sehr guter Freund des Friedensrichters in Conchos war, eine Freilassung gegen Kaution nicht zulassen, weil er behauptete, meine Mutter sei eine Fremde und könnte fliehen. Letztendlich setzte er die Kaution mit 5000 Dollar an. Doch die Summe war zu hoch, um von meinem Vater hätte hinterlegt werden können. Die nette Dame, eine Witwe, die die ganze Truppe in ihrem Haus aufgenommen hatte, machte uns täglich Mut. Beim Frühstück erzählte sie, wie sich die Einwohner der Stadt zusammenschlossen, um uns zu unterstützen. Sie gründeten eine Spende- norganisation, die sie „Freiheit für Florinda" nannten und begannen, Geld zu sammeln. Mein Vater ging mit seiner Gruppe der Arbeit nach und versuchte auf jede mögliche Art und Weise das Geld aufzutreiben.

Eines Abends saß ich, so wie immer, wenn ich ihm zusah, wie er sich für seine Bemalung als Clown herrichtete, schweigend nah bei ihm und bemerkte, dass ihm Tränen über die Wangen rollten. Ich stand auf, ging zu ihm und legte meine kleinen Arme von hinten um seinen Hals und sagte zu ihm: „Du bist der größte Clown auf der ganzen Welt, weil du auch weinen kannst." Er nahm mich in seine Arme und es rannen ihm noch immer Tränen übers Gesicht. Das einzige, was er sagen konnte, war: „Vergiss nie mein Sohn, Clowns sind auch nur Menschen."

Der Richter wollte keine Presse im Gerichtssaal dulden, denn er wurde über die massive lokale Unterstützung, die sich für meine Mutter in nur zwei Tagen angesammelt hatte, in Kenntnis gesetzt. Die Tatsache, dass sie eine Original Native war, und eine junge und gut aussehende noch dazu, könnte leicht den gesamten Bezirk in Aufruhr versetzen und auch nationale Medien anlocken. So war seine erste Anordnung die, allen Zeitungen und Radiostationen den Zugang zum Saal für die Dauer der Anhörung zu verweigern. Die absichtliche und direkte Unterbindung der Medienberichterstattung war wohl der größte Fehlspruch. Niemand außerhalb Arizonas würde über den Prozess Bescheid wissen. Der Richter stellte des Weiteren sicher, dass nicht einmal das kleinste Detail zu den lokalen und nationalen Medien durchdrang. Als Erwachsener war das einzige Mittel, das ich bemühen konnte, die Gerichtsakte. Die bürokratische Ungerechtigkeit der Justiz, die meiner Mutter zu Teil wurde, suchte seinesgleichen. Während weder der Richter noch die Seite der Justiz meiner Mutter nicht wohl gesonnen war, verstummten die Stimmen der Stadtbewohner, die sich vor dem Gebäude lautstark für ihre Gerechtigkeit einsetzten, nie. Sie waren es, die jeden positiven Gedanken und jedes Gebet dazu nutzten, um die negative Energie, die meiner Mutter gegenüberstand, zu bekämpfen.

Meiner Mutter wurde ein junger Rechtsanwalt zur Seite gestellt, der noch nie zuvor mit einem Fall wie diesem betraut gewesen war. Als sich dann herausstellte, dass es sich bei diesem jungen Anwalt um eine junge Frau handelte, hatte meine Mutter Angst und große Zweifel, dass die Wahrheit jemals ans Licht kommen würde und die Gerechtigkeit siegen könnte. Mit dieser unerfahrenen Anwältin an ihrer Seite hatte sie das Gefühl, dass nicht nur eine sondern zwei Frauen um ihr noch so junges Leben kämpfen würden. Im Jahre 1936 sahen Männer Frauen noch in einem ganz anderen Licht. Es würde wohl eher zwei Christen gleichen, die in ein römisches Kolosseum geworfen wurden, in dem schon überall Löwen auf ihre Mahlzeit warteten. Meine Mutter wusste, dass es keine Hoffnung zu gewinnen gab. Dementsprechend fiel das Urteil so aus, wie sie es vermutet hatte: Schuldig! Die Anwältin, die sich mit gerichtlichen Verfahren soweit gut genug auskannte, legte sofort Berufung ein und bekam auch einen Termin für eine erneute Anhörung. Zu diesem Zeitpunkt hatte meine Mutter allerdings schon den Entschluss gefasst, sich im Berufungsverfahren selbst zu verteidigen und unterrichtete die Anwältin von ihrem Plan. Diese plädierte für Zusammenarbeit und konnte meine Mutter schlussendlich auch davon überzeugen. In der Zwischenzeit verstarb zu meiner Mutter Leidwesen auch der Verwundete. Dies würde den Versuch, Gerechtigkeit für meine Mutter zu erreichen, sicher nicht erleichtern. Nur ein Wunder konnte jetzt noch helfen.

In dieser Nacht zog ein heftiger Schneesturm über das ganze Gebiet und verhinderte jegliche Sicht. Ein Wunder, wenn auch ein tragisches, wurde am nächsten Morgen bekannt: Der Richter kam bei einem Autounfall in der Nacht zuvor ums Leben, als er von einer Party nach Hause fuhr. Er hatte die Kontrolle über seinen Wagen verloren, das Auto war in einen riesigen Schneepflug gekracht und hatte sofort Feuer gefangen. Der Richter war in seinem Auto verbrannt. Die Anwältin war überglücklich über diese Nachricht, doch meine Mutter bedauerte den Verlust eines Lebens.

Kurz darauf wurde ein neuer Richter mit dem Fall betraut und dieser beschloss, sich den Fall erst einmal genau anzusehen, ehe die nächste Verhandlung anberaumt wurde. Die Anwältin meiner Mutter freute sich über dieses „Wunder", denn dadurch ergaben sich mehr Zeit und die Gelegenheit, sich besser auf die Verhandlung vorzubereiten. Sie fügte ihre Gerichtserfahrung bei den Wiederholungen der wichtigsten Abschnitte der Rede ein, die meine Mutter so lange übte, bis sie diese in– und auswendig konnte. Das war einfach für meine Mutter, weil sie es gewohnt war, vor großem Publikum aufzutreten. Was noch viel wichtiger war, war ihre Ausdrucksweise, sowohl auf als auch hinter der Bühne mit einem unschlagbaren rhetorischen Ausdrucksvermögen in englischer Sprache.

Baby Gloria war die jüngste „Gefangene", die über 30 Tage im Gefängnis der Stadt zugebracht hatte. Sie verbrachte mehr als sechs Monate dort, zwei große Feste mit eingeschlossen. Gewissermaßen war es der Schneesturm im Dezember, der meiner Mutter das Leben rettete. Es war wie ein Weihnachtsgeschenk. Hätten der Schöpfer und Mutter Natur nicht ein solches Unwetter geschickt, hätte meine Mutter niemals einen fairen Prozess bekommen. Der Richter, der den Fall übernommen hatte, war ein Jude, der erst kurz zuvor aus Chicago angereist war. Glücklicherweise war er nicht korrupt. Die Tatsache, dass er sich Zeit nahm, um den Fall genau zu studieren, zeigt auch, dass er sich weder von den örtlichen Politikern noch vom Friedensrichter in Conchos beeinflussen ließ. Der Prozess stand definitiv in einem anderen Licht mit diesem Richter. Das vermittelte meiner Mutter und ihrer Anwältin einen neuen Hoffnungsschimmer und riesigen Enthusiasmus.

Das Durchhaltevermögen der Leute in Conchos war in der Zwischenzeit unerschöpflich. Eine einzelne Familie hatte einen besonderen Zubau an ihr Haus errichtet und daraus eine Kapelle gemacht, mit einem eigenen Eingang an der Vorderseite. So konnten etwa 50 Personen Platz finden und als kontinuierliche Wache für meine Mutter und das kleine Baby Gloria beten und Kerzen anzünden. An dem Tag, an dem sie meinen Vater dorthin führten, um ihm die Kapelle zu zeigen, war er total überwältigt von der Loyalität, die diese Leute an den Tag gelegt hatten. Ihre Gebete und ihr Glaube waren getragen von einer starken spirituellen Energie, die wir überall, wo wir hingingen, fühlen konnten. Ich selbst konnte dies als Sechsjähriger fühlen, als ich zum ersten Mal die Kapelle betrat. Freunde hatten gemeinsam gearbeitet, um sie zu errichten. Sogar die Statue der Jungfrau Maria war vom Hausbesitzer aus einem Stück Holz geschnitzt worden. Er war Künstler und Tischler von Beruf.

Ich möchte eines Tages nach Conchos zurückkehren und nachsehen, ob es diese kleine Kapelle noch immer gibt. Ich habe lebendige Erinnerungen an diese Orte und deren Bewohner. Ich bin mir sicher, dort gibt es noch viele Leute, die sich an diesen tragischen Zwischenfall erinnern können.

Aus Wochen wurden Monate und schließlich war es nur noch ein Tag bis zur Wiederaufnahme des Prozesses. Am Vorabend erhielt meine Mutter einen Besuch im Büro des Sheriffs. Es stellte sich heraus, dass es die Mutter des Verstorbenen war. Sie war gekommen, obwohl ihr von jemandem im Büro des Friedensrichters gedroht und davon abgeraten wurde, zugunsten meiner Mutter auszusagen. Es war der Wunsch ihres verstorbenen Sohnes gewesen und als gläubige Christin hatte sie ihm versprochen, es zu tun. Der Sheriff meinte, es sei das Beste, wenn sie gleich hier in einer der Zellen über Nacht bleiben würde. Dies sollte zu ihrer eigenen Sicherheit und zum Schutz vor weiteren Drohungen dienen. Es fiel meiner Mutter nicht leicht zu schlafen, doch sie hatte vollstes Vertrauen in ihr neues Plädoyer. Die Tatsache, dass sie einen neuen und unvoreingenommenen Richter hatte, gab ihr neuen Mut und vor allem würdigte sie die Zeit, die ihre junge Anwältin damit verbracht hatte, sie so geduldig, professionell und hilfreich auf den kommenden Tag vorzubereiten, der jetzt nur noch Stunden entfernt war. Sie wusste, dass ihr Leben nur von ihrer eigenen Verteidigung abhängen würde, aber sie hatte große Hoffnung und vollste Zuversicht in sich selbst.

Am Tag der Verhandlung war der Gerichtssaal randvoll. Die Leute unserer Truppe saßen, wie schon beim letzten Mal, ganz vorne. Die vertrauten Gesichter der Stadtbewohner von Conchos, die meine Mutter die ganze Zeit über unterstützt hatten, waren alle anwesend. Sogar der große Anteil an Leuten, die nicht mehr hineinkommen konnten, waren mit großen Plakaten da, auf denen „Freiheit für Florinda" stand und sie riefen diesen Slogan regelmäßig, sodass es wie ein Choral klang.

Es soll auch angemerkt werden, dass während dieser sechs oder mehr Monate, die meine Mutter in Haft war, keine Unterstützung von irgendeiner eingeborenen Gruppe gekommen war. Ich war damals zu jung, um darüber nachzudenken, doch als ich älter wurde, habe ich viel darüber nachgedacht. Es hat in meinem Gehirn über die Jahre gearbeitet, und obwohl es Schicksal und Schöpfer so wollten, dass meine Mutter freigesprochen wurde, hatte ich die Vermutung, dass die 1930er Jahre immer noch eine recht gefährliche Zeit für Indianer waren.

Es gab eine Furcht, die unterschwellig von der weißen Übermacht in Amerika induziert wurde und auf verschiedenste Art und Weise auch heutzutage noch vorhanden ist. Heute finde ich es nicht mehr seltsam, dass keiner von den Verwandten meiner Mutter zu ihr kam. Vielleicht schämten sie sich ihrer oder sie hatten nicht den Mut, sie zu besuchen, um ihr jene Unterstützung zu geben, die sie am Wendepunkt ihres jungen Lebens gebraucht hätte.

Es wurde mir auch bewusst und ich muss an dieser Stelle erwähnen, dass wir eine einzigartige und sehr enge Familieneinheit darstellten. Unser Leben spielte sich um unsere Künstlergruppe ab. Sie war unsere Familie und für alle anderen, unsere engen Verwandten mit eingeschlossen, waren wir Fremde. Zur damaligen Zeit wurde fast jeder, der beschloss, Sänger oder Tänzer zu werden oder etwas mit der Filmbranche zu tun zu haben, als Ausgeschlossener der eigenen Familie behandelt.

Das galt auch für Leute in der Unterhaltungsbranche. Viele hielten uns für eine Zigeunerbande, die wie Nomaden lebte, obwohl wir in der Lage waren, die Menge zu unterhalten, sie zum Lachen zu bringen und glücklich zu machen. Meistens erfuhr die Mehrheit der Entertainer eine Behandlung als Außenseiter in den örtlichen Gemeinden. Mein Vater stand durch die anspruchsvolle Art seiner Kreation über diesen Dingen. Er hatte den soliden und unschlagbaren Ruf, als einzige Show, die immer hoch qualifizierte Künstler im Programm hatte, die sich nie auf ein trauriges Zubehör verlassen mussten, um Beifall zu bekommen. Sein Name stand immer über den Vorwürfen, und seine Künstler kamen aus den unterschiedlichsten Lebensrichtungen.

Obwohl ich Gitarre nicht mochte, war es Manny Rivera, ein sympathischer Yaqui, Gitarrist und Sänger, der mir die ersten Akkorde auf der Gitarre beibrachte. Ich sollte noch über Jahre von ihm unterrichtet werden. Er behandelte mich wie einen Erwachsenen. Das bedeutete für mich, dass ich mit seiner Sängergruppe gleichwertig war. Ursprünglich waren sie zu dritt, doch als Joe, der Leadsänger, beschloss, zum Militär zu gehen, wurde ich mit meinen acht Jahren an seine Stelle gesetzt. Ich übernahm seinen Platz, keine beneidenswerte Position, weil ich zwischen zwei großen Männern stand. Obwohl sie mich überragten, brachte ich es fertig, meine eigene Stimme zwischen ihnen zu halten. So gut ich auch war, ich erntete vom Publikum nichts anderes als starrende Blicke und Getuschel von belächelnden und sich über mich, der zwischen diesen beiden Riesen stand, amüsierenden Leuten.

Ich war sehr empfindlich, doch stolz auf meine Professionalität und wurde durch diese offensichtlichen Blicke sehr verunsichert. Daher teilte ich meinem Vater bei passender Gelegenheit mit, dass meine Karriere als Sänger in diesem Trio nichts für mich war. Er stimmte zu, dass es besser für mich wäre, alleine aufzutreten. Manny und ich waren gut befreundet, weshalb ich sicher war, dass er meinen Entschluss akzeptieren würde. Es war ein Lernprozess für mich zu diesem Zeitpunkt. Einfach eine interessante Erfahrung mehr von den vielen, die noch in meinem Leben kommen würden. Schließlich war ich erst acht Jahre alt und hatte bereits in diesem Alter das Gefühl, dass da noch einiges kommen würde, und das war dann auch so.

Wie ich schon sagte, reisten Leute aus aller Welt mit der fröhlichen Show meines Vaters.

Emma Geary, eine Stepptänzerin aus New York, wollte mir den Stepptanz beibringen, doch wie viele Burschen zu dieser Zeit hatte auch ich eher das Gefühl, dass Tanzen etwas für Mädchen sei. Ich fühlte den Rhythmus von Kopf bis Fuß, weshalb sie in der Lage war, mich zu begeistern und mir ein paar Stunden zu geben. Sie war unheimlich gut und es tut mir auch nicht leid, sagen zu müssen, dass ich es aus reiner Neugier tat, die bei mir als junger Mensch stets an erster Stelle stand, aber am Ende mochte ich es doch gerne. Ich kann meinem Vater dankbar dafür sein, dass er mir eine so große Vielfalt an Dingen geboten hat, die innerhalb des Showbusiness zur Auswahl standen. So hatte ich die Auswahl zwischen Sängern, Musikern und Tänzern.

Ich habe noch eine sehr lebendige Erinnerung an zwei lebensgroße und perfekt imitierte Pappmaché-Masken von Laurel und Hardy, die er bei der Parade verwendete. Zwei Buben trugen diese Masken und gingen vor dem Auto her, während er Musik über die Lautsprecher spielte und die Show ankündigte. In früheren Zeiten, in denen es noch keine Verstärker gab, verwendete er einen LKW mit Ladefläche und die Live-Musiker der Show. Dies erfreute die Ortsansässigen, die oft fröhlich tanzend auf die Straße liefen als wir langsam an ihren Häusern vorbeifuhren. Ich erinnere mich auch, dass er ein gelbes Megaphon benutzte.

Er spielte die Trompete in der Band, üblicherweise eine Fünf-Mann-Band, dann machte er eine Ankündigung mit dem Megaphon und spielte einen weiteren Sousa-Marsch und setzte diese Routine für mindestens drei bis vier Stunden fort, indem er in den verschiedenen Straßen auf- und abfuhr, egal in welcher Stadt wir uns gerade befanden. Für ihn war das das ganz normale Leben. Er hatte eine unverwüstliche, laute und kräftige Stimme mit großem Durchhaltevermögen. Er schien immer interessante Künstler anzuheuern, die mit ihm reisten.

Es gab jemanden, der in die Glaskugel blickte, beziehungsweise ein Medium in der Truppe, das die Gedanken der Leute im Publikum lesen konnte. Dieser Mann war sehr seltsam. Er hatte einen Vollbart und trug einen Turban, und das nicht nur auf der Bühne. Er sprach nie viel und seine Frau, die zugleich auch seine Assistentin war, sagte noch weniger. Sie waren beide so dünn und bleich, dass sie beinahe magersüchtig wirkten. Dad sagte, sie würden von irgendwoher aus Osteuropa kommen. Sie machten auch eine Nummer, bei der sie das Publikum mit einbezogen, und die mit Telepathie zu tun hatte. Das interessierte mich sehr und ich stellte den beiden sehr viele Fragen darüber, wodurch sie in der Lage wären, dies zu vollbringen. Sie waren immer sehr vage oder ausweichend mit ihren Antworten, bis ich eines Tages mit dem Ehemann alleine sprach. Er schien danach viel freundlicher und ich denke, das hatte damit zu tun, dass meine Fragen nicht kindlich, sondern sehr ernsthaft gestellt waren. Er erklärte mir, dass meine Fragen sehr intelligent waren, doch er hätte nicht die Freiheit, sie mir vor meinem zehnten Lebensjahr zu beantworten. Das war zwar eine seltsame Antwort, aber immerhin eine Antwort.

Ein weiterer ungewöhnlicher Darsteller war der Mann, der nichts anderes tat, als Charlie Chaplin zu imitieren. Es gab viele, die Chaplin imitierten, da er in den 1930ern ein sehr berühmter Filmstar war. Von diesem Mann konnte ich lernen, wie wichtig es ist, seinen Fokus auf etwas zu richten. Dieser Schauspieler brachte sich üblicherweise in eine Art Trancezustand oder ging in Meditation, ehe er sich in Chaplin verwandelte.

Dann war da noch der Mann, der immer ganz früh am Morgen aufwachte und pünktlich wie ein Uhrwerk am Beifahrersitz seines Lastwagens saß, um in der Bibel zu lesen. Er muss wohl jeden Absatz gekannt haben, denn er tat dies kontinuierlich, Tag für Tag, ohne zu zögern oder einen Morgen auszulassen.

Manchmal führte er mit meinem Vater eine sehr ernste Unterhaltung, in der sie jedes einzelne Kapitel der Bibel zerlegten. Natürlich war mein Vater sehr vorsichtig, denn dieser Mann kannte seine Bibel. Er musste sie mindestens hundert Mal gelesen haben, während er mit uns unterwegs war. Ich habe seit damals viele wissenschaftliche Argumente über die Interpretationsmöglichkeiten dieses Buches gehört. Ich habe das Gefühl, nachdem es Jahrhunderte gedauert hatte, es zu schreiben, und es immer noch von vielen weltlichen religiösen Gelehrten und Theologen neu entdeckt und behandelt wird, dass noch mehr Interpretationen folgen werden.

Es hat nie an interessanten Leuten gemangelt, die ihr Wissen absichtlich oder unabsichtlich mit mir teilten, auch wenn es nicht viel schien zu diesem Zeitpunkt. Es war etwas Besonderes, das sowohl in traurigen als auch in schönen Zeiten dazu beigetragen und sich mir oft als nützlich erwiesen hat, als ich durch mein Leben wanderte, dass dieses, unterm Strich betrachtet, immer lohnend und erfüllt war.

Eines der traurigsten Erlebnisse war sicher, Zeuge der Tränen und des Leids meiner Eltern zu sein, die ich ständig in dieser tragischen Zeit in Conchos in ihren Gesichtern sehen konnte.

Während dieser harten Tage verbrachte ich viel Zeit unterwegs mit meinem Vater, der versuchte, seinen Verstand und die Gruppe am Arbeiten zu erhalten. Es war der Schöpfer, der letzten Endes wieder alles in Ordnung gebracht hat. Auch wenn es sich wie eine Ewigkeit hingezogen hat. Am Tag der Verhandlung war meine Mutter brillant bei ihrer eigenen Verteidigung im Gerichtssaal. Sie rief einen Zeugen nach dem anderen auf, und bewies zweifelsohne, dass sie frei von jeglicher böser Absicht war. Am Ende eines langen, anstrengenden Tages wurde sie von allen Anschuldigungen frei gesprochen und es wurde ihr endlich erlaubt, nach Hause zu gehen. Während dieser langen Monate lernte ich eine Seite meines Vaters kennen, die ich nie zuvor bemerkt hatte. Ich war so stolz auf seine einfache und doch starke, ausdauernde Menschenfreundlichkeit.

Seine seelische Kraft während dieser traurigen Familienkrise sollte den größten Eindruck in meinem Leben hinterlassen. Seine unendliche Liebe, die komplette Bindung zur Familie und seiner liebenden Frau werden – und das kann ich mit ehrlichem Herzen sagen – immer als lebendige Erinnerung in mir sein. Seine liebsten Zitate und weisen Worte, das Lachen, das er so vielen geschenkt hat und das manchmal ein gebrochenes Herz heilte… Das war der Mann, der für die ganze Familie so berührende Lieder sang, und, wenn er gemeinsam mit meiner Mutter sang, wie einer von zwei Kanarienvögeln war, und den ich niemals vergessen werde.

Da gab es auch ein Lied, das sie über Präsident Franklin Delano Roosevelt schrieben, das so berühmt wurde, dass die Leute Kopien der Lyrik nach jeder Show kauften. Meine Eltern verehrten, wie alle anderen auch, diesen Mann während seiner Präsidentschaft.

Ich betrachtete meinen Vater immer als einen Mann mit vielen verschiedenen Charakterrollen in seinem Leben. Und er spielte sie alle so gut, dass er es immer wieder aufs Neue schaffte, mich mit jeder einzelnen zu verblüffen. Jeder Charakter hatte seine eigene Persönlichkeit und sogar die Stimme eines jeden klang anders. Ich sah ihn als Zauberer, der sein Publikum mit seinen schnellen Worten und seinen flinken Tricks überwältigte, als Musiker und Sänger, der die Leute mit jeglicher Art von Musik unterhielt, und als Clown, der alle Kinder jeden Alters zwischen 7 und 70 Jahren so laut zum Lachen brachte, dass sie manchmal dabei Tränen vergossen. Er war ein bekanntes Genie mit öffentlichen Beziehungen, ein Mann, der mir um 1940 sagte: „Eines Tages, mein Sohn, werden sie das Wasser verkaufen, das wir trinken", und „eines Tages wird eine gelbe Rasse die Welt regieren." Das letztere Zitat lieferte meinen Gedanken bis heute Material um nachzudenken: Ich frage mich, ob es einen Haushalt in der zivilisierten Welt gibt, in der es kein Produkt aus Asien gibt.

Ich sah ihn als mächtigen und zugleich einfachen Mann, der keine Ansprüche darauf erhob, wer oder was er war. Er hatte alle Qualitäten eines liebenden Vaters und Ehemanns, der immer zuerst an andere und dann erst an sich dachte. Für all den Reichtum seines menschlichen Selbst, den er jemals mir als seinem Sohn überlassen hat, werde ich ihn immer tief in meinem Herzen behalten. Nicht nur wegen dieser goldenen Schätze an Erinnerungen, die er in meinem Herzen hinterlassen hat oder weil und wie er so viele Menschen während seines Lebens durch Lachen glücklich gemacht hat, sondern vor allem wegen dieser einen Nacht, bevor er sein Make-up aufgetragen hatte, um auf die Bühne zu gehen und ein volles Haus zum Lachen zu bringen.

Er wurde der größte Clown in meinem jungen Leben wegen dieser einen Nacht, in der Traurigkeit sein Herz überkam und ich das Gefühl hatte, dass er in diesem Moment der einsamste Mensch auf der ganzen weiten Welt war. Er erlaubte mir, diese menschliche Seite seines Clown-Gesichts zu sehen und ihn zu trösten, als er sich so sehr nach seiner geliebten Frau, meiner Mutter, sehnte und nach ihr weinte, und das in den kleinen, verständnisvollen und liebenden Armen eines sechsjährigen Kindes.

VISION „2012-2013"

Jedes Mal, wenn ich über meine Geburt nachdenke, scheint sie mir, gelinde gesagt, eher ungewöhnlich. Auf jeden Fall war sie für meine Eltern nicht wirklich ein Vergnügen. Ich hatte viereinhalb Jahre in meiner eigenen Welt verbracht. Die folgenden eineinhalb Jahres verbrachte ich damit, die neue und ungewohnte Welt des Lichts zu erforschen. Alles was mich umgab, schien für mich experimentell und fremd zu sein. Es fühlte sich an, als wäre ich neu geboren worden. Ich empfand es als relativ einfach mich den meisten Dingen anzupassen. Aber jetzt, da ich sehen konnte, entdeckte ich die Möglichkeit, die Emotionen von Menschen mit ihren Gesichtsausdrücken in Verbindung zu bringen. Dies machte meine inneren Gefühle doppelt so stark. Ein Gefühl, das mich manchmal zu stören begann. Ich fühlte, dass die Energie in mir auch stärker geworden war. Ich genoss es am meisten, wenn ich alleine sein konnte, nur umgeben von der Natur. Ich glaube, nachdem ich aus kürzester Entfernung die Tragödie um meine Mutter miterleben musste, verfiel ich in eine Art Schockzustand, ohne dass es jemand merkte. Jedoch schien die starke geistige Belastbarkeit, die ich über so lange Zeit gespeichert hatte, mit jeder noch so traumatischen Situation fertig zu werden. Vielleicht traf es mich nicht so hart, weil ich einfach nicht verstand was geschah. Auf jeden Fall sollte ich im Alter von sieben Jahren einer weiteren grauenvollen Erfahrung gegenüber stehen. Ehrlich gesagt glaube ich, dass ich damals eine Nahtoderfahrung gemacht habe. Es passierte ungefähr ein Jahr nach der Tragödie in Conchos. Ich schrieb diese Erfahrung auf, als ich ein Teenager war. Es fühlte sich unpassend an früher über dieses Erlebnis zu schreiben, da ich mir im Alter von sieben Jahren nicht genau im Klaren war, was mit mir passiert war. Es war sehr schwer alle Teile des Puzzles zusammenzusetzen. Nun war ich älter und hatte mir sowohl mehr Weisheit als auch die nötigen Schreibfähigkeiten angeeignet, um dieses Erlebnis explizit und genau wiedergeben zu können. Im Alter von sechs und sieben Jahren hatte ich mehrere Visionen. Manche erschienen wie Alpträume aber diese eine, auf die ich näher eingehen möchte, war viel zu real, um als Traum oder Alptraum zu gelten. Ich fand mich im Auge eines dunklen und beängstigenden Sturmes wieder. Ich konnte aus einiger Entfernung ein unglaubliches Schauspiel miterleben, das so weit entfernt und doch auch so nah zu sein schien. Ich schien wie gelähmt zu sein durch die Erlebnisse, die sich so nah vor meinen sehenden Augen abspielten. Es war surreal und manchmal auch Angst einflößend, jedoch betrachte ich dieses Ereignis als eines der überwältigendsten Vorkommnisse in meinem jungen Leben neben der Tragödie um meine Mutter.

Im Alter von sieben Jahren war ich der einzige Luftakrobat in meiner Familie. Ich führte Trapezkunststücke, wie die Wolkenschaukel oder das Spinnennetz, vor. Für mich waren diese Kunststücke relativ einfach, denn ich hatte mit Hilfe meines Vaters sehr früh gelernt, diese zu perfektionieren. Außerdem mochte ich es hoch in der Luft zu sein. Ich konnte immer den Stolz im Gesicht meines Vaters erkennen, wenn ich das Seil zum Trapez hinaufkletterte. Während mein Vater überglücklich war, konnte ich jedoch auch immer die Angst meiner Mutter fühlen, die mir abseits der Bühne zusah. Sie sagte mir immer: „Die Leute hören dich doch genau so gerne singen, und das ist nicht so gefährlich." Ich wusste, was sie damit sagen wollte und ich versuchte sie auch immer zu beruhigen, indem ich sagte:" Bitte mach dir keine Sorgen, Mama. Ich werde auch vorsichtig sein. Ich liebe dich." Egal wie gerne ich auch Lieder schrieb, eine Begabung, mit der mich der Schöpfer gesegnet hatte, kam nicht an das Gefühl, in einem Zirkuszelt durch die Luft zu fliegen, heran. Die Stimmen der Leute zu hören, wie sie „oh" und „ah" schrieen, wenn ich am Trapez oder der Wolkenschaukel hin und her schwang, machte dieses Gefühl noch schöner . Mein Vater hatte mir versprochen, dass wir eines Tages unser eigenes Zirkuszelt besitzen würden, und ich freute mich schon sehr auf diesen Tag. Zu dieser Zeit benutzte er noch Leinenwerke aus Stahl für meine Luftdarbietungen. Wenn wir drinnen auftraten, benutzten wir Haken, die an der Decke angebracht wurden. Ich konnte mich damit nie anfreunden. Entweder war es nicht hoch genug oder die Zuschauer waren zu nahe. Ich glaubte außerdem, dass es für die Zuschauer weniger aufregend und atemberaubend war. Es war 1938 und mein Vater hatte einen Vertrag abgeschlossen, der unsere Familie den ganzen Sommer lang Teil eines Karnevals werden ließ. Am 15.Juni würden wir uns dem Karneval in Phoenix, Arizona, anschließen. Ich freute mich sehr auf diese Saison, denn ich war als Gratis- Attraktion am Ende des Eingangs geplant. Bei einer freien Attraktion handelte es sich um eine Darbietung, die die Leute für einen Eintritt von 15 Cent erhielten. Diese 15 Cent mussten sie bezahlen, um überhaupt auf das Gelände der Frank Burke Shows zu dürfen. So bekamen die Leute zu bestimmten Zeiten an einem Abend verschiedene freie Attraktionen zu sehen. Normalerweise handelte es sich dabei um Darbietungen hoch oben in der Luft, damit auch die Leute, die weiter weg standen, etwas sehen konnten. Meine

Darbietung war auf einer Höhe von 75 Fuß (ca. 23 Meter Anm. d. Übersetzers). Ich kletterte dabei eine Strickleiter nach oben bis zum Trapez. Nachdem ich mit meiner Vorstellung fertig war, zog ich die Schlaufen der zwei Seile, die am anderen Ende mit Federn versehen und sicher am Gerüst befestigt waren, über meine Füße, ging sicher, dass diese auch wirklich sicher um meine Knöchel lagen, und ließ mich einfach nach hinten fallen, um dann nur ein paar Fuß über dem Boden zum Stillstand zu kommen. Die Zuschauer sahen mich einfach nur nach hinten fallen. Genau deshalb war es für sie ein so spektakulärer und atemberaubender Effekt. Wenn man es genau nehmen will, praktizierte ich im Jahre 1938 schon genau das, was in den späten 70er Jahren als Bungee Jumping populär wurde. Jedoch ein Vorfall in Pueblo, Colorado flößte meinem Vater einen furchtbaren Schrecken ein. Ich konnte mich nur daran erinnern, dass die gesamte Konstruktion versagte und ich auf den Boden krachte, weil das Sicherheitsnetz zu niedrig gespannt war. Alles, woran ich mich erinnern konnte, war zu fallen und etwas Ähnliches wie Flügel zu spüren, die mich auffingen und meinen Fall bremsten. Kurz danach verlor ich das Bewusstsein. Das nächste, woran ich mich erinnerte, war der strenge Geruch von Franzbrandwein. Ich war im Zelt der Ringer, mit einem der freundlichen Ringer, der meine Tapferkeit zu schätzen wusste. Einer rieb mich sanft mit Alkohol ein. Nichtsdestotrotz führte ich meine Darbietung weiterhin vor. Oft fragte ich mich jedoch, ob die Engel mit ihren Flügeln noch immer über mich wachten. Ein paar Monate später reisten wir nach Odgen, Utah. Der Jahrmarkt verspätete sich um ein paar Stunden, und so entschieden sich mein Vater und die Arbeiter, während sie den Zirkus aufbauten, eine sehr schwere Planke über den Mais der Farm zu ziehen und so diesen niederzudrücken, da dies schneller ging als ihn abzuschneiden. Dann stellten sie das Gerüst auf und überprüften es gründlich. Am frühen Abend desselben Tages begann die Vorstellung pünktlich. Als ich mit meinem Akt an der Reihe war, hatte ich ein wunderschönes Gefühl, das meinen ganzen Körper einnahm. Ich kletterte hinauf, führte alle Tricks aus und schwang auf der Wolkenschaukel hin und her. Als ich mich dann auf das große Finale, den freien Fall vorwärts, vorbereitete, wurde meine Frage beantwortet. Ja, die Engel wachten noch über mich. Sie waren den ganzen Weg nach Odgen, Utah geflogen und waren pünktlich zur Stelle, als bei meinem Schwung vorwärts eines der Seile riss. Diesmal fiel ich 50 Fuß zu Boden. Ich drehte mich, am Boden liegend, um, und sah unweit vor meinem Gesicht einen schwingenden Pfahl, der nur noch von einem Sicherheitskabel gehalten wurde. Der niedergetretene Mais hatte meinen Fall gebremst und ich glaube, dass der Schöpfer ihn nur für mich dort hingelegt hatte. Ich bin mir also sicher, dass sich die geflügelten Engel irgendwo in der Nähe aufhielten. Es schien, als lebte ich ein gesegnetes Leben. Aber meine Mutter beunruhigten diese beiden Vorfälle weit mehr als mich. Ich muss allerdings sagen, dass diese beiden Erlebnisse blass blieben im Vergleich zu dem, was mir eines heißen Tages im Juli passieren sollte. Wir waren in einer Hütte in einem Waldstück und genossen unser Wochenende. Es war der Tag vor meinem siebten Geburtstag und mein Vater war gerade in eine nahe gelegene Stadt aufgebrochen. Warum ich mich so genau daran erinnern kann ist ganz einfach. Warum sonst sollte meine Mutter meine Lieblingskarottenkuchen backen? Sie wollte nicht, dass ich in der Nähe bin, als sie ihre Überraschung vorbereitete. Deshalb rief sie mich und sagte: „Reuben, bitte bring die Windeln zum Wasserreservoir und wasche sie aus." Sie wusste genau wie gerne ich dem Fluss des Wassers folgte, der zum Reservoir führte. Ich war der Älteste und es war meine Pflicht. Es gab keinen Ausweg und außerdem genoss ich das Abenteuer, alleine unterwegs zu sein. Und gleichzeitig war ich froh, meiner Mutter helfen zu können. Ich verehrte sie so sehr, dass es eine Freude war, kleine Aufgaben für sie zu erledigen. Ohne zwei Mal nachdenken zu müssen, sagte ich immer: „Ja, Mama, mache ich sofort." Ich genoss es fast immer, alleine im Wald zu sein. Ich hatte immer das Gefühl, dass alle Bäume Großväter wären, mit denen ich reden könnte. Deshalb bevorzugte ich es, alleine zu gehen, denn viele Menschen hätten das wohl nicht verstanden. Den Bäumen jedoch konnte ich mich anvertrauen und fühlte mich deshalb einfach wohler, wenn niemand anderer dabei war. Die Hütte war am Waldesrand, und ich genoss die Zeit, die ich alleine in der Wildnis verbringen konnte. Es war ein wunderschöner heißer Tag, wie gemacht, um schwimmen zu gehen. Die Sonne stand hoch am Himmel, so nahm ich die Umhängetasche, in die meine Mutter die Windeln gelegt hatte und lief so schnell ich konnte zur Tür. Als ich aus der Hütte hinausstürzte, rief mir meine Mutter noch nach: „Reuben, sei bitte vorsichtig." Ich blieb abrupt stehen und antwortete: „Natürlich Mama." Sie sah mich fragend an und stellte mit ihrem besonderen Lachen und dem Funkeln in ihren Augen sicher, dass wir auch Augenkontakt hatten, bevor sie fortfuhr: „Ich will mir um dich keine Sorgen machen müssen, mein Sohn. Sei sehr vorsichtig. Bleib nicht zu lange aus und bitte, bleib nicht so lange im Wasser."

Ich wusste schon genau, was sie sagen würde, denn ich kannte ihre Worte schon beinahe auswendig. Es war ja nicht das erste Mal, dass ich die Windeln auswaschen ging. Mittlerweile glaubte ich, dass sie wusste, dass ich die Regeln kannte, damit mir nichts passieren würde. Ich sagte: „Okay Mama, ich liebe dich", und lief aus der Hütte ins Freie, bevor sie rief: „Reuben?" Ich antwortete: „Ja, Mama?" (Ich wusste auch schon jetzt wieder genau, was sie sagen würde) „Walk in Beauty", sagte sie, als ich die Türe hinter mir schloss und zu einem neuen Abenteuer in der wundervollen Mutter Natur aufbrach. Der Tag wurde heißer und heißer, denn es war Mitte Juli, und ich hatte das Gefühl, Zeit zu verlieren. Mein Körper dürstete schon danach, endlich im Wasser zu sein. Ich schmiedete meine eigenen geheimen Pläne, als ich auf dem Weg zum Reservoir war, und tanzte am Flussufer entlang während dessen ich einen fröhlichen Song komponierte. Ich genoss es den Fröschen zuzusehen, wie sie im Rhythmus meiner Schritte mit sprangen. Vielleicht war es aber auch nur meine komische Singstimme, die ihre kleinen Ohren nicht vertrugen. Ich mochte es besonders gerne, wie sie mich zuerst anstarrten und dann mit einem großen Sprung im Wasser verschwanden. Ich hatte allerdings eine Aufgabe zu erfüllen. Deshalb würde ich nicht stehen bleiben, um ihnen länger zuzusehen und schon gar nicht versuchen, einen zu fangen. Einer sah mich gerade an und schien mir sagen zu wollen: „Komm und spiele mit mir!" Die Idee war viel zu verführerisch. Aber ich sollte solche Gedanken wohl besser gleich aus meinem Kopf verbannen, bevor mir der Frosch richtige Probleme bringen würde. Ich drehte mich noch einmal um und sagte: „Entschuldigen Sie, Herr Frosch, aber wenn ich heute etwas Geburtstagsspaß haben möchte, dann werde ich schwimmen gehen und nicht mit Ihnen spielen. Wir müssen alle unsere Prioritäten setzen, verstehen Sie?" Ich ignorierte die verführerischen Blicke des Frosches und beeilte mich, um die Windeln so schnell wie möglich auswaschen zu können, denn die Kombination aus Sommerhitze und vollen Windeln war nicht wirklich angenehm. Ich werde nie verstehen, wie so ein kleines Baby, in diesem Fall meine kleine Schwester, einen solch starken und abstoßenden Geruch produzieren konnte, wenn sie doch nur Milch trank. Natürlich handelte es sich um pure hundertprozentige Jersey Kuhmilch. Da ich aus Arizona, New Mexico und Colorado stamme, wusste ich nicht genau, warum die Kühe Jersey hießen, aber sie sollten die besten Kühe sein, die es gab. Ich begann mich wieder zu erinnern. Immer wenn wir mit der Varieté Show meines Vaters unterwegs waren, und die Babys irgendwo im Nirgendwo hungrig wurden, sah sich meine Mutter nach einer Ranch um, die zu den Kühen gehörte, die sich auf den Feldern neben der Straße die Bäuche voll schlugen. Unsere Karawane bestand aus drei Autos, die alle meinem Vater gehörten. In einem waren zwei Erwachsene und sechs Kinder. Ich war sehr glücklich, dass es sechs Kinder und nicht Erwachsene waren. Kati, kurz für Katarina, war eine sehr gesunde deutsche Frau, wenn sie verstehen, was ich meine. Wir reisten wie Sardinen, die in unserem Ford Model A übereinander gestapelt waren. Die Idee dahinter war, einfach nur alle Kinder in einem Auto unterzubringen. Kati war mit Ralph verheiratet, der den zweiten unserer Ford Modell A fuhr. Der dritte Ford hatte das gesamte Equipment für unsere Shows geladen und musste noch Platz für drei weitere Musiker haben. Ihr Mann Ralph Romero war ein wundervoller spanischer Musiker, der Posaune, Gitarre und Schlagzeug spielte und der Bandleader war. Er war auch ein ziemlich guter Schauspieler und unterstützte meinen Vater in ein paar seiner Comedy Sketches. Kati war nicht Teil unserer Show, was aber nicht bedeutete, dass sie unproduktiv war, gebar sie doch Ralph drei wunderschöne, weiße und gesunde Mädchen, und einen Jungen. Alle hatten rosa Bäckchen und waren zwischen zwei und zwölf Jahre alt. Meine Mutter fuhr die Autobahn entlang, als ein Baby zu weinen begann. Sie sah Mary, die älteste der Töchter, an und sagte: „Das Kind ist besser als jeder Wecker." Kurz darauf begannen auch alle anderen Babys zu weinen. Sie sagte zu Mary: „Pass auf, dass sie ruhig sind, ich gehe nur schnell Milch holen." Ohne ein weiteres Wort zu sagen stieg sie aus dem Auto und machte sich auf zur nächsten Farm. Jeder im Auto sah meiner Mutter zu, als sie kleiner und kleiner wurde, bevor sie ganz auf der langen Schotterstraße verschwand. Ein Seufzen der Erleichterung und Zuversicht war im Auto zu hören. Es war ja nicht das erste Mal, dass sich meine Mutter auf die Suche nach Milch machte. Die Besitzer der Ranchen oder Farmen hatten meine Mutter auch noch nie zuvor abgewiesen. Sie sagte immer: „Wenn du nicht fragst, wirst du auch nichts bekommen. Die meisten Leute haben einfach zu viel Angst, um zu fragen." Meine Mutter hatte vor gar nichts Angst. Sie drehte sich noch einmal zu Katis Kindern um, deren Gesichter an den Fenstern unseres Fords klebten, um noch einen Blick zu erhaschen. Nach kurzer Zeit, die wie eine kleine stille Ewigkeit wirkte, rief eines der Kinder: „Schaut, sie kommt, sie kommt." Jemand anderer sagte: „ Ja, ich sehe sie auch." Und so kam sie, mit einem breiten Lachen auf den Lippen und zwei kleinen Kannen voll Jersey Milch, zu uns zurück. Wenn ich den Gesichtsausdruck der Kinder richtig deutete, glaubten sie, dass sie ein Engel wäre, und ich konnte ihnen nur mit ganzem Herzen zustimmen. Wir hatten einen niemals zu Ende gehen wollenden Vorrat an Jersey Milch, dank der vielen freundlichen Farmer der Staaten New Mexico, Colorado und Arizona. Manchmal war die Milch so frisch, dass sie noch heiß und schaumig war. Sie kam direkt von den Kühen zu uns Kindern. In meinem Alter trank ich sie noch immer gerne, aber nicht zu vergleichen mit den Romero Kindern. Manchmal sah ich der zwölfjährigen Mary zu, wie sie systematisch die Milchflaschen mit den Saugern für ihre Schwestern, ihren Bruder und sich selbst vorbereitete. Kurz darauf brachte sie die Kinder zu Bett, um kurz nachdem alle eingeschlafen waren nach einer der Flaschen zu greifen, um selbst davon zu trinken. Es störte sie nicht, dass ich manchmal zusah. Ich fand es einfach niedlich. Was mich betrifft, mag ich Milch sehr gerne aber dem sauren Gestank, wenn sie schlecht wird, oder dem gelb-weißen Zustand, indem sie sich in den Windeln befindet, kann ich nur sehr wenig abgewinnen.

Wie auch immer, war ich nun endlich am Reservoir und hatte die letzte Windel ausgewaschen. Ich blickte mich also in alle Richtungen um, und da niemand außer mir dort zu sein schien, zog ich schnell alles bis auf meine Unterhose aus und sprang ins Reservoir. Es fühlte sich so gut an endlich im Wasser zu sein. Es war kühl und erfrischend und milderte die Hitze der sengenden Mittagssonne. Ich schwamm also über und unter dem Wasser, wie es mir Spaß machte. Ich war zwar kein gut trainierter Schimmer und mir hat weder jemand beigebracht, wie man im Wasser Leben rettet noch wie man einer Gefahrensituation entkommt, aber ich war sehr athletisch und hatte vor nichts Angst. Bevor ich ins Wasser sprang und zu schwimmen begann, sah ich, dass das Tor zum Reservoir nicht ganz geschlossen war, allerdings dachte ich mir nichts dabei. Ich hatte so viel Spaß, dass ich den Strudel im Wasser nicht bemerkte und nicht sah, dass er immer und immer größer wurde. Und plötzlich, ganz ohne Vorwarnung, war ich darin gefangen. Zuerst glaubte ich, damit umgehen und den Strudel beherrschen zu können, denn für einen Moment schien ich absolute Kontrolle über ihn zu haben. Ich wurde in den Strudel hineingezogen und sah mich schon in dem Wassertrichter verschwinden. Das erste Mal machte es sogar richtig Spaß, aber jetzt, beim zweiten Mal, verschwand plötzlich die Öffnung über mir und ich wurde von dem Strudel nach unten gezogen, ohne die Situation kontrollieren zu können. Alles was ich jetzt noch sehen konnte waren helle, speerförmige Lichter, die den Tunnel bis in nie enden wollende Tiefen ausleuchteten. Sie sahen aus wie die Fernlichter von Autos, die in Millionen verschiedener Farben in die Tiefe hinabführten. Ganz plötzlich war alles still und ich schien über eine Grenze, oder an einen ganz neuen Ort getrieben zu werden, an dem ich Zeuge von vielen furchtbaren Katastrophen wurde, die sich vor meinen Augen abspielten. Jedoch war ich selbst kein Teil davon. Ich sah unvorstellbare Fluten und vulkanische Eruptionen. Die Lava bahnte sich rasant ihren Weg Richtung Meer und verbrannte dabei alles, was ihr in den Weg kam. Sie begrub einfach alles und jeden unaufhaltsam unter sich. Ich dachte, es sei alles nur ein schlechter Traum und fing an, meine Augen zu reiben und nach meinen Eltern zu rufen. Zuerst nach meiner Mutter, dann nach meinem Vater. Aber ich konnte nicht, denn ich hatte keine Stimme. Bis jetzt hatte ich das, wovon ich zuerst glaubte, dass es ein Albtraum wäre, komplett aus meinem Gedächtnis verdrängt. Ich wusste nicht, was mit mir passierte. Ich wusste nur, dass ich wach war und dass das, was ich erlebte, viel zu dramatisch und zu wahr erschien, um nur ein Traum zu sein. Ich sah gerade einen riesigen Kalender am Himmel vorbeifliegen, auf welchem der 7. November 2012 dick eingekreist und angestrichen war. Auch in meinem Alter hinterließ dies einen bleibenden Eindruck, obwohl ich die Wichtigkeit, die das angestrichene Datum hatte, nicht wirklich verstehen konnte. Ich wusste nur, dass es etwas mit der Verwüstung zu tun habe musste, der ich ausgesetzt war. Nun begann ich dieses unvorstellbare Phänomen zu fürchten. Nun erschienen einzelne Nummern kurz vor meinen Augen, die mitten in der Luft schwebend, stehen blieben. Zuerst eine großer Nummer 2, dann eine 0, gefolgt von einer 1 und kurz darauf einer 2. Nach einer kurzen Pause erschien plötzlich noch eine 3, bevor diese in Millionen kleiner Stücke in Richtung Himmel explodierte. Unter mir sah ich nur, wie die furchtbare Verwüstung weiterging. Menschen liefen um ihr Leben, fanden aber keinen Ausweg und wurden unter der roten, heißen Lava begraben. Man hörte kein Geräusch. Fast wie in den frühen Stummfilmen, zu denen mich meine Eltern immer mitnahmen. Allerdings spielte im Kino wenigstens ein Mann Klavier. Nun war es aber wirklich still und das machte die Situation noch unheimlicher und Angst einflößender. Nun veränderte sich die Situation abrupt und ich sah, wie Leute in Panik in alle Richtungen liefen, um einer riesigen Flutwelle zu entkommen. Sie liefen und liefen, während neben ihnen Häuser abgedeckt wurden und Trümmer in alle Richtungen flogen, während Autos und ganze Häuser einfach davonschwammen. Instinktiv versuchten die Zwei- und Vierbeiner auf was auch immer sie finden konnten, zu klettern, um darauf der Flut entkommen zu können. Die Geflügelten stürzten in den riesigen Ozean, der sich nun unter ihnen befand, als würden sie durch etwas in der Luft vergiftet werden. Der Himmel wurde so dunkel, dass ich das Gefühl hatte, von einem normalen Tag in die dunkelste Nacht überzugehen, die ich je in meinem Leben gesehen hatte, abgesehen von der Zeit meiner Blindheit. Es gab keine Sterne, keinen Mond, nur absolute Dunkelheit. Das einzige Licht am Himmel lieferten die Blitze, die die furchtbaren Szenen ausleuchteten. Menschen, die tot im Meer trieben oder verzweifelt versuchten, am Leben zu bleiben. Es lief alles in kompletter Stille ab. Ich fühlte einen heftigen Schmerz in meiner Brust. Als ob mein Herz versuchen würde, aus meinem Körper zu entkommen. Ich sah mich um und bemerkte, dass ich mich hoch in der Luft befand und im Auge eines Tornados hilflos gefangen war. Ich war wie gefesselt, konnte mich nicht bewegen und stand unter absoluter Kontrolle des Sturms. Nun verstand ich die Beklommenheit und die Sorge, die Scrooge wohl gefühlt hatte. Obwohl zu jener Zeit solch Europäische Geschichten nicht von meinen Eltern gelehrt wurden, konnte ich Scrooge früher oder später nicht mehr so einfach ignorieren, da er ein wichtiger Teil jeder Weihnachtsfeier war. Auf jeden Fall war das, was ich fühlte und erlebte, nicht mehr Teil einer vernünftigen oder realistischen Welt. Oder sah ich etwa das Ende der Welt? Ich hatte meinen Vater so oft darüber reden hören, wie er das Ende der Welt seinen Freunden beschrieb. War es nun soweit? Aber warum starb ich dann nicht wie alle anderen Menschen? Ich zwickte mich und rieb meine Augen immer und immer wieder, aber es schien kein Entkommen zu geben. Ich konnte die Bedeutung des Spektakels, das sich vor meinen kleinen Augen abspielte, einfach nicht verstehen. Ich fragte mich: „Wieso gerade ich?" Ich sah zum Schöpfer empor und bat ihn um Hilfe und sagte zu ihm, erschöpft und verzweifelt: „Gib mir bitte die Dunkelheit zurück, denn ich will das alles nicht mehr sehen müssen. Warum hast du mich ausgewählt Zeuge dieser furchtbaren Katastrophe zu werden?" Ich, der niemals das Verhältnis zwischen der Menschheit und Gott verstand, beschwerte mich nun ganz offen bei Ihm für all das was mir widerfuhr. Plötzlich gab es doch Geräusche in meinem Albtraum, und sie schmerzten mich und meine empfindlichen Ohren sehr. Ich versuchte den Lärm zu mindern, indem ich versuchte meine Ohren mit meinen kleinen Händen zuzuhalten. Sie vervielfachten jedoch nur die niederschmetternden Empfindungen, die ich durch die seltsamen, unheimlichen und grellen Lichter schon hatte. Ich sah meine Mutter, wie sie durch das, ihr bis zur Hüfte stehende, Wasser schritt und wie immer versuchte, die anderen Menschen zu beruhigen. Sie flehte sie in ihrer beruhigenden Art und Weise an und forderte sie auf, ruhig zu bleiben. Ich war sehr glücklich, sie zu sehen. Meine erste Reaktion war, nach ihr zu rufen, jedoch hatte ich verstanden, dass, obwohl ich so nahe war und alles so echt zu sein schien, mich niemand hören konnte. Mit Tränen in den Augen musste ich mit ansehen, dass auch sie, so wie alle anderen auf der Erde, in diesem ausweglosen furchtbaren Desaster, dem Tode geweiht war. Es zerriss mein kleines Herz zu wissen, dass ich nicht bei ihnen sein konnte, noch ihnen helfen konnte. Dann begannen plötzlich wieder Nummern vor mir aufzuleuchten, gleich wie beim ersten Mal. Wieder flogen sie vom Himmel zu mir herunter. Wieder war es zuerst eine

2 dann eine 0, gefolgt von einer 1 und einer 2. Dann wieder dieselbe Pause und dann die 3. Sie wurden größer, je länger sie in der Luft standen und je näher sie auf mich zukamen. Ich starrte ohne jegliche Angst auf die Nummern und fragte mich, in welcher Art und Weise sie mit den Ereignissen, die ich sah und in die ich eingeweiht wurde, in Verbindung standen. Gerade als es den Anschein hatte, die Zahlen würden auf mich fallen, verschwanden sie wieder. Ich konnte nicht verstehen, warum all das genau mir passieren musste. Ich war doch erst sieben Jahre alt und hatte erst im Alter von sechs Jahren ein traumatisches Erlebnis zu überstehen. Ich hatte noch nie zuvor eine solche Vision, geschweige denn Erfahrung. Zuvor waren sie, wenn auch unangenehm, nie so furchtbar wie diese. Nun war auf einmal die Stille zurück. Diesmal war es so ruhig, dass es mir fast erschien, als wäre ich taub. Ich ging in ein Bestattungsinstitut. Ich war alleine und sah nur zwei Särge. Als ich näher trat, sah ich in einem der beiden meinen Vater liegen, während der andere leer war. Mein junger Geist sagte mir immer, dass meine Mutter vor meinem Vater sterben würde. Ich hatte nämlich zuvor meine Träume und Visionen immer in entgegengesetzter Weise interpretiert. Dies war eines der wenigen Dinge, die ich mich nicht einmal meinen Eltern zu erzählen traute. Auf Grund dieses Erlebnisses fühlte ich plötzlich eine tiefe Depression in mir aufkommen. Kurz darauf war ich zurück am Wasserreservoir und öffnete, am Rücken liegend, langsam meine Augen. Im ersten Moment war alles, was ich sah, noch sehr verschwommen. Dann sah ich jedoch das Gesicht eines jungen Mannes, mit einem sauberen, auf mittlere Länge zurecht-geschnittenen Bart und langen Haaren. Er kniete über mir und die hinter ihm stehende Sonne erweckte in mir den Eindruck, er habe einen bunten Heiligenschein. Ich hatte schon zuvor solche Heiligenscheine an Menschen gesehen, aber seiner war ganz besonders ausgeprägt. Als ich endlich bei vollem Bewusstsein war, hörte ich ihn mit sanfter und angenehmer Stimme sagen: "Alles wird wieder gut." Ich lag dort, außer Atem und sprachlos, und versuchte noch immer meine Augen zu fokussieren. Er ließ langsam meine Hand los, stand auf, drehte sich um und ging einfach davon. Ich stützte mich langsam auf meine Ellbogen, um ihn kurz darauf in einem nahen Maisfeld verschwinden zu sehen. Jetzt war ich auf dem Weg zurück zur Hütte meiner Eltern. Ich ging beinahe wie ferngesteuert, denn ich war viel zu beschäftigt damit einen Weg zu finden, das Geschehene meinen Eltern zu erzählen. Was sollte ich denn zu meiner Mutter sagen? Wie konnte ich ihr so eine überwältigende Geschichte begreiflich machen? Sollte ich es überhaupt wagen, darüber zu sprechen? Ich fürchtete, getadelt zu werden. Oder vielleicht glaubten sie mir überhaupt nicht. Für mich persönlich ist verbal getadelt zu werden eine härtere Strafe als jede andere. Und wenn mir jemand nicht glaubt, ist das für mich schlimmer, als wenn mich jemand beschuldigt, die Wahrheit nur erfunden zu haben. So entschied ich mich, niemals jemandem von diesen Ereignissen zu erzählen. Obwohl es mir oft sehr schwer fiel, diese Geschichte für mich zu behalten, hat sie bis heute, bis zu dieser Niederschrift, niemand gehört. Zwei Jahre vergingen und meine Eltern entschieden, mich für die Grundschule in Duranes anzumelden. Ich musste einen Eignungstest machen und wurde, auf Grund meines exzellenten Allgemeinwissens, gleich in die 6. Klasse eingestuft. Damals konnten begabte Kinder ganz einfach in eine höhere Klasse versetzt werden, sollten sie besondere Tests bestehen. Ich weiß nicht, wie das heute funktioniert, aber so war es bei mir. Was es für mich viel einfacher machte war, dass ich sehr hungrig nach Bildung war. Ein weiterer Pluspunkt war, dass ich mich der Lehrerin, die ich hatte, sehr verbunden fühl-te. Ich konnte in ihren irischen Augen erkennen, dass sie auch für mich so empfand. Alle anderen

hielten sie für streng, aber ich wusste, dass sie ganz tief in ihrem Inneren ein gutes Herz hatte. Manchmal, wenn wir früher als geplant mit unseren Aufgaben fertig waren, fragte sie uns, ob wir vielleicht über das schreiben wollen, was uns gerade in diesem Moment beschäftigte. Eines Tages, als wir zehn Minuten vor dem Läuten schon unsere Arbeit fertig hatten, sollten wir ein Stück Papier nehmen und einfach zeichnen was uns in den Sinn kam. Zeichnen war nie etwas, in dem ich gut war. Ich konnte mit Leichtigkeit auf einem Trapez schwingen. Lieder zu schreiben und Instrumente zu spielen war auch nicht schwer. Sollte ich allerdings zeichnen, war ein Kreis schon eine Herausforderung. Da ich mich allerdings niemals beschwerte, versuchte ich einfach mein Bestes. Ohne nur ein Sekunde nachzudenken, begann meine Hand den Menschen zu zeichnen, von dem ich glaubte, am Reservoir gerettet worden zu sein. Peter, der an dem Tisch hinter mir saß, sah mir über die Schulter, um zu sehen was ich zeichnete und sagte: „Oh, Jesus Christus". Als ich mit meiner Bleistiftzeichnung fertig war, brachte ich sie nach vorne zu Frau Burkes Schreibtisch. Später erzählte ich die Geschichte Irene. So sorgfältig wie sie war, bewahrte sie die Zeichnung, und auch viele Postkarten auf, die ich ihr über die Jahre von meinen Reisen geschickt hatte. Sie erinnerte mich Jahre später noch einmal zu ihr zu kommen und die Sachen mitzunehmen. Leider habe ich das nie getan. Jetzt als Erwachsener weiß ich, dass meine Zeichnung nur eine von Millionen Zeichnungen und Malereien war, in der die Welt der Christen ihren weisen Propheten sah. Wir wissen, wie Julius Caesar aussah, denn von ihm gibt es genug Büsten, Statuen und Münzen, auf die sein Gesicht geprägt wurde. Das Gesicht von Jesus andererseits hat sich über die Jahrhunderte verändert. Wie er wirklich aussah, ist bis heute noch ein großes Mysterium und Diskussionsgrundlage für Gelehrte auf der ganzen Welt. Heute glaube ich, dass vieles, was mir passierte, mit der Unschuld der Kindheit zu tun hatte. Ich bedanke mich bei dem großen Mysterium für das Wagnis, mir in meinen jungen Jahren immer wieder Einblick in unbekannte Welten ermöglicht zu haben. Ich betrachte die Jahre der Kindheit im Leben als eine ganz besondere, freie und sorglose Zeit. Wenn man älter wird und mehr Wissen und Weisheit über die Welt und ihre Geschichte erlangt hat, sieht man vieles viel klarer und viel realistischer. Mir ist klar, dass jene, die sich krampfhaft an etwas festhalten, dies aus verschiedenen Gründen tun, und ich respektiere sie für ihre guten, menschlichen Seiten. Genauso wie ich jedes Lebewesen auf dieser Erde respektiere.

Eine realistische Betrachtung meiner Zukunft

Wenn ich heute über meine Vision und die vielen ähnlichen Visionen, die unzählige Menschen auf der ganze Welt hatten, nachdenke, schätze ich meine wie folgt ein: Trotz vieler Vorhersagen, egal ob aus alter Zeit oder aus der Gegenwart, wird das Jahr 2012 oder vielleicht auch 2013 ohne die vorhergesagten tragischen Ereignisse kommen und auch wieder gehen. Zumindest wird es keine neuen Katastrophen geben, denn diese haben schon begonnen, wenn man sich Katrina oder die Naturgewalten auf Haiti ins Gedächtnis ruft. Mutter Natur rächt sich wie die Aschewolke, die von Island über Europa zog, gezeigt hat. Sie brachte den Flugverkehr in vielen Teilen der Welt zu einem abrupten Stillstand, und ließ Passagiere gestrandet zurück. Und lasst uns nicht die Katastrophen vergessen, die wir Menschen selbst verursacht haben. Nehmen wir die Ölpest in Mexiko als Beispiel. Katastrophen geschehen auf der gesamten Welt, und es werden noch mehr auf uns zukommen. Die Menschheit wird die verheerenden Gewalten zu spüren bekommen, so wie niemals zuvor.

Während meiner Seminare fragen mich beunruhigte Menschen immer wieder, wie man sich wohl am besten auf die kommenden Ereignisse vorbereite. Ich antwortete: „Tun Sie nichts und leben Sie weiter von einem Tag in den nächsten." Ich würde nicht wertvolle Zeit darauf verschwenden, mich selbst durch meine Sorge krank zu machen. Viele haben leider schon genau damit begonnen. Obwohl wir drastische Veränderungen an unserem Planeten, der Menschheit und der Tierwelt im Jahr 2012-2013 sehen werden, wird es wohl für die meisten nicht das Ende der Welt, sondern ein neuer Anfang sein.

DER GRÖSSTE
CLOWN IN MEINEM LEBEN

Den Hofnarren gibt es schon seit Anbeginn der Zeit. Könige nutzten ihre Dienste in Momenten der Freude, Traurigkeit und auch Verzweiflung. Über die Jahre wurden Clowns immer mit Freude und Lachen in Verbindung gebracht. Wenn ein Zirkus in die Stadt kommt, erwarten wir einfach, dass es auch Clowns gibt. Was wäre denn ein Zirkus ohne Clowns? Wenn man Jahrzehnte oder sogar Jahrhunderte zurückblickt, gab es viele berühmte Clowns. „Achillie Zavatta" zum Beispiel, begann seine Karriere im Alter von drei Jahren im Zirkus seiner Eltern. Er brachte unzählige Leute mit seiner Pantomime zum Lachen, und starb doch einsam, und durch seine eigene Hand in seiner Heimat Frankreich. Der berühmte mexikanische Clown „Chuchin" war ein allseits talentierter Zirkus Performer. Am 29. März 1984, als er gerade dabei war nach einer seiner Hochseildarbietungen zu Boden zu klettern, stürzte er ab und starb. Die Zuschauer lach-

ten und applaudierten da sie dachten, dass dieser Sturz zu seiner lustigen Darbietung gehörte. „George Carl" war ein berühmter und höchst erfolgreicher Clown und Komiker in Europa. Er durfte sogar für die britische Königin im Palladium von London auftreten. Er erhielt sogar den begehrten „Goldenen Clown", den er von Prinzessin Grace auf dem Internationalen Festival in Monte Carlo überreicht bekam. „Popov" war der erste Clown der Union der sozialistischen Sowjetrepubliken, der in der westlichen Welt auftrat. Im Jahre 1971 reichte seine Bekanntheit bis nach Melbourne in Australien, wo er zum „König von Moomba" ernannt wurde. (Moomba ist eines der ältesten Festivals Australiens, welches jährlich am Tag der Arbeit stattfindet Anm. d. Übersetzers.) Ich hatte Glück, ein Teil der Welt eines solch berühmten Clowns zu sein. Der größte Clown in meinem Leben war der Sohn eines berühmten, allseits talentierten Zirkus Performers und Clowns. Er wählte den Namen „Tamborin" in seinen Darbietungen, die ähnlich jenen von „George Carl" waren. Er unterschied sich allerdings auch von den zuvor genannten, denn er war nicht nur Clown. Ich kategorisierte ihn als Charakterdarsteller, der mit dem berühmten „Lon Chaney" konkurrierte. All die Zeit, die ich damit verbrachte meinem Vater zuzusehen, als er in die verschiedensten Rollen schlüpfte, fragte ich mich, welcher der Charaktere am meisten mit

Spiritualität zu tun hatte. Nachdem ich ihn immer und immer wieder sorgfältig und intensiv beobachtet hatte, kam ich zum Entschluss, dass es der Clown war. „Tamborin" hatte alle Eigenschaften, ein weltberühmter Clown zu werden. Er repräsentierte Mitleid, Freude, Übermut, Lachen und menschliche Würde in einem. Er hatte nur ein Problem: Seine Liebe für die Leute des Südwestens der USA hielt ihn davon ab, seine Karriere voranzutreiben. Als einer der erfolgreichsten Wanderaussteller in diesem Gebiet fühlte er sich immer verantwortlich dafür, für die Leute da zu sein und sie zu unterhalten. Ich habe ihn immer sehr genau beobachtet und genauso umsichtig habe ich das Publikum beobachtet, dessen Reaktionen auf die Bewegungen und den Charme des Clowns, sein Tanzen und sein Singen. Manchmal fühlte ich mich schuldig, dass er meinetwegen nicht länger Geduld und Willen gehabt hatte, seinen Traum in Hollywood wahr werden zu lassen. Auch meine Mutter hatte es immer wieder versucht, ihn zu überzeugen, es doch wenigstens zu versuchen.

Ich weiß einfach, dass seine Persönlichkeit auf die Kinoleinwand gehört hätte. Und es tut mir so leid, dass er nicht in der Gegenwart mit Videos und Videokameras gelebt hat, sodass ich zumindest meine Erinnerungen mit den Leuten teilen hätte können, die ihn so geliebt hatten.

Auch weil die Leute sagen, ich würde ihm und seiner Art zu schauspielern gleichen…

Der einzige Charakter, den ich in meiner Künstlerlaufbahn nie spielen konnte, war der eines Clowns. Ich denke, das ist deshalb so, weil ich in meiner frühen Kindheit das Privileg hatte, den größten aller Clowns zu kennen. Er hinterließ so einen erinnerungswürdigen Eindruck in meinem Leben, dass ich es mich nie getraut hätte – schon allein aus Respekt gegenüber seinem Handwerk – jemals in seine Fußstapfen zu treten. Ich erinnere mich lebhaft an seine Schuhe, waren sie doch 50 Zentimeter lang. Es hieß, sie waren besondere Schuhe, die er bei seinem Auftritt als Clown anzog. Ich wusste, dass ich, egal wie hart ich auch trainieren würde, nie auch nur annähernd an seine Perfektion herankommen würde. Und ich wollte keine schlechte Kopie seines großartigen Talents sein.

Der Clown, von dem ich spreche, war mehr als nur der pantomimische Zirkusclown. Bei ihm war es natürlich. Mein Vater ging nicht einfach nur herum, zog ein paar lustige Grimassen, um Gelächter zu ernten, obwohl er das natürlich genauso konnte. Dieser Clown war ein Genie. Er erzählte Geschichten, hielt Monologe, sang Lieder, spielte alle Arten von Flöten, verwendete gereimte Gedichte und wenn er tanzte, war es ein besonderer Tanz, der alle zum Brüllen und Applaudieren brachte, alles zur gleichen Zeit.

Er war ein Meister darin, das Publikum mit seinem besonderen Dialog zum Nachdenken über das Leben und die Familie zu bringen. Er erzählte Familienwitze, die mit dem Ausbildungssystem zu tun hatten, in Verbindung mit Arbeitern und mit der harten, nie enden wollenden Arbeit einer Hausfrau. Er gehörte den Massen, die ihn anhimmelten, doch wenn er von der Bühne herunterkam und das Publikum nach Hause ging, dann wurde er mein ganz persönlicher Clown und von dem Moment an hatte ich ihn ganz für mich alleine. Ich war deshalb so stolz, weil er auch mein eigener Vater war.

Die größte Freude meines Lebens war es, als ich ihn das erste Mal dabei beobachtete, wie er sein Clown Make-up auftrug. Es war nur ungefähr ein Jahr, nachdem ich aus meiner Welt der Dunkelheit ausgebrochen war. Ich erinnere mich, dass ich zu ihm kam und mich still am Boden dazu gesetzt habe, kaum atmend und gewissenhaft beobachtend, beide Augen auf jede seiner Bewegungen fokussiert, während er in einen ovalen roten Spiegel blickte, den er in der Hand hielt. Er schnitt verschiedene Grimassen vor dem Spiegel und studierte sich selbst dabei. Dann hielt er inne und dachte über die nächste Bewegung nach.

Ich starrte gebannt und hielt den Atem an, als er dann mit seinen zarten Fingern die reflexartige Routine des Schminkens begann. Es war so, als ob man einem Maler mit seinen Farben und Pinseln zusieht, der an einem wertvollen Meisterstück zu arbeiten beginnt.

Und es war ein Meisterwerk, denn sein besonderes Gesicht war einem breiten Publikum an Erwachsenen und Kindern gleicherweise in den Südweststaaten Arizona, New Mexiko und Colorado bekannt. Manchmal zog er auch weiter und beehrte einige der Leute im Norden von Kalifornien, und in einigen Städten in Texas mit seiner Vorstellung. Doch meistens war es das Gebiet der erwähnten drei Staaten, in dem er gerne reiste. Mein Vater fühlte sich viel besser und sicherer in seinem eigenen Hinterhof, wie er diese Gegend bezeichnete.

Er kannte das südwestliche Land wie seinen eigenen Handrücken, sodass ich mich manchmal wunderte, wie gut er es kannte. Natürlich war das nur dann der Fall, wenn ich vergaß, dass ein Teil von ihm zu den Nedhni-Apachen aus den Bergen von Sonora gehörte. Außerdem hatte er sein ganzes Leben im Südwesten der USA verbracht. Er war als kleiner Junge mit seinem Vater durch dieses Land, und auch durch große Teile Mexikos, gereist, ehe noch irgendjemand an mich gedacht hatte. Es fiel mir schwer, sein Herkunft nicht zu vergessen, war sie doch so kompliziert und ungewöhnlich

Zum Ersten war seine Art viel eher in Einklang mit der spanischen Welt als mit der Welt der Original Natives. Obwohl seine Wandershow bei Menschen jeglicher Nationalität beliebt war, war sie doch auf die spanische Bevölkerung ausgerichtet. Er war außerdem kein Original Native aus einem Reservat. Er wurde unter der Obhut seines Vaters groß, der keinen Respekt gegenüber irgendeiner organisierten Religion, der Regierung oder der Politik hatte und jede Verbindung mit Reservaten vermied. Sein Vater glaubte, dass von diesen drei Elementen es die Reservate waren, die für die Gräueltaten und die Unterjochung der Ureinwohner des Landes verantwortlich waren. So wuchs mein Vater im gleichen Glauben wie mein Großvater auf, den ich leider nie getroffen hatte. Die Traditionen der Original Natives wurden immer vom Großvater/der Großmutter an Vater/Mutter weitergegeben, die sie wiederum ihren Kindern weitergaben. Und genauso war es auch mit der Fülle an Wissen, welches mein Vater von seinen Vorfahren geerbt hatte. Ich wiederum war es, der den Großteil seines Wissens erben durfte. Ureinwohner hatten weder Schriftsprache noch Bücher. Aufgrund dieses altertümlichen Brauchs sind wichtige Informationen, Kultur und Sprache auch heute noch erhalten, obwohl ich mich frage, wie lange das noch der Fall sein wird? Das Thema unserer eigenen Kultur und Sprache wurde von meinen Eltern nie groß in den Vordergrund gestellt. Ganz im Gegenteil zu Englisch, das für sie, als Mittel sich zur Wehr setzten zu können, oberste Priorität hatte. Die größte Sorge meines Vaters, wie die vieler verantwortungsvoller Väter, war die, seine eigene Familie zu ernähren, auszubilden, für sie zu sorgen und zur gleichen Zeit ein gutes Beispiel für den Respekt und die Liebe zwischen ihm und seiner Frau zu setzen, an dem wir Kinder uns orientieren sollten. Dazu gehörte auch der gute Wille gegenüber anderen, manchmal Fremden und Fans, die ihn als Mensch und für seine Shows bewunderten.

Historische Fakten stärkten seinen Glauben, dass der traditionsverbundene Original Native niemals flüchten konnte und für immer im Reservat gebrandmarkt sein würde. Und wenn er sich selbst erlaubt hätte, einer von diesen zu sein, wäre sein Geist immer psychisch verstümmelt gewesen. Obwohl er das Denken und die Rechte der anderen respektierte, verweigerte er immer, in einem Reservat zu leben oder von der Regierung eine Unterstützung zu erhalten. Er hielt das Reservat für ein Gefängnis, als das es schon von Anfang an gedacht war. Auch den minimalen Unterstützungsbeitrag der Regierung oder deren Geschenke waren seiner Meinung nach nur dazu da, um die Eingeborenen in Schach zu halten. Sogar die Unterstützung in Form von Nahrungsrationen wurde nicht honoriert.

Diese Vereinbarung war der Grund dafür, dass 38 Sioux, auf Befehl von Präsident Abraham Lincoln, zum Tod durch Erhängen verurteilt wurden. Und das einen Tag nach Weihnachten, dem wohl heiligsten aller christlichen Feiertage. Das Urteil wurde gut sichtbar, vor versammelter, applaudierender Bürgerschaft, bestehend aus einheimischen Weißen, in Mankato vollstreckt.

Mein Vater hielt sich weder für einen Vormund noch für einen Gefangenen oder einen Bettler. Er war ein sehr stolzer Mann. Mit seinem Talent war er in der Lage, sich über das ganze bürokratische System rhetorisch hinwegzusetzen und ein unabhängiger Selbständiger zu sein, der einzig und allein von seinem eigenen Talent und seinen treuen Anhängern abhängig war, die sein ganzes Leben lang eine starke Unterstützung waren. Er lebte viele Leben und teilte sie alle mit seiner Familie und seinem Publikum. Und das Publikum liebte ihn und wartete schon ganz aufgeregt darauf, dass er ein- oder zweimal im Jahr in ihre Stadt kam und sie in der örtlichen Gemeinschaftshalle, dem (katholischen) Pfarrsaal oder einem Hörsaal unterhielt.

Da gab es noch etwas Einzigartiges an ihm: Er kannte jede noch so kleine Stadt, ob nah oder fern, innerhalb dieser drei Staaten. Sich für eine Show vorzubereiten nahm viel Zeit in Anspruch, da er gleichzeitig Wahlhelfer, Manager der nächsten Saison, Werbemann, Sprecher, Musikant, Universal-Charakter-Schauspieler und Mittelsmann zu den örtlich Ansässigen war. Jeder kannte den kleinen Joe, auch der örtliche Klerus. Im Südwesten arbeitete mein Vater mit der katholischen Kirche zusammen, die damals die dominanteste Kirche war. Seine Vereinbarung war einfach: Er würde zehn oder fünfzehn Prozent des Gewinns aus den Eintrittsgeldern der Kirche als Spende überlassen und der Klerus würde im Gegenzug Werbung für seine Show machen.

In der damaligen Zeit war die Kirche Ort des Dorftratsches in Bezug auf die wöchentlichen Neuigkeiten, da die meisten Leute am Sonntag dort zusammen kamen. Es war das Ende der Woche und die meisten Leute benutzten die Kirche zweckentsprechend, als einen Ort des Gebets. Es gab aber auch diejenigen, die dorthin kamen, um zu sehen, welche Kleidung man trug, um zu tratschen und um zu hören, was es bei Nachbarn, Freunden und Verwandten Neues gab. Auch mein Vater nützte diese Gelegenheit, um Werbung zu machen. Er sah es als traditionellen Tauschhandel. War es doch er, der etwas zu geben hatte und einfach etwas im Gegenzug dafür haben wollte.

Er hatte zwar noch immer seine eigenen, andersartigen Ansichten über Religion, doch die Priester und Bischöfe mochten und respektierten ihn mit seiner Meinung. Sehr oft luden die Priester oder Bischöfe, die seine guten Freunde geworden waren, ihn ein, mit ihnen einen Kaffee zu trinken oder zu frühstücken. Sie genossen seine Gesellschaft und den historischen Wert seiner Gespräche über die Vergangenheit und die neuesten Abenteuer seiner Reisen im vergangenen Jahr.

Ich hatte das Vergnügen, bei vielen dieser Dialoge dabei gewesen zu sein, wenn auch manchmal mit gemischten Gefühlen. Einige hatten mit der Verfolgung der Ureinwohner durch die Kirche zu tun oder auch mit anderen einheimischen Völkern in anderen Teilen von Amerika.

Ich war erstaunt, wie mein Vater seine Ansichten mit ihnen diskutieren konnte und sie dennoch dazu brachte, hinter ihm zu stehen und ihn und seine Truppe zu unterstützen.

Sehr oft saß ich einfach nur still da und fragte mich, wann der Priester „Es reicht!" sagen würde, doch ich dachte, die Wahrheit würde ihren Weg finden. Noch etwas über meinen Vater: Alle Worte, die er jemals gesprochen hat, waren immer wahr oder zumindest sehr nahe der Wahrheit. Und dann war ich immer überrascht, dass einige der Priester ihm ganz und gar zustimmten. Das war immer sehr verwirrend für mich.

Wie konnte ein Diener Gottes sich so gegen die Kirche stellen und einem Mann, wie meinem Vater, zustimmen, der nie in die Kirche ging und dies den Priestern auch noch ins Gesicht sagte? Natürlich hatte er eine sehr diplomatische Art die Wahrheit auszusprechen, worauf einige des Klerus sich sogar für die Vergehen der Kirche entschuldigten, die in der Vergangenheit und im Gespräch stattgefunden hatten. Es gab aber auch solche im Klerus, die diplomatisch erklärten, dass es sich bei vielen Vorfällen um Kleinigkeiten handelte, wenn man die Größe der Kirchen in Betracht ziehe. Sie wiesen auch darauf hin, dass es sich nun um andere Zeiten handle, worüber mein Vater sehr glücklich war. Sie waren immer alle sehr freundlich, aber ich hatte immer das Gefühl, dass manche von ihnen meinen Vater einfach dazu bringen wollten, zum Katholizismus zu konvertieren.

Eines war allerdings immer sicher. Egal, wie freundlich, hitzig oder interessant das Gespräch war, wenn es auf drei Uhr Nachmittag zuging, die Zeit, zu der üblicherweise die Schule zu Ende war, wurde es Zeit für meinen Vater sich zu entschuldigen. Meines Vaters Meinung nach waren die größte Werbung immer die Kinder, die hinter dem Auto herliefen. Als ich alt genug war, half ich meinem Vater die Atlas Lautsprecher am Auto zu montieren und die Kabel am Rauland Verstärker anzuschließen. So fuhren wir die Straßen der Stadt, in der wir auftraten, auf und ab. Ich ging neben dem Auto mit und teilte Flugblätter aus oder legte Platten auf die Drehplatte des 78 rpm Plattenspielers. Manchmal kamen noch andere Mitglieder unserer Truppe mit, abhängig davon, wie viel für den Abend noch hergerichtet werden musste. Diese Parade dauerte meist bis kurz vor Vorstellungsbeginn. Es war oft schwer für meinen Vater, da er sich sehr beeilen musste, um mit den Vorbereitungen für seine Clown Darbietung rechtzeitig fertig zu werden.

Eines war jedoch sicher: Wenn es wieder Zeit wurde für sein spezielles Gesichts-Make-up, eilte ich herbei, egal, was ich gerade machte, um an seiner Seite zu sein und mit weit aufgerissenen Augen alles zu beobachten. Ich beobachtete, wie er nicht nur auf magische Art und Weise sein Make-up auftrug, sondern gleichzeitig seine Persönlichkeit in die Rolle des Charakters verwandelte, den er vorbereitete. Ich wusste immer schon, welchen Charakter er darstellte, denn er würde eine seiner vielen Perücken nehmen und sie auf die Seite legen. Inzwischen war es einfach für mich geworden, denn ich wusste, welche Perücke zu welchem Charakter gehörte. Er hatte eine richtig zottelige rote Perücke, die einen schon zum Lachen brachte, wenn man sie nur ansah, eine Glatzen-Perücke für seinen alten Mann, eine Perücke mit langen, grauen Haaren für die alte Frau, eine Perücke mit schwarzen Haaren für den Mexikaner und einen Turban mit einem ovalen Diamanten für seinen „Black Diamond", den außergewöhnlichen Magier. Für letztgenannten benutzte er aber meist gar keine Perücke. Er machte gewissenhaft einen Schritt nach dem anderen, wenn er sein neues Gesicht anlegte und in die Rolle schlüpfte.

Mein Vater hatte viele Gesichter, und ich fühlte mich, als hätte ich viele verschiedene Väter. : Zwei seiner Lieblingswörter waren „Zinkoxid" und „Maxfaktorcreme", die die Hauptbestandteile und die Basis seines weißen Clowngesichts darstellten.

Allein daher, weil ich ihm die ganze Zeit über zugesehen hatte, erkannte ich bereits früh in meinem Leben, dass ich nie wie mein Vater sein könnte, obwohl viele behaupteten, ich sehe ihm am ähnlichsten von allen. Wir unterschieden uns jedoch in einem wesentlichen Punkt voneinander: Auf der Bühne war er komplett ungehemmt, ich aber war oft teilweise wie gelähmt, bevor ich auftrat. Es war mir immer viel zu peinlich, dies meinen Eltern zu erzählen. Ich mochte die Bühne und das Singen. Was ich allerdings nicht mochte, war dieses heiße, einem Fieber ähnelnde Gefühl, das ich auf der Bühne für die ersten Minuten verspürte. Ich war sehr schüchtern und hätte nie gedacht, dass ich dieses Gefühl nach einiger Zeit nicht mehr haben sollte. In meinem späteren Leben sollte ich dann aus meinem Schneckenhaus herauskommen und viel von seiner Persönlichkeit annehmen. Meine schönsten Erinnerungen waren daran, wie er seine Fettschminke aufgetragen hatte. Obwohl ich es mochte, was er alles mit seinem Make-up anstellte, wusste ich genau, dass er auch ohne Schminke ein sehr lustiger Mann war, wenn er nur wollte. Obwohl er viele verschiedene Charaktere im Programm hatte, war der, von dem ich nie genug bekommen konnte, eindeutig Tamburin. Die Bevölkerung im ganzen Südwesten kannte diesen Charakter so gut, dass sie manchmal meinen Vater mit seinem Charakternamen rief und kicherte. Wahrscheinlich erinnerte sie sich dabei gerade an einige Witze aus seinem großartigen Repertoire.

Das Publikum wurde zwar immer mit irgendwelchen Streichen auf der Bühne unterhalten, aber ich hatte das Gefühl die Oberhand zu haben, denn ich wusste auch, wie es hinter der Bühne aussah. Und manche Dinge, die sich dort zutrugen, waren noch viel lustiger als die auf der Bühne. Er war ein lustiger Mensch, auch dann, wenn er nicht in einer Rolle war, auch wenn er versuchte, ein ernstes Gesicht zu wahren.

Eine der erschreckendsten Rollen, die ich kaum ansehen konnte, war seine Darstellung einer alten, dem Alkohol verfallenen Frau. Sie betrat die Bühne mit einem Schal über ihrem Kopf und einer Flasche in der Hand. Sie nahm einen Schluck aus der Flasche, während sie in ihrem betrunkenen Zustand umher tanzte und ein sehr eigenartiges Lied sang. Das Lied erzählte eine sehr traurige Geschichte, aber weil sie eine Schnapsflasche in der Hand hatte, machte sie mir Angst. Ich war es nicht gewohnt, jemanden trinken zu sehen, weil meine Eltern beide keinen Alkohol konsumierten. Ich fürchtete mich vor all den Geschichten, die ich gehört hatte, über Alkoholiker, die zu aggressiven und brutalen Menschen wurden. Seine Darstellung war jedes Mal so überzeugend, dass ich ab und zu mitten in der Nacht aufwachte, um dann zwischen meinen Eltern im Bett weiter zu schlafen.

Als mich meine Mutter endlich dazu brachte, meine Angst vor „Maria Justa" zu gestehen, glaube ich, dass sie danach ganz im Stillen mit meinem Vater darüber sprach, denn kurz darauf hörte er auf, diesen Charakter zu spielen. Wie ich meinen Vater kenne, erkannte er auch, dass es nicht gut für die Kinder war, Zeugen einer solchen Darbietung zu sein. Er war immer sehr familienbewusst und hielt an seinem Glauben der Familienunterhaltung fest, die er freiberuflich ausübte und er war sehr stolz darauf, eine saubere Show für alle Altersklassen bieten zu können. Das war mit einer der Gründe, warum er beim Klerus so hoch angesehen und immer willkommen war.

Er war ein großartiger Entertainer, Musiker und wunderbarer Sänger, ein sehr vollendeter Redner und Autor für seine Zeit und einer der geschicktesten Menschen, die ich jemals gekannt hatte. Ich hatte immer das Gefühl, so vielem gerecht werden zu müssen. Ich überwand meine Schüchternheit, obwohl ich manchmal ein paar Sekunden, bevor ich auf die Bühne ging, noch immer unruhig wurde. Allerdings machte ich dies zu meinem Vorteil, denn niemand sollte zu selbstsicher sein.

Etwas in mir veränderte sich langsam, das mir erlaubte, Humor in mir zu entfalten. Ich begann mit erfolgreichen Monologen, sogar ohne Gesichts-Make-up, in einer der gefragtesten Gegenden für Komiker der damaligen Zeit, einem Ort, an dem viele Komiker begannen: bei den Catskill-Bergen im oberen Gebiet des Staates New York. Ich werde nie vergessen, dass der Besitzer eines Hotels am Ende meiner Aufführung zu mir auf die Bühne kam und mir sagte, dass er, seitdem ein junger Komiker namens Danny Kaye einen Sommer lang sein Moderator war, nie mehr so eine aufregende Persönlichkeit gesehen hatte. Was der Hotelbesitzer nicht wissen konnte war, dass neben Charlie Chaplin auch Danny Kaye eines meiner Idole war. Des Weiteren lobten und gratulierten mir zahlreiche andere Hotelbesitzer und auch andere Komiker, unter ihnen auch Stars wie Jack Carter.

Doch das alles passierte erst viel später in meinem Leben. Ich hatte auch einen ganz anderen Stil entwickelt als mein Vater und fühlte mich sehr wohl damit. Wahrscheinlich genau so woh,l wie er sich damals mit seinem fühlte. Eines sollte man niemals vergessen:

Die Freude am Lachen kann heilen und ist unverzichtbar für unser Herz und unsere Seele.

MEIN ZELT

Mit meinem Vater aufzuwachsen war nicht nur eine aufregende Erfahrung sonder auch sehr speziell. Es war ein Abenteuer bei jeder Gelegenheit. Nicht zu wissen, was als nächstes kommen würde, erzeugte manchmal ein flaues Gefühl, ohne Basis, doch das war eben seine Art zu leben. Er hat mir immer weise Worte als Anleitung gegeben, die, nebenbei bemerkt, immer sehr hilfreich und ein wichtiger Teil in meinem Leben waren und immer noch sind.

Ich war damals erst sechs Jahre alt und meine Eltern hatten schon viele Schwierigkeiten meinetwegen hinter sich. Sie waren beide grundsätzlich sehr fröhliche und liebende Menschen und ich betrachtete mich als sehr glücklich, weil ich solche Eltern hatte. Ich konnte ihren Stolz immer spüren, vor allem dann, wenn mein Vater zu sagen pflegte: „Komm, mein Sohn". Es war die Art und Weise, wie er diese Worte verwendete, die einen Eindruck auf mich machte, so als ob man sagen würde, wir gehen das Unbekannte suchen. Wir reisten ständig von einer Stadt in die nächste. Und wenn wir einmal nicht in einer Stadt auftraten, dann pflegte er zu sagen: „Komm, mein Sohn", und schon waren wir unterwegs in ein neues Abenteuer.

In der Zeit, während der mein Vater nicht unterwegs war, bereitete er einen neuen Zaubertrick vor oder brachte mir ein neues Kunststück in der Luft bei. Zuerst lehrte er mich die Basisübungen an einem Trapez, das er im Gang unseres Hauses aufbaute. Später stellte er ein Gerüst in unserem Hinterhof auf, wo ich mehr und schwierigere Kunststücke lernte. Ich liebte es, durch die Luft zu fliegen. Ich hatte immer ein berauschendes Gefühl von Freiheit als ich durch die Luft schwebte.

Meine Mutter pflegte für gewöhnlich zu kochen oder Säume auf neue Röcke zu nähen, die sie angefertigt hatte. Sie war eine gute Schneiderin, doch sie versuchte eher der Kräuter- und Heilkunde nachzugehen. Am meisten überraschte mich, dass sie auf der Bühne eine unglaublich gute Schauspielerin war. Sie sang, tanzte, hielt Monologe, sang Duette mit meinem Vater und assistierte ihm bei seinen Zaubertricks. Ich kann mich gar nicht daran erinnern, dass mein Vater jemals einen Auftritt verpasst hat aber eines Tages fühlte er sich plötzlich krank und konnte nicht als Clown auftreten. An diesem Abend kreierte meine Mutter einen Charakter ähnlich dem von Lucille Ball und spielte ihn an seiner Stelle. Von diesem Zeitpunkt an wurde ihr Comedy Auftritt fixer Bestandteil der Show. Ich glaube sagen zu können, dass sowohl mein Vater als auch meine Mutter irrsinnig innovativ und erfinderisch waren. Aber vor allem waren sie ein perfektes Team, in jeglicher Art und Weise.

Meine Eltern verstanden es auch, ihr Leben einfach zu genießen, mit anderen Worten, es war nicht immer nur Arbeit ohne Spiel. Sie wussten genau wie man sich amüsiert. Sie waren beide sehr abenteuerlustig und liebten es draußen in Mutter Natur zu sein. Wir besuchten alle Parks unseres Landes: Canyon De Chelly, den Grand Canyon, Sequoia Nationalpark und im Yellowstone Nationalpark. Dort sahen wir wagemutige Bären, die sich ganz nah an unser Auto herantrauten. Auch Rehe sahen wir dort, die weder unerschrocken noch wagemutig waren. Es gab niemals langweilige Momente. Eines Tages, als wir auf dem Weg nach Phoenix waren, strahlte mein Vater bis über beide Ohren als er ein Zirkuszelt sah worauf auch meine Augen ganz groß wurden.

Es war mein Traum, meine Luftakrobatik in einem großen Zelt darbieten zu können. Mein Vater wusste das und hatte mir ein großes Zelt versprochen aber bis zu diesem Tage hatten meine Vorführungen nur in Hallen oder bestenfalls Auditorien stattgefunden. Ich liebte ihn zu sehr um ihn immer wieder daran zu erinnern. Außerdem wusste ich genau wie gerne auch er so ein Zelt besessen hätte. Als wir näher kamen sahen wir die Buchstaben am Zelt. Es war der Clyde Beatty Zirkus. Natürlich hielten wir an und es stellte sich heraus, dass einige Freunde meines Vaters mit dieser Truppe unterwegs waren. Wir brauchten nie für eine Zirkusvorstellung Eintritt zu bezahlen. Jeder kannte meinen Vater über seinen Familiennamen. Sein Vater und Großvater waren angesehene „Künstler der Lüfte" gewesen. Sein Vater war auch ein Pferdetrainer und „Römischer Reiter". Es heißt auch, dass er ein berühmter Clown gewesen sein soll. Natürlich waren all dies Geschichten die durch Erzählungen weitergegeben wurden und keiner beweisen konnte. Aber jeder der in der Zirkuswelt lebte kannte sie, also reichte mir das. Als die Show begann, saßen wir in der VIP Loge. Jeder der Zuschauer wartete angespannt auf den Beginn der Show. Als der Zeremonienmeister die Arena betrat hieß er zuerst alle Leute im Publikum willkommen bevor er fortfuhr uns sagte: „Die heutige Vorstellung ist der Familie Ortiz gewidmet die uns heute besucht." Er sprach vom traditionellen Hintergrund der Familie und bat meinen Vater aufzustehen. Das Publikum begann laut zu applaudieren als mein Vater stolz, aber doch demütig, aufstand und sich verbeugte.

Wir trafen oft auf Zirkusse im europäischen Stil in denen es nur eine Arena gab, in der alle Darbietungen stattfanden. Als wir uns die Vorstellung ansahen, konnte ich mich schon selbst oben am Trapez durch die Luft fliegen und meinen Vater als Clown in der Manege auftreten sehen. Es wäre wunderschön gewesen mit einem Zirkus auf Tournee zu gehen doch ich vermutete, dass ich seine Gefühle verletzen würde, mit dem Vorschlag, für jemand anderen zu arbeiten. Er sagte immer, er bevorzuge es, sein eigener Chef zu sein und scherzte:

„Wenn ich der Chef bin, kann man mich wenigstens nicht kündigen."

In seiner ganzen Karriere als Entertainer hatte er nur drei Mal für jemanden gearbeitet. Der Grund dafür war der Ausbruch des Krieges. Ein Freund bot ihm eine Arbeit in einem Golfclub an, weit oben in den Höhen von Alberquerque. Er pflegte sehr früh aufzustehen und mit einem Fahrrad bis zum Club zu fahren, der etwa 25 Meilen entfernt am anderen Ende der Stadt lag. Der Zweite Weltkrieg lähmte etliche kleinere Geschäftsleute, weil die Regierung das Benzin durch Coupons rationierte und man in einem Monat nicht mehr Benzin bekommen konnte.

Nachdem er ungefähr sechs Monate in diesem Club gearbeitet hatte, kam er eines Tages ganz aufgeregt nach Hause und verkündete: „Wir werden bei der Frank Burk Show mitmachen!". Meine Mutter war sehr erleichtert dass mein Vater nicht mehr so weit mit dem Rad fahren musste. Sie vermisste es auch sehr mit ihm und der Familie auf Tour zu sein. In dieser Sommersaison traten wir also bei Frank und seinem Zirkus bei. Frank war sehr nett aber manchmal war es komisch mit ihm zu arbeiten. Seine Frau Mary war auch eine sehr freundliche Dame.

Eines Tages kamen zwei Männer und unterhielten sich mit meinem Vater. Sie machten ihm ein besseres Angebot. Ihre Namen waren Peter und Walter Siebrand und sie stammten aus Phoenix, Arizona. Sie hatten selbst eine große Show mit der Frank Burke versuchte zu konkurrieren. Die Brüder Siebrand hatten insgesamt etwa 1000 Angestellte in den verschiedensten Bereichen, jede Menge Attraktionen für Groß und Klein, ein Ringkampfzelt, ein Spielhaus und noch vieles mehr. Es gab auch zwei Zigeunerfamilien, die Handlesen betrieben. Sie hatten zwei sehr beeindrucken-de dieselbetriebene Generatoren, die auf zwei riesigen weißen LKWs befestigt waren und sehr imposant wirkten. Im Jahr 1942 sorgten diese Generatoren schon alleine für Furore, da niemand zuvor so viel Elektrizität zur Verfügung hatte, um den ganzen Weg zum Zelt mit Neonlichtern und hellen Scheinwerfern auszuleuchten. Es bestand kein Zweifel dass diese gigantische Show aufregend war. Es gab eine große Rivalität zwischen Frank Burke und den Siebrand Brüdern, aber es war klar, dass Frank nicht mit ihnen mithalten konnte. Auf den Plakaten der Siebrands stand geschrieben: „Sie haben den kleinen Fisch gesehen? Kommen Sie und schauen Sie sich den Wal an". Beide Shows hatten die eine Abmachung mit der Regierung. Beide erhielten genug Benzin für ihre Reisen aber mussten im Gegenzug versuchen die Moral Amerikas aufrecht zu erhalten und die Gedanken der Menschen vom Krieg abzulenken.

Die Frank Burke Show konnte wirtschaftlich mit den Brüdern Siebrand nicht mithalten und ging letztendlich in Konkurs. Mein Vater fühlte sich schlecht, weil Frank und er ziemlich gute Freunde wurden. Allerdings hatte Frank einfach nicht das Wissen und die Erfahrung von Peter und Walter Siebrand. Die nächsten zwei Jahre reisten wir mit ihnen, mit meinem Vater als Teil der Zirkusshow und als Leiter der Fünf-Mann-Band. Seltsamerweise zeigte er während der ganzen Zeit nicht seine Clownnummer. Ich denke, er wollte mit seinem Charakter Tamburin pausieren, oder er hatte das Gefühl, dass er ihn besser nur in seiner eigenen Show vorführen sollte.

Ab und zu begegneten wir den großen Shows, den Brüdern Ringling, Barnum und der Bailey Show, der größten Show der Welt. Das war ihr Werbeslogan. Das war alles sehr aufregend für mich, besonders seit dem Moment, ab dem ich von meinem Vater erfuhr, dass mein Großonkel und meine Tante mit ihnen durch die Lande gezogen waren. Einmal gab es sogar einen Artikel im Life-Magazin, der Reuben und Emile Codona aufgrund ihrer wagemutigen Darbietungen am Hochreck gewidmet war. Der Artikel erwähnte auch Ramona Ortiz als erste Seiltänzerin, die jemals mit einem Zirkus unterwegs war und in der Hauptarena auftrat. Das war eine Ehre, die nur den einzigartigsten Darbietungen vorbehalten war, wenn die Künstler ihre Darbietung in der Hauptarena aufführten, ohne dass jemand anderer zur gleichen Zeit etwas darbot. Meine Großtante hatte diese Ehre. Alle drei wurden auserwählt, Teil vom Museum der Brüder Ringling und Barnum und Bailey zu werden, das sich in Sarasota, Florida, befindet.

Schon sehr früh, begann ich mich für meine kulturelle Herkunft zu interessieren. Ich wollte unbe-dingt mehr über mein Erbe und meine kulturelle Identität wissen, die ab und zu zum Vorschein kam, über das aber nie ausführlich gesprochen wurde. Mein Vater war ein viel beschäftigter Ge-schäftsmann und hatte keine Zeit sich mit mir ausführlich darüber zu unterhalten. Außer dass ich ihn hin und wieder ein paar Wörter in Apache sprechen hörte, wusste ich nur, dass er zum Nedni Clan gehörte. Mir wurde gesagt, dass Geronimo viel Zeit mit unseren Leuten in den Bergen von Sonora verbrachte, da auch er zum Teil Nedni war. Allerdings beliefen sich die meisten unserer Verbindungen und Spanisch sprechende Gemeinden. New Mexico, Arizona und Colorado waren schon damals bilingual, aber der spanische Einfluss war sowohl dort, als auch in den meisten Staaten im Südwesten, deutlich stärker. Es machte keinen Unterschied ob du Italiener, Syrer, Native oder Deutscher warst denn jeder dort sprach Englisch und Spanisch.

Das Bestehen meiner Eltern darauf, dass wir Englisch sprachen, war beinahe fanatisch. Wir lebten in unserer eigenen, abgeschnittenen Welt. Es war beinahe so, als ob unser Erbe mitten im Glanz des Showbusiness verloren gegangen wäre.

Eines Tages schlug mein Vater vor nach San Antonio zu fahren, um ein paar entfernte Verwandte zu besuchen. Ich war sehr aufgeregt. Im Zuge der Reise lernte ich meine Urgroßtante Ramona kennen. Meinem Vater nach war sie ein Teil seiner väterlichen Familie. Da ich so am Zirkusleben interessiert war, verzauberte sie mich total mit ihren Geschichten und Erinnerungsalben mit Lobesartikeln aus der ganzen Welt. Meine Eltern ließen mich für etwa drei oder vier Stunden allein mit ihr und ich hörte die erstaunlichsten und intimsten Geschichten des Zirkuslebens.

Weil ich ein Träumer war, reiste ich mit „der größten Show der Welt", während mir meine Großtante die faszinierendsten persönlichen Geschichten von sich und John Ringling erzählte. So wie ich es verstand, hatten sie eine großartige Beziehung, bis 1929 die Depression einsetzte und Ringling alle Künstler versammelte und ihnen mitteilte, dass er ihr Gehalt kürzen müsse, da sie sonst nicht mehr über die Runden kommen würden. Ramona wollte eine Lohnkürzung nicht akzeptieren und kündigte. Sie erzählte mir, dass John sie noch jahrelang persönlich angerufen hätte und sie bat zurückzukommen.

Als ich älter wurde, wurde mir bewusst, dass es zwischen den beiden auch eine Romanze gegeben haben musste, wie ich in den zahlreichen Fotoalben erkennen konnte, in denen es sehr viele Fotos gab, auf denen John entweder neben meiner Tante abgebildet war oder sie gerade umarmte. Das hinterließ bei mir den bleibenden Eindruck, dass sie sich viel näher standen, als meine Großtante zugab. Sie verwies außerdem stets auf ihren spanischen Stolz, der ihr so wichtig zu sein schien. Als wir uns kennenlernten, war sie schon eine ältere Dame, die aber ihr eigenes Haus besaß. Als ich zu ihr sagte: „Du hast ein schönes Haus" antwortete sie stolz: „Keine Hypothek, alles abbezahlt und schuldenfrei." Sie war eine strenggläubige Katholikin, die ihre Zeit damit verbrachte, zierliche und täuschend echt wirkende Papierrosen herzustellen und diese vor den Stufen der katholischen Kirche zu verkaufen. Den Großteil des Geldes, das sie damit verdiente, spendete sie der Kirche.

Nicht einmal in meinem Alter konnte ich sie verstehen. Wie konnte jemand bevorzugen, Blumen zu basteln anstatt mit dem größten Zirkus durchs Land zu ziehen? Ich glaube, es ging dabei um ihren falschen Stolz. Sie hatte das Quäntchen an spanischem Blut in sich, das ihr ein starkes aber oft falsches Gefühl für Werte gab, das sie dann fälschlicherweise für Bescheidenheit hielt. Als mein Vater kam, um mich von ihr abzuholen, hatte ich so lebendige und wunderschöne Erlebnisse beim Zuhören ihrer Zirkusgeschichten, dass es mir schwer fiel nach Hause zu wollen. Ich wusste, sie sehnte sich auch danach, ihre alten Erinnerungen mit jemandem zu teilen, der sie hören wollte, und ich war der perfekte Zuhörer dafür. Und ich glaube, sie hat in ihrem Herzen gespürt, was ich für Zirkuskünstler empfand, besonders für sie, denn wenn auch sehr entfernt, waren wir immerhin noch verwandt. Sie erinnerte mich sehr an meinen Vater, seinen Stolz und seine Art, Geschichten zu erzählen. Es gab keinen Zweifel bezüglich der Verwandtschaft.

Sie wird in einer kleinen Ecke meines Herzens immer präsent sein. Ich bewunderte sie und rechnete ihr hoch an, dass sie genug Mut hatte, als Frau in den frühen 1930er Jahren zu einer so großen Person wie John Ringling „Nein" zu sagen. Es machte mich aber auch traurig, dass sie sich der wirtschaftlichen Situation ihres Freundes nicht anpassen wollte und ihr eigenes Zirkusleben dafür opferte.

Ich war so verzaubert von der Zirkuswelt, dass ich ganz vergaß, ihr Fragen über unseren Hintergrund zu stellen. Sie hätte mir auch gar keine Chance gelassen, irgendeine Frage zu stellen, da sie ununterbrochen redete und es unhöflich gewesen wäre, sie zu unterbrechen. Die einzige Geschichte, die sie zur Herkunft unserer Familie beitragen konnte, war eine traurige Geschichte, die mir mein Vater schon erzählt hatte. Die Geschichte über den spanischen Hazienda-Besitzer war genau die gleiche, die mir mein Vater erzählt hatte. Der Abschied fiel mir schwer, denn ich konnte die Einsamkeit durch den Glanz ihrer lachenden Augen sehen, als sie vor ihrem Haus stand. Sie winkte uns nach, als wir langsam losfuhren. Ich drehte mich um und hielt Blickkontakt mit ihr. Sie winkte solange weiter, bis wir außer Sichtweite waren.

Das einzige, dessen ich mir jetzt, nachdem ich sie getroffen hatte, mehr als je zuvor sicher war, war meine Entschlossenheit eines Tages irgendwie in einem großen Zirkuszelt aufzutreten. Ich war der Meinung, ich hatte alle Voraussetzungen, die dafür nötig waren. Ich hatte keine Höhenangst und ich liebte es, in der Luft hin und her zu schwingen. Jedesmal, wenn wir einen Zirkus besuchten, blickte mein Vater an den Himmel des Zeltes, prüfte die Umgebung und wiederholte die gleichen Worte immer und immer wieder: „Eines Tages, mein Sohn, werde ich dir ein Zirkuszelt bauen." Es ging so weit, dass ich diese Worte im Schlaf hörte und fantastische Träume von dem Zelt hatte.

Ich träumte von einem herrlichen weißen Zelt, das in meinen Träumen sogar mit mir sprach. Es diskutierte mit mir, trieb Scherze und bat mich um Geduld. Es sagte zu mir, dass wir eines Tages zusammen arbeiten würden. Wenn es um Träume ging, fragte ich immer meine Mutter um deren Bedeutung, doch diesen einen, der immer wiederkehrte, wagte ich ihr gegenüber nicht zu erwähnen, da sie so viel Angst um mich hatte, wenn ich so tollkühn in der Luft war.

Ich hatte solch ein starkes Vertrauen zu meinem Vater, dass ich dachte, es gäbe nichts, das er nicht zustande bringen würde. Ich wuchs mit dem wunderbaren Gefühl des Vertrauens zu beiden Elternteilen auf. Sie versprachen nie viel, doch die Versprechen, die sie machten, hielten sie immer. Und sie gaben mir etwas Positives, das mein ganzes Leben lang erhalten blieb. Ich bin nicht einfach nur einer, der irgendetwas glaubt, sondern einer, der stets an das Positive glaubt. Obwohl ich schon sehr oft von verschiedenen Leuten, die nicht ehrlich waren, enttäuscht wurde, bin ich nach wie vor einfach durch meinen Glauben fähig, selbst wieder auf die Beine zu kommen und meinen Weg fortzusetzen.

Mein Vater fühlte sich in Texas nie ganz wohl, also traten wir dort sehr selten auf. Wir haben unsere Verwandten dort einmal besucht und zu meinem Verdruss sind wir dort nie wieder hingekommen. Wir reisten weiter und traten in Theatern, Schulen und Hörsälen auf. Mein Trapez-Akt kam immer durch Haken in der Decke zustande, die es in all diesen Lokalitäten gab. Während ich meinem Vater zusah, wie er mein Trapez und das Fangnetz aufbaute, fragte ich mich immer: „Ich bin neugierig, ob er jemals mein Zelt bauen wird."

Natürlich hatte ich ihn nie in das Vertrauen meiner Gedanken gezogen. Dennoch hatte er mich manchmal beim Tagträumen erwischt und mit seiner Fähigkeit der außersinnlichen Wahrnehmung wusste ich einfach, dass er oft meine Gedanken las.

Eines Tages, nachdem wir in „Four Corners" aufgetreten waren, erzählte ein Mann meinem Vater von einer ziemlich neuen Stadt, die von einer Firma namens Lumberton gebaut wurde. Das erweckte den Abenteuersinn meines Vaters. Der Mann erwähnte auch nebenbei, dass sich diese Menschen dort sehr nach einer Unterhaltung sehnten. Die Stadt war nicht weit weg. Wir fuhren los und plötzlich kam eine Tafel mit einem Pfeil, auf der stand: „Nach Lumberton".

Also bogen wir von der Hauptstraße ab in eine Straße, die mit riesengroßen Bäumen gesäumt war. Es sah so aus, als ob gerade jemand eine Straße mitten in den Wald geschlägert hätte, und tatsächlich war es genau das, was diese Firma gemacht hatte. Wir fuhren eine Weile, bis wir zu dieser ganz neuen und sauberen Stadt kamen, die ganz aus Baumstämmen gebaut war. Es war genau so, wie der Name sagte. Lumberton kam von lumber (Bauholz) und war eine Gemeinde, die von einer Firma errichtet wurde, deren Holzfäller hier lebten. Sie lebten dort, gingen zur Arbeit und machten alle Einkäufe in einem Gemischtwarenladen, der einen Block lang war und der Firma gehörte. Sie hatten auch eine eigene Kapelle für Gebetszwecke und eine Gemeindehalle, die allen lokalen Veranstaltungen diente.

Mein Vater sah eine bivalente Gelegenheit: Den Holzfällern und ihren Familien die ersehnte Unterhaltung für die moralische Bildung zu bieten und im Gegenzug einen fairen Eintrittspreis zu bekommen. Er, meine Mutter und ich gingen in das Geschäft, das ein gigantischer Bau mit einer hohen Decke war und einem Stiegenhaus, das in das obere Stockwerk führte. Alles war im Blockhausstil aus rohem Holz gebaut. Nichts dergleichen hatte ich jemals zuvor gesehen. Eine Art Wal-Mart (Name eines Unternehmens, Anm. d. Übersetzers) im Jahr 1939. Dort gab es einfach alles was man sich vorstellen konnte um Frauen, Männer oder Kinder einzukleiden. Oder auch die Materiealien um Kleidung selbst herzustellen oder auch um ein Haus zu bauen wenn man wollte. Auch alle Arten von Nahrungsmittel oder auch Tiernahrung waren dort zu finden. Nachdem meine Eltern damit fertig waren das Geschäft zu bewundern, sprachen sie mit dem Manager. Nachdem sie ihm ihren Plan erklärt hatten und er sich das eindrucksvolle 44 x 60 cm große Poster angesehen hatte, das mein Vater immer dabei hatte, war er mehr als begeistert und bot alle Hilfe an, die er bieten konnte. Er erklärte, wie sehr die Arbeiter und ihre Familien die Ablenkung von der harten Arbeit nötig hätten. Die einzige Bedingung, die er stellte, war, dass den Familien erlaubt würde, die Hälfte des Eintrittsgeldes mit Gutscheinen der Firma zu bezahlen, eine Bedingung, die meine freimütige Mutter schon ablehnen wollte, als der Blick meines Vaters sie verstummen ließ und er bereitwillig dieser Bedingung zustimmte.

Die Gemeinschaftshalle sollte als Theater dienen, das uns, solange wir wollten, zur Verfügung gestellt wurde. Nach dieser Blickdiskussion mit meiner Mutter änderte mein Vater den Eintrittspreis, um die Coupons aufzuwiegen. Es war das einzige Mal, dass er die Eintrittspreise um 100% erhöht hat! Er sagte meiner Mutter, wenn das Geschäft aufging, würden alle davon profitieren. Ich erinnere mich, dass sie die Gutscheine in Frage stellte, doch mein Vater meinte lächelnd: „Vergiss die Gutscheine und lass uns arbeiten." Und das taten wir, für sieben voll ausgebuchte Vorstellungen. Diese Leute waren für lange Zeit das beste Publikum, vor dem wir auftraten.

Bereits am dritten Tag kannte uns jeder mit Vornamen. Es war auch das erste Mal, dass ich Eingeborene, Weiße und Latinofamilien gemeinsam lachen und eine Vorstellung genießen sah. Am Ende hielt meine Mutter einen Wert von 1800 Dollar als Gutscheine in der Hand, die man nur im Geschäft einlösen konnte. Sie sah meinen Vater an und sagte: „Lass uns sehen, wie du die in US-Dollar verwandelst, Mister Black Diamond.“

Er schüttelte seinen Kopf, lächelte und dachte einen Moment lang nach. Dann nahm er ihr die Gutscheine aus der Hand, wandte sich mir zu und sagte: „Lass uns gehen, mein Sohn!“ Als wir von den gratis zu Verfügung gestellten Blockhütten, in denen wir wohnten, zum Geschäft gingen, fragte ich: „Was hast du vor, Papa?“, antwortete er: „Ich baue dein Zelt“. Mir blieb der Mund offen stehen. Ich sah ihn total sprachlos an. Er wiederholte seine Aussage nochmals mit Nachdruck: „Ich baue dein Zirkuszelt“.

Wir gingen ins Geschäft und er sprach mit dem freundlichen und lachenden Manager über sein Vorhaben. Sie schienen sich einig zu sein, worüber auch immer sie sprachen, denn sie schüttelten sich die Hände. Der Manager rief einen Verkäufer herbei und mein Vater begann ohne eine Liste Material zu bestellen. Er war unvorhersehbar, unglaublich und elektrisierend. Er hatte die unüblichste Art, Dinge zu konstruieren. Er verwendete das System meiner Großmutter, wie sie kochte: ein bisschen von dem und ein bisschen von dem. Er begann Zeltstoffe, Seilpfosten und verschiedene Arten Holz zu kaufen. Dann sprach er mit dem Manager wegen einer besonderen Bestellung und wir waren wieder dahin. Ich folgte ihm dicht auf den Fersen zurück zu unserem Lagerplatz und sagte zu meiner Mutter: „Wir bauen ein Zirkuszelt“.

Zuerst konnte sie nicht aufhören zu lachen. Dann hörte sie abrupt auf und sah ihm direkt ins Gesicht. „Du meinst das ernst, nicht wahr?“, fragte sie. Natürlich. Er hatte von den Managern der Gemeinde die Erlaubnis erhalten, das große besitzlose Areal zu benützen, das genau vor uns lag.

Er gab allen Mitgliedern seiner Truppe Bescheid und sie alle waren ganz aufgeregt. Er sagte ihnen, dass es zwei Wochen dauern würde das Zelt zu bauen und überließ ihnen die Entscheidung ob sie helfen oder sich zwei Wochen Urlaub nehmen wollten. Die meisten entschlossen sich, Urlaub zu nehmen, weil sie das Gefühl hatten, zwei linke Hände zu besitzen, wenn es darum ging, ein Zirkuszelt zu bauen. Der alte treue Isaac blieb, da er ja ein Teil der Familie war aber der Rest verabschiedete sich und versprach, in zwei Wochen wiederzukommen.

Mein Vater versammelte uns, segnete das Vorhaben und bat den Schöpfer, uns bei diesem Wagnis zu unterstützen. Dann gab er uns Instruktionen und zeigte uns, wie man die dicke weiße Plane mit Kerzen behandelte, damit es einfacher wurde den dicken Zeltstoff zu nähen. Ich beobachtete alles genau und hörte auf jedes Wort, das mein Vater von sich gab.

Mein Vater schnitt alle Stücke des Zeltes zu. Es sollte ein europäisches Zelt mit zwei Masten und einer Arena werden. Als er die Teile auf dem Grundstück verteilte, sah es für mich nur wie ein großer Haufen aus Zeltstoff aus. Es füllte den ganzen Besitz bis zu unserem Wohnwagen aus. Er zeigte mir genau, wie die Seile auf die Stoffe genäht wurden, die er die Rippen des Zelts nannte. Dann kamen die Stahlschlaufen um das ganze Zelt, wo die kleineren Masten hineinkamen, mit einem zwei Inches dicken Seil, das dann angezogen und mit einem der sechsundachtzig 36 x 2 Inch Stahlpfosten, die mit einem Vorschlaghammer in den Boden getrieben wurden, vertäut wurden. Als es fertig war, war ich einer von den drei „Schlägern“, die in einer synchronisierten

Bewegung die Pfosten in den Boden schlugen. Ich trage eine Narbe an meinem linken Ringfinger als lebenslange Erinnerung an diese Tage.

Wir nähten beinahe Tag und Nacht. Mein Vater pflegte hin und wieder meine Arbeit zu kontrollieren, um sicher zu sein, dass ich auch alles richtig machte. Manchmal machte ich eine Pause, um ihm beim Nähen zuzuschauen. Er war flink und seine Präzision war wie die einer Maschine, die keinen Schlag oder Stich versäumte, fast so, als hätte er sein ganzes Leben nichts anderes gemacht.

Ich erinnere mich, dass meine Mutter ein 50 Fuß langes Stromkabel vom Wohnwagen aus über die Zeltstoffe gespannt und an einem Baum auf der anderen Seite festgebunden hat. So hatten wir gerade genug Licht, um auch in der Nacht arbeiten zu können. Es wurde kaum gesprochen, nur meine Mutter pflegte aufzustehen und zu sagen, dass sie uns etwas zu essen machen würde. Dadurch, dass der Wohnwagen gleich daneben stand, war es recht bequem für sie. Meine Finger taten so weh, weil sie schon geschwollen waren, doch ich beschwerte mich nicht. Das ist eine Angewohnheit, die ich bis heute beibehalten habe. Wenn ich gefragt werde, wie es mir geht und ich 39° C Fieber hätte, würde ich immer noch sagen, dass es mir gut ginge.

Ich denke, das habe ich nicht nur von meinen Eltern sondern auch von Isaac gelernt. Er hat sich nie beschwert und kaum jemals ein Wort gesprochen. Wenn er jedoch einmal sprach, haben ihm alle zugehört, weil es sicherlich etwas Wichtiges war, und das war es auch für gewöhnlich.

Am neunten Tag waren wir mit den meisten Näharbeiten und mit allen 86 kleinen und den beiden großen Masten fertig, inklusive aller unüberdachten Tribünen, die von einem der firmeneigenen Sägewerke zugeschnitten wurden, das auch das Holz zur Verfügung stellte. Wir brauchten sie nur noch zusammenzunageln. Einige der dort beheimateten Jungen halfen uns dabei, und auch, sie zu streichen, während mein Vater ins Stahlgeschäft ging, um die beiden großen Ringe anfertigen zu lassen. Die Ringe waren in diesem Fall ein halbes inch dick und hatten 12 inch Durchmesser. In die Ringe kamen die Hauptmasten. Mit Flaschenzügen, die an der Spitze der Hauptmasten und an den Ringen mit einem 1 inch dicken Seil festgemacht waren, ließ sich das Zelt anheben und wieder senken. Die Präzision meines Vaters war perfekt ohne jegliche Fehler.

Die Ringe erinnerten meinen Vater an Black Elk und den zerbrochenen Kreis. Er erzählte mir, als wir die Ringe abholten, dass diese beiden Ringe das Herz des Zeltes waren. Sie mussten besonders stark sein und allen Wetterbedingungen standhalten. Ich sah mir diese beiden scheinbar unbedeutenden und übergroßen Ringe an, die so eine verantwortungsvolle Aufgabe hatten und trug sie stolz zu dem Platz, wo sie der Hauptbestandteil meines Zeltes sein würden. Mein Traum wurde hier vor meinen Augen wahr, und mein Vater hatte mir die Ehre erwiesen, ein Teil davon zu sein. Während ich nähte, hatte ich in Gedanken mit dem Zelt gesprochen, das mich immer anzulächeln schien, mit jedem Seil, mit dem ich fertig wurde. Und ich dankte auch dem Schöpfer, dass er es wahr werden ließ. Es kam mir vor, als hätte ich ein Leben lang warten müssen, obwohl es nur ein paar Jahre waren.

Am 12. Tag schnitt mein Vater 13 Buchstaben aus rotem Stoff aus. Als er mit der Arbeit, sie auf den Stoff zwischen den beiden Hauptmasten zu nähen, fertig war, konnte man „Ortiz Bro's Show" (Show der Brüder Ortiz) lesen. Ich fragte: „Warum Ortiz?", und seine Antwort war: „Zur Ehre deiner Urgroßtante Ramona Ortiz." Das war eine nette Geste für eine nette Dame. Ich fühlte mich außergewöhnlich wohl wegen der Tatsache, einige wenige Stunden mit dieser sehr talentierten

Dame verbracht zu haben. Endlich hatte ich mein eigenes Zelt. Ich konnte kaum glauben, dass ich mit meinen kleinen Händen an der Herstellung eines, offen und ehrlich gesagt, wunderschönen Zeltes mitgewirkt hatte.

Nach dreizehneinhalb Tagen Arbeit waren wir fertig. Wir waren endlich soweit, dem Zelt die besondere Ehre zu erweisen es aufzustellen. Viele Stadtbewohner, die immer wieder vorbeikamen, um uns beim Arbeiten zuzusehen und den Fortschritt unserer Arbeit mit zu verfolgen, waren genauso aus dem Häuschen wie wir. An dem Tag, an dem wir das Zelt aufstellten, gab es ein Gebrüll von Hurras und Applaus. Mein Vater hatte, als Meister in Bezug auf öffentliche Wirksamkeit, eine solche Begeisterung in der ganzen Umgebung und Meilen darüber hinaus geschaffen, dass einige Familien mit Kindern durch Mundpropaganda von diesem Ereignis erfahren hatten und anwesend waren, um zu sehen, wie das große Zelt aufgestellt wurde. Alle unsere Künstler waren zurückgekehrt und bereit zu helfen, wo immer es nötig war. Überflüssig zu sagen, dass unsere erste Aufführung in Lumberton, Neu Mexiko, stattfand. Am Tag der Premiere ging mein Vater in die Mitte der Arena und führte eine Segnungszeremonie mit weißem Salbei durch. Er nahm sich die Zeit, auf seine wunderbare spirituelle und redegewandte Art den Schöpfer zu bitten, unser neues Heim zu segnen und den einheimischen Bewohnern für ihre Unterstützung zu danken. Es gab 12 Vorstellungen, wobei Menschen aus der ganzen Umgebung zusammenkamen, die im neuen Zuhause der „Ortiz Bro's Show" dabei sein wollten.

Das war allerdings erst der Anfang. Vier Jahre lang reiste das Zelt von einer Stadt in die nächste, von Fest zu Fest, und die „Ortiz Bro's Show" gewann immer mehr an Popularität. Wo immer das Zelt aufgestellt wurde, brachte es dem Publikum in jedem Alter Freude und Lachen. Ganz in meinem Element, hoch in der Luft vor und zurück schwingend, pflegte ich hin und wieder zum Zelt zu sagen: „Du wirst immer mein Freund sein". Es war das absolut schönste weiße Zelt in meiner ganzen Welt. Dann kamen die Kriegstage im Jahr 1941 und das sollte das letzte Jahr sein, in dem mein Zelt verreisen konnte, denn die Kürzung des Benzins traf meinen Vater ebenso wie alle anderen Menschen im Land. Also packte mein Vater mein Zelt in unsere Garage in Alberquerque, Neu Mexiko, wo ich es ab und zu besuchen und mit ihm sprechen konnte. Es erschien so traurig und vergessen in der Dunkelheit der Garage. Ich versuchte etwas zu sagen, doch es fiel mir schwer zu sprechen, da ich das Gefühl hatte, es würde mir nicht zuhören.

Meine Schulzeit in Duranes begann. Nachdem wir gezwungen waren, an einem Ort zu bleiben, war das die Gelegenheit für mich, endlich in die Schule zu gehen und ein bisschen von der Ausbildung der Weißen zu bekommen, die bis dato eher sporadisch war. Die Zuneigung zu meinem Zelt und dessen Berühmtheit in den Herzen der Leute hatte sich nicht verringert. Eines Tages, als ich in die Ernie Pyle Junior High School ging, bekam ich das Jahrbuch, um mich einzutragen. Als ich die Seiten durchblätterte, entdeckte ich, was einer der Mitschüler namens Ortiz hineingeschrieben hatte: „Mein Wunsch ist, auch so ein Zirkuszelt wie meine Cousins, die Brüder Ortiz, zu haben." Das brachte mich zum Weinen, weil ich mich gleichzeitig an die guten Zeiten, die es so vielen Leuten gebracht hatte, erinnerte.

Als ich am Nachmittag nach Hause kam, lief ich zur Garage, um nach meinem Zelt zu sehen. Da war ein Mann mit einem großen Lastwagen bei unserem Haus. Er schüttelte meinem Vater die Hand. Als ich näher kam, sah ich, dass die Männer mein Zelt auf den Lastwagen packten. Ich fragte nicht, was passiert war, doch ich wusste, dass mein Vater mein Zelt verkauft hatte. Ich stand in einiger Entfernung und dachte, dass es vermutlich das Beste war, das passieren hätte können, denn auf diese Weise konnte es zumindest das Tageslicht wiedersehen. Als der Lastwagen davonfuhr, schaute ich ihm nach, bis er verschwunden war und ich fühlte eine Leere und ein weinendes Herz in mir, das, wie es schien, für eine Ewigkeit bleiben sollte.

Nachdem ich so viele Jahre durch viele Teile der Welt gereist war und mein Leben mehrere Male verändert hatte, kehrte ich nach Alberquerque zurück, um meinen Vater in eine glücklichere Welt zu begleiten. Seine Karriere hatte nun seinen letzten Ruheplatz neben meiner Mutter erreicht. Ein lieber Freund erfüllte den letzten Wunsch meines Vaters, ein Trompetensolo an seinem Grab zu spielen. Ezequiel, in dessen Haus seine Frau ein Abendessen für uns vorbereitet hatte, erinnerte sich, dass es auch ihm als kleinen Jungen Spaß gemacht hatte, einfach nur dabei zu sein, wenn wir das Zelt in der Gegend für eine Vorstellung aufbauten. Ich stimmte ihm zu, da ich mich nur zu gut an diese Tage erinnerte…

Es gab viele Freunde, die sich an meinen Vater erinnerten, und die nun gekommen waren, um ihm seine letzte Ehre zu erweisen und ihm einen würdigen Abschied zu bereiten.

Da ich danach noch ein paar Tage länger vor Ort blieb, besuchte ich einige der alten Freunde, die ich kannte und zu denen ich in all den Jahren, die ich in New York und in anderen Teilen der Welt verbracht hatte, den Kontakt verloren hatte. Wir saßen zusammen und unterhielten uns über die alten Zeiten und die Feste, an denen mein Vater immer der König des Lachens und der Unterhaltung gewesen war.

Jemand erwähnte, dass gerade eine Show in der Nähe gastierte. Ich fragte wo und die Antwort war: „ In Five Points" (Fünf Punkte).

Ich beschloss, dorthin zu reisen, auch um zu sehen, wie sich die Stadt inzwischen verändert hatte. Eine Gruppe begleitete mich und wir fuhren los. Irgendetwas in mir rührte sich, fast so als würde jemand spirituell an mir ziehen. Als wir endlich dort ankamen, war es beinahe wie in alten Zeiten, mit der Ausnahme, dass ich ganz hinten ein großes Zelt bemerkte. Sofort zog es mich wie ein Magnet an, und wie ein Zombie in Trance landete ich vor dem Zelt. Da war es, übergroß. Am Anfang war ich mir nicht sicher. Ich stand einige Zeit davor und starrte es an. War das mein Zelt? Irgendwie wirkte es etwas kränklich und ziemlich zerlumpt, doch immer noch stolz und majestätisch.

Ich konnte meinen Augen nicht trauen. Es war, als würde die Vergangenheit zurückkommen um mich einzuholen. Meine ganze Kindheit lief vor meinen Augen ab, ich sah all die schönen Momente von vor so langer Zeit. Ich sah Bilder von meinem Vater beim Nähen, meine Mutter, als sie die Glühbirne aufgehängt hatte, und wie Isaac und ich versuchten, mit meinem Vater mitzuhalten. „Das kann nicht sein", sagte ich.

Ich lief durch die Menge der Leute, ging hinein, wo die Leute fröhlich tanzten und als ich hinaufsah, begann ich zu weinen, sobald ich die blassen roten Buchstaben bemerkte, die „The Ortiz Bro's Show" erkennen ließen. Ich stand wie angewurzelt da, während die Leute um mich herum fröhlich waren und die Musik genossen. Ich blickte in all dem Glanz zu dem Zelt auf und sagte: „Bring weiterhin allen Menschen Freude!" Die Tränen zurückhaltend, entfernte ich mich dann langsam von meinem Freund, der mir so lange Zeit über ein Gefährte war… meinem Zelt.

„Der Zirkus meines Großvaters gab eine Sondervorstellung für General Pancho Villa.
Der General hängte meinem Vater extra für dieses Foto seinen Patronengürtel um".
(Das Zirkuszelt ist im Hintergrund)

Ausbildung auf Wanderschaft

Auf meinen Reisen durch die verschiedensten Länder dieser Welt hörte ich nie auf, mich über die Faszination der Europäer an unserer Kultur zu wundern. Des Öfteren bin ich mit neugierigen aber durchaus intelligenten Fragen konfrontiert. Die folgenden vier scheinen die Häufigsten zu sein. Zu welchem Stamm gehörst du? Lebst du in einem Reservat? Sprichst du ihre Sprache? Bist du auf eine Schule für Indianer gegangen? Die letzte Frage wird nicht ganz so oft gestellt wie die ersten drei, aber jedes Mal, wenn sie gestellt wird, lässt das Wort „Indianer" mir einen kalten Schauer über den Rücken laufen. Ich muss wohl kaum erwähnen wie sehr mich dieses Wort stört. Im Jahre 1492 machte sich ein berühmter europäischer Navigator, der heute vor allem in den USA wie ein Held verehrt wird, nach Indien auf, kam aber vom Weg ab. Er landete an unseren Stränden und brandmarkte unsere Leute fälschlicherweise für immer. Es brauchte nur ein Wort um einen unverzeihlichen Fehler zu begehen. Ein Wort, das uns bis heute verfolgt. Dieser eine, übermotivierte Mann, der sich selbst als einen der größten Entdecker hielt, hat all dies zu verantworten. Ich weiß, es ist schon Jahrhunderte her seitdem wir gebrandmarkt wurden, aber die Tatsache, dass wir es überhaupt zuließen, ist für mich sehr schwer zu verstehen. Ich glaube auch, dass es die Schuld unserer Vorfahren ist, dass das Wort „Indianer" weiter benutzt wurde. Schlechte Angewohnheiten bekommt man sehr leicht aber es ist sehr schwer, diese wieder los zu werden oder sie komplett zu vergessen. Bevor irgendjemand sich dagegen auflehnen konnte, hatten sich die Gehirne der Weißen schon zu sehr an den Gebrauch des Wortes gewöhnt. Das traurige Resultat dieses einen Fehlers ist der Identitätsverlust meiner Leute. Sie sehen also, dass es die Aufgabe unserer Vorfahren gewesen wäre, für unsere Kultur und unser Erbe aufzustehen, zu kämpfen und wenn nötig, zu sterben. Sie hätten darauf bestehen müssen, dass unserer Kultur und unserer Nationalität der gleiche Respekt entgegengebracht wird, den wir den ankommenden Europäern an unseren Stränden entgegenbrachten. Wie dem auch sei. Die Frage, ob ich in eine Schule für Indianer ging, ist berechtigt. Nur wenige Menschen wissen, dass es spezielle Schulen gab, wie zum Beispiel in Pennsylvania, die extra für unsere Leute organisiert wurden. Was die meisten Menschen auf der Welt aber nicht wissen ist, dass den Eltern, die ihre Kinder auf diese sogenannten „Indianerschulen" schicken wollten, grausame Zustände zugemutet wurden. In vielen Fällen wurden diese eigens vom BIA (Büro für Indianer Angelegenheiten) eingerichtet, und die Kinder von Original Natives zum Besuch dieser Schulen gezwungen. Ich jedoch ging nie auf eine solche Schule. Als meine Eltern wollten, dass ich mich weiterbilde entschieden sie, dass ich meine Schulbildung in einer integrierten Gruppe von Kindern in einer öffentlichen Schule bekam.

Sie waren gegenüber jeder Schule skeptisch, die von einem System verwaltet wurde, das unsere Leute für besiegt hielt. Die frühen Euro-Amerikaner vermittelten immer das Gefühl, dass nur der Sieger Geschichte schrieb und traurigerweise konnte man ihre massiv ideologisch beeinflussten

Gedanken auch nicht ändern. Weder mein Vater noch meine Mutter hatten den Eindruck, dass unser Volk auch nur irgendeine Chance gegen deren, von der Regierung eingeführten Meinung der Wahrheit, hatte. Ich hatte Glück, dass wir uns im Jahre 1938 befanden und sie zu beschäftigt waren, sich mit dem Geschehen in Europa zu befassen. So vergaßen sie aufzupassen, was mit uns geschah. Zu diesem Zeitpunkt galten wir für die Politiker in Washington und für die Mehrheit der weißen Bevölkerung als besiegt. Außerdem stellten wir, verglichen mit den Gerüchten, die uns aus Deutschland erreichten, wohl keine allzu große Gefahr dar. Man hatte uns ja aus dem Weg geschafft und uns in trostlose Landstriche, genannt Reservate, verbannt.

Ich sah kein amerikanisches Klassenzimmer von innen, bis ich zehn Jahre alt war. Meine Eltern übernahmen meinen Unterricht und gaben mir viele weise Worte und Geschichten mit auf den Weg. Man könnte ihren Unterricht beinahe mit den Techniken von Rudolph Steiner oder auch jenen des Montessori Systems vergleichen. Auch andere Künstler, die mit uns auf Reisen waren, trugen zu meiner Weiterbildung bei. Man könnte sagen, dass es sich dabei um eine Ausbildung auf Wanderschaft handelte, denn das meiste wurde uns unterwegs beigebracht. Ich lernte Stepptanz von Emma Taylor aus New York. Walter Miller, der aus Bangor, Maine, kam, brachte mir Lesen, Schreiben und Mathematik bei. Er sagte oft, dass er aus dem kleinsten Staat der Union kam. Und damit hatte er Recht. Viele Jahre später hatte ich einige Auftritte pro Woche im Hilton Hotel. Es war klein aber malerisch hübsch. Er hatte ausgedehnte Reisen durch die USA unternommen und brachte mir so auch viel über die Geographie der USA bei. Vor allem über den Osten erzählte er mir sehr viel, weil er das Gefühl hatte, dass mein Vater dort viel erreichen könnte. Er war ein sehr kreativer Geist, der immer über die eine oder andere Erfindung in seinem Kopf sprach. In seinem Fall handelte es sich jedoch eher um ein Träumen von großen Erfindungen, und trotzdem schaffte er es, mich mit seinen Ideen und Erzählungen in den Bann zu ziehen, denn auch ich war solch ein Träumer. Denn ich glaube bei aller Liebe, dass genau auf diese Art erst so manche Erfindungen zustande kommen. Jeder nannte ihn bei seinem Spitznamen „High Pockets" (große Tasche). Emma und Walter waren auch beide sehr gute Englischlehrer. Von ihren Unterrichtsstunden habe ich sehr profitiert. Sie waren allerdings nicht nur meine Teilzeitlehrer sondern vor allem sehr gute Freunde. Das Lernen unserer Geschichte und unserer Traditionen fiel mir sehr leicht, denn ich hatte den Meister der Geschichte als Gefährten; meinen Vater. Meine Eltern waren beide Musiker und Sänger. Des Weiteren beschäftigte mein Vater auch immer vier Musiker, die viele verschiedene Instrumente spielen konnten. So konnte ich mir immer aussuchen, was ich gerade lernen wollte. Man könnte fast sagen, dass ich verwöhnt war, da ich all diese wundervollen artistischen und musikalischen Möglichkeiten hatte.

Die Entscheidung, welche Schule ich besuchen sollte, fiel meinen Eltern viel leichter als mir. Sie hieß Duranes und lag praktischerweise nur eine halbe Meile von unserem Haus am Floral Drive entfernt. Ich liebte es, jeden Morgen zu Fuß zur Schule zu spazieren. Ich erinnere mich genau: Ich musste einen Test absolvieren, worauf hin ich für zwei Tage von Raum zu Raum wandern musste, bevor sie beschlossen, mich von der ersten in die sechste Klasse hinaufzustufen. Es war aufregend, mit vielen Kindern anderer Nationalitäten in einer Klasse zu sein.

Ich wurde einer Klasse zugewiesen, die von einer rothaarigen irischen Lehrerin namens Irene Burke unterrichtet wurde. Ich mochte sie sofort. Sie war ernst, doch mit einer gewissen Freundlichkeit in ihrem Gesicht, die mir zeigte, dass auch sie mich sehr mochte. Ich vertraute und folgte ihren Anweisungen ganz und gar. Nachdem ich nun einmal in meinem ersten Schuljahr war, liebte ich die Ausbildung so sehr, dass ich keinen Tag versäumte. Ich war so hungrig nach Bildung, wie andere Leute nach Nahrung. Ohne meinen Eltern etwas vorwerfen zu wollen, hasste ich nichts mehr, als wegen unserer Reisen früher die Schule verlassen zu müssen oder erst nach Schulbeginn zurückzukommen, da unsere Tourneen auch weiterhin um diese Zeit stattfanden. Es war auch manchmal richtig peinlich. Mein Vater tauchte auf einmal in meiner Klasse auf und instinktiv wusste ich, dass wir weiter mussten. Manchmal passierte das sogar mitten in der Unterrichtsstunde.

Ich war inzwischen so eng vertraut mit Irene, dass ich sie manchmal für meine zweite Mutter hielt, deren Ratschläge ich bedingungslos befolgte. Ich mochte sie vom ersten Tag an wirklich sehr, als ich ihrer Klasse zugewiesen wurde. Ich genoss besonders die Besuche bei ihr im Haus in der Tijeras Straße. Die Hintertür des Hauses schloss gleich an die Schule von St. Mary an. Jedesmal, wenn ich bei ihr war, pflegte ich ein großes Portrait von ihr anzustarren, das an der Wand gleich gegenüber der Eingangstür hing, das sie in ihrer Schönheit und Extravaganz ihrer Jugend zeigte, ehe sie aus dem Osten nach Alberquerque gekommen war.
Viele Jahre waren seitdem vergangen. Das Portrait zeigte eine große, schlanke, junge Frau mit einem schüchternen Mona Lisa Lächeln im Gesicht, das sie auch ab und zu vor mir nicht verbergen konnte, weil sie wusste, dass ich nicht nur den Lehrer in ihr sah, sondern auch die Person, die sie war. Und ich behaupte, sie fühlte sich in meiner Gegenwart auch sehr wohl.
Die Jahre hatten auch bei ihr ihre Spuren hinterlassen, wie das eben bei jedem hier auf Mutter Erde der Fall ist, doch ich konnte immer noch die Spuren ihrer Schönheit sehen. Selbstverständlich musste sei bei den vielen Schülern in die Rolle einer strengen Lehrerin schlüpfen, um auch ihrer neuen Aufgabe als Direktorin gewachsen zu sein.

Eines Tages sah ich sie noch einmal vorsichtig an, als ich sie vor der Abreise unserer Show besuchte, um ihr „Auf Wiedersehen" zu sagen und schon zur Türe hinaus wollte. Sie kannte mich inzwischen gut genug, um zu wissen, dass ich noch ein größeres Problem in meinen Gedanken mit mir trug. Also bat sie mich zurück in ihr Haus, ließ mich auf der Couch Platz nehmen und sah mich mit ihren großen blauen Augen und ihrem irischen Lächeln an und fragte, was los sei. Ich platzte mit meinem Geständnis nur so heraus: Es hatte mit meinen Bedenken zu tun, dass ich die Schule immer früher verließ oder erst später, nach Schulbeginn, kam. Ich hatte das Gefühl einer großen Leere bei meiner Ausbildung und das Gefühl, Dinge zu versäumen, die ich als Quelle des Lernstoffes betrachtete.
Sie rückte an mich heran und meinte, wie glücklich ich sei, dass ich aus erster Hand ein aufregendes Abenteuer erleben konnte, das andere Kinder nie erleben würden. Sie fuhr fort mir zu sagen, wie wichtig es sei, zu reisen und zu sehen, wie die Menschen in den verschiedenen Teilen Amerikas leben würden und die vielen verschiedenen Gewohnheiten der Menschen in jedem Staat kennenzulernen. Sie meinte weiters, dass viele der größten Persönlichkeiten in dieser Zeit ihre Karriere mit wenig oder kaum einer Schulbildung zustande gebracht hatten. Sie verwendeten einfach Genialität, harte Arbeit und widmeten sich ganz ihrer Tätigkeit.

Doch das war noch nicht alles. Sie erinnerte mich an mein Erbe als Eingeborener Amerikas, und wie wir dadurch lernten, das Leben in der Natur, im Wald, im Fluss und auf den schönen Wegen unseres Landes zu erfahren. Diese Erfahrung fände nicht in einem Klassenzimmer statt. Einige der größten Geschichtenerzähler, die jemals gelebt hatten, hatten keine Bücher, sondern ein gutes Gedächtnis, um zu lernen und zu lehren und die kulturellen Informationen und die Sprache den nachfolgenden Generationen weiterzugeben. Diese Information zu bewahren ist von unschätzbarem Wert. Man darf aber nicht vergessen, dass viele Beiträge von Leuten stammten, die diese wertvollen Informationen von ihren Reisen mit nach Hause brachten. So war es immer noch mit unserem Volk.

Von all den Lektionen, die ich in ihrem Klassenzimmer erteilt bekam, war das die wichtigste. Diese hatte mich inspiriert, mein Leben geleitet und sollte eines der denkwürdigsten Geschenke sein, die mir in meinem Leben zuteil wurden. Es war eine Irin, die mir dieses Geschenk machte. Sie redete mit mir und behandelte mich stets liebevoll. Eine Frau, deren Liebe für die Original Natives nicht ständig auf den Lippen war… Ich wusste und verstand auch, warum die wertvollsten Lektionen nicht aus den Büchern kamen, sondern durch mündliche Überlieferung weitergegeben wurden, sowohl durch Lehrer, denen es wichtig war, als auch durch Geschichtenerzähler des jeweiligen Stammes.

Indianische Geschichten haben die vergangenen Jahrhunderte überlebt, durch Großmütter und Großväter, die die Lektionen an nachfolgende Mütter, Väter, deren Söhne und Töchter weitergegeben haben, so wie es auch heute noch gemacht wird. Von dem Tag an, an dem Irene und ich dieses Gespräch hatten, veränderte sich meine Einstellung nachhaltig. Ich empfinde es bis heute als eine der fruchtbarsten und liebevollsten Unterhaltungen, die ich mit ihr jemals geführt hatte. Sie hatte ein Auftreten, von dem ich das Gefühl hatte, dass das genau die Art wäre, wie ein Lehrer sein sollte. Ich habe immer behauptet, dass man zum Lehrer geboren sein sollte. Es ist nicht so wichtig, wie viel jemand an Schulbildung genoss, denn Bildung alleine macht noch keinen qualifizierten Lehrer oder Fachmann auf irgendeinem Gebiet aus. Irene war ein besonderer Mensch in meinem Leben und definitiv eine „geborene" Lehrerin, die ihren Beruf liebte.

Jeden zweiten Sonntag im Monat pflegte sie in einem der nahegelegenen Reservate unentgeltlich zu unterrichten. Ich wusste das, weil ich ihr sehr nahe stand. Sie war keine, die ihre selbstlosen Taten für andere an die große Glocke hing. Sie machte es im Stillen, ohne damit anzugeben. Ihr Unterricht war manchmal unscheinbar, doch sehr effektiv. Ich fügte diesen Umstand der Liste meiner wichtigsten und schönsten Geschenke von unschätzbarem Wert hinzu. Es ist ein Beispiel, was ich von diesem rothaarigen gebenden, irischen Menschen gelernt habe und in meinem Herzen trage.

Wenn ich sie in späteren Jahren, als junger Erwachsener, aus großer Entfernung aus New York und anderen Orten meiner Reise anrief und sagte: „Überraschung", pflegte das Irische in ihr als Antwort den Hörer aufzulegen. So musste ich ihre Nummer erneut wählen und sagen: „Leg nicht auf, ich bin's, Reuben." Sie pflegte mich zu ermahnen und immer noch den Lehrer hervorzukehren, obwohl sie längst in Pension war.

Ich glaube, eine weitere wichtige Lektion, die ich dank meiner engen Beziehung zu Irene lernte, war, die guten und schlechten Seiten in uns allen zu verstehen. Ich konnte irische Landsleute wie Andrew Jackson tolerieren, der das Vertrauen des Volkes meiner Mutter ausnutzte und den Tod von über 3500 Cherokee verursachte, indem er sie ein einfaches Papier unterschreiben ließ, das die Umsiedelung von ihrer Heimat in Georgia bedeutete. Er war ein egoistischer Politiker, der seinen Reichtum auf Kosten der Ureinwohner seines Landes angehäuft hatte.

Wie könnte ich wütend sein, wenn ich um das Gute wusste, das Irene während ihres Lebens für mein Volk getan hatte? Ihretwegen kam ich zu der Ansicht, dass Reisen eine Bildung bringt, die nicht käuflich zu erwerben ist oder in einem Klassenzimmer erlernt werden kann. Diese Worte hörte ich oft von meiner strengen, aber lieben Lehrerin und Wegbegleiterin Irene Burke.

Verlassen der Sprache der nedhni apachen, um Englisch zu können

Ich bin durch schwere Zeiten gegangen, um die englische Sprache zu erlernen. Aber auch anderer akademischer Gegenstände nahm ich mich an, welche die so genannte angemessene und brauchbare amerikanische Ausbildung enthielt. Ich tat dies nicht nur, weil uns das von der amerikanischen Regierung unterstützte Schulsystem damals gezwungen hatte, unsere Kultur und unsere Sprache aufzugeben und sie durch ihre zu ersetzten, sondern weil ich eine gute Ausbildung sehr schätzte. Ironischerweise aber auch, weil mein Vater immer wieder einen Satz betonte, den er oft gebrauchte: „Vergiss deine Sprache und lerne Englisch, damit du dich selbst verteidigen kannst." Zur damaligen Zeit verstand ich nicht, was er meinte. Warum sollte irgendein Original Native so etwas tun wollen? Gegen wen sollte ich mich denn verteidigen müssen? Mein Vater war kein Mann vieler Worte und verbrachte nicht sonderlich viel Zeit damit, mir diesen Satz zu erklären. Ich glaube, er wollte, dass ich die Kraft des Denkens erlerne. Als heranwachsendes Kind war es nicht leicht, viele ihrer Sprichwörter zu verstehen, wobei ich dieses eine wohl am verwirrendsten fand. Später sollte ich lernen, dass sie Recht damit hatten, Englisch über alle anderen Gegenstände zu stellen. Es war nicht lange, nachdem ich sie verließ, um die Welt zu erkunden, als ich erkannte wie glücklich ich war, ihren Rat befolgt zu haben. Nach einiger Zeit verstand ich auch, was viele ihrer Sprichwörter bedeuteten. Sie hatte in mich einen Samen gelegt, der nach einiger Zeit und vielen Wiederholungen Früchte tragen sollte.

Mit meiner Liebe für Bildung, besonders für die Weltgeschichte, war es ein Einfaches für mich, weit mehr als die bestehenden Voraussetzungen, um zu graduieren, zu erfüllen.

In den vier Jahren auf der High School wurde eine Fremdsprache verlangt, und nachdem Apache und Cherokee nicht als Fremdsprachen zählten, geschweige denn im Schulsystem überhaupt Beachtung fanden, wählte ich Spanisch. So lernte ich vier Jahre lang Spanisch bei einer sehr attraktiven französischen Lehrerin. Es gab mehr männliche als weibliche Schüler in ihrer Klasse. Sie pflegte an der Kante ihres Tisches zu sitzen, so wie Sharon Stone auf ihrem Sessel saß, und vielen Schülern zu einem F (die schlechteste Note im amerikanischen Schulsystem, Anm. d. Übers.) auf ihren Karteikarten zu verhelfen. Ich war da um zu lernen, doch da ich nicht (mehr) blind war, kann ich nicht behaupten, dass ich nicht das eine oder andere Mal in ihre Richtung geschaut hätte. Doch glaubt mir, für mich gab es nur ein A (die beste Note im amerikanischen Schulsystem, Anm. d. Übers.), das ich als Note haben wollte. Ich war sehr fokussiert auf diese Fach und auch versiert in diesem Fach, denn 70% der Bevölkerung von Arizona und Neu Mexiko sprachen zur damaligen Zeit sowohl Englisch als auch Spanisch. Die englische Sprache fließend zu beherrschen half mir, mein Talent auf meinem Weg zu fördern, der mich zu vielen Plätzen weltweit gebracht hatte, von denen ich niemals gedacht hätte, jemals dorthin zu gelangen. Ich bin auf Bänken neben Schülern und Oberhäuptern aus der ganzen Welt gesessen. Meine Stimme hat Millionen von Leuten in den entferntesten Ecken der vier Himmelsrichtungen erreicht. Ich glaube fest daran, dass dieses Verständnis daher kommt, dass ich als Original Native in einer Stadt groß geworden bin, in einer gemischten Nachbarschaft mit Italienern, Iren, Spaniern, Indern, Arabern, Orientalen und Juden. Ohne Vorurteile in sozialer Gemeinschaft mit vielen anderen Menschen verschiedenster Hautfarben und Kulturen geboren und aufgewachsen zu sein, half mir, mich natürlich und wohl zu fühlen. Auf meinen Reisen in die vier Ecken der Welt hatte ich nie das Gefühl, ein Fremder zu sein, wie es andere Minderheiten oder eingeborene Völker manchmal empfinden. Ich schreibe das meiner Fähigkeit zu, mich fließend, nicht nur auf Englisch sondern auch auf Spanisch, unterhalten zu können sowie dem Fakt, dass ich nicht von einem Ort komme, der nur für mich alleine bestimmt war.

In Europa werde ich oft gefragt, ob es das Opfer wert war und meine Antwort lautet: Heute im 21. Jahrhundert gibt es eine neue Sprache, die in meinem Alter für mich sehr schwer zu verstehen ist. Viele unserer eigenen jungen Leute benutzen sie auch. Rap scheint nicht mehr von der Bildflä-che zu verschwinden. Mittlerweile gibt es sogar ein eigenes Rap Wörterbuch. Ganze 50 Prozent der Musik in Radio und Fernsehen werden mittlerweise von dieser neuen Sprache repräsentiert. Eine weitere Sprache, die ein immer größer werdender Teil unseres Sprachgebrauchs wird, sind die im Internet so populären und oft gebrauchten abgekürzten Sätze. Allerdings muss ich auch sagen, dass viele eingeborene Jugendliche ihren Stolz durch das Erlernen der ihrer Nation zuge-hörigen Sprache zurückzugewinnen wollen. Doch mit wem sollen sie in dieser Sprache sprechen? Englisch scheint die führende Sprache unserer heutigen Welt zu sein. Zweifellos fand sich immer jemand, egal wohin mich meine Reisen auch führten, der nicht nur bereit sondern begierig darauf war, mit mir Englisch zu sprechen. Ohne mich selbst zitieren oder mich wiederholen zu wollen, muss ich noch einmal sagen: „Schlechte Angewohnheiten bekommt man sehr leicht aber es ist sehr schwer, diese wieder los zu werden oder sie komplett zu vergessen." Was ich damit meine ist, dass, ob man es nun für gut hält oder nicht, Englisch sowie Rap, nicht mehr von der Bildfläche verschwinden wird. Nur so nebenbei; Es gab 350-400 verschiedene native Sprachen bevor die Europäer an unseren Küsten landeten. Nur sehr wenige haben bis heute überlebt.

LEHRER

Ich wurde 4 aufeinanderfolgende Jahre von Professor Friedrich Waldner eingeladen, um mit Human-
medizinern und Pflanzenheilkundlern aus der ganzen Welt an der Universität von Wien zu sprechen.

Früh in meinem Leben wollte ich immer Lehrer werden, obwohl ich von Irene Burke, die mir
sagte, dass das Unterrichten im Schulsystem immer mehr außer Kontrolle gerate, immer davon
abgebracht wurde. Sie pflegte zu mir zu sagen: „Die Lehrer werden einfach nicht mehr respektiert.
Weder von den Schülern, noch von den Eltern."
Die Art, wie sie es mir erklärte, wenn ich sagte: „Ich möchte Lehrer werden", war sehr einfach und
sehr irisch: „Nur über meine Leiche." Ich nahm es ihr nicht übel, da ich sah, was sie in Duranes
mitmachte. Da dies die erste Schule war, die ich besuchte, und sie die Direktorin war, fühlte ich
mich sowohl ihr als auch meiner Schule verbunden. Ich diskutierte oder stritt nie mit ihr, denn,
obwohl sie den Shillelagh (Knüttel), einen irischen Stock, der zur Bestrafung diente und neben
der Tür hing, nie verwendete, deutete sie doch hin und wieder im Scherz darauf hin und das
genügte, um mir im Klaren zu sein.
Obwohl sie ihren Standpunkt absolut klar machte, befand ich mich jetzt auf dem Weg nach
Kalifornien, um trotzdem ausgerechnet Lehrer zu werden. Doch nicht ein Lehrer an einer normalen Schule, sondern an einer Militärschule. Ich hatte mich einem Eignungstest unterzogen
und diesen mit Bravour bestanden. Nach all den Befürchtungen, die ich in Fort Sill, Oklahoma
hatte, als ich dachte, ich müsste nach Korea gehen, wurde mir nun gesagt, dass ich an der Schule
angenommen war. Meine Angst, ins Ausland gehen zu müssen, hatte wohl mehr damit zu tun, dass
ich gegen niemanden kämpfen wollte. Ich konnte mir nicht vorstellen, einem anderen Menschen
gegenüber zu stehen, und ihn auf Grund von absurden Gründen töten zu müssen, bevor er mich

tötet. Und all das nur, weil meine Regierung diese Menschen als böse eingestuft hat. So schnell sie auch zu bösen Menschen erklärt wurden, so schnell wurde aber auch meist der Handel mit ihnen wieder aufgenommen. Das Wort „töten" wollte einfach nicht in meinen Kopf. Stellen Sie sich vor, Sie wissen nichts von einer Kultur und deren Bevölkerung und müssen diese trotzdem töten. Für mich machte das alles keinen Sinn. Und um dem ganzen noch die Krone aufzusetzen, sahen viele dieser Menschen ein wenig so aus wie ich. Dies war nur ein weiterer Grund, warum mir diese Idee nicht gefiel. Aber nun sollte mir all das erspart bleiben. Glücklicherweise sollte ich ein Lehrer an einer Elektronikschule in Camp Roberts und St. Luis Obispo werden. Ich rief Irene an und erzählte ihr das und sie antwortete: „Pubertierende Jugendliche sind schlimmer als Kinder. Viel Glück, Professor". Es war nicht einfach über diesen Flegeln, ich meine, jungen Männern, zu stehen. Ich verwende diese Worte sehr locker. Ich weiß nicht, ob meine Abstammung eine Hilfe oder ein Hindernis war. Einige nannten mich Häuptling. Ich erklärte ihnen, dass ich kein Häuptling wäre. Ein wirklich großer, schlauer Kerl aus dem tiefen Süden antwortete: „In Ordnung, Häuptling. Tut mir Leid, Häuptling." Eines Tages erklärte er mir vor der Klasse: „Ich kann es nicht ändern, du bist der Lehrer und du siehst aus wie ein Indianer, also bist du der Häuptling von uns allen, uns kleinen Indianern. Ist nicht respektlos gemeint, Häuptling." Nach einiger Zeit sagte ich nichts mehr und ratet mal – sie hörten auf damit. Ich denke, ich wurde sogar einer ihrer Lieblingslehrer, wenn so etwas überhaupt möglich war.

Eines Tages kam jemand herein und teilte mir mit, dass ich im Büro des Special Service erwartet wurde. Ich fragte mich, was das wohl bedeuten würde, doch ich nahm an, dass ich es bald erfahren würde. Der diensthabende Beamte sagte, dass in meinen Bewerbungsunterlagen stand, dass ich ein Entertainer sei. Er fragte mich, welche Art von Entertainer. Ich antwortete, ich wäre Sänger, Gitarrist, Bauchredner und Schauspieler. Er sagte: „Wir bekommen Besuch von einer jungen Schauspielerin aus Hollywood, die jemanden braucht, der vor ihr auf der Bühne etwas vorführt und sie dann zu einem Basketballspiel begleitet". Ich meinte: „Ich kann meine Bauchrednernummer zeigen, und es wäre mir eine Ehre, sie zu dem Basketballspiel zu begleiten." Er fragte, ob ich einen Anzug hätte. „Natürlich", sagte ich.

Diese Nacht stand ich mit Debbie Reynolds auf der Bühne. Ich mochte Basketball nicht wirklich, der Grund, warum sie hinging war, dass ihr Bruder, der auch gerade hier stationiert war, in der Mannschaft mitspielte. Sie war sehr jung, freundlich und redete sehr viel. Es war aufregend, mit ihr Zeit zu verbringen obwohl ich mir oft wünschte, nicht ganz so schüchtern zu sein. Einmal fragte sie mich, ob ich mich nicht näher zu ihr setzen wolle, aber so recht konnte ich nicht. Sie erzählte mir, dass sie gerade einen Film fertig gedreht hatte und dass sie hoffte, dass er ein Erfolg würde. Ich erzähle ihr, dass ich Filme liebte und fragte sie nach ihrem Filmtitel. Sie sagte: „Singing in the rain". Der Film ist heute sogar eine Broadway Show. Seitdem habe ich sie nicht mehr gesehen. Ich frage mich, ob sie sich wohl an jenen jungen Bauchredner erinnern kann, der sie damals zu einem Basketballspiel in Camp Roberts begleitete. Auf jeden Fall war meine Zeit beim Militär voller überraschender Abenteuer und brachte mir eine Erleuchtung nach der anderen. Obwohl es sehr ermüdend war und sich negativ auf meinen Unterricht auswirkte, unterschied sich die Schule von normalen Schulen nur darin, dass die meisten Schüler auf Elektronik fokussiert waren. Viele von ihnen waren nach dem zweiten Jahr von der Universität abgegangen, und machten aus diesem Grund ihre Fragen oft absichtlich komplizierter, was mich immer auf Trab hielt. Ich musste viele Nächte durch lernen, um mit ihnen mitzuhalten. Nichts desto trotz hatte ich viel Spaß in den Special Forces. Ich hatte die Möglichkeit mit vielen Hollywood Stars zu arbeiten, die schon in der Branche arbeiteten, über die ich mehr erfahren wollte. Ich hatte mich meine ganze Jugend lang für das Scheitern meines Vaters als Schauspieler verantwortlich gemacht. Jedoch war es kein Scheitern, sondern er hatte auf Grund meiner Erkrankung darauf verzichtet. Dennoch hatte ich sehr lange ein schlechtes Gewissen und so versuchte ich, in der Filmindustrie Fuß zu fassen. Immerhin hatte ja das Schicksal mir diese Möglichkeit in den Schoß gelegt, denn ich lebte ja in der Nähe Hollywoods. Alles was ich sagen kann ist, dass ich seit der Entdeckung durch die Special Services keinen Moment Ruhe mehr hatte. Das machte mir allerdings nichts aus und ich genoss jeden Moment. Ich produzierte sogar eine Militärshow mit dem Namen „Break Time". Ich reiste in die verschiedensten Anlagen. Ich kaufte mir auch eine Trompete und gründete mit drei anderen Musikern eine Dixieland Band, mit der wir dann auch einige Auftritte hatten. Ich sang mit mehr jungen Talenten und etablierten Hollywood Stars als ich mir träumen ließ. Allerdings muss ich auch sagen, dass, obwohl die meisten Hollywood Stars großartig auf der Leinwand wirkten, sie abseits der Kamera und ohne Skript oft verloren wirkten. Ich konnte mittlerweile sprechen, singen, Gitarren spielen oder meine Bauchrednernummer vorführen ohne jegliche Angst und Nervosität zu verspüren. Ich trat immerhin schon mein gesamtes Leben lang auf und war ziemlich gefragt. Einige Stars, mit denen ich zusammenarbeiten durfte, waren Rock Hudson, James Arness, die Andrew Schwestern aus dem Cow Palace in San Francisco. Ich spielte auch in einem Theaterstück mit. Ich wurde auch des Öfteren von jungen, aufstrebenden Stars zu Partys eingeladen. Einige boten mir sogar an bei ihnen wohnen zu dürfen. Sie würden mir dann helfen, mit Agenten in Kontakt zu kommen. Der große Star damals war allerdings James Dean. Ich führte meine Bauchrednernummer beinahe bis zum Tag meiner Entlassung vor. Es war nichts geplant, es entwickelte sich von ganz alleine. Meine Zeit beim Militär war die einzige Zeit, in der ich ein strukturiertes Leben führte. Es war so neu und anders als mein normales oder anormales Leben, das ich von zu Hause her gewohnt war, dass ich es einfach fand, mich anzupassen. Ich meinte es sehr ernst mit meinem Versuch in Hollywood Fuß zu fassen. Emsig sparte ich jeden Monat mein Gehalt und alles was ich extra verdient hatte. Wenn ich keine Shows spielte, übernahm ich die Küchendienste für Männer, die gerne das Wochenende frei haben wollten. Zur damaligen Zeit zahlten Soldaten bis zu 30 Dollar, um ihren Dienst loszuwerden. Da ich Zeit und nichts Besseres vorhatte, zögerte ich keine Sekunde und machte ihre Arbeit und legte das Geld auf die Bank. Ich plante, dass ich einfach bei meinen neuen Freunden in Hollywood wohnen und für Filmrollen vorsprechen werde. Ich wollte genau dort weitermachen, wo mein Vater aufhören musste. Sobald ich einen Fuß in der Tür und einen Agenten hatte, würde ich mir mein eigenes Appartement kaufen. Ich hatte schon alles organisiert. Allerdings machten mir die Familie und die Situation, in der wir uns an dem Tag, als sie mich abholten, befanden, einen Strich durch die Rechnung. Sie sollten meine Pläne und mein Leben verändern. Ich war schon so nahe, doch endete mein Traum zu früh und zu weit entfernt von dem, was ich noch erreichen wollte. Da ich von den weisen Worten meiner Eltern immer beeinflusst wurde, glaube ich fest an das Sprichwort: „Wir sind das, was unsere Eltern waren."

DIE HÜTER DER WORTE DER WEISHEIT

Viele weiße Leute haben heutzutage eine irreführende Vorstellung von den Wächtern der Weisheit. Sie missbrauchen die Original Natives unseres Landes einmal mehr in dem sie einige Wörter Lakota sprechen und sich dann Hüter der Weisheit nennen. Sie posieren selbst als „kleine Großmütter", was an sich schon eine empörende Beleidigung von richtigen nativen Großmüttern ist. Dann fügen sie dem ganzen noch ein bisschen Schamanismus hinzu, um ihren Stolz noch weiter zu verletzen. Viele von ihnen leben in Reichtum in teuren Städten wie Santa Fe, New Mexico oder Sedona, Arizona. An diesen Orten fällt es schwer, ein Haus unter 250.000 Dollar zu finden. Ich würde gerne wissen, welche richtige „kleine Großmutter" oder Schamane von welcher Nation auch immer sich dort ein Haus leisten kann. Ich will eines hier im Vorhinein klarstellen. Dies sind nicht die Hüter der Weisheit oder die Beschützer der weisen Worte, von denen ich erzählen werde. Es sind die originalen, wahren Hüter der Weisheiten unserer Vorfahren, mit denen ich mich befassen möchte. Und zwar von den Weisheiten aller Vorfahren, nicht nur der Lakota. Nachdem ich dies klargestellt habe, möchte ich fortfahren.

Weise Worte waren der Schatz der Hüter der Weisheit seit Anbeginn der Zeit und waren somit auch schon immer ein wesentlicher Teil der Original Natives dieses Landes. Sie wurden von Dorf zu Dorf getragen bis zu den weiten Ebenen unseres Landes über tausende von Jahren bevor dieses Land den Europäern bekannt und von ihnen USA genannt wurde. Durch Schluchten und über Berge wurden sie getragen. Über Ozeane fanden sie ihren Weg zu Monarchen und Sultanen. Durch Mundpropaganda und nomadische Journalisten der damaligen Zeit, darunter Philosophen wie Sokrates, Plato und Aristoteles sowie Propheten wie Nostradamus und Konfuzius und Dorfältesten, Geschichtenschreibern, Hütern der Weisheit und singenden Troubadouren, wurden diese Weisheiten immer weiter verbreitet, ausgetauscht und manchmal so modifiziert, dass sie zu den verschiedensten Themen passten. Ich glaube, dass es erst durch solche Erzählungen möglich war, dass die frühesten religiösen Aufzeichnungen entstanden. Kein Mensch konnte so viel selbst erlebt haben und niederschreiben. Leider fielen viele dieser weisen Worte dem in der Mitte des dritten Jahrhunderts stattfindenden Zensurprozess zum Opfer.

Mittels weiser Worte und manchmal auch Liedern oder Tänzen wurden meine Vorfahren befähigt, mit Hilfe kurzer Phrasen zu lehren und zu leiten ohne auf Bücher zurückgreifen zu müssen. Viele dieser Worte unserer ältesten eingeborenen Völker waren verantwortlich unsere stolze Geschichte und unsere Art zu leben, zu bewahren. Sie haben uns den Weg gezeigt und den Glauben und die Würde der Ureinwohner Amerikas gestärkt. Abgesehen von der Tatsache, dass viele der Ureinwohner immer noch in einer Gesellschaft leben, die sie nicht einmal für Bewohner der Dritten Welt hält und sie manchmal auch dementsprechend behandelt. Einer der Gründe für unser Weiterbestehen trotz aller Vorgaben von außenstehenden Mächten, die eine so starke und mächtige Energie gegen uns ausrichten, war die Kraft unserer weisen Worte, die seit dem Beginn unserer Existenz auf diesem Kontinent am Leben erhalten wurde. Einem Land, das heute „Vereinigte Staaten von Amerika" genannt wird. Sicherlich vereint, denn viele der Nicht-Ureinwohner stehen immer noch geschlossen gegen unser Volk. Es gibt einige Beispiele für diese negative Distanz in Staaten wie South Dakota, Oklahoma, New Mexiko … und die Liste geht noch weiter. Dennoch, trotz all der Abneigung, manchmal auch des Hasses, bestehen wir weiter durch die ungebrochene Kraft der Lehren von einem einfachen, aber sehr wertvollen Schatz an Redensweisen, die mit uns überlebt haben, wie ein erfrischender Wind.

Es sind nicht so viele, daher ist es ziemlich einfach, sie sich zu merken, um sie dann im Leben zu befolgen. Wie auch immer, gerade weil es nur wenige sind, heißt es nicht, dass sie einfach zu befolgen sind. Viele enthalten schöne Abschnitte, die an Mutter Erde erinnern und sie preisen, und ihre Art, uns immer mit genügend Rohstoffen zu versorgen, die unser Wohlergehen und Überleben sichern, solange wir auf ihr beheimatet sind.

Jeder, der diese Phrasen unseres Volkes benützt, danach lebt oder sie weiter gibt, soll sie in ihrer Heiligkeit zu schätzen wissen und sich der starken spirituellen Energie bewusst sein, die sie ausstrahlen. Es gilt, ihren Lehren auch zu folgen; es genügt nicht, sie zu sprechen und das Gegenteil davon zu leben. Du musst ihnen erlauben, dein Leben zu leiten. Dieses besondere Gefühl in deinem Herzen und deiner Seele erlaubt dir, alles in deinem Leben auf eine schöne Art und Weise zu betrachten. Wo deine Hilfe gefragt ist, gehst du hin, ohne zu zögern oder ein zweites Mal darüber nachzudenken und hilfst einfach. Es ist nicht leicht, so ein Verhalten nur vorzutäuschen, du musst schon beinahe mit dem Gefühl der brüderlichen und schwesterlichen Liebe gefüttert worden sein, du musst mit deinem ganzen Geist ganz in dieses Gefühl eintauchen und jedes Wort zu einem vollständigen Teil deiner selbst machen.

So einfach sie sind, haben sich viele Menschen diese Worte zu Herzen genommen, als ich sie während meiner Reisen weitergab, und beschlossen, sie mit weiteren meiner Redensarten und Gedichten zu verwenden. Diese Freunde, von denen ich einige gar nicht kenne, haben meine einfache Arbeit geehrt, indem sie sie aufnahmen und auf ihre eigene Art und Weise zu Ausstellungen, Büchern, Bildern und anderen Kunstwerken hinzufügten.

In der nie endenden Bitte für religiöse Freiheit und Frieden hat schlussendlich alles mit Liebe und Respekt zu tun. Wenn wir genau und ernsthaft die wahre Bedeutung dieser zwei kostbaren Worte betrachten, werden wir feststellen, dass sie das Herzstück einer jeden wahrhaften Religion sind.

Religion ist gut; es sind in den meisten Fällen ihre Vertreter, die sie in Frage stellen und Ungläubige aus jenen machen, die andernfalls unerschütterlich treue Jünger gewesen wären. Religion ist gut, aber ohne Glauben ist sie nichts anderes als ein bedeutungsloses Wort. Gier ist der Grund, warum es heute so viele Orte gibt, um einen Gott anzubeten. Warum gibt es so viele Religionen, die sich gegenseitig bekämpfen, obwohl sie den selben Gott anbeten? Warum gibt es so viele Religionen, die aus der Schöpfungsgeschichte, aus dem alten so wie aus dem neuen Testament lehren und dennoch ständig auf ihrem Glauben basierende Kriege führen? Beide Seiten behaupten, dass Gott auf ihrer Seite stehe. Doch ist es derselbe Gott, den die eine Seite verteufelt während die andere denselben anbetet.

Jedes gesprochene Wort sollte ein Wort des Gebets sein. Meine Eltern waren immer von solchen Weisheiten, kurzen Geschichten und spirituellen Zitaten unseres Volkes abhängig, um mich zu beraten. Bis zum heutigen Tag verwende ich selbst viele davon, um mich in meinem täglichen Leben von ihnen leiten zu lassen.

Ich möchte gerne einige dieser heiligen alten Phrasen, mit denen ich aufgewachsen bin, weitergeben:

„Denk nach, bevor du sprichst."

„Schweigen ist Gold."

„Das beste Gebet ist, wenn du still von Herzen betest."

„Auf einem engen Pfad wirst du noch besser aufpassen."

„Wo auch immer du bist, ist der Mittelpunkt der Erde."

„Kinder sind die Zukunft der Welt, lehre sie behutsam."

„Tanz, Musik und Gesang sind heilend."
„Du kannst nicht singen? – Sing doch einmal unter der Dusche.
Du hast zwei linke Füße? – Dann tanze frei mit offenem Herzen.
Du kannst kein Instrument spielen? – Dann spiel die Trommeln … Dir wird es gefallen!"

„Finde immer die positive Seite in einer negativen Situation."

„Wenn du zuhörst, wirst du lernen."

„Tu etwas für die Anderen, bevor du an dich denkst"
„Liebe und Respekt gelten auch den Vierbeinern als auch jenen mit Schwingen."

„Lächle einen Fremden an, du wirst dafür belohnt werden."

„Lerne wieder zu lernen."

„Weisheit kann man nicht kaufen."

*„Alles was du tust, sollte deine Religion sein
und alles was du sagst, sollte dein Gebet sein."*

„Es gibt keine Probleme, nur Lösungen."
(Das Lieblingssprichwort meiner Mutter)

„Ich suche nach Stärke, um meinen größten Feind zu bekämpfen; mich selbst."

*„Wie war es möglich dem weißen Mann zu vertrauen,
der mit der Muskete in der rechten, und einem ans Kreuz genagelten
weißen Mann in der linken Hand, an unseren Stränden landete?"*

„Religion spaltet die Menschen; Glaube vereint sie."

„Das Ego ist unser größter Feind."

„Kein Mensch ist nur böse, aber auch kein Mensch ist nur gut."

„Mutter Erde gehört uns nicht, wir sind nur ein kleiner Teil ihrer Seele."

„Die Wahrheit schmerzt nur für einen Moment; Lügen schmerzen für immer."

*„Ein einzelner Zweig bricht aber ein Bündel ist zu stark um zu brechen.
Ich bete, dass alle Nationen von Original Natives eines Tages gemeinsam an einem
Strang ziehen und wie ein Bündel Zweige nicht mehr zerbrechen können."*

„Befreie dich von negativen Einflüssen.
Negative Gedanken sind alte Gewohnheiten, die an den Wurzeln der Seele nagen."

„Ein tapferer Mann stirbt nur einmal. Feiglinge sterben tausende Male."

„Habe Geduld. Alle Dinge verändern sich im Laufe der Zeit.
Wünsche können keinen Herbst zaubern oder den Winter beenden."

„Je länger eine Lüge existiert desto schwerer ist es, seinen Seelfrieden wiederzufinden."

„Derjenige, der Zeuge von Unrecht wird und nicht handelt,
ist gleich schuldig wie jener, der Unrecht tut."

„Wir müssen lernen uns zu verbiegen wie der heilige Weidenbaum."

„Es ist einfach, schlechte Angewohnheiten zu erlernen,
aber viel schwerer, sie wieder loszuwerden."

„Walk in Beauty." – Gehe in Schönheit.

Jeder Mensch
ist ein Wunderwerk

Es gibt viele übertriebene Theorien über Wunder auf dieser Erde. Manche glauben, dass ein Wunder alles ist, was außerhalb des Normalen liegt. Manche bringen Wunder mit dem Mond in Verbindung wegen der Unmöglichkeit, diese außerirdischen Ereignisse zu erklären. Manche glauben auch an himmlische Fügungen, denn jemand, der am dritten Tage von einem „angeblich" toten Zustand wieder aufersteht, muss ein Wunder erlebt haben. Vor kurzem ging ein Freund von mir in ein Krankenhaus und fiel tot um. Er fiel in ein Koma für ungefähr drei Wochen. Wenn ich ein mächtiger Mann wäre, sowie ein Geistlicher, der ein Wunder bewirken kann oder festlegen kann, wer heilig gesprochen wird und wer nicht, hätte ich meinen Freund dafür vorgeschlagen. Es gibt viele Beispiele für Wunder in der ganz frühen Zeit nach der Schöpfung der Erde. Ich spreche von der Zeit, die weit vor dem Beginn unserer Zeit liegt. Es gibt historische Fakten, dass es nicht nur einen einzigen sondern viele Fälle gab, in denen Menschen nach drei Tagen wieder auferstanden sind. Dies sind Fakten, die heute existieren. Alles, was man machen muss um an diese Informationen zu kommen ,ist zu lesen. Ich musste es auf dem schweren Weg lernen, indem ich mich durch viele Bücher aus Bibliotheken las. Aber heute gibt es einen viel einfacheren Weg: Benutzt Google! Was würden Sie sagen, wenn ich Ihnen sagen würde, dass jeder Mensch auf der Erde ein Wunder ist? Ich weiß, es ist schwer zu glauben, aber wirklich jeder Mensch ist ein Wunder. Und was würden Sie sagen, wenn ich Ihnen sagen würde, dass es in uns ein Netzwerk von Wundern gibt, das jeden Tag, 24 Stunden lang, für uns und mit uns arbeitet? Zu sagen, dass unser Körper ziemlich einzigartig ist, ist höchst untertrieben. Das würde unseren heiligen menschlichen Körper wohl wenig ehren. Lesen Sie weiter! Jeder Mensch auf diesem Planeten ist ein Wunder. Wir können denken – das ist ein Wunder! Wir können sehen, gehen, Dinge berühren, hören! Ich bezeichne diese Dinge nur als ein paar wenige Wunder, die sich in unseren heiligen Körpern befinden. Wir leben in einer reellen Welt, in der die Debatten und die Suche nach der Wahrheit immer weiter fortschreiten. Und dennoch ist die Frage nach der Herkunft und der Entstehung des ersten Menschen bis heute ungeklärt. Das ist auch der Grund, warum ich glaube, dass jedes Neugeborene ein Wunder ist. Wie lange die Suche nach Antworten schon anhält, kann ich nicht beantworten aber ich glaube, sie ist endlos. Immerhin ist die Neugier die Basis für die Wissenschaft.

Ist es wirklich wichtig für uns, zu wissen woher wir kommen? Natürlich ist es das! Ich würde auf jeden Fall gerne wissen, woher ich komme. Aber nachdem niemand, der etwas mit Wissenschaft zu tun hat, eine Antwort weiß, und der Vatikan zu beschäftigt damit ist seine moralischen Standpunkte weltweit zu verteidigen, werde ich wohl auf eine der wichtigsten Antworten der Menschheit warten müssen. Ich glaube, dass es wichtiger wäre, die Zeit in besseres zwischenmenschliches Verständnis zu investieren. Weiters sollten wir einfach akzeptieren, dass jeder von uns ein einzigartiges Wunder ist, anstatt immer neue Wege zu finden um aneinanderzugeraten und zu streiten. Der menschliche Körper sollte als unerklärbares Wunder betrachtet werden. In diesem großartigen himmlischen Wunder wohnen viele erstaunliche Gaben, die ich allesamt als Wunder bezeichne: Das Wunder des Sehens, das Wunder der Lautäußerung, der Berührung, der Bewegung, der Sprache, des Geruchs, der außersinnlichen Wahrnehmung und des Geistes. Diese letzten beiden, die ich traurigerweise als Antiquitäten bezeichnen muss, sind zwei Schlüssel und zugleich die wichtigsten Wunder, obwohl sie nur noch selten gebraucht werden. Dennoch sind sie die erstaunlichsten von all den Wundern, die vom Zeitpunkt der Geburt in uns sind. Warum vergessen wir immer wieder auf das Wunder, das wir sind? Wir hören nicht auf unsere Körper. Ja, unsere Körper sprechen zu uns aber wir sind einfach zu beschäftigt, um zuzuhören. Viele unserer Krankheiten entstehen nur weil wir unseren Körpern nicht mehr zuhören. Am Ende ist es unser Körper, der den Preis zahlen muss. Lassen Sie uns noch ein wichtiges Wunder unserer Liste hinzufügen: den Geist.

Jedes neugeborene Kind sollte als unergründliches Wunder betrachtet werden.
Vier von den ersten Wundern, die ein Baby erfährt, sind die der Lautäußerung, der Bewegung, des Sehens und der Berührung. Kurz nach der Geburt lernt ein Baby, dass es mit den Lauten aus seinem Mund die Aufmerksamkeit auf sich lenken kann. Und wenn nicht sofort jemand reagiert, dann lernt es, dass ein vielleicht noch lauterer Ton sicherlich dafür sorgt, dass jemand noch schneller kommt.
Wie lernt das ein Kind? Es wird „Instinkt" genannt, andererseits aber auch „Geist". Und natürlich hat auch die Fähigkeit des Sehens damit zu tun, denn sobald jemand zu dem Baby kommt, wird das Schreien durch ein zartes, manchmal deutliches Lächeln ersetzt. Damit werden wir alle geboren, und jedes Baby beginnt es von Geburt an zu lernen. Man kann diese Fähigkeit mit vielen Namen bezeichnen, wie auch immer, es hat mit Instinkt, außersinnlicher Wahrnehmung und Geist zu tun. Ein gutes Beispiel ist, dass ein Baby, das angelächelt wird, meistens mit einem Lächeln antworten wird. Ein Baby beginnt seinen Körper zu bewegen.
Dann das Wunder des Sehens: Das Kind beginnt, alle möglichen Bewegungen, die der Körper zu bieten hat, auszuprobieren. Die Hände, die Füße – die Betrachtung der Hände und Finger wird zur Faszination und zur Freude für das Kind, manchmal kann es sich damit stundenlang unterhalten. Diese unglaublichen Fähigkeiten, die ein Kind hat, ohne dass es anfangs weiß, was es mit all diesen Wundern anfangen soll, sind aufregend und wunderbar zugleich. Das Wunder des Sehens gibt uns die Möglichkeit, die Bilder, die wir sehen, aufzunehmen, zu speichern und verfügbar zu halten, um sie jederzeit abspielen zu können, wann immer wir das wollen.
Die Kraft der Lautäußerung ist das Wunder, das unsere Bilder sprechen lässt, vergleichbar mit dem ersten Tonfilm mit Al Johnson vom 6. Oktober 1927 in New York City. Wegen seines starken Familienzugehörigkeitsgefühls beschloss er bei dieser historischen Gelegenheit, auch seine Mutter beim Film dabei haben zu wollen. Bis zu dieser hoch gefeierten Zeit gab es nur Wörter, die ins Bild eingeblendet wurden, und die unser Wunder zu sehen und zu denken immens verbesserten. Denn wenn wir wissen wollten, was im Dialog gesprochen wurde, mussten wir lesen lernen.
Meiner Meinung nach haben Tonfilme, so gerne ich diese auch habe, langfristig betrachtet, den Analphabetismus gefördert. Und ich muss hinzufügen, dass Charlie Chaplin eines meiner Idole aller Zeiten war und bleibt. Ich gestehe, dass, obwohl sich die gewissen Nachteile des Tonfilms bewahrheitet haben, sie mir bei meiner Ansicht, zu zeigen, wie machtvoll das menschliche Gehirn

sein kann, wenn wir uns dazu entscheiden, es zu benützen, helfen. Es arbeitet immer, träumend und schöpfend, und es liegt an uns, ob wir es konstruktiv oder destruktiv nützen.

Das Wunder der Sprache ist eines der mächtigsten Werkzeuge in der Welt: Die Sprache kann sowohl auf eine positive als auch auf eine negative Art und Weise verwendet werden. Sie kann ein Geschenk sein, das ihren Besitzer mit uneingeschränkter Macht über die Masse ausstattet. Dieses Geschenk kann für seinen Besitzer Millionen von treuen Anhängern auf der ganzen Welt schaffen. Sprache kann dramatisieren, hypnotisieren und verzaubern. Andererseits kann sie ein Individuum zum Lügen veranlassen. Ein Beispiel dafür wird von vielen Vorsitzenden und Spitzenreitern gegeben, die in ihren vorgeschriebenen Reden konstant lügen und dadurch den Tod vieler Menschen verursachen oder diese auch manchmal dazu verurteilen.

Das Wunder der Bewegung ist erstaunlich: Wir können Dinge herumtragen, uns selbst eingeschlossen, wir können kilometerweit laufen, bis wir physisch erschöpft sind.

Wir können spazieren gehen und Mutter Natur genießen und den Duft der Blumen inhalieren mit unserer wunderbaren Gabe des Geruchssinnes, und wir können Wasser plätschern und Vögel singen hören mit dem Wunder unserer Ohren, das uns mit der Kraft ausstattet, die Dinge räumlich zu hören (wir konnten das schon, bevor die Stereo-Anlage erfunden wurde). Wir können am Land wandern gehen und die höchsten Berge besteigen, durch das Wunder unserer Füße, die unseren gesamten Körper tragen, egal, wie schwer er auch sein mag.

Und am Steuer, das ermöglicht, dass all diese Funktionen harmonisch ablaufen, befindet sich die uneingeschränkte und überwältigende Kraft der Gedanken in unserem Gehirn. Die Kraft unserer Gedanken kann dafür verantwortlich sein, eine schöne Welt aufzubauen, oder den langen Traum in nur einem einzigen Gedanken zu zerstören: Ja, der Geist hat mehr Einfluss auf uns, als wir manchmal zugeben wollen. Das ist der Grund, warum ich immer so eingehend betone, erst gründlich nachzudenken, bevor wir uns kleineren oder größeren Entscheidungen zuwenden. Die richtige Wahl der Gedanken wird immer geschätzt und kreiert sofort eine Menge an Freunden und Anhängern, wohingegen der falsche Wille eine Person manchmal in Gefahr oder Schmerz führen kann, mit einer lebenslangen dunklen und gespenstischen Verfolgung.

Und jedes Mal, wenn Sie erneut daran denken, werden Sie sich selbst mental aufs Neue verfolgen und vielleicht zu sich selbst sagen: „Hätte ich bloß besser nachgedacht, bevor ich meine Entscheidung gefällt habe". Diese Art zu denken hat sehr viel damit zu tun, wie wir die Worte „JA" und „NEIN" verwenden.

„Ja" wird meist positiv dargestellt und „Nein" negativ. Obwohl auch Nein-Sagen das Gegenteil bewirken kann. Es braucht zum Beispiel viel Mut, zu jemandem „Nein" zu sagen, aber es könnte sehr viel Beschämung am Ende ersparen, anstatt „Ja" zu sagen und dann nicht in der Lage zu sein, die Zusage auch zu erfüllen. Manchmal kann sogar eine Freundschaft an diesem einfachen „Ja" zerbrechen.

So bringt uns das zurück zu dem Sprichwort: „Erst denken, dann sprechen".

'Black Elk' spotlights pride, pain

BY MIKE BITTON

One tragic vignette follows another in Black Elk Speaks, an ambitious epic of 500 years of native American history now showing at the Fallon House Theater in Columbia State Park. The two-hour show is produced by Columbia Actor's Repertory.

Black Elk Speaks, based on the book by John G. Neihardt, is a statement by a people seldom heard, told from a point of view not appearing in many history books. Thirty-four Native American actors, some from Tuolumne County, some from far away, were recruited for the production.

Native tale

The story is named for Black Elk, an Oglala Sioux holy man who takes an interest in teaching his "modern" grandson, Hoksila, about the history of his ancestors.

The dialogue is mostly English, but Lakota words are used extensively in chants and songs. J. Reuben Silverbird of New York plays Black Elk. He offers up passionate Lakota cries that cross language barriers easily.

His hands are as much a part of his master storytelling as his sharp voice. His stage presence is powerful and regal.

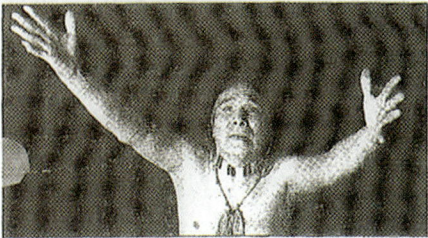

Photo by Rich Miller

BLACK ELK (J. Reuben Silverbird) seeks the guidance of the spirits.

ON STAGE

LEO STUTZIN

Purdy filled the principal roles — the only two to maintain a single character from beginning to end — with visiting professionals who deliver polish as well as commitment.

J. Reuben Silverbird, whose credits run from Shakespeare to soaps to a recent stage version of "Pocahontas," brings dignity, strength and flashes of humor to the role of Black Elk.

VOICE February 14, 1995

Winter Man, Dances With Big Man

By Evelyn McDonnell

Music and book
by Andy Teirstein
Lyrics by Teirstein
and Lance Henson
La MaMa
74A East 4th Street
475-7710

Teirstein's characters are as much archetypes as they are people; only J. Reuben Silverbird succeeds in making his role. Chief Black Kettle, seem like a living human being.

J. Reuben Silverbird Apache actor and musician, plays 'Crazy Horse's father in 'Honor Song for Crazy Horse.

THEATER

For "Crazy Horse," artistic director Robert Kelley searched for American Indian actors in the Bay Area, New York and Los Angeles.

The drumbeat of a people's heart

BIG APPLE (NEW YORK)

In den Osten nach New York City zu gehen war nicht anders, als nach Kalifornien zu gehen, als ich noch beim Militär war. Es dauerte ein paar Jahre, aber ich habe mir ein paar meiner Träume erfüllt. Zur damaligen Zeit ging es nicht um das Verhandeln von Verträgen sondern nur darum, ein Abenteuer zu erleben. Ich war noch nie im Osten und ich konnte schon damals nicht zu dem Angebot, etwas, was ich noch nicht gesehen hatte, sehen können, nein sagen. Was als einmaliges, drei Wochen dauerndes Gastspiel begann, endete darin, dass New York City für ungefähr 30 Jahre mein Zuhause wurde. Am Anfang fühlte ich mich wie ein Fisch in der Mitte einer Wüste, aber langsam und sicher wuchs mir die Großstadt ans Herz. Nun, da ich ein Drittel meines Lebens in und um den Big Apple verbracht hatte, kann ich von der einen oder anderen Erfolgsgeschichte erzählen. Allerdings haben diese Erfolge meinem Ego nicht geschadet. Obwohl auch das Ego hin und wieder nützlich sein kann. Es kommt nur darauf an wie, wann, und welches Individuum es einsetzt. Auch wenn ich das Leben für sehr wertvoll halte, folgt meine Lebenseinstellung dem Sprichwort: „Wir kommen aus dem Staub und zu Staub werden wir" (wörtl.: „From dirt we come and to dirt we go").Das ist unausweichlich! So lebe ich nach der Philosophie: „Genieße es so lange du auf der Welt bist." (wörtl. „Enjoy it while you're on terra ferme"). Ich glaube, dass die meisten Menschen so ihr Leben leben, auch wenn sie dadurch von manchen als anormal, komisch oder exzentrisch angesehen werden. Zum Beispiel: Ich liebe auch einige der bekannten weiblichen Eigenschaften wie z.B. Einkaufen. Ich sage weiblich, denn wir alle wissen, dass ein Mann, der sich selbst schätzt, nicht offen zu einem Freund sagen würde, dass er gerne einkaufen geht. Die längste Zeit war das ein absolutes Tabu. Eines Tages fand ich mich bei einer sehr entspannenden Tätigkeit, die ich, nebenbei bemerkt, auch als eine Freizeitbeschäftigung liebe: Einkaufen. Wie sonst könnte man sich allein beim Herumschauen so erholen? Man kann in die wichtigsten und teuersten Geschäfte der Welt gehen und man braucht nicht einmal Geld in der Tasche zu haben. Es gibt immer Geschäfte, egal ob in den Hauptstädten oder in den kleinen, malerischen, europäischen Städten.

Einkaufen scheint mich immer in eine freie und ungebundene, fantasievolle und den Geist befreiende Welt zu versetzen. Allein über das Auslagenschauen schätze ich die Leute, die in den vier Ecken der Welt wohnen, ein. Es zeigt mir die neueste Bekleidung und die Mode, die Designer gerade so viel verändern, um dieses notwendige Verlangen oder Fieber zu erzeugen, das die Konsumenten Jahr für Jahr zurückkommen lässt.

New York ist eine besondere Stadt und eine meiner Lieblingsstädte. Ich denke, das kommt daher, weil ich weiß, wo alle guten Angebote sind und wie man am schnellsten dorthin kommt, in dem man mein liebstes Transportmittel benutzt, die U-Bahn. In einer dieser besonderen Einkaufsstimmungen war ich gerade in New York City und beschloss, ein Taxi zu nehmen, was für einen wie mich eher eine Ausnahme darstellt. Ich bevorzuge die U-Bahn, die einen schnell von einem Ende der Stadt zum anderen bringt. Auf die Entfernung hin ist sie viel schneller als alle anderen Transportmittel. Es soll keine Abwertung der gelben Taxis und aller anderen Taxiunternehmen sein, da sie sicherlich ihren Zweck erfüllen, in einer Stadt mit acht Millionen Einwohnern, die ständig kommen und gehen. Wie dem auch sei, es gibt Zeiten, in denen der absolute Notfall eintritt, wenn U-Bahn-Süchtige wie ich, es für unbedingt notwendig halten, ein Taxi zu nehmen. Dieser besondere Zeitpunkt war eines Tages plötzlich für mich gekommen. Meine Hände waren voll mit Einkaufstaschen, als dunkle Wolken rasch den Himmel zuzogen und beschlossen zu bersten. Plötzlich ging einer der schlimmsten Wolkenbrüche nieder, die ich je erlebt hatte. Es schüttete wie aus Kübeln. Ich war gefangen, zu weit weg von irgendeinem U-Bahn Eingang und es gab nirgends eine Möglichkeit, um mich unterzustellen. Ich sah ein fremd aussehendes Taxi, winkte ihm sofort und zu meiner Überraschung blieb der Taxifahrer mit quietschenden Reifen stehen.

Der Tag war voller Überraschungen, denn das war kein gelbes Taxi sondern ein Mercedes Benz. Ich traute meinen Augen nicht. Was tat ein Mercedes hier in den Straßen von Manhattan, während ich dachte, dass die gelben Taxis die Stadt beherrschten? Der Regen prasselte herunter und es war nicht die Zeit, um Fragen zu stellen. Ich war ein bisschen verblüfft, doch ganz glücklich, weil ich soeben ein Wunder erlebt hatte. Nicht nur, dass ein Mercedes anhielt, und wenn ihr jemals im Big Apple gewesen seid, dann wisst ihr, wovon ich spreche: Für mich war es einfach ein Wunder, weil es an einem regnerischen Tag in New York beinahe unmöglich ist, ein Taxi zu bekommen. Und ich sage, dass die Chancen dann sogar noch schlechter stehen, wenn der Taxifahrer erkennt, dass der Mann, der ihn angehalten hat, lange Haare trägt.

Er könnte mich mit einer gut aussehenden eingeborenen Frau verwechselt haben, da ich so viele Einkaufstaschen trug. Wie viele Männer kennt ihr schon, die das Einkaufen so sehr lieben, um es auch bei Regen zu tun?

Nicht, dass mir so eine Verwechslung nicht schon früher passiert wäre. Wie oft war ich auf der Herrentoilette und wusch mir die Hände, als ein oder mehrere Männer hereinkamen und kurz stehen blieben, weil sie dachten, sie hätten sich in der Türe geirrt? Oder damals, als ich durch Georgia fuhr, als ein Autobahnpolizist an mir in der entgegengesetzten Richtung vorbeifuhr, sich umdrehte, mir ein paar Meilen folgte und mich dann aufhielt. Als er zu meinem Fenster kam, fragte er:" Ist alles in Ordnung, meine Dame?"

Wenn er dann meine tiefe, baritonähnliche Stimme hörte, war er offensichtlich beschämt. Nein, er stellte mir keinen Strafzettel aus, es gab keinen Grund dazu. Stattdessen gab er mir seine Visitenkarte und lud mich auf ein Essen ein, sobald ich das nächste Mal in seine Stadt kommen würde. Manchmal ist es eben nicht einfach, seiner Tradition treu zu bleiben.

Wie dem auch sei, überrascht wie ich war zögerte ich nicht, sondern öffnete schnell die Tür des Mercedes Benz und sprang hinein, ehe es sich der Fahrer noch anders überlegen würde. Ich hielt mich für glücklich, dem Wolkenbruch entkommen zu sein. Ich gab dem Fahrer Anweisungen und lehnte mich zurück, beobachtete den Regen, der gegen die Autoscheiben prasselte, während ich es mir auf meiner langen Fahrt zur Wall Street gemütlich machte.

Was Taxis angeht musste ich immer sparen und so betete ich, dass wir eine anhaltende Grünphase erwischen würden, damit meine luxuriöse Fahrt auf einem Minimum an Kosten blieb. Immer wenn ich mit dem Taxi fahre, höre ich die Taxiuhr an jeder roten Ampel ticken und mein Herz beginnt im Rhythmus mit jedem Ticken zu schlagen. Diesen Herzschlag nenne ich im Scherz „Geldticken". Das Taxi war gut unterwegs, doch dann kamen wir an einer heimtückischen roten Ampel zu stehen, die wahrscheinlich dafür verantwortlich war, dass er mir eine Frage stellte.

Während wir an der Ampel standen, schaute er in den Rückspiegel und fragte: „Und was bist du?"
Ich hatte seinen Namen auf der Ausweiskarte neben der Taxiuhr bemerkt, der mir verriet, dass er
aus Indien war. Ich schwieg für einen langen Moment, in Gedanken, dass es unhöflich sei, einem
Passagier eine solche Frage zu stellen oder dass ich seine Frage einfach ignorieren werde. Wie sehr
wünschte ich mir, die Ampel würde endlich grün werden, doch es schien, dass sie auf Rot stehen
blieb. Seine Frage brachte meine Sinne in Aufruhr, dann durchzuckte mich ein Geistesblitz und
ich antwortete langsam: „Ich bin eine von Christoph Kolumbus' Verwechslungen."
Das dünn erkennbare Lächeln in seinem Gesicht verwandelte sich plötzlich in Gelächter und ich
wusste, er schien zufrieden zu sein und diese Antwort zu akzeptieren. Genau in diesem Moment
wurde es grün und wir fuhren weiter. Ich lehnte mich zurück und entspannte mich.
Ich fühlte mich mit meiner humorvollen Antwort für einen Moment lang gut, doch innerlich war
ich nicht ganz zufrieden. Sie regte mich aber zum Nachdenken an. Genau zu diesem Zeitpunkt
kamen wir an der nächsten roten Ampel zum Stehen. Er fragte, ob ich schon jemals in Indien
war? Ich sagte, ich hätte noch nicht das Vergnügen gehabt. Er erzählte mir, wie stolz er auf seine
Heimat war und dass ich unbedingt eines Tages dorthin kommen sollte.
Ich fragte ihn, warum er einen Mercedes Benz als Taxi benutzte und er antwortete mir: „Ich hatte
einen Traum ehe ich mein Land verließ, um nach Amerika zu kommen. Es war der Traum, einen
Mercedes Benz in den Straßen von New York City zu fahren. Jeder Mensch hat einen Traum, ich
habe meinen wahr werden lassen." Ich sagte zu ihm: „Gut, ich bin sicherlich froh, dass du stehen
geblieben bist und mich mitgenommen hast", und er antwortete darauf: „Ich dachte, du wärest
eine Native Frau." Was sollte ich noch sagen?
Zu meinem Glück gab die grüne Ampel den Weg frei, damit er weiterfahren konnte. Ich richtete
mich wieder in einer bequemen Position ein, legte meinen Kopf sachte auf die opulenten pols-
terweichen Mercedes Benz Ledersitzbezüge und ging mit dem Schließen meiner Augen in eine
tiefe Konsultation meines Gehirns über meine Gefühle, die Konversation betreffend, die soeben
zwischen dem Taxifahrer und mir stattgefunden hatte.

Als Ureinwohner Amerikas wird die Frage „Woher kommst du?" meiner Meinung nach zu häufig
gestellt. Ich kann ehrlich sagen, dass es mich nicht stört, dass ich nicht so etwas wie Irland oder
Afrika sagen kann. Ich bin dazu genötigt, dass ich sagen muss, Amerika! Ich weiß, dass die nächste
Frage dann immer lautet: „Und was für ein Indianer bist du?" In meinem Herzen möchte ich
keinen sarkastischen Witz machen müssen und sagen: „Menschlich natürlich". Nicht, dass ich
alle Nicht-Native beschuldigen möchte, denn als Ureinwohner haben wir keinen gemeinsamen
Namen, der uns als eine Nation beschreiben könnte. Die Herkunft eines Schwarzen ist Afrika,
ein Italiener kommt aus Italien, ein Inder aus Indien, daher kann ich diese Verwirrung natürlich
verstehen. Und ich verstehe auch, dass viele aufrichtig daran interessiert sind, es herauszufinden.
Ich verstehe die Neugier bezüglich der Welt der Nicht-Ureinwohner Amerikas. So sehr ich auch
dazu neige, die Filmindustrie in Hollywood dafür zu beschuldigen, dass sie der Welt so ein negatives Image von den eigentlichen Ureinwohnern Amerikas gegeben hat, muss ich doch sagen, dass
sie zugleich, wenn auch ungewollt, eine Art mysteriöse Aura um unser Volk geschaffen hat.
Ich sollte noch hinzufügen, dass sie jedoch gleichzeitig viele Fragen aufwarf: Warum bekämpften
wir die Weißen so wutentbrannt, besonders im Westen? Warum wurden die Pilger nicht verletzt,

als sie landeten? Diese Fragen wurden allerdings nicht beantwortet. Heutzutage finden es viele Ureinwohner ermüdend immer mit Fragen wie: „Warum waren die Ureinwohner so grausam zu den Pilgern?", bombardiert zu werden. Mit diesen und vielen anderen Klischees mussten wir uns immer wieder beschäftigen. Meistens stellten diese Fragen aber nur Leute, die unbedingt mit einem Angehörigen einer echten Minderheit Amerikas reden wollten. Viele wussten einfach nicht, was sie erwarten würde und wie unsere Reaktion wäre, wenn sie uns einfach ansprächen, und so winkten sie uns einfach zu oder lachten uns an. Manchmal machten sie aber auch spontane Witze wie:" Hi, was tut denn ein Ureinwohner am Frankfurter Flughafen?" Ich lachte ihn an und antwortete:" Ich warte nur darauf, dass der Pilot mir mein Pony bringt, auf dem ich dann aus diesem gigantischen Flughafen hinaus galoppieren kann." Meine Antwort stieß allerdings auf taube Ohren. Ich versuche nicht einmal witzig zu sein. Dies waren nur einige der Fragen, die wir oft gestellt bekommen. In aller Fairness muss ich aber sagen, dass all diese neugierigen aber sanftmütigen Menschen nur etwas mehr über die Ureinwohner Amerikas erfahren möchten denn, entschuldigen Sie, wenn ich das so sage, wir sind die Buntesten von allen und das wahre Fundament der amerikanischen Geschichte. Wie kann denn Amerika sonst mit Europa mithalten, historisch betrachtet? Italienische, polnische oder irische Geschichte? Nein. Wir sind der echte und mit Sicherheit einzige Teil der Geschichte, der diesem Land übrig blieb. Wir sind zwar der wenig beachtete und oft verdrängte Teil, jedoch der älteste und einzig richtige Teil der amerikanischen Geschichte. Dieser Fakt darf nicht in Vergessenheit geraten. Wir sind die einzig wahren Ureinwohner des Landes, das heute USA genannt wird. So ist es ganz natürlich, dass, sollte es einer von uns bis nach Europa schaffen, die Europäer ganz aufgeregt werden. Sie wollen gleich eine Unterhaltung mit den Leuten beginnen, die sie so selten in Europa treffen. Sie haben ja keine Ahnung, wie schwer es für viele Ureinwohner finanziell gesehen ist, in ihrem eigenen Land zu reisen. Wie sollten sie es dann nach Europa schaffen, außer über kulturelle Austauschprogramme?

Nachdem ich lange Zeit über die ernste Angelegenheit, entweder „Indianer", „Amerikanischer Indianer"," Roter Indianer" oder „Ureinwohner Amerikas" zu sein, nachgedacht hatte beschloss ich das Thema gleich selbst anzusprechen. Vielleicht gelingt es mir so, die Welt dazu zu bewegen über diese inkorrekten und stigmatischen Bezeichnungen bewusst nachzudenken und vielleicht von ihnen Abstand zu nehmen. Keine von diesen Bezeichnungen trifft auf unsere Leute zu oder gehört auch nur ihnen. „Indians" kommen aus Indien (Indians bedeutet im Englischen sowohl Indianer als auch Inder, Anm. d. Übers.). „Amerikanischer Indianer" fällt in dieselbe Kategorie. „Rote Indianer"? Der große Seemann, Christopher Kolumbus hatte sich wohl nicht nur verirrt sondern war auch noch farbenblind, wenn er uns als „Rote" sah. Und der momentane Titel „Amerikanischer Eingeborener"? Jedes Kind, das innerhalb der Grenzen der USA zur Welt kommt, egal ob seine Eltern Immigranten aus anderen Ländern waren oder nicht, wird als" Amerikanischer Eingeborener" bezeichnet. Das ist auch ihr gutes Recht. Ich möchte zumindest den Grundstein dafür legen, den Ureinwohnern einen würdevolleren und passenderen Namen zu geben. Einige Male hatte ich schon „Original Natives of America" (entspricht etwa Originale Einwohner Amerikas, Anm. d. Übers.) vorgeschlagen, denn zumindest ich bin es leid, den Rest meines Lebens immer wieder meine Herkunft erklären zu müssen. Ich glaube, so geht es vielen anderen Ureinwohnern auch, die wie ich die Welt bereisen. Ich finde es auch ungerecht, dass Ureinwohner immer eine gewisse Art Humor brauchen, wenn sie ihre Herkunft erklären wollen. Über all diese Dinge dachte ich sehr lange nach bevor ich mich entschied, darüber zu schreiben. Ein Weg, um eine wirklich Veränderung herbeizuführen, wäre, allen Nationen von Eingeborenen eine Bezeichnung zu geben, so wie es schon in Kanada, Neuseeland und Australien gemacht wird. Dies könnte psychologisch hilfreich sein, alle Nationen wieder zu einer zusammenzufassen. Ich bin mir fast sicher, dass die Regierung der USA damit nicht einverstanden wäre, jedoch bin ich mir zu hundert Prozent sicher, dass die Nationen von Eingeborenen unseres Landes dadurch profitieren würden.

Mit einem stolzen Taxifahrer aus Indien mitzufahren, der offensichtlich glücklich war, in Amerika zu leben, aber auch stolz auf seine Heimat war, ließ mich, ich kann mir nicht helfen es so zu sagen, grün vor Neid werden. Seit diesem Tag war es mein Traum, in der Lage sein zu können, Leuten voller Stolz auf die Frage „Was bist du?" antworten zu können: „Ich bin ein Ureinwohner". Falls sich das Gespräch dann weiterentwickelt, würde ich fortfahren: „Ich bin unglücklicherweise aus Amerika, das nicht länger meine ursprüngliche Heimat ist, denn laut der amerikanischen Regierung haben wir es an sie in den Indianerkriegen verloren." Kriege, die immer zum Verlust unseres Landes geführt wurden. Der Druck und das Gefühl, Amerikaner zu sein, ist für einen Ureinwohner einfach nicht das gleiche wie für die Einwanderer in Amerika. Ich kann mit Stolz sagen, dass ich für all das, was ich bis heute erreichte, hart gearbeitet habe. Ich bin dankbar für den Schutz und die weise Führung meiner Eltern, die mir beibrachten in einer anderen Ebene zu denken, in der ich die Schmerzen und Qualen der gesamten Weltbevölkerung spüren konnte und nicht nur die von wenigen. Ich wuchs mit diesem speziellen Talent auf und nutzte es um allen Leuten, die ich auf meinen Reisen treffen durfte, Freude statt Kummer und Leid zu bringen.

Wir leben in der Zeit der Märsche und Proteste die ich, obwohl ich ihnen nie etwas abgewinnen konnte, immer für die beste Möglichkeit hielt, die Medien der Welt auf etwas aufmerksam zu machen. In Denver marschierten Ureinwohner um gegen die Kolumbus Parade zu demonstrieren und wurden dafür eingesperrt. Genau aus diesem Grund, denke ich, ist es an der Zeit, dass sich alle Nationen der verbleibenden Ureinwohner zusammenschließen und zusammen nach Washington marschieren, um dort die Änderung des Ausdrucks „Indianer" auf etwas Würdevolles wie „Original Natives" zu fordern. Es muss ein für alle Mal klargestellt werden, dass „Indianer" nicht unsere Bezeichnung ist und deshalb aus allen Aufzeichnungen des Kongresses oder der Bibliotheken gelöscht werden muss. Sollte „Original Native" für die Mehrheit nicht passend sein, bin ich offen für Vorschläge, solange der Name passender ist als der momentan verwendete. Wir müssen der Welt zeigen, dass es uns wichtig ist, wie wir genannt werden, denn momentan scheint die Welt zu glauben, dass uns dies egal ist.

Wenn wir uns zu einer Nation zusammenschließen würden, könnten wir sogar unseren eigenen Reisepass haben. Ich habe allerdings auch gehört, dass zum Beispiel die Einwohner des Kickapoo Stammes, der in Oklahoma sowie auch in Texas beheimatet ist, ihr I-872 Formular, die American Indian Card, anstatt ihres Reisepasses vorzeigen dürfen. Meiner Meinung nach ist der Fakt, dass manche diese Option besitzen und andere nicht, wieder ein Weg der Vereinigten Staaten, ihre Befehls- und Eroberungstaktiken an unseren Leuten anzuwenden. Dunkelhäutige Einwohner in den USA haben es geschafft, die Verwendung des „N"-Wortes durch die weiße Bevölkerung zu stoppen. Warum sollten wir es also nicht auch schaffen, die Benutzung des Wortes „Indianer" im täglichen Sprachgebrauch zu unterbinden?

Meine Begründung, warum sich alle Nationen zu einer zusammenschließen sollten, ist ganz einfach. Nach den Attacken am 11. September wurde eine so genannte Heimatschutzbehörde ins Leben gerufen, um die Verwirrung der Ureinwohner weiter zu fördern. Es ist wichtig anzumerken, dass der Nationale Kongress der amerikanischen Ureinwohner nachgewiesen hat, dass Mitglieder von ungefähr 40 verschiedenen Stämmen von Ureinwohnern regelmäßig die Grenzen im Norden und Süden überqueren um zu arbeiten, jemanden zu besuchen oder auch um an Zeremonien an traditionsreichen Orten beizuwohnen.

Michael Chertoff, ein Mitarbeiter der Heimatschutzbehörde, hat in einer Mitteilung erklärt, dass Ureinwohner, welche in den USA geboren wurden, wie alle anderen Einwohner der USA behandelt werden. „Nach diesem endgültigen Urteil müssen jedoch alle in den USA geborenen Ureinwohner bei der Einreise in die USA per Flugzeug einen gültigen Reisepass vorweisen können."

Ein Kommentar von Kahentinetha Horn, der Herausgeberin der Mohawk Nation News, verurteilt diese neuen Regelungen auf Bundesebene jedoch scharf, da sie gegen den Jay of Treaty, einen Vertrag aus dem Jahre 1794, verstoßen, welcher besagt, dass Ureinwohner bei den Grenzübergängen zwischen den USA und Kanada und den USA und Mexiko keine Reisepässe vorzeigen müssen. Kanada und die USA versuchen uns dazu zu bewegen, uns kanadische oder amerikanische Reisepässe ausstellen zu lassen, um uns in unseren Bewegungen einschränken und überwachen zu können. Wir haben jedoch ein Recht darauf, eine Verbindung zu unseren Leuten des Onkwehone Stammes halten zu können, und das auf der gesamten westlichen Halbkugel. Die „Besiedler" versuchen uns in amerikanische, kanadische oder mexikanische „Indianer" zu unterteilen und uns damit gesetzeswidrig von unserem Geburtsrecht zu entfremden, schrieb Horn.

„Es ist sehr verwirrend. Niemand außer den Mitarbeitern der DHS (Department of Homeland Security), die es gerade schreiben, weiß, wie das endgültige Gesetz aussehen wird," sagt Heather Dawn Thompson, der Vorsitzende der Abteilung für Regierungsgeschäfte am Nationalen Kongress der amerikanischen Ureinwohner.

Die Fairness und Gleichberechtigung der Aussage von Frau Heather Dawn Thompson zeigt uns, wie sehr sich die Regierung der USA um die Ureinwohner ihres Landes bemüht.

Ich verstehe, dass die Ureinwohner Amerikas einen furchtbaren Schmerz in sich verspüren. Für sie muss es sich anfühlen wie eine permanente Verfolgung auf Grund eines durch „Angloeuropäer" verursachten Konfliktes, der in Washington dienlich „Indianischer Krieg" genannt wird. Sie hätten es nur noch expliziter ausdrücken können, indem sie ein „den ihr verloren habt" hinzugefügt hätten. Regierungsvertreter in führenden Positionen sowie die Mehrheit der Menschen, die nicht der Regierung angehören, scheinen es zu genießen, wenn auch indirekt, die Ureinwohner Amerikas zu erinnern und niemals vergessen zu lassen, dass sie es waren, die besiegt wurden. Sie tun dies, obwohl sie wissen, dass sie uns unser Land nur durch fragwürdige, unklare und betrügerische Mittel nehmen konnten.

Alle möglichen Gedanken gehen einem durch den Kopf, wenn man gerade in einem so luxuriösen Taxi fährt, wie ich in diesem Moment. Ich weiß nicht, wie es euch geht, doch normalerweise schlafe ich ein, wenn ich es mir einmal in einem weichen Ledersitz bequem gemacht habe, egal ob im Auto oder im Flugzeug. Das ist auch der Grund, warum ich das U-Bahn System so mag: Da ist man zu beschäftigt damit, andere Leute zu beobachten, um auch nur ans Schlafen zu denken. Egal. Meine Gedanken gingen in eine andere Richtung und ich begann über die Umstände nachzudenken, die mich nach New York kommen und letztendlich hier leben ließen.

Wenn ihr jemals dort gewesen seid, was viele als „Big Apple" bezeichnen, und von einigen als herzlose, sehr unsympathische, unpersönlichste und unfreundlichste Stadt der Welt bezeichnet wird, dann sprecht ihr zweifelsohne von keinem anderen Ort als New York City, der größten Metropole in der westlichen Welt. Wenn ihr mir nicht glaubt, fragt doch einen New Yorker.

Aber was würdet ihr sagen, wenn ich euch erzähle, dass auch diese Stadt ein Herz und eine spirituelle Energie hat? Weiters, wenn ich euch erzähle, dass sie sich aus Einwanderern aus der ganzen Welt zusammensetzt? Einwanderer, die zu jener Zeit in dieses Land kamen, ohne einen Reisepass zu besitzen und nur die Sprache ihres eigenen Landes beherrschten. Alle Arten von Menschen kamen hierher: Gute Menschen, schlechte Menschen, Menschen aller Gesichtstypen und Hautfarben, ja, Vertreter aller Menschenrassen und Glaubensbekenntnisse leben hier und kommen jeden Tag neu dazu, mit nur einer bestimmten Idee im Kopf: Es hier zu versuchen und ein Stück vom großen Apfel zu bekommen. Viele haben immer geglaubt, wenn sie es hier in New York schaffen, etwas aus sich zu machen, dann können sie das überall, so wie es im Lied heißt: „Wenn ich es hier schaffe, schaffe ich es überall". Natürlich, wenn ihr schon hier gewesen seid, werdet ihr mir zustimmen können, dass es eine der elektrisierendsten Städte der Welt ist.

Ich weiß es aus erster Hand, dass ihre überwältigende und absorbierende Energie am Anfang diejenigen auslaugen und überfordern kann, die ein schwaches oder einfaches ländliches Herz haben. Wie auch immer, sobald man einmal diese Hürde geschafft und die berühmte Freiheitsstatue besucht hat, die auch als Einwanderin hierhergekommen ist, ich muss hinzufügen, ohne Reisepass aus Frankreich, Greenwich Village, China Town, eine Vorstellung am Broadway, Little Italy gesehen hat, einmal mit der U-Bahn gefahren ist und die Leute gesehen, gehört und ihre pulsierende Energie gefühlt hat, dann wird man früher oder später von dieser aufregenden Stadt absorbiert.

Sie kann schnell, langsam oder was auch immer du wählst, sein. Sie lebt von den frühen Morgenstunden für die, die das wünschen, es kann 24 Stunden lang jeden Tag dahin gehen… so eine Geschwindigkeit kann dich allerdings manchmal weiterbringen oder dich zerstören, auf mehr als eine Art und Weise, und die Gesundheit ist nur eine davon. Diejenigen, die es versuchen, oder die Furcht bekämpft und sich eine dicke Haut zugelegt haben, um das Beste oder das Schlechteste daraus zu machen, sind die Millionen von Menschen, die man täglich hin und her eilen sieht und die nur ein einziges Ziel verfolgen: Ihr eigenes Stück vom großen Apfel.

Als amerikanischer Indianer oder Ureinwohner Amerikas, wie ich es bevorzuge, genannt zu werden, wusste ich nichts von kleinen oder großen Äpfeln, ehe ich hierher kam.

Während ich aufwuchs, war New York zu weit von mir entfernt, um ein Teil meiner Welt zu sein. Es schien so weit weg, dass ich es sogar aus meinen Träumen verbannte und ich bin ein großartiger Träumer. Doch ich denke, ich habe mir nie erlaubt, mehr zu erträumen, als in meinem unmittelbaren Umfeld lag. Lasst es mich so ausdrücken: Was würde ein Original Native an einem Ort machen, den jedermann" chaotischen Menschendschungel" nannte?

Meine Träume dehnten sich nie über die Südweststaaten von Neu Mexiko, Arizona und Colorado aus. Ich musste mich nie um Nahrung oder Unterkunft sorgen, so wie es viele unseres Volkes mussten. Meine Eltern erhielten ein glückliches Heim mit allem anderen Nötigen. Doch als ich älter wurde, hatte ich ernsthafte Bedenken bezüglich der Ausbildung. Ich hatte immer das Gefühl, dass dies der einzige Ausweg sei, nicht nur für mein Volk, sondern für alle Menschen.

Meine Eltern nahmen sich persönlich viel Zeit für mich und kümmerten sich sehr darum, dass ich ausreichend über alles aus der Weltgeschichte und der amerikanischen Geschichte unterrichtet wurde, inklusive der Fakten über die Original Natives, die nie in einem Schulbuch erwähnt wurden. Mein Vater war nie von irgendeinem Diplom an der Wand abhängig, um eine Arbeit zu finden. Er besaß sein eigenes und überaus berühmtes wanderndes Theater im Südwesten. Er war nicht nur ein großartiger Universal- Charakterdarsteller, Sänger und Musikant, sondern nebenbei ein sehr spiritueller, weiser Mann und ein Unternehmer. Meine liebe Mutter, eine Medizinfrau, Sängerin und Komödiantin, war seine Lebenspartnerin. Sie passten zueinander wie Hand und Handschuh.

Sie waren großartige Sänger und schenkten mir viel Freude, besonders wenn sie gemeinsam sangen. Der Ton, der von ihren tiefen und klingenden Stimmen kam, klang wie engelsgleiche Vögel, die ihre wahre und einzige Liebe füreinander zum Ausdruck bringen wollten.

Deshalb folgte ich den Unterweisungen meiner Eltern meine Talente, die diese behutsam in mir einpflanzten, ohne jeglichen Druck auszuüben. Alles passierte ganz selbstverständlich, weil ich entschied, sie zu einem Teil meines Lebens zu machen, da mich die Liebe meiner Eltern zu Musik, Gesang, Tanz und Schauspielerei gemeinsam mit einer Quelle aus Weisheit und Möglichkeiten der Heilung inspirierte. Das alles wurde auch ein Teil meines Lebens.

Ich hatte sicherlich nicht die schnelle spitze Zunge meines Vaters. In diesem Sinn glich ich eher meiner Mutter. Ich war glücklich und sehr froh, von beiden Elternteilen Talent geerbt zu haben und im Laufe der Zeit lernte ich mit den mir gegebenen Geschenken umzugehen.

In meinen Träumen strebte ich an, Englischlehrer oder, in den ganz dunklen Winkeln meines Geistes, Rechtsanwalt zu werden. Ich hatte meine Eltern auf ein so hohes Podest gestellt, was die Bühne betrifft, dass ich für mich dort oben keinen Platz mehr gelassen hatte. Ich zog vor ihnen zuzusehen. Ob ich jemals die Absicht hatte, Neu Mexiko zu verlassen? Auf alle Fälle, ja! Ich war nie glücklich oder entzückt von seinem Beinamen „Das Land des Verzauberns", doch am meisten wollte ich aus dem Grund fort, weil der Ruf meiner Eltern so bekannt war, dass ich es schwer fand, es ihnen jemals gleich zu tun, solange wir im selben Land lebten.

Ich habe immer geglaubt, dass es sehr schwer sein würde, sein Schicksal zu verändern. Also überließ ich für die meiste Zeit meines Lebens die Führung dem Schöpfer. Und so landete ich schließlich auf der Bühne als Sänger, was auch der Grund war, wieso ich in den Sechzigern bis in die späten Siebziger Jahre einige der Top-Nachtklubs und Hotels zu sehen bekam.

Die Schritte in die Szene von New York waren einfach. Von Alberquerque ging es zu einem der respektiertesten Hollywood Management Agenturen in Hollywood zur damaligen Zeit: Gabbe, Lutz, Heller und Loeb. Sie gaben mich in die Obhut von Arnie Mills. Er war persönlich verantwortlich für meine Unterweisungen. Darauf folgte eine Amateur-Show in Hollywood, dann ging es in das Sands-Hotel in Las Vegas und von dort in die Copacabana in Manhattan. In etwa dieser Reihenfolge und in recht kurzer Zeit. Die Geschichte glich eher einem indianischen Aschenputtel-Märchen, um nicht zu sagen, ich hätte nicht meine Pflicht erfüllt. Ich war einer der Glücklichen, der umsetzte, was ihm seine Eltern beigebracht hatten. Ich hatte auf sie gehört und von ihnen gelernt, was für viele Kinder und Jugendliche sehr schwierig ist.

Was mein Eintreffen in New York City betrifft, hatte ich diese Zeit meines Lebens immer für einen glücklichen Zufall gehalten, doch natürlich veränderte das Schicksal meinen ganzen Lebensstil, ohne dass ich es bemerkte. Ich glaube allerdings, dass ich tief in meinem Herzen immer wissen wollte, wie dieser Big Apple wirklich aussieht, sowie es wahrscheinlich jedem früher oder später einmal geht. So glaube ich, dass ich unbewusst immer davon geträumt hatte einmal dort zu arbeiten. Und jetzt wurde gerade ein anderer Traum wahr, mit einem Angebot der Copacabana, dem größten und bekanntesten Nachtklub im östlichen Bezirk. Ich weiß nicht, ob es irgendeinen Sänger im Unterhaltungsgeschäft der Sechziger gab, der nicht danach gestrebt hätte oder seinen rechten Arm dafür gegeben hätte, um in dem weltbekannten Nachtlokal aufzutreten, das Barry Manilow mit seinem gleichnamigen Lied weltweit bekannt gemacht hat. Nie in meinem ganzen jungen Leben hätte ich mir je erträumt, dass ich dorthin kommen und über Nacht in eine Erfolgsgeschichte geraten würde, von der so viele in Manhattan fantasieren. Wenn mich jemand gefragt hätte, was mein Plan sei, ehe ich hierher gekommen war, hätte ich ihm einfach gesagt … keiner! Doch erneut lag ich falsch, denn ohne es zu wissen, hatte sich der Schöpfer um alle Absprachen gekümmert, während ich IHM einfach erlaubte, mich zu führen.

Ich war nie eine Person, die nein zu irgendeiner Herausforderung gesagt hätte, außer in Extremfällen natürlich. Mein Vater hatte ein Sprichwort oder eine Phrase, die auf solche Situationen gut zutraf: „Zur richtigen Zeit am richtigen Ort sein." Eine Amateur-Show zu gewinnen, nachdem dir gesagt wird, dass du wahrscheinlich keine Chance hast, war ein anderer glücklicher Durchbruch. Das war eine Woche im Sahara-Hotel in Las Vegas, das manche „Die Stadt der verlorenen Gehälter" nennen. (englisches Wortspiel: „lost wages", Anm. d. Übers.). Und genau das ist es auch, was Las Vegas für viele Menschen repräsentiert.

Glücklicherweise kann ich dem Spielen nichts abgewinnen, und so kam es, dass Stan Irwin, der einer der Juroren bei einem Amateur Talente Abend war, mir meinen ersten Auftritt im Nationalen Fernsehen ermöglichte. Es handelte sich um die Show „Amerika nach Eintreten der Dunkelheit", welche später unter dem Namen „The Tonight Show" mit Johnny Carson bekannt wurde. Ich habe Johnny sogar getroffen und hatte die Ehre in seiner Show zu singen. Ich erinnere mich, dass ich nach dem Auftritt meine Gitarre einpackte und gerade gehen wollte, als Bobby

Charloff, mein Manager zu dieser Zeit, mir nachlief und mir sagte, dass Johnny mich in seiner Show haben wolle. Zu diesem Zeitpunkt war ich unglaublich erfreut, jedoch fühlte ich mich gleichzeitig auch wie betäubt.

Kurz danach ging mein Manager mit seinem Partner Irwin Winkler nach Hollywood, um alle Rocky Stallone Filme zu produzieren. Viele Jahre später habe ich mit Bobby am Telefon in Malibu gesprochen, und er erzählte mir, dass er eine ganze kleine Stadt voller Inder in Indien unterstütze. Ich erinnere mich, ihn gefragt zu haben, ob er denn keine armen Indianer in Amerika finden würde? (Im Englischen bezeichnet das Wort „Indian" sowohl Inder als auch Indianer, Anm. d. Übers.). Bobby wurde sehr wohlhabend und nahezu unerreichbar, nachdem er New York City verlassen hatte. Sein Onkel Charlie Rap wurde mein Agent. Er wurde sogar der „König der Catskills" bezeichnet, weil er in der damaligen Zeit für gewöhnlich die größten Stars im Unterhaltungsgeschäft buchte, die dadurch oft als Borscht-Bezirk bezeichnet wurde. Er verhalf vielen Komikern und Sängern zu einem erfolgreichen Start ins Business und ich war auch ein Teil seiner Familie.

Das Leben an sich bewegte sich für meine Verhältnisse einfach viel zu schnell. Und je schneller es wurde, desto härter wurde es für mich. Allerdings bemerkte ich oft nicht, wie sehr es mich mitnahm, da ich mein Leben lang schon ein Workaholic war. Das Einzige, was mich zur Ruhe bringen konnte, war die engelsgleiche Stimme meiner Mutter, die in mir wohnte und mich immer wieder ermahnte, langsamer zu handeln und mir Zeit zu nehmen, um zu meditieren.

Als ich vom Sahara zum Sands Hotel verlegt wurde, in dem Frank Sinatra wie ein Gott verehrt wurde, war das ein weiteres unglaubliches Manöver des Schöpfers. Als ich dann noch einen Anruf von meinem Manager in Hollywood bekam, der mich fragte, ob ich bereit wäre, gleich in die Copacabana nach New York zu gehen, war das, um es einfach auszudrücken, ein ziemlicher Schock für mich. Um den Schock noch größer werden zu lassen, fragte mich der Senior Chef des Management-Büros, Seymour Heller, direkt, ob ich Kompositionen für die Band der Copacabana, die aus 28 Musikern bestand, hätte. Ich musste ihn anlügen, als ich ja sagte.
Jetzt musste ich damit leben, was ein weiteres Geschenk war. Wisst ihr, während ich ja sagte, waren meine Gedanken schon dabei, die Lösung für mein „Kompositions-Dilemma" zu finden. Glücklicherweise war ich in der Stadt, die Dutzende von professionellen Komponisten besaß und ich kannte einen der besten von ihnen.
Die nächsten vier Wochen verbrachte ich mit meiner Gitarre sitzend und dem späteren Leiter von Caesars Palast, Bill Ready, um 12 Lieder zu komponieren und zu arrangieren, um eine Eröffnung an der Copacabana machen zu können. Der Leiter der Copacabana, Michael Durso und seine Musiker waren alle sehr nett und verständnisvoll. Sie waren sehr hilfsbereit dabei, noch ein paar Änderungen anzubringen, doch im Großen und Ganzen klangen die Stücke großartig. Ich kann die Gefühle gar nicht beschreiben, die ich am Premierenabend erlebte.
Das Lokal war zum Bersten voll. Ich wartete in der Künstlergarderobe, dass es auf der Bühne weiter ging. Nachdem das Komödiantenteam Davis und Reese fertig war, kam der überwältigendste Moment, den ich in meinem jungen Leben je erlebt hatte. Jetzt, als Bandleader, hatte ich eine

riesengroße Chance. Ich war der, der ja oder nein sagen musste. Das war eine Verantwortung, von der ich sehr wohl wusste, dass sie Erfolg oder Misserfolg bedeuten würde. Ich hatte gewonnen, denn es wurde ein voller Erfolg. Ich erschien mit komplett ruhigem Gang, denn ich wusste, es hatte so sein müssen. Das war der Zeitpunkt, an dem die Führung und die Lehren meiner Eltern unbezahlbar wurden.

Es schien nichts zu geben, das sich meiner Erfolgsgeschichte in New York City in den Weg stellen könnte. Ich wurde von bekannten Kritikern der damaligen Zeit wie Walter Winchell und Lee Mortimer sehr positiv beurteilt. Als Draufgabe folgten mehrere Auftritte bei Shows wie der „Ed Sullivan Show", der aufregenden „American Band Stand Show" mit Dick Clark und der „Abendshow". Das Leben wurde zu einem wunderschönen aufgeblasenen Ballon, den man ganz vorsichtig behandelt, weil man auf keinen Fall will, dass er platzt. Mein Leben war eine aufregende, abenteuerliche doch gleichzeitig anspruchsvolle Welt geworden, die mit jeder neuen Erfahrung voll von Drehungen und Wendungen war. Wie auf einem Ringelspiel, bei dem sich das Kind wünscht, dass es nie zum Stillstand käme, war es für mich noch frustrierender, sich einfach nur zu fragen, wie lange es noch so weitergehen würde, bevor es zum unvermeidlichen Ende und abrupten Stillstand kommen würde.

Es erübrigt sich zu sagen, dass nach so einer erfolgreichen Anstellung bei der Copacabana, mit sehr guten Bewertungen der wichtigsten Kritiker und einer erneuten Anstellung an der Copacabana noch sechs Monate später, sich die Nachricht wie ein Lauffeuer in der Nachtklubszene von Amerika ausbreitete. Mein Agent hatte überhaupt keine Schwierigkeiten, Anstellungen in den ganzen Staaten bis hin zu guten Anstellungen im fernen Osten für mich zu finden.

Ich hätte im Sands in Las Vegas mit einem unbefristeten Vertrag bleiben können, doch nachdem ich fünf Monate lang den Leuten zugesehen hatte, wie sie fiebernd spielten und ihr Leben versoffen, hatte ich von dieser Art Nachtleben genug. Was das spirituelle Leben betraf musste ich da hinaus, um es davor zu bewahren in der Luft zu verdampfen, die ohnehin schon so schlecht war von all den Luftverschmutzern. Am Abend war die Stadt mit Lichtern und Glitzer erfüllt, doch untertags wurde sie zu einem düsteren, grauen und unkonventionellen Ort.

Jack Entretter vom Sands war erstaunt, als ich ihm meine Kündigung vorlegte. Er konnte nicht verstehen, warum jemand das berühmte Sands Hotel verlassen würde, von dem Sinatra damals ein oder zwei Prozent besessen hatte. Das würde später abgeklärt und bildlich dargestellt werden in dem Film „Der Pate" mit Marlon Brando. Ich war privilegiert, viele der berühmten Persönlichkeiten der damaligen Zeit treffen zu können, da die meisten von ihnen in diesem Hotel wohnten.

Obwohl es eine neue und aufregende Erfahrung war, die manchmal auch bezauberte, wurde meine Darbietung eine großartige, doch billige Eröffnungsrolle für meine Agentur, das GAC (General Artists Corporation, Künstlervereinigung), um viele Klubs in den ganzen Staaten zu gewinnen und zu Verträgen zu verpflichten. Ich war es in der Zwischenzeit leid geworden, ständig aus dem Koffer zu leben.

Ich war des gemanagten Lebens überdrüssig. Die Agenten und Manager schienen es nie richtig zu machen, weil sie mit bekannten Namen in dem Geschäft zu beschäftigt waren. Daher versuchte ich es mit Aufnahmen. Es war jedoch mehr als nur bloßes Talent nötig, um mit einer Platte berühmt zu werden. Obwohl ich durch örtliche Studioaufnahmen etwas Erfolg im Südwesten hatte, kam es nie zum großen nationalen Plattenerfolg. Gut, ich kann nicht behaupten, ich hätte nicht einige der Hintergrundgeräusche gehabt. Hintergrundgeräusch nenne ich die Platten, die zwar im Radio gespielt werden, aber nie in die Billboard Charts kommen und daher nicht als wirklicher Erfolg angesehen werden. Man bekommt auch für sie wenig Honorar oder gar keines. Ich hatte mehrere von diesen Honorarabfertigungen und es war aufregend, sie im Radio zu hören und von der Plattenfirma einen Scheck zu bekommen, doch ich wusste, dass sie nicht das Zeug dazu hatten, den Hörer emotional so zu begeistern, dass sie weiter nach oben kamen.

Ganz egal, wie sehr eine Plattenfirma die Platte auch bewirbt, wenn sie nicht das Zeug dafür hat, dann hat sie es eben nicht. Eins noch zum Thema „Lieder schreiben": Das Lied selbst ist nie alt, nicht einmal dann, wenn es aufgenommen wurde. Selbst dann hat es nur eine Chance, ein Hit zu werden, wenn der Liedschreiber die richtigen Kontakte hat und der passende Künstler kommt, um es dementsprechend mit der richtigen Vertonung und dem passenden Rhythmus für die Käufer darzubieten. Also kann ein Liederschreiber, der Talent hat, in seiner Sparte immer weitermachen. Die Belohnung dafür können völlige Unabhängigkeit, Akzeptanz und manchmal großer Ruhm sein.

Ich wurde von einer Firma angeheuert, ein Lied aufzunehmen, das auf dem klassischen Stück „Fleur de Lis" basierte. Sie baten mich auch, den Text dazu zu schreiben, da sie noch keinen hatten. Also schrieb ich einen Text und nannte das Lied „Meine Elise". Wir gingen ins Studio, einem riesigen, ziemlich heruntergekommenen und umgewandelten Keller. Bis dahin haben die Dinge nicht allzu vielversprechend ausgesehen, doch ich habe nie etwas abgelehnt und sagte auch jetzt nichts. Immerhin war ich in der berühmten Stadt der Musik und des Jazz, im Latinoviertel von New Orleans, und ich vergegenwärtigte mir, dass die Beach Boys, mit ihrem berühmten" Strand von Kalifornien", ihre ersten Hits in einer Garage aufgenommen hatten. Als nächstes kam eine Gruppe sehr junger schwarzer Musikanten herein. Es war nur ein Trio: Piano, Bass und Schlagzeug. Wir hatten keine Abmachungen, nur ein Notenblatt. Ich sprach erst mit dem Pianisten und summte ihm die Tonart vor. Er setzte das Lied sofort um, nachdem es ein berühmtes klassisches Lied war. Ich meinte:„Du kannst mit dem Piano alleine eröffnen, so wie viele der klassischen Darbietungen anfangen, dann mit dem bekannten „Fats Domino Rhythmus" weitermachen, in den Blues übergehen und ich werde das Lied singen." Wir probierten das ein paar Mal und zwei Stunden später hatten wir alles aufgenommen. Die zweite Seite der Kassette wurde ein Lied, das ich komponiert hatte und „Lügen" nannte.

Es war eine sehr einfache und schnelle Session. Nach drei Stunden war alles vorbei. Ich bedankte mich und ging zurück zu dem Ort, an dem ich auftreten sollte: Ein berühmtes Hotel namens Roosevelt. Dieses Hotel wurde später das Modell für die erfolgreiche Broadway Show namens „Hotel" und ebenso für einen Film. Nach dem Auftritt im Roosevelt, als ich noch auf Tour war, rief ich die Plattenfirma in New Orleans an und gab ihr meinen Tourplan. Ein Jahr verging und ich hatte schon beinahe auf die Platte vergessen. Ich hatte die Hoffnung aufgegeben. Zwei Jahre später, als ich auf einer Tournee durch Kanada war, war die Platte ohne mein Wissen in Kanada veröffentlich worden. Ich war mir dessen noch nicht bewusst aber ich war ein regionaler Hit. Zu meiner Überraschung, als ich in einem Klub in Shawinigan Falls, Quebec auftrat, forderte das Publikum das Lied, als wäre es das Normalste auf der Welt. Ich hatte das Lied komplett vergessen und hatte kein Arrangement vorbereitet. Aber da ich immer hellwach war, kam mir eine Idee. Die Jukebox war 50 Fuß von der Bühne entfernt. Ich hörte es mir ein paar Mal an und dann konnte ich es wieder. Um es allerdings auf der Bühne zu singen, musste eine andere Lösung her. Es war das vierte Mal, dass ich in diesem Klub auftrat und der Besitzer George war ein sehr guter Freund geworden. Also machte ich ihn einfach zu meinem Dirigenten. Ich sagte das Lied an und gab George, den ich „meinen Dirigenten" nannte, ein Zeichen. Die Leute liebten ihn und applaudierten, als er herüberkam und eine Münze in die Jukebox warf. Ich tat nichts weiter als Playback zu singen.

Das Publikum liebte es genauso wie der Besitzer. Einfachheit mit ein bisschen Humor hat für mich immer Wunder bewirkt. Alle Planung der Welt mit allen Kniffen und Inszenierungen und der Menge an Musikern kann den Erfolg einer Aufnahme weder vorhersagen noch garantieren, wenn das Gefühl und der Rhythmus nicht im Rahmen der Produktion selbst liegen. Manchmal ist eine gute rhythmische Darbietung mit viel Gefühl und ein paar kleineren Fehlern besser als die perfekte Darbietung ohne Gefühl. Ich glaube sehr stark, dass in dem Ablauf des Klangs kombiniert mit einem fesselnden Rhythmus auch ein spirituelles Gefühl mit einfließen muss. Dazu noch ein Sänger, der alle diese Elemente versteht und spüren kann. Das ist es eigentlich auch schon, was einen wirklichen Hit ausmacht.

Natürlich ist das, was ihr jetzt hört, von einem Oldtimer, der eine alte Technik erklärt. Heutzutage gibt es keine Ausrede mehr für eine schlechte Aufnahme mit allen Vorteilen der modernen Aufnahmetechnik. Ich erinnere mich daran, Bobby Darin getroffen zu haben, der seine eigene Kette von „Single Flops" hatte und am Anfang mit der Plattenindustrie kämpfte. Sein Bekanntheitsgrad durch den früheren Payola Plattenskandal und viel Unterstützung von seinem Onkel Brucie verhalfen ihm letztendlich zum Durchbruch mit der Hitsingle „Splish Splash".

Ich traf ihn im Ankara Nachtklub Restaurant in der Nähe von Pittsburgh, Pennsylvania, in dem ich auftrat. Er kam eines Abends mit einem Mann an, der Werbung für seinen neuesten Hit machte. Ich habe vergessen, wie der Titel hieß, doch das ist nicht wichtig, nachdem die Platte nie ein Erfolg wurde. Hershey Cohen, der Band- Leiter im Ankara, kam in meine Garderobe und fragte mich, ob dieser Künstler vor mir auftreten und ein Lied singen dürfe. „Von mir aus", antwortete ich.

Wir trafen uns nach der Show und wurden ziemlich gute Freunde. Um die Wahrheit zu sagen, er wirkte etwas unnahbar, so, als ob er sehr empfindlich sei. Der Mann, der ihn in den Klub gebracht hatte, wurde später wie ein Familienmitglied. Nachdem ich Bobby mehrere Male auch in New York getroffen hatte, hatte ich das Gefühl, dass er sich ständig angegriffen fühlte und oft üble Kommentare abgab, die einen sich schlecht und gleichzeitig sehr traurig fühlen ließen.

Ich dachte oft zu viel über seine Aussagen nach, einfach weil ich ein guter Freund sein wollte, doch es war so, als ob er zu sehr im Stress war, um der Freund von irgendjemandem sein zu können. Wenn ich heute darüber nachdenke, habe ich das Gefühl, dass ich nur diesen Eindruck von ihm in meinem Herzen hatte, weil ich nicht wusste, dass er zu der Zeit unseres Treffens bereits krank war. Mir fiel es zwar auf, dass er manchmal weiße Handschuhe trug, jedoch dachte ich, dass er nur etwas exzentrisch war, so wie es viele Leute in der Unterhaltungsindustrie sind. Wie es sich herausstellte, trug er diese wegen einer Art Ekzem an seinen Händen. Er ließ es die Öffentlichkeit nie wissen, dass er ein Herzproblem hatte. Ich denke, er wollte kein Mitleid von irgendjemandem. Wir sind sogar einmal gemeinsam in der Joe Franklin Show aufgetreten. Ich sagte zu Joe, den ich sehr gut kannte: „Weißt du, dass Bobby und ich uns schon vorher einige

Male getroffen haben?" Joe antwortete: „Ja. Das ist der Grund, weshalb ich euch heute Abend gemeinsam gebucht habe."

Ich war sehr überrascht, dass es, als der Film gedreht wurde, niemanden gab, der Harriet Wasser spielte. Ihr Name wurde nicht einmal erwähnt, obwohl sie doch so viel getan hatte, um seiner Karriere auf die Sprünge zu helfen. Sie pflegte herumzugehen und sein Bild mit Namen und Werbung in jeder Telefonzelle in Manhattan aufzuhängen. Zur damaligen Zeit gab es noch keine Handys und jeder benutzte Telefonzellen. Sie war immer in der Nähe und hing die Zettel auf und die einzigen Worte aus ihrem Mund waren … Bobby Darin.

Das war die gute alte Zeit, in der wir bei Hanson's an der Ostecke, bei Nummer 1650 am Broadway, auszugehen pflegten. Ich glaube, ich kann mich über meine Zeit in New York nicht beschweren. Es schien, als wäre ein besonderer Platz extra für mich frei gehalten worden, um ihn einzunehmen, so, als ob dir jemand ein Stück eines Apfels anbietet und es ist genau das Stück, das du haben wolltest. Natürlich hatte ich das alles schon früher in meinem Hinterhof erlebt, zuhause bei meinen Eltern, die weit mehr gemacht hatten, als mich für diesen Moment in meinem Leben vorzubereiten und aufzubauen. Das, was hier passierte, war eine Geschichte, die sich im Big Apple wiederholte, nur in einem viel größeren Ausmaß.

Warum habe ich das Gefühl zu fliegen? Es ist wirklich ein schönes und wahrhaft spirituelles Gefühl. Mein Geist war noch nie so ruhig und klar, während ich mich an so viele Dinge meiner Vergangenheit erinnerte, bis hin zu meinen Kindertagen. Wenn es ein Traum wäre, wollte ich nie daraus erwachen. Plötzlich wurde ich von einer sanft klingenden Stimme mit einem deutlich indischen Akzent geweckt … Der Taxifahrer rief: „Es tut mir leid Sie aufwecken zu müssen, Sir!" Ganz überrascht antwortete ich: „Was, ja?"

Der Taxifahrer lächelte mich an und sagte: „Wir sind da, mein Herr." „Was ist passiert?", fragte ich. Er antwortete: „Sie haben während des Staus tief und fest geschlafen." Ich schrie auf: „Stau?", und dachte bei mir, dass dies teuer werden würde. Immer noch ganz verschlafen, lächelte ich ihn an und sagte: „Ich hatte einen wirklich langen Traum." Sofort fragte ich: „Was bin ich schuldig?" Der Taxifahrer sagte mit einer Bestimmtheit in seiner Stimme: „Nein, mein Herr, legen Sie Ihr Geld weg. Die Fahrtkosten übernehme ich. Jetzt kann ich meinen Kindern erzählen, dass ich einen echten rothäutigen Indianer getroffen habe."

Es hatte aufgehört zu regnen, die Sonne schien wieder und dazu noch eine geschenkte Taxifahrt in New York? Es war kaum zu glauben, dass sich so viele Wunder an einem einzigen Tag ereignen konnten. Ganz aufgeregt erwiderte ich: „Vielen Dank. Grüßen Sie Ihre Jungs von mir." Ich konnte mir nicht anders helfen, als ihm 30 Dollar zu geben und ihm zu sagen: „Gehen Sie mit ihnen in einen Western und sagen Sie ihnen, dass in der heutigen Zeit in den Filmen auch wir gewinnen!"

Grand Canyon

WIEDERERLERNEN ZU LERNEN

Älter zu werden war nicht leicht für mich. Ich versuchte immer mit anderen Kindern mitzuspielen, aber meine Disziplin und mein Verhalten, das ich in meinen Tagen der Dunkelheit erlernt hatte, erlaubten es mir nicht, mich ihrem kindlichen Verhalten zu öffnen. So studierte ich viel öfter ihr Verhalten als mich zu beteiligen. Ihre Aura zu lesen war einfach, besonders, wenn sie sich mir gegenüber merkwürdig verhielten. Ich gab mir selbst die Schuld für ihr Verhalten hatte aber Angst, denn mehr und mehr wurde ich zum Einzelgänger. Ich hatte das Gefühl, dass ich mich selbst immer mehr zum Außenseiter machte. Ich mochte die Schule sehr gerne und obwohl ich sehr gerne viele Freunde gehabt hätte, begann ich immer mehr mich mit mir selbst zu beschäftigen. Meine Energie, die stärker und stärker zu werden schien, suchte immer öfter nach anderen Möglichkeiten sich zu entladen. Oft wunderte ich mich allerdings, ob diese Energie nicht begann, mich selbst zu zerstören. Ich wusste, dass ich die volle Kontrolle über diese Kräfte hatte und wusste, dass wenn ich mich anstrengen würde, ich diese zu meinem Vorteil nutzen könnte. Ich musste mich einfach nur konzentrieren und der positiven Energie gestatten, die negative zu besiegen. Es lag nur an mir selbst.

Da ich sehr erfinderisch war, begann ich mit der Idee zu experimentieren, dass zwei Geister miteinander über größere Entfernungen kommunizieren können. Sehr ähnlich zu einem Sender, der einen Empfänger braucht, um die Übertragung entschlüsseln zu können. Auch ein Radiosignal braucht zwei Objekte um zu funktionieren. Wenn das Sendesignal keinen Empfänger hat, ist es sinnlos überhaupt zu kommunizieren. Dieses einfach Bespiel macht es Kindern einfach zu verstehen, wie wertvoll das Geschenk des menschlichen Ohres und des Hörens ist. Aber auch das Hören muss mit der Kraft des Zuhörens abgestimmt sein. Was ich allerdings wirklich versuchte war eine Gabe zu üben, die ich gelernt hatte. Die Gabe, Objekte zu spüren anstatt sie nur zu sehen. Auch das Kommunizieren mit dem Geist war mir wichtig und musste geübt werden. Ich wusste, dass es schwer werden würde diese Gabe zu üben. Noch schwerer sollte es sein diese Gabe jemand anderem beizubringen, obwohl die Prinzipien noch recht einfach und logisch zu erklären sind. Die Kommunikation von Geist zu Geist ist nicht neu. Ich schaffte es, wenn ich mich ganz fest darauf konzentrierte aber um meine Theorie zu bestätigen brauchte ich jemanden, der mit mir Kontakt aufnehmen konnte. Die Distanz war in diesem Fall unwichtig. Da ich Gedankenwellen benutze, hatte ich schon mit Menschen kommuniziert, die weit über dem Meer auf einem anderen Kontinent lebten. Um solch ein Experiment wagen zu können, bedarf es allerdings einiger Vorbereitung. Man muss die Kraft der tiefen Konzentration beherrschen. Um die Kommunikation dann herzustellen, darf man den Fokus nie verlieren. Schlussendlich kehrte ich zurück in die Realität und benutzte ein einfaches System, um den Prozess zu beschreiben. Einfach ausgedrückt: „Wenn wir nicht genau zuhören, können wir nicht lernen." Wenn wir nicht unsere gesamte Aufmerksamkeit und Konzentration auf die Ausführung einer solchen Verbindung richten, wird es nicht nur für uns sondern auch für die zukünftigen Generationen immer schwieriger werden, solche Übungen durchzuführen. Heute sehe ich genau das, wenn ich Kinder in den verschiedensten Ländern Westeuropas besuche. Mich stimmt es traurig, dass solche Probleme laut Studien immer häufiger werden. Aber das Schlimmste daran ist, dass es jeder weiß aber niemand etwas dagegen zu unternehmen scheint. Die wichtigsten Menschen die, neben dem Unterrichtsministerium, für eine erfolgreiche Veränderung sorgen könnten, sind die Eltern und Lehrer der Kinder. Wahrscheinlich wurden aber auch sie von der Antiquiertheit des akademischen Systems überrascht. Dieses System existiert in dieser Form schon viel zu lange und wird noch immer fälschlicherweise für korrekt gehalten und akzeptiert. In anderen Worten wurde dieses System über Generationen weitergereicht und wird aus diesem Grund heute für exakt befunden. Das heutige Schulsystem hat sein Herz, seine Weisheit verloren. Es kann der heutigen und den folgenden Generationen nicht mehr den Weg weisen.

Das Problem, dass unsere Kinder nicht mehr gut genug betreut und geleitet werden, existiert schon sehr lange, und auch die mangelhaften Unterrichtsmethoden wurden von uns akzeptiert. Wer war also verantwortlich für diesen Fehler, der die westliche Welt in Chaos stürzt? Es ist wirklich schwer Einzelne dafür verantwortlich zu machen. Der Lehrplan in seiner jetzigen Form wurde den Lehrern von höherer Stelle so in die Hände gedrückt. Wer kann von den Lehrern anderes verlangen, als diesen Anweisungen zu folgen? Auch Lehrer, die diesen Beruf ergriffen haben, weil ihre Eltern Lehrer waren, übernehmen leider die alte Lehrformel. So kann das System weiter existieren ohne reformiert zu werden. Es ist ein Teufelskreis, der ohne Regierungsaufsicht weitergeführt wird. Wir können nicht erwarten, dass manche Lehrer, die das Problem erkannt haben, alleine eine Lösung für das Problem finden. Es gibt viele Lehrer, die sich dieses Problems durchaus bewusst sind, aber keinerlei Mitspracherecht haben, und so keine Veränderungen herbeiführen können. Das System gibt die Lehraufgaben vor und die Lehrer führen diese aus. Sie sind im gleichen antiquierten akademischen System gefangen und haben die Hoffnung fast schon aufgegeben, dass es sich jemals ändern wird, da es die Regierung nicht für wichtig hält etwas gegen die Missstände zu unternehmen. Das hat natürlich nicht zu bedeuten, dass die Welt aufhören wird sich weiterzudrehen. Es bedeutet nur, dass es mehr Kinder geben wird, die an Langweile bedingten Syndromen leiden, die zwangsläufig zu gesteigerter Aggressivität und Gewalt führen. Wenn wir diese Syndrome genauer untersuchen würden, hätten wir schon längst erkannt, dass diese in einem sehr engen Verhältnis zu vielen furchtbaren Tragödien stehen, die heutzutage unsere Schulen wie die Pest heimsuchen. Was ich hiermit sagen will ist, dass wir unseren Kindern von Anbeginn an beibringen müssen, wie man richtig lernt. Väter und Mütter müssen mit gutem Beispiel voran gehen und schon zu Hause ein gutes Beispiel für ihre Kinder setzen. Jeder will, dass es zu Veränderungen kommt. Um diese allerdings zu Stande kommen zu lassen, müssen wir selbst beginnen uns zu verändern. Bedeutungsvolle Worte wie Feingefühl, Liebe und Respekt, müssen Teil dieser Veränderung sein, um ihr ein starkes Fundament zu bieten. Wir als verantwortungsvolle Eltern und Lehrer müssen endlich die Courage aufbringen, die Probleme des Schulsystems anzusprechen. Wir müssen der Regierung das Konzept des „Wiedererlernens zu lernen" nahebringen. Nur dadurch können wir eine Regierung, die entweder zu blind oder zu beschäftigt ist, dazu bringen, sich um zukünftige Verbesserungen für die kommenden Generationen stark zu machen. Ein von Supermärkten oft benutzter, und heute sehr populärer Marketingslogan enthält heutzutage oft das Wort „organisch". Wenn man so will, trifft dieses Wort auch auf unserer Kinder zu. Eltern müssen sich ernsthaft mit dem Erlernen des Lernens auseinandersetzen. Der einzige Weg, den die Menschheit noch hat um zur, nennen Sie mich altmodisch wenn sie wollen, guten alten Lebensqualität zurückzufinden, ist sich wieder alten Traditionen und Werten zuzuwenden. Man muss sich wieder an Werten orientieren, auf die nicht nur unser Land, sonder der Großteil der Welt, aufgebaut wurden. Leider sind diese in vielen Schichten unserer Gesellschaft kaum noch zu finden. Der einzige Ausweg aus diesem Dilemma heißt Selbstbeherrschung. Nur so können wir zu den wahren Vorbildern und besseren Eltern werden, die unsere Kinder brauchen. Kinder sollten täglich von unserem Vorbild lernen können. Ich habe mir folgendes wieder vor Augen geführt: „Kinder, die mit ihren eigenen Augen liebevolle und fürsorgliche Eltern sehen, werden ihrerseits zu liebevollen und fürsorglichen Eltern heranwachsen." Darüber zu lesen oder es erzählt zu bekommen ist in diesem Fall nicht das Selbe. Sie müssen es mit ihren eigenen Augen sehen. Heutzutage benehmen sich allerdings viele Kinder schon erwachsener als ihre eigenen Eltern. Wenn Kinder allerdings Zeuge von schlechten Beispielen werden, fühlen sie sich sehr schnell hoffnungslos und verloren. Schon bald nachdem sich Langweile eingestellt hat, nehmen sie diese mit zur Schule, wo sie ihnen das Zuhören und Lernen erheblich erschwert. Sie werden so überfordert, dass sie beginnen die Schule zu schwänzen und sich anderweitig herumzutreiben. Auf der Suche nach etwas, das ihren verwirrten Köpfen weiterhilft, wenden sie sich, in der Abwesenheit ihrer Eltern, ihren Freunden zu. Manchmal wenden sie sich auch vollkommen Fremden zu. Dort liegt dann auch die größte Gefahr. Diese Zeit ist die wohl chaotischste aber auch die wichtigste. Es ist ungemein wichtig, jegliche Kleinigkeit liebevoll und ruhig zu erklären. Wenn es sein muss auch immer und immer wieder. Um ganz sicher zu gehen, dass alles was man den Kindern beibringen möchte, auch gespeichert ist, muss man es ihnen schon von sehr jungen Jahren an immer und immer wieder sagen. Von dem Moment an, als sie zum ersten Mal ihre Augen öffnen, beginnen sie alles was sie sehen in sich aufzunehmen und zu speichern. Die Gabe des Sehens. Was für ein Geschenk unseres Schöpfers. Sie nehmen Bilder auf wie eine Digitalkamera, an der wir immer und immer wieder den Auslöser drücken. Wie oft haben Sie schon ein Foto von sich gesehen und gesagt: „ Um Himmels willen. Löschen. Sofort!" Heutzutage, dank moderner Technik, ist so etwas leicht möglich. In Kindern gibt es so einen Knopf allerdings nicht. Man kann nichts mehr löschen. Die Bilder, die das Kind aufgenommen hat, sind bis in alle Ewigkeit in ihm gespeichert. Das sollten wir bedenken, wenn wir unsere Kinder unterrichten und sie leiten. Es ist an uns, negative Eindrücke ganz vorsichtig wieder zu löschen und stattdessen positive Bilder einzuspielen. Es ist von größter Wichtigkeit, dass wir unseren Kindern ganz genau erklären, warum wir negative Eindrücke durch positive ersetzen wollen. Wir müssen sie an diesen Gedanken teilhaben lassen und es in einer für sie verständlichen Sprache erläutern. Man muss sich auch viel Zeit nehmen und ihnen klar machen, dass es nicht schlimm ist, wenn man irrt oder einen Fehler begeht. Sie müssen nur verstehen, dass dieser eine Fehler, egal wie klein er auch gewesen sein mag, sich zu einem großen Problem weiterentwickeln kann. Genau deshalb sollte er so früh als möglich, durch respektvolle Kommunikation, korrigiert werden. Oder in anderen Worten: etwas Negatives durch etwas Positives ersetzen. Kommunikation ist der Schlüssel, um Familienverhältnisse zu pflegen und aufrecht zu erhalten. Wie ich schon gesagt habe, wurzeln die Probleme vieler Kinder in der mangelnden oder dekonstruktiven Kommunikation ihrer Eltern. Die Gespräche der Eltern sollten sich immer weiterentwickeln.

Gleich wie ihre Beziehung, in der sie zuerst zu Freunden und erst dann zu Geliebten wurden. In unserem Regelbuch für Eheleute sollte dies ein Befehl sein, um für ewige intakte Familien zu garantieren. Ich bin mir sicher, dass zu der Zeit, als man sich noch schöne Augen machte und die Romantik Überhand nahm, vieles gesagt wurde, was nach einigen Jahren leider immer mehr in Vergessenheit geriet- der Grund, warum man überhaupt zusammenkam. Leider vergessen viel zu viele Erwachsene die schöne Zeit, als sie sich kennenlernten und sich verliebten. Das Fehlen von Kommunikation ist der häufigste Trennungsgrund für verheiratete Paare in der heutigen Zeit. Zerstrittene oder getrennt lebende Eltern sind sich gar nicht bewusst wie sehr sie mit ihrer Trennung die Kinder, die sie zusammen in die Welt gesetzt haben, beeinflussen. Es geht sogar soweit, dass viel Kinder das Fehlverhalten ihrer Eltern imitieren. Mütter und Väter können noch so viele Entschuldigen finden und sagen, dass ihre Trennung das Beste für die Kinder war. In Wirklichkeit können sie allerdings nicht für ihre Kinder sprechen, denn die haben ihren eigenen Kopf. Egal wie viele negative Einflüsse von den Eltern kamen. Obwohl man ihnen das oft nicht zutraut, entscheiden die Kinder am Ende selbst, was das Beste für sie ist.

DEFINITION VON SPIRITUALITÄT

Spiritualität zu beschreiben oder zu definieren bzw. zu verstehen ist für manche schwierig oder verwirrend, obwohl sie eigentlich sehr einfach zu erklären ist. In der einfachsten Form genügt es sogar, zwei relativ einfache Wörter zu verwenden: das Gute (siegt) über das Böse. Jedoch bringt das Wort „das Böse" schon wieder einen religiösen Zusammenhang mit sich und ich glaube nicht, dass Spiritualität in jeglicher Verbindung zu Religion steht.

Spiritualität begleitet uns vom Moment der Geburt an, Religion eindeutig nicht. Religion kommt erst nach der Geburt, vielleicht von den Aktionen aus dem Glauben der Eltern heraus. Ein neugeborenes Baby ist jedoch schon vor dem Zeitpunkt des ersten Schreis direkt mit der „Seele" verbunden. Zu sagen, dass ein Baby zum Zeitpunkt seiner Zeugung nicht spirituell verbunden ist, wäre mit Sicherheit falsch, da alle Bewegungen und Aktionen der Mutter von dem Baby sehr wohl wahrgenommen werden. Manchmal reagiert das Baby sogar spirituell auf die Bewegungen der Mutter. Die Seele beginnt sich zu zeigen und zu entwickeln, sobald das Baby seinen Prozess der Suche und der Erkundung des Unbekannten beginnt. Haben Sie jemals bemerkt, wie manche Babys ihre Hände anschauen und die Finger bewegen? Wie sie diese mit großer Intensität mit ihren großen Augen betrachten? Deswegen ist „Führung" ein so wichtiges Wort in dieser Zeit. Meine Konzeption von Spiritualität ist folgende: Mit guten Gedanken die schlechten ersetzen, glauben anstatt ungläubig zu sein, in der Lage zu sein, mit einem offenen Herzen und mit einer offenen Geisteshaltung zu debattieren und fähig zu sein zuzugeben, dass man sich irren kann und nicht immer Recht hat.

Das Prinzip des Wortes Religion ist an sich gut, doch in vielen Fällen heutzutage ein Wort ohne Prinzip. Es ist ein Wort, das in hohem Ausmaß von den Personen missbraucht wird, die sich selbst zu den Sprechern Gottes ernannt haben oder im Namen von Jesus Christus sprechen. Ich habe den Eindruck, dass sich, je mehr Furcht die Regierung mit Terrorismus, oder welchem gängigen Wort auch immer, in der Bevölkerung schürt, eine Gelegenheit für Religionsfanatiker bietet, um mit dem schwarzen Buch in der Hand zur Rettung der Bevölkerung herbeizueilen.

Es ist beinahe so, als ob zwischen den Religionen und der Regierung eine Art von Spiel „Guter und böser Polizist" ablaufen würde.

Für mich steht das Konzept der Schöpfung eindeutig auf dem Kopf, und mit dieser Ansicht bin ich nicht alleine. Es erscheint nicht als vernünftig und macht keinen Sinn, dass ein Mann etwas auf die Art und Weise erschaffen hat, wie es die Männer im Altertum beschrieben haben. Es musste einen bestimmenden Grund in ihrem Denken dafür gegeben haben, dem Chauvinismus zu huldigen, wenn sie geglaubt haben, dass etwas oder jemand so machtvoll gewesen sein könnte, den Mann vor der Frau zu erschaffen. Sie sagten, dass Gott selbst zu ihnen sprach. Sollte es so gewesen sein, war dies sein erster und größter Fehler.

Diese Autoren mussten rational erklären, wo sie herkamen. Mir tun einfach jene Menschen Leid, die nicht genug Glaube oder Selbstvertrauen haben, um ihr eigenes Schicksal in die Hand zu nehmen. Sich an einem solch fanatischen Mythos festhalten müssen, sollte jenen vorbehalten bleiben, die entweder an sehr niedrigem Selbstvertrauen oder einer sehr kindlichen Mentalität leiden.

Im wörtlichen Sinn und als ein weiteres Beispiel möchte ich die Tatsache hervorheben, dass wir den Schoß von Mutter Erde öffnen, um Mais zu säen und Kürbisse oder Bohnen zu pflanzen. So ist es und nicht anders. Wenn es nicht so wäre, würden wir unseren Planeten vermutlich „Vater Erde" nennen. Wir leben im 21. Jahrhundert und nicht zu der Zeit, als diese Bücher geschrieben wurden und kontrolliertes Analphabetentum herrschte. Anstatt blind etwas zu folgen, können wir nun für uns selbst lesen und dann entscheiden. Es ist ganz einfach: Die Genesis wurde von wenigen Privilegierten verfasst. Ihnen wurde mit Sicherheit kein Diktat mit Blitzen zur Erde gesandt, um von einem Übermenschen kommend, dort von ihren menschlichen Händen niedergeschrieben zu werden. Wenn diese Menschen nur bedingt rational gedacht hätten, hätten sie wissen müssen, dass auch sie aus dem Schoß einer Frau entsprungen sind. Ausgenommen ihr Chauvinismus erlaubte es ihnen nicht, selbst zu denken oder es sich einzugestehen. Ich werde oft gefragt, ob ich einer Religion angehöre und ich antworte immer: „Ja, ich bin katholisch." Die Frage, die meist darauf folgt ist: „Wieso genau diese?" Für diese Frage habe ich dann mehrere Antworten. „Warum die Religion wechseln, wenn man sowieso glaubt, dass alle gleich sind?" „Alle haben nur ein Interesse und zwar die Gedankenkontrolle der Menschheit." „Ohne die Menschheit hätten alle Probleme, finanziell über die Runden zu kommen." „Die Menschheit ermöglicht religiösen Glaubensführern noch immer wie Könige zu leben" … In den 40er und 50er Jahren halfen sogar Hollywood Filme dem religiösen Mythos an Glaubwürdigkeit und Respekt zu gewinnen. Manchen Produzenten setzten in Blockbustern viele christlich biblische Wunder so gekonnt in Szene, dass diese fast real wirkten. Dies verhalf den christlichen Anführern zu noch größerem Ansehen in den Augen ihrer fanatischen Mitläufer. Erst in letzter Zeit ist es neuen Filmemachern gelungen, auf der Suche nach der Wahrheit und der kompletten Durchsichtigkeit, die Hintergründe aufzudecken und mehr und mehr fanatische Ansichten aller Religionen auf Film festzuhalten. Ich weiß, es wird schwer sein etwas zu verändern, denn schon sehr früh haben sich die Fanatiker abgesichert. Noch vor dem ersten Jahrhundert haben sie ihr satanisch religiöses Netzwerk aufgezogen und mit Hilfe von Instrumenten des Todes die Menschen, die nicht sterben wollten, zu ihren Anhängern gemacht. Der Rest der Menschen schloss sich ihnen aus Angst an oder hatte Schuldgefühle, die ihnen wiederum von den Fanatikern selbst eingeredet wurden. Diese Angst und Schuldgefühle existieren heute in allen Schichten der menschlichen Gesellschaft. Und natürlich auch in allen Regierungsbehörden und großen Firmen. Heute wissen religiöse Fanatiker ganz genau, dass es unserer, einer Gehirnwäsche unterzogenen, Gesellschaft schwer fallen wird, den Weg, den sie eingeschlagen hat zu überdenken, zu ändern und aus der roboterähnlichen, krankhaften Abhängigkeit und den Zwängen ihrer sogenannten heiligen Religion auszubrechen. Es gibt heute viele Autoren, die, nachdem sie sehr genaue Nachforschungen angestellt hatten, feststellten, dass wir noch immer unter einem furchtbaren religiösen Einfluss stehen. Ein Einfluss, der es ihren hoch gepriesenen Anführern noch immer erlaubt, ihre Anhänger mit Worten des 14ten Jahrhunderts in die Irre zu führen. Und noch immer haben sie großen Einfluss auf die armen und von Analphabetentum geplagten Teile unserer Welt. Manchen dieser Menschen würde ich gerne Bücher wie „Der Harim Schlüssel" empfehlen. Denn es gibt so viele Bücher in der weiten Welt, die nur darauf warten diese Leute aufzuwecken und sie zu erleuchten.

Auf der Suche nach Spiritualität

Wie kommt es, dass sich mehr und mehr Menschen auf die Suche nach Spiritualität machen? Ist es ein Gefühl der Verzweiflung, das in der Luft liegt und die Leute dazu veranlasst, sich in einem so unbehaglichen Zustand zu befinden? Warum bekommen wir manchmal so ein unbehagliches Gefühl, wenn wir hinausgehen und in den Himmel blicken, der beinahe so wirkt, als wollte er uns sagen, dass eine Gefahr im Anmarsch ist? Diese Art von Unbehagen wird von vielen Leuten auf der ganzen Welt beschrieben. Es verursacht eine ungerechtfertigte Angst in den Menschen, wie es sie nie zuvor gegeben hat.

Wir nehmen ein Bad, doch wir fühlen uns nicht sauber, wir gehen zu Bett, doch wir können nicht schlafen. Selbst wenn wir ein wenig wertvollen Schlaf erhaschen, dann wachen wir so müde auf, als ob wir kein Auge zugetan hätten. Ist es ein Gemütszustand, der dazu führt? Und wenn es so ist, warum wird die Geschichte von Frauen und Männern wiederholt, die oft große Distanzen entfernt sind? Die Natur der Mutter Erde hat viel damit zu tun, wie wir uns spirituell fühlen. Warum ist eine starke spirituelle Energie so wichtig für unsere Leben?

So viele Fragen kommen beim Thema Spiritualität auf: Was ist Spiritualität? Wo ist sie zu finden? Bin ich spirituell? Das sind nur einige der Fragen, die mir gestellt werden, wenn ich Vorträge bei meinen Reisen um die Welt halte.

Was ist, wenn ich euch sage, dass Spiritualität überall ist? Hier, dort, im Himmel, in den Wolken, in der Essenz des Lebens selbst, in dem Moment, in dem wir auf die Welt kommen. Sie ist ein Teil von jedem Jahrhundert, Jahr, Monat, Tag, Stunde und Moment, in dem wir leben. Sie dreht sich um jeden einzelnen von uns, die ganze Zeit über, in jedem Moment, den wir erleben. Woher kommt es, dass so viele die folgende Frage an mich herantragen: „Warum kann ich den Geist nicht spüren?"

Ich glaube, selbst wenn du es eindringlich genug versuchst, wirst du es nur noch schwerer finden, die Aura des Geistes zu spüren. 99% der Zeit haben die Individuen Angst vor der Macht der wahren Spiritualität. Sie kennen die Unbesiegbarkeit des Geistes und sie fürchten die Eigenschaft des Geistes, unsichtbar zu sein. Wir alle wissen, wie furchterregend die Kraft der Stille sein kann. Warum fürchten wir also die Stille ebenso sehr, wie wir die Macht der Spiritualität wirklich fürchten? Weil die Stille kein Geräusch macht, erweckt sie in uns anfangs Unbehagen, das letztendlich so intensiv werden kann, dass wir uns manchmal sogar fürchten. Genauso ist es mit Spiritualität: Nachdem wir sie nicht spüren können, denken wir manchmal, dass wir etwas so Schlechtes verbrochen haben, dass wir es nicht verdienen, diese heilige Energie zu spüren.

Wenn wir die Macht der Spiritualität in uns selbst in Frage stellen, indem wir sagen, dass wir den Geist nicht spüren können, dann beantworten wir uns damit eigentlich auch schon selbst die Frage. Denk darüber nach. Viele Dinge, die wir tun, helfen uns nur, den heiligen mystischen Zustand, nach dem wir uns sehnen, von uns weg zu schieben. Jemand, der mit allen Dingen übertreibt, wird sich immer schwer tun, diesen heiligen Pfad zu erreichen. Nachfolgend noch ein paar Dinge, die wir tun und die es uns nicht erlauben, das heilige Geschenk der Heiligkeit zu fühlen:

uns überessen, betrinken, zu viel schlafen, ein Privileg missbrauchen, andere beschuldigen, in irgendeiner Weise negativ von etwas oder jemandem zu denken…

Um den Pfad der Spiritualität zu öffnen und zu genießen, ist es am praktischsten, sich die Einfachheit des Lebens vor Augen zu halten: die Natur, das Leben der Tiere, wahre Liebe, Respekt gegenüber sich selbst und gegenüber anderen. Vielleicht ist es weise, die grundlegenden drei Worte noch einmal zu überdenken: „Walk in beauty" (Wandle in Schönheit). Die Ureinwohner Amerikas waren und sind stolze, einfache und naturbezogene Menschen geblieben, die nicht nur auf eine einfache Art und Weise auf diesem Planeten leben, sondern auch so über ihn denken.

Als Eingeborener muss man zugeben, dass viel von der Beständigkeit des bösen Willens der Regierung unser Volk heutzutage noch immer belastet. Die höchsten Amerikanischen Gerichtshöfe verlangsamen den Rechtsprozess in dem Versuch, unser Durchhaltevermögen zu schwächen. Die amerikanischen Regierungsbeamten finden ständig neue Wege, um das Rechtssystem weiter zu verlangsamen. Wenn der Richter eines Höchstgerichts beschließt, zugunsten der Original Natives zu entscheiden, dann hecken sie einen Plan aus, um ihn abzusetzen. Mit ihrer methodischen und negativen Haltung gegenüber unserem Volk hat das System der amerikanischen Bürokratie versucht, uns unsere Würde als menschliche Individuen zu nehmen. Wir sind jedoch über ihre Ungerechtigkeit und Tyrannei hinweggekommen, indem wir unserem Geschenk der Spiritualität treu geblieben sind.

Ich möchte nicht behaupten, dass alle Menschen der Völker der Ureinwohner Amerikas spirituell sind, doch der Prozentsatz derjenigen, die es sind, ist höher als jener der restlichen Bevölkerung. Und ich möchte mich auch nicht darauf festlegen zu sagen, dass nur die Eingeborenen in dem heiligen Bereich der Mystik leben, denn viele der Nicht-Eingeborenen sind durch einen Schmerz gegangen, der dazu beiträgt, diesen schönen Zustand zu erfahren, den viele ein Leben lang suchen und dennoch nie erreichen.

Ich glaube aufrichtig daran, dass jemand, um seine Spiritualität zu stärken, auf einem so eindeutigen Weg leben muss, dass er deswegen auf eine Art leidet, wie es ein Konformist niemals tun würde. Man muss zu jeder Zeit auf eine friedvolle Art gehen, leben, sprechen und denken, unabhängig davon, wie viel Qual dieser Weg mit sich bringt.

Ohne jetzt alles daran zu setzen, diese Stufe der Heiligkeit zu erreichen, kann jemand sie auch versehentlich erreichen. Man braucht deswegen nicht in einer Höhle einen Winterschlaf zu halten, den höchsten Berg zu erklimmen, ohne Schlaf auszukommen, wochenlang zu fasten oder endlos lange zu meditieren. Wenn der Schöpfer meint, dass du dafür bereit bist, wirst du das Gefühl der Erneuerung in deinem Geist und in deinem Körper spüren, wie du es noch nie zuvor erlebt oder gefühlt hast.

Dies wird in einem unerwarteten Moment der Fall sein, wenn dein Lebenswille zu einem neuen, unaufhörlichen Gefühl von wahrem und liebendem Respekt gegenüber dir selbst befähigt worden ist. Im Gegenzug wirst du aufrichtige Liebe für die gesamte Menschheit empfinden.

Das ist die gesunde und mystische Kraft der Spiritualität.

Spiritualität

Irgendwo im Unterbewusstsein, so denke ich, bin ich vor der spirituellen Stärke in mir davongelaufen, ebenso wie ich lange Zeit vor mir selbst davongelaufen bin. Ich wollte das Gespür oder die vielen Gaben, die ich erhalten hatte, nicht akzeptieren, die mich so unter anderen Menschen herausragen ließen. Das war genau das, was ich nicht wollte. Ich wollte so wie jedes andere Kind in der Siedlung sein. Letztendlich musste ich erkennen, dass ich „anders" geboren wurde. Und ich musste lernen, das zu akzeptieren.

Nachdem ich erst einmal akzeptiert hatte, dass ich mit meiner Blindheit nicht in der Lage sein würde, mit anderen Kindern zu spielen, begann für mich ein Prozess, bei dem ich in meiner eigenen Welt immer stärker wurde und lernte, bestimmte Geisteshaltungen zu entwickeln, die wir alle besitzen, jedoch vernachlässigen. Ich begann, diese gesamte Information von unschätzbarem Wert zu speichern, die später ein großer und spiritueller Teil meiner Welt der Dunkelheit werden würde. Langsam stärkte ich die machtvolle Energie dieser wertvollen, wunderbaren Gabe, die sich psychisch und spirituell auch nach meinem Übertritt in die Welt des Lichts weiter ausbreitete. Manchmal fällt es mir schwer zu glauben, obwohl ich wie jeder andere auch empfinde, dass ich in der Lage bin zu sagen, was im Kopf des anderen gerade vorgeht, oder dass ich eine seltsame Vorahnung für eine sich nähernde und manchmal schreckliche katastrophale Gefahr habe. Dennoch bin ich von einer Sache überzeugt: Die Tatsache, dass ich blind geboren wurde, hat mich um die einzigartige, unentbehrliche und machtvolle Energie des Instinkts bereichert, die meiner Meinung nach so viele Menschen rücksichtslos ignorieren und dadurch endloses Chaos in ihrem Leben verursachen.

Während ich geduldig lernte, diese wunderbare Gabe zu verstehen und, noch viel wichtiger, sie in so einem kindlichen Alter für mich arbeiten zu lassen, bauten sich in mir besondere mentale Mechanismen auf, die mir nun helfen, achtsamer und umsichtiger bei allen Aspekten meiner Lebensführung zu sein.

Weil ich meinen Vater als meinen Helden ansah, bin ich manchmal sogar versucht, mich an einen seiner liebsten Glaubenssätze zu halten: „Zu sehen heißt zu glauben". Immer noch frage ich mich, ob das nicht der einfache Grund dafür gewesen ist, warum ich mich solange zurückgehalten habe, diese Erzählung zu schreiben. „Zu sehen heißt zu glauben", ist genau das Gegenteil zu den, an meine spirituelle Energie gebundenen, Glaubenssätzen und Taten. In vielfacher Weise war mein Vater ein einfacher, aber dennoch komplizierter Mensch.

Er hielt sich strikt an sein Motto „Zu sehen heißt zu glauben". Allerdings war er auch ein begeisterter Anhänger von Propheten und Sehern der Vergangenheit, die sich mit der okkulten Welt des Unbekannten befassten. Oft zitierte er Auszüge von Leuten wie Nostradamus, Konfuzius (der auch in die okkulte Welt eintauchte), Edgar Cayce und noch einigen anderen. Dann pflegte er auch immer einige andere Zauberer oder Gedankenleser zu treffen oder zu besuchen, so wie die in den frühen 1940ern bekannten Zauberer Blackstone und Fiat. Möglicherweise empfand er so, weil auch er ein Zauberer war, der sein Publikum immer mit seinen schnellen und spontan losgeschossenen humorvollen Worten auf der Bühne täuschte, während er seine grandiosen

Zaubertricks präsentierte. Und das, obwohl er wusste, dass sie nichts weiter als solche waren: magische Illusionen! Ich muss gestehen, es war seine wortgewandte Zunge und die Art, wie er sein naives Publikum mit seiner Rede fesselte, die in der Lage war, auch mich zu faszinieren, und nicht seine Zaubertricks oder Illusionen. Ich fand sie zwar faszinierend, hielt sie jedoch für eine totale Vortäuschung.

Bei aller Fairness ihm gegenüber muss ich dennoch sagen, dass ich vielleicht, wenn ich ein Teil des Publikums gewesen wäre und nicht jemand, der genau wusste, wie die Zaubertricks funktionierten, diese Skepsis nicht gehabt hätte. Ich weiß nur, dass mich das eine Zeit lang von der Spiritualität abgelenkt hat, indem ich dachte, dass es keinen Zusammenhang zwischen Spiritualität und Zauberei gibt.

Die Spiritualität, die ich in meinen jungen Jahren wachsen zu lassen gelernt hatte, versuchte ich nun streng zurückzuweisen. Nachdem ich gerade aus einer anderen Welt herausgekommen war und plötzlich auf einer regulären Basis mit der Zauberei meines Vaters in Kontakt kam, die auf menschlicher Illusion erfolgte, verwirrte mich das in diesem Moment sehr.

Die Verwirrung gab den Weg frei für die Vernunft, die mit Hilfe meiner neuen Gabe zu sehen Schockwellen durch meinen jungen Körper sendete. Vielleicht hatte es damit zu tun, wie ich die Wirklichkeit im Gegensatz zur Unwirklichkeit wahrnahm. In meiner Vorstellung war mein Vater perfekt, und die Zauberei ging ganz und gar gegen meine Vorstellung seiner Glaubwürdigkeit. Es dauerte lange, bis ich sie als einen Teil der Unterhaltung akzeptieren konnte. Es verwirrte mich lange Zeit. Wie dem auch sei, die Gaben, die permanent in mir vorhanden waren, ließen sich nicht abweisen. Sie hatten eine starke und machtvolle Grundlage geschaffen, die ich nicht weiter ignorieren konnte. Der Himmel weiß, ich habe es versucht. Und je mehr ich es versucht habe, umso stärker wurden sie. Ich denke, das Wissen und die geistige Expansion, die sich in den Tagen meiner Blindheit abgespielt haben, obwohl dies nur viereinhalb Jahre lang andauerte, waren stark genug, um die Person zu etablieren und zu bestärken, die ich heute bin.

Ich wurde ein Kind mit der Geisteshaltung eines Zehn- oder Zwölfjährigen. Ein gutes Beispiel für die Kraft des frühen Lernens ist jemand, den ich eine Zeit lang in Österreich als Übersetzer hatte. Ich benötigte jemanden, der vom Englischen ins Deutsche übersetzen konnte. Es trug sich zu, dass ich in einer Schule zu einer Gruppe von sieben bis zehnjährigen Schülern sprechen sollte. Ich fragte die Lehrerin, wer für mich übersetzen würde, und sie stellte mich einem achtjährigen Jungen vor. Ich nahm die Lehrerin beiseite und fragte sie, ob sie scherze. Sie antwortete: „Nein. Er spricht Deutsch, Englisch und Französisch." Es erübrigt sich zu sagen, dass von dem Moment an, ab dem ich ihn auf einer großen Veranstaltung vorgestellt habe, mich andere Veranstalter gebeten haben, meinen acht Jahre alten Übersetzer mitzubringen. Er war eine Sensation, wo immer ich aufgetreten bin.

Ich konnte bei diesem Jungen viele Charaktereigenschaften erkennen, die auch ich in meinen jungen Jahren besessen hatte. Zum Beispiel wird mich heutzutage manch einer unterbrechen, sobald ich das Gefühl habe, in Gedanken an einen anderen Ort oder sogar in den Weltraum zu gehen. Ich scherze nicht, wenn ich sage, dass mein Geist die meiste Zeit davon reist, wenn ich an einem Ort bin ohne mich zu bewegen und definitiv nicht gerade spreche. Das ist es, was mein Leben manchmal so schwer macht, weil ich auf einer Party sein kann, inmitten der Menge, und plötzlich an einen anderen Ort gehe. Ich kann alle lächeln, lachen und sich unterhalten sehen, doch ich höre sie nicht mehr wirklich. Die intuitive Kraft in mir wurde stärker und meine Fähigkeit des sechsten Sinnes mehr spirituell energetisiert.

Abgesehen davon war ich ein sehr neugieriges Kind. Ich stellte jedes Wort in Frage, das meine Eltern aussprachen. Wenn sie mir von Farben erzählten, dann fragte ich alles, was mit jeder einzelnen Farbe zu tun hatte. Alles was mit den Klängen von Mutter Erde, Blitz und Donner, Regen, Schnee, fließendem Wasser, Flussläufen, Vögeln und den vielen anderen Tieren, die ich hören, aber nicht sehen konnte, zu tun hatte. Ich hatte manchmal das Gefühl egoistisch zu sein, aber sie nahmen mir das nie übel. Durch meine eigene Empfindsamkeit hätte ich das aber auch wissen sollen. Ich sollte hinzufügen, dass es mir auch möglich war zu lernen und auch einen Sinn für Verständnis zu erlangen. Dieser gab mir die Möglichkeit rücksichtsvoll zu sein und jemanden im Zweifelsfalle für unschuldig zu erklären.

Ich denke ernsthaft, es lag an der Geduld meiner Eltern, dass ich mit vier Jahren schon so ein erweitertes Denkvermögen hatte, wie ein Kind im Alter von zehn oder zwölf. In späteren Jahren habe ich mir folgende Fragen im Stillen gestellt: „Brauchte ich diesen Wissensvorsprung? War es richtig oder falsch von meinen Eltern, mir so viel in diesem Alter beizubringen?". Meine eigenen Gefühle als Teenager waren sehr gemischt, um es gelinde auszudrücken. Ich glaube, das ist einer der Gründe dafür, warum ich vor meinem eigenen Geist davonlaufen wollte. Manchmal hatte ich das Gefühl, mehr zu wissen, als mir lieb war.

Ich bin mir durchaus im Klaren, dass ich deswegen keine Kindheit hatte. Meine Eltern ließen mir alle Aufmerksamkeit, Liebe und Fürsorge zukommen, nach der sich andere Kinder sehnen. Sie hatten immer Zeit, um mir liebevoll und umsichtig jedes Detail zu erklären, z.B. was den Unterschied zwischen einem Vogel und einem Adler oder einem Hund und einem Kojoten ausmacht. Ich erhielt immer eine explizite Antwort auf jede gestellte Frage. Ich verdanke meine gesamte heutige Existenz ihrem Verständnis. Sie erzählten mir nicht nur von der Gegenwart und der Zukunft, sondern auch von den vergangenen Zeiten, die sie gemeinsam erlebt hatten, ehe ich zur Welt kam. Es gab noch einen anderen kleinen Jungen, den meine Mutter zur Welt gebracht hatte, der starb jedoch etwa eine Woche nach der Geburt. Meine ganze Kindheit lang habe ich mich gefragt, ob das der Grund dafür war, dass sie mich mit so zarter, liebevoller Fürsorge eingehüllt haben. Ich weiß nicht, wie lange mich die Behandlung unserer Leute in den USA schon beschäftigt. Ich weiß nur noch, dass ich meinen Eltern immer Fragen stellte, wenn wir auf der Route 66 unterwegs waren und Natives sahen, die Decken am Straßenrand verkauften.

Ich bin jemand, der nicht gerne in der Vergangenheit lebt. Ich hätte lieber, dass alle die Vergangenheit vergessen, uns von vorne beginnen lassen und unser Volk einen Schritt nach vorne gehen sehen, solange es auf dem gleichen Niveau erfolgt, wie für alle anderen Menschen, die in Amerika leben. Ein Standard der Gleichberechtigung für alle, die gleiche Gerechtigkeit für alle. Ich würde dafür garantieren, dass die indianische Seite ihr Versprechen einhält. Wie dem auch sei, das gleiche Versprechen müsste auch von der anderen Seite kommen, besonders von denjenigen, die in Washington die Entscheidungen fällen.

Während meiner vielen Reisen habe ich herausgefunden, dass die Leute sich sehr ähnlich sind: In jedem Menschenschlag gibt es gute und schlechte Personen.

Zum Glück für die Welt gibt es mehr gute als schlechte. Andererseits, warum bekommen immer die schlechten letztendlich die ganze Macht? Wenn mein Schreiben manchmal in die Richtung des Ärgers zu driften scheint, dann empfinde ich in meinem Herzen in Wahrheit eine Traurigkeit, die von der Manipulation einiger Menschen über andere herrührt. Wir werden alle mit nur einem Geist geboren. Es bleibt uns überlassen, ob wir ihm erlauben zu wachsen. Wir müssen ihn entwickeln und sorgsam nähren, sodass er uns mit wahrer spiritueller Energie belohnt. Die Wellen unserer Gehirnzellen sind dafür verantwortlich, dass sie sich weiterentwickeln und reif werden. Die Seele kann ihre Mission nur innerhalb von dir erfüllen, mittels guter, positiver und gesunder Wellen. Angst, Furcht, Aufregung, nervöse Zustände, Neid und Eifersucht werden nur dazu führen, dass sie sich von ihrem Voranschreiten und ihrem Wachstum wieder zurückzieht. Manchmal führt das bei uns zu großem Elend und Krankheit und manchmal sogar zur totalen Zerstörung.

Reine Gedanken und ein reines Leben sind große Tugenden, die deine Seele bestärken, mit ihrer machtvollen Energie durchzuscheinen. Und auch wenn du die Veränderung in dir nicht bemerken solltest, andere werden das sicher tun. Du darfst auf keinen Fall danach suchen, denn dann wird sie dir entkommen und dir die Befriedigung durch ihre heilige Energie verweigern. Wenn du meinst, dass du Gewalt anwenden kannst, um eines der heiligsten Elemente in deinem Leben zu beschleunigen, dann kannst du dir selbst großes Leid in deinem Herzen, Einsamkeit und schreckliche Krankheit zufügen. Es ist vergleichbar mit einer Person, die immer nach Liebe sucht: Diese Person wird sich auf der Ebene von Millionen von Leuten finden, die dieselbe fruchtlose Illusion haben.

Das Wunder, ein spiritueller Mensch zu werden ist nicht anders, als das Wunder, dass plötzlich ein unerwartetes Licht auf deinen Weg scheint und dir den besonderen Liebespartner in dein Leben bringt, der für immer zu dir gehört. Sei nicht ständig unterwegs auf der Suche nach Liebe, denn du selbst kannst zur Ursache deines Elends werden. Vergiss nicht, es soll dein Lebenspartner sein. Und eine Lebenszeit ist für immer.

Negative versus positive Spiritualität

Spiritualität kann auf viele, manchmal seltsame Wege funktionieren. Wir müssen uns vor Augen halten und uns bewusst machen, dass es eine gute und eine schlechte Spiritualität gibt, die permanent arbeiten. Sie kann zu denen kommen, die ohnehin schon mächtig sind, oder zu denen, die keine Macht besitzen. Menschen der ganzen zivilisierten Welt erkennen sie bereitwillig in unseren indianischen Völkern, da die Energie dort viel einfacher zu spüren ist. Doch wie ich schon zuvor sagte, lasst euch vom ersten Eindruck nicht täuschen. Geht sicher, dass das, was ihr fühlt, positiv ist und nicht eine Verkleidung des Negativen.

Ich fürchte, die spirituelle Macht wird heutzutage auf der ganzen Welt auf eine negative Weise verwendet und als positiv dargestellt, sowohl auf politischem als auch auf religiösem Gebiet. Die „Übeltäter" haben viel Zeit damit verbracht, Studien über das menschliche Verhalten in der Vergangenheit zu lesen, um ihren Plan zu verwirklichen. Experimente in der Vergangenheit und der Gegenwart darüber, was die Menschen berührt und sie schnell reagieren lässt. Sie haben diese Informationen hergenommen und ihre gut durchdachte Studie daraus gemacht, um die Weltbevölkerung manipulieren zu können.

Eigentlich hat es kaum eine Veränderung des allgemeinen menschlichen Verhaltens von den alten Zeiten bis hin zur Gegenwart des 21. Jahrhunderts gegeben. Geschickte Individuen benutzen noch immer Furcht, um die Öffentlichkeit in Schach zu halten. Wir müssen uns selbst gegen die „Terroristen" schützen und wenn du nicht einen bestimmten Prozentsatz deines Geldes dazu beiträgst, dann könntest du in der Hölle landen. Klingen diese Phrasen nicht allzu bekannt?

In unserem Leben gehen wir auf unsere ganz eigene Art entweder durch Himmel oder Hölle. Das meiste davon erschaffen wir uns selbst. Das Resultat der ganzen negativ gestimmten Werbung gegenüber der Mehrheit der Welt, um dem reinen und selbstsüchtigen Profit zu dienen, wurde vor so langer Zeit etabliert, dass wir sie schon als selbstverständlichen Teil des Lebens hinnehmen. Sie kann mit vielen Namen in Verbindung gebracht oder bezeichnet werden, man kann Schlagworte verwenden… aber eigentlich genügen zwei Worte, um es auszudrücken: „Beeinflussung des Geistes".

Es gibt welche, die bisweilen von diesem Druck der Belästigung befreit sind: Wenn man in diesem Land reich genug ist, dann kann man sich Lügen, Raubüberfällen und Morden sogar erlauben. Das ist heute so verbreitet, dass wir es auf einer 24-stündigen Basis, in jeder Nachrichtensendung der Welt, öffentlich bezeugen können. Sie mögen wiederholt heilige Namen verwenden, um den Einfluss zu verstärken oder Phrasen wie „Mehr Truppen um das Land sicher zu machen" ständig zu wiederholen, doch das alles ist nur eine List, um unschuldige und leichtgläubige Menschen in der Bahn und in Schach zu halten.

Es bleibt den Massen überlassen, die komplette Wende herbeizuführen. Doch diese Wende muss für alle Menschen aller Glaubensrichtungen einheitlich sein, darf in keiner Form von irgendeiner Macht kontrolliert sein und von keiner Religion beeinflusst werden, egal wie überwältigend sie auch sei. Die neue Regierung muss frei sein von religiösem Denken.

Sicherlich, wenn wir so eine Regierung hätten, würden die Leute deswegen nicht aufhören, in die Kirche zu gehen. Es gibt viele gerechte, umsichtige und menschenfreundliche Personen, die die Gefahr verstehen, dass eine negative Gewalt die Weltbevölkerung bedroht. Eine große Anzahl steht fassungslos und hilflos denjenigen gegenüber, die angesichts der Konflikte und Kriege ums Leben kommen. Dieser anscheinend unlösbare negative Geist ist beständig stärker geworden und hält die Macht, in „unserem angeblich freien Land" zu arbeiten, sogar während ich diesen Teil hier schreibe.

Diejenigen, die sich darum kümmern, verwenden ihre eigene positive Energie mit allen möglichen Mitteln, die ihnen zur Verfügung stehen, versuchen diese satanische Bewegung zu bekämpfen und zu verhindern, dass ihr schwarzer Belag des Geizes das gesamte Universum überwältigt und sich überall ablagert. Während sich das abspielt, sind sich die meisten dessen gar nicht bewusst, da die Regierung Wege kennt, um Ablenkung zu schaffen und einen Keil zwischen ihre Maschinerie und die Bevölkerung zu treiben: Die Menschen kommen nach Hause, drehen den Fernseher auf und achten nicht auf die offensichtliche Wirklichkeit, die hinter den Botschaften der Weltnachrichten steckt und ihr Leben in ihrem Zuhause betrifft. Sie realisieren nie die volle Wirkung der gesagten Botschaft, sondern leben einfach weiter wie bisher und gestalten so das Ende ihrer täglichen Existenz.

Wir erleben heutzutage katastrophales Unheil und verbringen nicht wirklich Zeit damit, uns gehörig bei den Regierungen zu beschweren. Das zeigt auch, wie niedrig die spirituelle Energie und das Gefühl für Fürsorge, das durch die Herzen der Menschen und durch die Welt fließt, heute schon sind. Diese spirituelle Energie und das Gefühl umsorgt zu werden sind jedoch für jedes einzelne menschliche Geschöpf nötig, um mit aufrichtig liebendem Herzen auf diesem Planeten zu überleben. Nennt es ein Wunder, dass diese Energie trotz der Unterdrückung überlebt hat und in der menschlichen Struktur vieler eingeborenen Völker, darunter die Mehrheit der Ureinwohner der USA immer noch stark genug bleibt.

Das ist deshalb so, weil sie und ihre Vorfahren einfach das psychische Leid und den Schmerz so lange erduldet haben. Traurigerweise muss gesagt werden, dass dieses Leid immer noch von keiner Regierung beigelegt wurde. Durch ihre spirituelle Konditionierung haben die Ureinwohner einen ausgeprägten Realitätssinn, was die Zukunft unsere Existenz auf diesem Planteten angeht. Sie haben schon seit langer Zeit gewusst, in welche Richtung wir uns bewegen, verglichen mit den aktuellen heißen Themen wie Klimaerwärmung, Umweltverschmutzung, kontaminierte Nahrung, sauberes Wasser.

Doch niemand hat in der Vergangenheit zugehört, niemand hört in der Gegenwart hin und wer kann schon sagen, ob es eine Zukunft geben wird, um die Diskussion darüber in einem Jahrtausend fortsetzen zu können? Alles was ich weiß, ist, dass die allgemeine spirituelle Energie der Welt verrückt spielt, genau wie die Umwelt, und dass wir ganz dringend eine Umkehr in Richtung zu etwas Besserem brauchen, von der Menschheit zum Schutz der Menschheit. Andernfalls werden wir alle aussterben. Kritische Personen erstellten Tatsachen, die uns auf einer täglichen Basis eine extreme Warnung zukommen lassen, doch wir hören nicht zu. Betrifft das unsere Lebensart? Sind wir irgendwie alarmiert, was mit unserer Jugend geschieht?

Gang-ähnliche Morde, die von Kindern in vorbeifahrenden Autos ausgeführt werden und Prostitution von Kindern kommen auf der ganzen Welt vor. Amerikanische Soldaten werden verwundet in namhafte Spitäler der US-Regierung geschickt, wo sie Missbrauch und schlechte Behandlung erfahren, Regierungsbeamte müssen lügen und für höhere Beamte eine Fassade als Buhmann darstellen und ebenso zeigt die Arroganz ihre Gesichter. Bei all diesen Vorkommnissen suchen die Menschen auf der Welt nach einer positiven Spiritualität.

Ich sage euch, ein Satz, bestehend aus zwei Worten, muss als Hilfsmittel für eine Veränderung eingeführt werden, wenn jemals eine Veränderung zustande kommen soll. Dieser Satz lautet: „WACHT AUF!" Dann müssen wir zuallererst uns selbst herausfordern, um besser zu werden, interessierte Menschen zu werden, wenn wir das wirklich für uns, unsere Kinder und Kindes-kinder haben wollen. Wir müssen uns selbst herausfordern, alles und jeden auf Mutter Erde zu lieben und zu respektieren. Wir müssen die Stimme des positiven Denkens werden, diese saubere Denkweise, sofern wir uns noch daran erinnern, wie wir sie zu verwenden haben, überall dorthin tragen, wo wir hingehen. Wir müssen das Bewusstsein untereinander ausbreiten, von einem zum Nächsten, mit deutlicher Stimme, und so lange weiter machen, bis die Botschaft Herz und Seele eines jeden erreicht hat. Ja, es gibt noch Hoffnung, weil die Massen möglicherweise aufwachen und das Licht sehen. Ich bete dafür, dass wir aufhören „Rip Van Winkle" zu spielen und bald aus diesem Albtraum erwachen, uns zurückholen, was von unserer Würde und unserem Land noch übrig geblieben ist. Ansonsten wachen wir wie Rip auf...zu spät, und alles ist verloren.

Es erübrigt sich zu sagen, dass die westliche Welt betroffen ist und die Türe zu dieser Herausfor-derung aufmachen muss, so schnell sie kann, sich die Einrichtungen sofort verändern müssen, um dieses tumorartige Wachstum schleunigst zu unterbinden und damit auch andere Länder dem Beispiel folgen können. Ich halte das Gebet für das stärkste und mächtigste Mittel, um die Massen zu vereinen. Es erstaunt mich, wie viele das Wort „vereint" im Laufe der Zeitalter gebraucht und nicht danach gelebt haben oder dazu gestanden sind, was dieses einfache, und doch so machtvolle Wort bedeutet.

Wie vereint sind die Vereinigten Staaten von Amerika wirklich? Im Fall der Ureinwohner dieses Landes gab es einen Grund, warum diese nicht vereint sind: Wir waren geographisch betrachtet zu weit voneinander entfernt. Es gab mehr als 600 Nationen von Natives mit einer Einwohnerzahl von ungefähr 100 Millionen. Sie sprachen über 400 verschiedene Sprachen. Das alles machte es ihnen nicht einfacher sich zu vereinen.

Tecumseh, Brigadegeneral der britischen Armee, war einer der letzten Führer, der um den Wert einer wirklichen Vereinigung wusste und obwohl er versucht hat, die verschiedenen indianischen Stämme zu vereinen und mit ihnen nach Washington, D.C. zu marschieren, wurde sein Plan von einem Militäroffizier vereitelt. Dieser Offizier verwendete später Tecumsehs Tod im Wahlkampf zum US Präsidenten. Aber Tecumseh belegte seinen Widersacher mit einem Fluch und dieser zeigte Wirkung:

General William Henry Harrison war nie ein Freund von Brigadegeneral Tecumseh. Sie hatten ei-nige verbale Auseinandersetzungen. Harrison sagte zum damaligen US Präsidenten: „Tecumseh könnte zum Moses seiner Leute werden." Diese Nachricht zeigt die Furcht vor einem lebendigen Tecumseh. Viele Natives honorierten ihn zur damaligen Zeit für seinen Respekt, seine Weisheit und seine Spiritualität.

Der Tod von William Henry Harrison (90 Tage US Präsident) – Der Fluch des Tecumseh

William Henry Harrison hielt die schlechteste Antrittsrede zum US Präsidenten aller Zeit am 4. März 1841. Daran gibt es gar keinen Zweifel.

- Es war die längste Antrittsrede mit mehr als 8000 Worten.

- Sie dauerte mehr als zwei Stunden

- Er hielt sie inmitten eines Schneesturms.

- Der Großteil seiner Rede befasste sich unerklärlicherweise mit der antiken Geschichte Roms.

- Obwohl seine Ansprache ewig dauerte, folgte sie seinem Wahlkampfplan, der komischerweise relativ inhaltslos war.

- Die Ansprache langweilte die Zuhörer und ließ sie beinahe erfrieren.

- Und für den neuen US Präsidenten sollte die Ansprache fatal sein: Er starb 90 Tage später.

General William Henry Harrison kämpfte gegen Oberhaupt Tecumseh in der Schlacht von Tippecanoe am 7. November 1811. Die Schlacht endete unentschieden aber Harrison besiegte Tecumseh schlussendlich in der Schlacht von Thames am 5. Oktober 1813. Tecumseh starb in jener Schlacht. Auf Grund seines Sieges wurde William Henry Harrison zum US Präsidenten gewählt. Bevor er starb, sprach Tecumseh allerdings einen Fluch aus, der bald als „Fluch des Tecumseh" bekannt werden sollte. Er besagt, dass jeder Mann, der in einem Jahr das durch 20 teilbar ist, zum US Präsidenten gewählt wird, noch während seiner Amtszeit zu Tode kommen wird.

Unter dem Fluch des Tecumseh sind sieben Präsidenten während ihres Amtes verstorben.

- Harrison, gewählt 1840

- Lincoln, gewählt 1860

- Garfield, gewählt 1880

- McKinley, gewählt 1900

- Harding, gewählt 1920

- Roosevelt, gewählt 1940

- Kennedy, gewählt 1960

Der Erste der den Fluch durchbrechen konnte war Präsident Reagan. Er wurde zwar angeschossen, aber die Kugel verfehlte sein Herz um nicht einmal einen Zentimeter. Reagan war zwar biologisch am Leben, war aber dennoch nicht mehr der Selbe. Nancy Reagan war der Fluch des Tecumseh nur allzu bewusst. Sie besuchte unzählige Voodoo Priester, Hexen und alle möglichen Medien, um den Fluch zu besiegen. Es ist allerdings fraglich ob es ihre Bemühungen waren, die es Reagan ermöglichten seine Amtszeit zu überleben.

„Harrison hielt eine der längsten Amtsantrittsreden in der Geschichte der USA an einem kalten, verregneten und stürmischen Tag. Er holte sich genau dort eine Erkältung, die zu seinem Tod führen sollte. Er diente als Präsident vom 4. März bis zum 4. April 1841. Sein Tod sollte der erste einer langen Serie sein, die auf den Fluch des Tecumseh zurückzuführen sind. Präsidenten, die in einem Jahr, das in einer Null endet, gewählt werden, werden während ihrer Amtszeit sterben." Ungemein viel Spiritualität und Weisheit wurde unserem Volk durch den Tod von Tecumseh genommen und ausgelöscht. Dennoch lebt vieles von ihm in den Herzen und Seelen von vielen Original Natives dieses Landes weiter.

Zwei Welten
in meinen Augen

Die Umstände, die dazu geführt haben, was ich für eine Wiedergeburt halte, waren nichts anderes als ein überwältigendes, wunderbares Ereignis.

Ich glaube, ab dem Moment, in dem ich geboren wurde, hat der Schöpfer beschlossen, mich zum Empfänger eines ganz besonderen Geschenks zu machen. Ein heiliges Geschenk, das so kraftvoll war, dass ich im ersten Erkennen erschrak und versuchte, es aus meinem Leben zu verbannen, da es mich auf Grund meines jungen Alters verunsicherte. Erst als es stärker und ich älter wurde, um das Wissen seiner unsterblichen Existenz in mir zu akzeptieren, erkannte ich es als eine Art spirituellen Segen und nicht als verdammenden Fluch. Ich wusste zum Beispiel, dass diese spirituelle Energie auf zwei Arten, sowohl positiv als auch negativ verwendet werden konnte.

Es war nur eine Frage, ob das Gute das Böse kontrolliert oder umgekehrt. Es blieb mir überlassen, den Unterschied zwischen den beiden kontrollieren zu lernen und dann die Entscheidung zu fällen, nur eine auf eine spirituelle und positive Art und Weise zu denken.

Ich muss gestehen, dass ich am Anfang diese spirituelle Kraft herausforderte und manchmal auf eine negative Art und Weise versuchte abzuweisen, weil für mich alles so neu war und ich mich vor den damit verbundenen starken Ansprüchen fürchtete. Ich machte ihr Vorwürfe und bat sie, zu verschwinden und mich in Ruhe zu lassen. Ich fand meinen Kampf ermüdend und das Resultat als sehr unerfreulich, besonders für meinen unerfahrenen, jungen und lernenden Geist. Obwohl ich mir das meiste selbst erarbeitet habe, denke ich, dass es auch gelehrt werden kann.

Ich hatte die angeborene Fähigkeit von Führung und Vernunft, verwendete eine Methode von Geduld und Beharrlichkeit, die mir eingeflößt worden war und mit dieser starken Fähigkeit hat sich in mir die heiligste Kraft des „Nicht-Aufgebens" entwickelt. Dadurch stärkte sich meine Fähigkeit, anderen zu helfen.

Ich war immer in der Lage, meinen Geist so zu schulen, dass ich dem positiven Pfad meines Geschenks sorgfältig folgen konnte. Mit viel Übung und Engagement wurde es mehr wie ein guter Freund für mich. Ich lernte Selbstkontrolle, die bis zum heutigen Tag ein sehr brauchbarer Schlüssel in der Komplexität unseres schlaflosen, arbeitenden Geistes ist. Ich bin der Ansicht, dass wir, selbst wenn wir glauben zu schlafen, im Geist immer noch aktiv sind. Freilich, er befindet sich in einem Schlafzustand, doch er ist immer noch aktiv, sogar wenn unser Körper in einem tiefen Schlaf ruht.

Um es kurz zu machen, ich denke, dass wir lernen müssen, uns selbst mehr zu lieben und zu respektieren, ehe wir uns auf das Gebiet vorwagen, anderen zu helfen zu versuchen. Heute weiß ich, dass es viele Facetten oder Kanäle gibt, die dieser großen spirituellen Kraft entspringen. Man kann es mit den Tentakeln eines Oktopus vergleichen, die, obwohl sie doch alle verbunden sind, unter dem Einfluss der jeweiligen befehlsgebenden Stelle unabhängig voneinander funktionieren können, während sie immer noch unter dem Einfluss und der Kontrolle dieses einzigartigen Seesäugetiers stehen.

Ich denke, der Hauptgrund dafür, dass der Schöpfer diese heilige Tür für mich geöffnet hat, war der, mir die Gelegenheit zu bieten, hinter das Ungewöhnliche zu sehen oder es zu lesen. Und als solches habe ich oftmals nicht nur mich selbst, sondern auch andere mit meiner Fähigkeit, die herannahende Zukunft zu sehen, überrascht. Ich glaube, dass es meine Blindheit war, die dieses gesegnete Wunder herbeiführte, durch das ich in der Lage war, diese erstaunliche und sich ständig verändernde Welt aus zwei unterschiedlichen Perspektiven zu beobachten. Man könnte sagen, ich habe die Welt zwei Mal betrachtet: Einmal in totaler Dunkelheit und dann in der scheinbaren Normalität des Lichts, das auch von anderen menschlichen Wesen wahrgenommen wird. Ich hatte Gelegenheit gehabt, zwei Welten mit meinen Augen zu sehen. Bis zum heutigen Tag bewundere ich mein Leben zu dieser Zeit, das manchmal, weil es am Beginn des Lebens passiert ist, mehr wie ein flüchtiger Traum wirkt. Dennoch, wenn ich mir die Tatsache vor Augen halte, dass es passiert ist, hat es die Dauer eines lebenslangen Eindrucks und nicht nur den einer Minute.

Wenn ich mich plötzlich in einer anderen Welt wiederfand, die ich kurz darauf für eine schwierige und gefahrenvolle Welt zu halten begann, viel zu bald nach dem ersten Moment in dem ich sehen konnte, dann war meine Anpassung daran nicht einfach. Eine Zeit lang zog ich mich ganz zurück. Ich war an Geräusche gewöhnt, doch jetzt, da ich sehen konnte, woher diese Geräusche kamen, fand ich es schwierig, damit zurechtzukommen. Es war definitiv eine andere und verwirrende Welt für mich. Ich kann mir nicht helfen, gestehen zu müssen, dass ich bei dem Vergleich der einen Welt mit der anderen eine größere Sicherheit und Freude in meiner Kindheit ohne zu sehen empfand.

In einer Zeit mit weniger Stress geboren zu werden, war hilfreich. Es war gelassener, ruhiger und in dieser Periode viel stiller, denn es gab noch keinen übermäßigen Verkehr und keinen Überfluss an Geräuschen, wie es in der heutigen Welt der Fall ist. Die Welt hatte mehr natürliche Düfte und sogar fröhlicheres Zwitschern von den Gefiederten. Der Klang der Stille war gegenwärtiger und wird von vielen geschätzt, die wie ich mit ihr in Kontakt kamen. Ich bin aber auch sicher, dass viele andere Menschen gleich darüber denken.

Ich spürte, wie meine Fähigkeit zu lernen immer stärker wurde, doch spirituell musste sich mein Geist viel mehr konzentrieren, um auf dem Weg zu bleiben, den ich zurückgelegt hatte. Lange Zeit, nachdem ich von der einen Seite auf die andere übergewechselt war, war dieses plötzliche Ereignis wie ein Schock für mich. Durch meine Geduld lernte ich auch diese, für mich neue Welt zu akzeptieren und war dankbar für das wertvolle Geschenk, das mir der Schöpfer zuteil werden ließ. Ich finde tatsächlich, dass wegen meines anfänglichen Zustands, meine Fähigkeit mehr über viele Dinge in meiner Welt des Sehens zu lernen, viel aufgeweckter, betonter und stärker wurde.

Meine Blindheit hat mir einen Schatz der Sensibilität vermacht, der einzigartig und unbezahlbar ist. Sie war eher wie ein mächtiges Lerninstrument oder wie ein Schutzengel, der immer an meiner Seite war, mich führte und mich in Berührung mit jeder Bewegung und jedem Gedanken in mir hielt.

Meine Betrachtungen, Antworten und die Fähigkeit, etwas zu behalten oder voraus zu denken, sowie Entscheidungen in Bruchteilen einer Sekunde zu fällen, wurden immer unmittelbarer und spontaner innerhalb meines Körpers und Geistes.

Mein Körper und mein Geist wurden vereint. Ich denke, dafür sind sie bestimmt, obwohl das bei vielen Menschen garantiert nicht zutrifft. Dort, wo eine komplett synchronisierte Bewegung als eine Einheit stattfinden sollte, gibt es stattdessen eine dysfunktionale Uneinigkeit, die chaotische Koordinationsschwierigkeiten bringt, entweder innerhalb von Körper oder Geist oder bei beiden. Ein Beispiel dafür ist, wenn jemand gerade etwas macht und dieser Person eine Frage gestellt wird. Diese Person wird dann nervös und manchmal sogar so nervös, dass sie sagen wird: „Siehst du nicht, dass ich gerade beschäftigt bin?" Diese Person hat die vielen verschiedenen Möglichkeiten der Kraft unseres Gehirns nicht gelernt, um in der Lage zu sein, dass eine kurz zu unterbrechen um dem anderen zuzuhören.

Das alles hat mit der Unterweisung des Gehirns zu tun. Wenn du dich selbst trainierst, die Autoschlüssel immer an den gleichen Platz zu legen und deinem Gehirn sagst: „Das ist der Platz, an den ich von jetzt an meine Autoschlüssel lege", dann wirst du sie nie mehr suchen müssen. Durch meine Behinderung habe ich instinktiv gelernt, über mehr als eine Sache gleichzeitig nachzudenken. So war es in Wahrheit gar keine Behinderung, denn später hatte ich dafür ein ausgezeichnetes Gehirn, das auch viele verschiedene Anordnungen zur gleichen Zeit koordinieren und in Funktion bringen konnte, ohne die Kontrolle zu verlieren. So konnte ich dies immer in Ruhe und einer gesammelten Weise machen.

Ohne zweimal über etwas nachzudenken, konnte ich Entscheidungen fällen, Fragen beantworten, die manchmal zu Themenbereichen gehörten, mit denen ich nicht besonders vertraut war, indem ich einfach nur Logik anwandte. Ich denke, es hatte viel mit der Sicherheit und dem Glauben zu tun, die in mir automatisch Wurzeln geschlagen hatten und mir zur zweiten Natur wurden. Sie umgingen immer das Negative und lösten das Positive direkt in meinem Gehirn aus. Es gab für mich kein Zurückschauen, da ich nie eine andere Wahl hatte, als mein Denkvermögen zu benutzen. Dies war eines der Hauptprinzipien, während des Lebens in totaler Dunkelheit, in dem es kein Vorne und kein Hinten, kein Oben oder Unten und keine Seiten gab, sondern nur einen klar fokussierten geraden Weg durch die Verwendung einer nicht parallelen Geisteshaltung.

Dieser Sinn der spirituellen Kraft des Geistes ist das einzigartige Geschenk, das viele blinde Menschen besitzen. Eine außergewöhnliche Einsicht bei Gespür, Gehör und Ertasten, die mit nichts in der Welt anderer Menschen gleichzusetzen ist.

Vom ersten Moment an, in dem ich meine Sehkraft erlangt hatte, wurde ich immer stiller und beobachtete mehr meine Umgebung. Ich sah, wie ich in eine Traumwelt eintrat. Tatsächlich begann ich mehr zu träumen als in den vergangenen Jahren. Indem ich die Leute um mich herum studierte, erkannte ich eine scharfe Wachheit in ihrem Geist, beinahe so, als ob ich spüren oder erahnen konnte, was sie gerade dachten, ohne es laut auszusprechen. So, als ob ich ihre Gedanken lesen könnte, aus einiger Entfernung oder in geringem Abstand, wenn ich einfach in ihre Augen sah.

Am Anfang hielt ich das für faszinierend, obwohl es in vielerlei Hinsicht eine erschreckende Erfahrung war, von der ich mich zu distanzieren versuchte. Lange Zeit hatte ich das Gefühl, dass etwas mit mir nicht stimmen würde. Das störte mich so sehr, dass ich nicht einmal mit meiner engsten Vertrauten, meiner eigenen Mutter, darüber sprechen konnte. Ich versuchte dem zu entkommen, indem ich es aus meinem Geist hinaus dachte: Ich schloss meine Augen für ein paar Sekunden, wenn ich das Gefühl hatte, es wäre wieder soweit. Wenn ich meine Augen jedoch wieder öffnete, wurde es nur noch stärker und intensiver. Es kam so, dass ich in der Lage war, in zukünftige Ereignisse hinein zu sehen und darüber zu sprechen. Einige davon sind gut für die Menschheit, doch ich sah auch zerstörerisches Unheil. Ich habe nie verstanden, wieso mir das möglich war, doch dann erkannte ich, dass einige dieser Botschaften mich in meinen Träumen erreichten.

Wenn man jung ist, legt man nicht viel Wert auf solche Gedanken oder Träume, da man sich in der üblichen Kindheitsroutine mit anderen Kindern befindet. Das war etwas, was ich verzweifelt zu tun versuchte, denn bis dahin hatte ich mich immer wie ein Außenseiter gefühlt. Ich beneidete andere unbekümmerte Kinder beim Spielen, Lachen und Abfangen spielen während ich einfach nur dasaß und zusah. Ich hatte zu dieser Zeit schon so „erwachsene" Gedanken und verstand, dass die Mehrheit der Kinder sicherlich nicht darin unterrichtet wurde, die Intelligenz in ihrem wertvollen Gehirn zu fördern.

Auf der anderen Seite jedoch hatte ich immer das Gefühl, kein gewöhnliches Kind zu sein, teilweise durch die fortschrittlichen Lehrmethoden meiner Eltern. Als ich älter wurde, wachte ich plötzlich in einer seltsamen Realität auf, in der viele Familienereignisse, die ich irgendwie gespürt oder gesehen habe, Wiederholungen von Ereignissen oder Geschehnissen der Vergangenheit waren, die ich in meinem Leben erlebt habe.

Diejenigen, die ähnliche Erlebnisse oder Gefühle gehabt haben, wissen wovon ich spreche. Ich bin sicher, dass diese Personen zuerst zu sich selbst sagen werden: „Das habe ich schon irgendwo vorher gesehen oder erlebt", oder: „Ich könnte schwören, dass ich in einer anderen Zeit schon einmal hier war." So sehr sie dieses Bauchgefühl auch verunsichert, wenn sie sich noch einmal die Details der Umgebung ansehen, dann können sie nicht mehr abstreiten, dass sie tief in ihrem Inneren wissen, dass es wahr ist. Keiner spricht darüber, weil jeder das Gefühl hat, dass es nicht normal ist und jemand anders vielleicht denken könnte, dass sie verrückt sind oder so etwas Ähnliches. Wenn diese Personen dann endlich den Mut finden, ihre Geschichte jemandem anzuvertrauen, der ihnen sehr nahe steht, weil sie für lange Zeit beschlossen haben, nicht darüber zu sprechen, dann haben sie das Ereignis meist so abgeschwächt, bis hin zu dem Punkt, dass sie es beinahe ganz gelöscht haben. Es geht bis hin zu einer Grenze, an der sie sich selbst zu fragen beginnen, ob sie sich das Ganze nur eingebildet haben oder ob es einfach nur ein Traum gewesen ist.

Eines frühen Morgens machten wir unseren Sechs- Uhr- Spaziergang, so wie es für meine Mutter und mich üblich war. So nebensächlich wie möglich, beinahe so, als ob es etwas völlig Unwichtiges wäre, erwähnte ich mein seltsames Dilemma. Zu meiner Überraschung lächelte sie. Und so selbstverständlich wie mein Geständnis kam ihre Antwort für mich. Sie ergriff mit ihrer freien Hand meine, während sie mit ihrem Stock den Weg zum Jahrmarkt nach etwas Glitzerndem oder Glänzendem absuchte, das eine Münze sein könnte.

Während wir weitergingen, erzählte sie mir, dass sie und mein Vater über ähnliche Vorkommnisse oder Begegnungen, die ihnen passiert sind, gesprochen haben. Sie erklärte mir, dass ich vielleicht in einer anderen Zeit oder an einem anderen Ort tatsächlich an diesen Plätzen gewesen bin, von denen ich dachte, dass sie ein Teil meiner Fantasie oder eines Traums wären. Oder dass ich vielleicht den Ort durch ihre Augen gesehen hätte, ehe ich in dieses Leben gekommen bin.

Um es gelinde auszudrücken, fand ich das Ganze schon sehr verwirrend, doch ich verstand ihre Theorie, dass ich es mit ihren Augen gesehen haben könnte, ehe ich zu Welt kam. Sicherlich war das verwirrend, da ich nach der Geburt ja blind war. Meine Mutter konnte die Dinge jedoch so erklären, dass sie am Ende einen Sinn ergaben. Sie erzählte, wie mein Vater und sie sangen, als ich noch in ihrem Bauch war und wie ich darauf reagierte. Ich trat sanft, so als ob ich tanzen und den Gesang genießen würde. Mir erschien das alles wie ein schönes Wunder. Ich erzählte ihr von einer Sache, die mir passierte, obwohl sie für mich noch immer seltsam, beinahe schon bizarr, war. Es war für mich so seltsam, dass ich zögerte. Es hatte etwas mit dem Phänomen zu tun, das Gefühl zu haben, mich an einem vertrauten Ort zu befinden, in einem fremden Land, in dem ich zuvor sicherlich noch nie gewesen war.

Ich bin mir ganz sicher, dass ich da kein Einzelfall bin. Ich habe solche Geschichten schon zuvor von anderen Personen gehört, die das auch erlebt haben.

Manchen Texten zu Folge gibt es viele Leute auf der Welt, die solche, angeblich seltsamen, Phänomene erlebt haben, jedoch mit der Realität ihres Lebens zu beschäftigt sind, um Zeit damit zu verbringen, darüber nachzudenken, oder die es vielleicht als Ding der Unmöglichkeit abgetan haben, da sie sich sicher nie an diesem Ort oder in diesem Land befunden haben. Oder es befindet sich vermutlich die gleiche Angst in ihrem Geist, dass man von ihnen denken wird, dass sie jetzt verrückt spielen und sie ins Irrenhaus eingewiesen werden könnten. Aus diesem Grund ziehen sie es vor zu schweigen.

So seltsam diese Ereignisse auch erscheinen mögen, ich habe sie erlebt. Damit an die Öffentlichkeit zu gehen war für mich nicht einfach. Nach viel Aufruhr und Diskussion in meinem eigenen Herzen und meiner Seele, habe ich beschlossen, darüber viel offener zu sprechen, offener oder zumindest so offen, wie ich es wagte, denn ich musste zuversichtlich sein, dass ich es nicht mit irgendeiner krankhaften Form zu tun hatte … meiner eigenen.

Eine Möglichkeit war, nachzuforschen und herauszufinden, ob es noch andere solche Fälle gab. Eine Person, die ich nicht danach fragen wollte, war mein Vater. Vielleicht kam es daher, weil er auch ein großartiger Magier war. Er war sich seiner Sache ganz sicher, was diese besondere Kunst angeht und er behandelte sie beinahe fanatisch. In den 40er Jahren war die Bühnenzauberei eine spektakuläre Sache. Es gab einige Magier, die mit ihren Bühnenshows durch die Staaten zogen. Mein Vater kannte viele der großen Namen in diesem Kreis, von denen einige ab und zu in unsere Gegend kamen. Immer fragten sie mich nach meiner Gabe aber nach einiger Zeit wollte ich gar nicht mehr darüber sprechen. Allerdings war mein Vater irrsinnig stolz auf mich, weshalb ich hin und wieder widerwillig davon erzählte. Eines Tages, als ich mit meinem Vater alleine war, und ich den Moment für richtig hielt, kam ich gleich zum Punkt und beichtete ihm all die Dinge, die mir widerfahren sind. Er sah mich eine Zeit lang an und lachte, bevor sich sein Lachen in einen sehr ernsten Blick verwandelte. Er setzte sich mit mir hin und begann mich mit seinen Weisheiten über die Hellseherei zu erleuchten. Es war erstaunlich, wie sehr sich die Denkweise meines Vaters mit der meiner Mutter deckte. Es schien beinahe so, als ob sie schon miteinander gesprochen hätten, bevor sich mein Vater mit mir unterhielt.

Ich fragte ihn, ob meine Mutter mit ihm darüber geredet hätte und erwartete schon ein Ja, als er verneinte. Jetzt begann ich wirklich aufgeregt zu werden. Nicht nervös, da ich ihre ruhige und gesammelte Art, mit außergewöhnlichen oder schockierenden Tatsachen umzugehen, geerbt hatte. Da ich meinen starken eigenen Willen hatte, hörte ich hier nicht auf. Mein Vater hatte erst recht meine Neugier geweckt. Daher ging ich in die Bibliotheken von jeder neuen Stadt, in die der Jahrmarkt kam, und las über diese Dinge nach. Ich fand so viel Material mit wagen Erklärungen meiner Begabungen. Ich entdeckte so viele dicke Bücher über mystische, spirituelle, hellsichtige und ESP Erfahrungen. Einiges überschritt mein Vokabular, das ich in jenem Alter hatte, bei weitem, jedoch hatte ich schon früh gelernt, dass man keine Angst haben muss, Fragen zu stellen. Ich wusste damals schon, dass mir diese Gabe in meinem restlichen Leben helfen würde. Im Gegensatz zu vielen anderen Menschen, die Probleme haben wichtige Fragen zu stellen, war es für mich immer ein Leichtes mich durchzufragen, besonders auf Reise, wenn ich nach dem Weg fragte. Ich sage den Leuten immer, dass sie nicht zögern sollen zu fragen, denn die einzigen Antworten, die sie erhalten werden, solange sie ihre Frage mit einem lächelnden Gesicht stellen, sind entweder ja oder nein. Bei meiner Suche in Bibliotheken fiel mir auf, dass viele von diesen bekannten mystischen Männern eine Art von Drogen verwendeten, um mit dieser in einen Zustand einer vorübergehenden Reise und einer erweiterten Geisteshaltung zu gelangen. Ich fand mich selbst ein bisschen uneins mit vielen dieser Personen, wie Edgar Cayce und zahlreichen anderen, die so eine Art von Hilfsmittel benutzten, um für viele ihrer mystischen Vorhersagen und Aussagen bezüglich der Zukunft inspiriert zu werden. Ich hingegen hatte im Alter von neun Jahren schon gewusst, dass ich nichts nehmen musste, um diese erweiterten Geisteshaltungen zu erreichen. Ich zweifelte daran, jemals den Weg dieser berühmten Personen gehen zu wollen, vor allem weil sich schon so viel davon in meinem jungen Leben abspielte. Was auch immer dieses Phänomen auslöste, war für mich zu dieser Zeit noch völlig unbekannt. Das Einzige, das ich wusste war, dass meine Erfahrungen selbst auf mich zu kamen und sie sich klar, hell und heilig anfühlten. Vielleicht hatte es damit zu tun, dass natives Blut in mir fließt oder vielleicht auch damit, dass ich einige Zeit in der Welt der Dunkelheit verbringen musste. Was auch immer es war, ich wusste, dass es zum Großteil mit meiner spirituellen Kultur zu tun hatte, die durch das starke Erbe meiner Eltern noch bestärkt wurde. Keiner von ihnen brauchte jemals eine Art von Hilfsmittel, nicht einmal Alkohol, um ihre Spiritualität oder ihre musikalische und schauspielerische Performance zu fördern. Sie hätten so etwas auch nicht toleriert.

Ich sah nie starken Alkohol und wurde auch nie Drogen ausgesetzt, weder von meinen Eltern noch von den Künstlern, die mit ihnen reisten. Alkohol und Drogen waren nicht Teil unseres Heims und auch nicht Teil unserer Bühnenshow. Ich folgte ganz den Fußspuren meiner Eltern und kam so nie in Versuchung, nicht einmal durch Neugier, mit halluzinogenen Drogen zu experimentieren. Ich respektierte all die historischen Persönlichkeiten wie Nostradamus, über den ich auch viel las. Einer der für mich bedeutendsten Männer aller Zeiten war Leonardo Da Vinci. Ich fragte mich oft, ob es Zufall war, dass er über so einen genialen Verstand verfügte oder ob er auch Hilfsmittel benutzte, die ihm bei seinen genialen Erfindungen halfen. Komisch fand ich nur, dass in all den biografischen Werken, die ich las, nie geschildert oder hervorgehoben wurde, dass es sich bei diesen Drogen um etwas Teuflisches handelte. Ich hatte nichts gegen diese Drogen, denn ich hatte sie ja nie ausprobiert und konnte aus diesem Grund nicht wirklich viel dazu sagen. Der eine Vorfall, an dem Tierra Amarilla mit Manny zu viel trank, im Gefängnis landete, und ich ihn am nächsten Morgen nur durch die Gitterstäbe sehen konnte, war für mich eine lehrreichere Lektion als tausend Worte. Das Bild in meinem Kopf, auf dem er mich durch die Gitterstäbe hindurch ansah, war eine Lektion, die ich mein Leben lang nicht mehr vergessen sollte. Aber, ehe ich unmittelbar viel über das historische Material der Vergangenheit gelesen habe, hatte ich all diese Träume, Visionen und ganzheitlichen spirituellen Reisen schon erlebt. Ich dankte dem Schöpfer für meine wertvolle und besondere Gabe. Es muss viele Personen mit solchen Gaben auf der ganzen Welt verteilt geben, die solch spirituelle Fähigkeiten haben, die aber möglicherweise nie darüber sprechen, weil sie Angst haben öffentlich bloßgestellt oder lächerlich gemacht zu werden. Sie verbringen ihr ganzes Leben damit, ohne dieses wunderbare Geschenk wirklich zu verstärken und für Liebe und Frieden zu verwenden. Sie sollten sich zu ihren Gaben bekennen, denn gerade heute braucht die Welt Menschen, die solche angeborenen Talente besitzen. Lasst uns nicht vergessen, dass wir es in unserem Leben sowohl mit der Kraft des Positiven/Guten als auch des Negativen/Schlechten zu tun haben und diese Kräfte auch in uns tragen. Es bleibt uns überlassen zu lernen, wie wir diese mächtigen Energien so kontrollieren können, dass wir den Weg des hellen Lichtes über die Schatten der Dunkelheit scheinen lassen können. Nachdem ich in Neuseeland, Australien und vielen Teilen Europas unterwegs war, stellte ich fest, dass sich die Welt im Laufe der Jahrhunderte kaum verändert hat. Viele Menschen, ungeachtet ihrer Hautfarbe oder Religion, sind noch immer sehr verwirrt und suchen nach Antworten. Meiner Meinung nach sind es allerdings oft die Regierungen und Religionen, die direkt oder indirekt Verwirrung schüren. Da es allerdings sehr schwer sein wird, diese beiden Institutionen loszuwerden, müssen wir einen Weg finden, ihnen unsere Probleme mitzuteilen und unseren Willen nach Veränderung konstruktiv zu übermitteln. Zum Wohle der Menschheit hoffe ich, dass diese beiden mächtigen Giganten helfen, eine Veränderung herbeizuführen.

GEFIEDERTE UND VIERBEINIGE FREUNDE

Ich muss unsere vierbeinigen und gefiederten Freunde mit einbeziehen, die der Welt im Ganzen so viel Freude bringen. Diejenigen, denen ich begegnet bin, haben meine Freundschaft mit großem Respekt über die Jahre hin akzeptiert, nur wenige haben geknurrt sondern sind zu mir mit dem Angebot ihrer Liebe gekommen. Es mag für einige ein wenig sonderbar erscheinen zu erfahren, dass ich unsere Freunde aus der Tierwelt mit einbeziehe, doch ich bin der Meinung, dass sie ein wichtiger Teil des Aufbaus dieses Planeten sind. Ich denke, sie haben es verdient, hier erwähnt zu werden.

Ich bin jemand, der ihnen einen besonderen Platz im Herzen gibt, da sie mir so viel Freude gemacht haben, insbesondere in den Zeiten, in denen ich eine beruhigende, lichtvolle Berührung gebraucht habe, um meinen Geist aufzuhellen. Sie haben mich nie im Stich gelassen mit ihrer lieblichen und völlig skurrilen Art. Obwohl traurigerweise die meisten Menschen ihre Sprache nicht verstehen, halte ich die Kommunikation mit ihnen für sehr lohnend, solange ich mir selbst erlaube, teilweise ihren Denkweisen zu folgen und mich auf ihr Niveau des Verstehens begebe. Ich sage bewusst, mich AUF ihr Niveau zu begeben, da ich glaube, dass ihr IQ uns weit überlegen ist. Das ist auch der Grund, warum ich uns oft als die wirklichen Tiere und sie als Menschen bezeichne. Tatsache ist, dass ich mich in ihrer Welt sehr wohl fühle, wenn ich einmal ihre Gedankenbarriere durchbrochen habe. Es hat viel damit zu tun, für die wahren Gefühle hinter ihrer Fassade empfänglich zu sein. Das ist nicht einfach zu erklären, doch wenn man mit einem von ihnen beinahe von Geburt an zusammen war, gemeinsam aufgewachsen ist, so eng, dass der andere fast wie ein Teil von einem selbst ist, dann ist es so, als ob sich ein Teil in dir ganz instinktiv mit dem anderen versteht. Ihr manchmal schützender, empfindlicher Sinn bringt dich in Einklang mit ihnen und enthält automatisch ihre einzigartige und empfängliche Art.

Nachdem ich einmal die Berührung und die Nähe einer Wölfin erlebt hatte, ab dem Moment, ab dem ich in der Lage war, die Sensitivität der Berührung zu erkennen, kann ich behaupten, dass es die Wölfin war, die mir viel über die schnell schwindende Welt, in der sie leben, beigebracht hat. Einen besseren Lehrer hätte ich nicht haben können. Meine Wölfin war nicht nur eine Freundin, sondern auch die ständige Wächterin an meiner Seite. Das gab eine gewisse Sicherheit zu wissen, dass immer jemand bei mir war, der mich liebte und beschützte, während meine Eltern damit beschäftigt waren, ihrer täglichen Arbeit nachzugehen. Sie waren nie allzu weit weg und durch ihren Beruf waren sie in der Lage, immer zusammen zu sein, was für mich den größten spirituellen Segen bedeutete.

Indem sie eine Wölfin als Gefährten auswählten, hätten meine Eltern keine bessere Wahl treffen können, um das Königreich der Tiere zu repräsentieren. In nur vier kurzen Jahren lehrte sie mich viel über die Dinge in ihrer Welt. Es war, als ob ihre Instinkte ein Teil von mir selbst gewesen wären.

Um mich besser verständlich zu machen: Wenn ich heute nach einer Erklärung gefragt werde, dann beziehe ich mich üblicherweise auf ein Wort als Basis, die die tiefe Verbindung und das Verstehen einer solch emotionalen als auch anregenden Erfahrung definiert...dieses eine Wort, das auch bereitwillig auf das gesamte menschliche Leben anzuwenden ist, heißt..."Angst". Mit anderen Worten, wenn ein Tier düstere Vorahnungen von dir wittert, kannst du dir sicher sein, dass es auf die gleiche Art reagieren wird. Wenn du hingegen Freundschaft signalisierst, wird es dich gleichfalls damit belohnen.

Dasselbe sollte auch auf Menschen anwendbar sein, doch viele wurden zu sehr durch zivilisierte Ausbildung verdorben. Die Menschen haben das Mittel der Sprache zur Verständigung, wohingegen für die Tierwelt angenommen wird, dass es nicht so ist.

Die Kommunikation mit meinen Freunden aus der Tierwelt basierte seit jeher auf jener Technik, die manche Menschen nur das Wunder meines wunderbaren spirituell-psychischen Augenkontakts und mentaler Telepathie nennen. Diese ist, wenn sie mit Hellseherei verwendet wird, eine Botschaft von Frieden, Freundschaft und Ruhe. Dies wird im Gegenzug anfangs mit Vorsicht, doch sogleich mit warmer und liebevoller Ausdrucksweise der Augen und freundschaftlichem Verhalten angenommen.

Ihr seht, Tiere verfügen noch über ein Potenzial, das wir als zivilisierte Menschen in den ersten ein oder zwei Jahrhunderten aufgegeben haben, als wir einem mythischen Wesen erlaubten, der Führer unseres Lebens zu sein. Eine der einzigartigsten Fähigkeiten, die wir noch besitzen, die jedoch in uns schläft, ist die der außersinnlichen Wahrnehmung (Extra Sensory Perception, ESP). Während wir jedoch beschlossen haben, diese Fähigkeit nicht weiter zu gebrauchen, weil wir in mancher Hinsicht zu zivilisiert dafür sind, folgen ihr unsere Freunde der Tierwelt immer noch rigoros.

Das nächste Mal, wenn du einem unserer vierbeinigen Freunde begegnest, versuche es einfach: Schau ihm direkt in die Augen und konzentriere dich. Du wirst herausfinden, dass dein Gegenüber schon seine Augen auf dich gerichtet hat, eine gesamte Analyse gleich eines fotografischen Abbilds von deiner inneren Nomenklatur erfasst hat, die ihm beinahe sofort verrät, welche Art von Person du bist und ob du als Freund oder Feind kommst. Personen, die beruflich mit Tieren zu tun haben, haben eine Leidenschaft zu ihrer Arbeit und müssen sehr achtgeben, dass ihre Haltung zu jedem Zeitpunkt beständig liebevoll bleibt, da die Tiere mit ihrer ausgeprägten ESP sofort bemerken, wenn sich die Haltung verändert.

Mein Großvater war neben einem bekannten Zirkuskünstler und Unternehmer, um nur einige seiner vielen Talente zu nennen, auch ein Reiter und Pferdetrainer. Ich habe ihn nie persönlich getroffen, doch ich weiß es von den Geschichten, die mir mein Vater weitergegeben hat. Ich hielt meinen Vater für einen Mann vom Schlag eines Unternehmers, da er die Gene meines Großvaters in sich trug. Auch er hatte eine einzigartige Art und Weise, mit Tieren umzugehen. Ich denke, auch ich habe etwas von ihrem furchtlosen Herz für das Leben der Tiere geerbt.

Ich habe so viel von meiner Wolf-Gefährtin in der Zeit meiner Blindheit gelernt, das mir nur half das zu verbessern, was in der mit schattenhaften Hindernissen versehenen Welt des Lichts auf mich wartete. Es ist nicht einfach zu erklären, wenn es von Geburt an ein Teil deines Lebens war, doch in den Momenten, in denen ich ängstlich war, brachte mir diese Wölfin die Kunst der Entspannung und des Zur-Ruhe-Kommens bei, sowie instinktiv eine wahre Freundschaft anhand einer sanften Berührung zu erkennen. Aber viel wichtiger noch: wie man einen Freund von einem Feind unterscheiden kann. Das ist genau der Punkt, von dem ich finde, dass wir als Menschen den Weg verloren haben. Nichtsdestoweniger hat diese Erfahrung mir oft den Tag gerettet in dieser schnellen und verwirrenden Welt des Unbehagens, in der wir heutzutage leben.

Sie war besonders hilfreich in dem Bereich, den ich „Entnervtes Verhalten innerhalb der heutigen menschlichen Rasse" nenne. Agieren wir Menschen letztendlich nicht noch unzivilisierter, indem wir manchmal die Aussage „Schlechter als Tiere zu handeln", verwenden? Eine Aussage, von der ich denke, dass die Tiere nicht verdient haben, dass wir Menschen so über sie sprechen.

Ich halte mich jetzt nicht für eine Autorität, wenn es um das heikle Thema geht, einen angeblichen Feind zu besiegen, doch ich denke, dass das Argumentieren und Ablehnen von weisen Worten viel machtvoller ist als eine Waffe, wenn es darum geht, über jemanden zu siegen, besonders, wenn es sich um eine Situation handelt, die für beide Individuen gerecht und verständlich ist, egal wie machtvoll sie auch sein mögen. Tatsächlich glaube ich sogar, je machtvoller ein Individuum ist, umso höflicher, bescheidener und selbstloser sollte die Person oder das Land sein.

Wenn es an mir läge, würde ich die kleineren Länder der Welt mit derselben Sensibilität behandeln, die ich bei einer jüngeren Schwester oder einem jüngeren Bruder an den Tag legen würde. Ich würde sie immer für eine Erweiterung meiner eigenen Familie halten. Im ursprünglichen traditionellen Weg der Original Natives würde ein Häuptling mit aufrichtigem Herzen am Ende der Saison, wenn er das ganze Jahr über Geschenke von seinen Anhängern oder anderen Nationen bekommen hatte, seinen Stamm um sich versammeln und diese Geschenke unter den Menschen verteilen. Obwohl mit dem Einmarsch der Weißen viele schlechte Angewohnheiten angenommen wurden, ist der Brauch des Gebens in vielen Eingeborenenstämmen noch erhalten geblieben. Da gibt es noch ein anderes Beispiel: Als die Iren während der „Kartoffel-Hungersnot" eine Bitte um Hilfe an die Welt aussandten, waren es die für ihre extreme Großzügigkeit bekannten Choctaw und Lenape, die in einem Anflug der Barmherzigkeit den Iren während ihrer Stunde der Not Erleichterung zukommen ließen.

Das Volk der Choctaw ist keineswegs eine reiche Nation und wird selbst immer noch von den Weißen verfolgt, die in ihr Land eingedrungen sind. Dennoch waren sie es, die den Hilferuf der Iren beantwortet und ihnen mit einer kleinen Geldspende geholfen haben zu überleben. Jahre später sandten die Iren eine Delegation nach San Francisco, um diesem Stamm ein Geschenk der Wertschätzung für ihre von Herzen kommende aufmerksame Zuwendung zu machen.

Kilroy, der unausstehliche aber liebenswerte Papagei

Eines der unausstehlichsten Haustiere meiner Mutter könnte ich niemals vergessen. Sein Name war Kilroy und er war ein Papagei. Kilroy war schon ein sehr außergewöhnlicher Name, denn eigentlich kam er ja aus Mexiko. Persönlich hätte ich mir einen Namen wie Pancho oder Villa besser vorstellen können. Und wenn wir schon über Immigranten sprechen sollte auch erwähnt sein, dass er einer war. Und er war nicht einmal legal in den USA. Also, wie hat er es dann überhaupt über die Grenze geschafft? Seine Geschichte beginnt in Juarez. Obwohl die Grenze nur 350 Meilen von Albuquerque entfernt lag, fuhren wir nur selten dort hin. Aber wenn wir fuhren, gingen meine Eltern sehr gerne zum Mercado. Das war ein zweistöckiger Markt in dem man alles kaufen konnte. Von Lebensmitteln, über Fisch, Fleisch, Gitarren, Pflanzen oder Tiere gab es dort einfach alles, was das Herz begehrt. Es gab Angebote an jeder Ecke. Wir machten uns immer einen Treffpunkt aus und trennten uns dann eine Stunde, um nach den besten Angeboten Ausschau zu halten. Wie schnell eine Stunde vergehen kann, merkte man dort am besten. Ich traf meinen Vater genau nach einer Stunde am ausgemachten Treffpunkt aber meine Mutter war nirgendwo zu sehen. Mein Vater begann sich Sorgen zu machen und sagte: „ Du schaust dich im ersten Stock um und ich suche sie hier unten. Wir treffen uns in 10 Minuten genau hier wieder." Ich ging nach oben und ging von Verkaufsstand zu Verkaufsstand und es dauerte nur ungefähr 5 Minuten bis ich sie gefunden hatte. Sie war im Haustiergeschäft und hielt einen kleinen Babypapagei im Arm. Sie sah mich an und sagte: „ Sag deinem Vater, er soll bitte herkommen." Ich rannte einen Stock tiefer und sagte ihm, dass ihn meine Mutter gerne im ersten Stock sprechen würde. Als wir bei ihr ankamen, hielt sie den kleinen Babyvogel noch immer im Arm und strahlte über das ganze Gesicht. Ich muss zugeben, dass ich auch dachte ‚dass er süß aussieht. Mein Vater lächelte nur und bezeichnete den Papagei als charmant. Er erinnerte meine Mutter, dass es langsam spät wurde und dass der Verkehr am Grenzübergang immer stärker werden würde. Wir wollten außerdem noch in El Paso Abendessen. Sie sah meinen Vater an und sagte: „Ich will ihn." Mein Vater lächelte sie an und sagte: „Dir ist schon klar, dass du ihn nicht mit über die Grenze nehmen darfst, oder?" Der jugendliche Verkäufer unterbrach meinen Vater und sagte: „ Señor, ich kenne einen Weg wie Sie ihn ohne Probleme über die Grenze bekommen." Meine Mutter sah den Verkäufer an und bat ihn, meinem Vater das gleiche zu erzählen was er ihr schon erzählt hatte. „Alles was sie machen müssen ist dem Vogel einen Löffel Whiskey zu trinken zu geben und schon schläft er die ganze Reise in einer Papiertüte unter dem Armaturenbrett." (Zur damaligen Zeit waren die Armaturenbretter nach unten hin noch offen) Die Reaktion meines Vaters zum Vorschlag des Verkäufers war eher negativ. Aber meine Mutter tat genau das, was ich dachte. Sie ging zu meinem Vater, küsste ihn auf die Wangen und sagte: „Sei doch kein Angsthase. Ich glaube dem Verkäufer." Der Jugendliche stimmte nochmals zu und sagte: „Hören Sie auf ihre Frau, Señor. Ich garantiere Ihnen, dass es funktioniert." Meine Mutter sah meinen Vater an und sagte: „Mach dir doch keine Sorgen. Ich fahre über die Grenze." Er sah einfach nur weg. Er konnte es kaum glauben als meine Mutter dem Verkäufer zwanzig Dollar in die Hand drückte und den Papagei und die Papiertüte mitnahm. Am nächsten Schnapsladen kaufte sie noch eine kleine Flasche Whiskey und schon waren wir am Weg zu unserem Auto. Meine Mutter befolgte die einfachen Anweisungen des Verkäufers und fuhr auch los. Wir waren früh genug losgefahren. Der Verkehr hielt sich in Grenzen. Als wir der Grenze immer näher kamen, saß mein Vater wie versteinert am Beifahrersitz. Meine Mutter bat ihn sich zu entspannen, doch er antwortete nur: „Wie soll ich mich denn entspannen mit einem betrunkenen Papagei unter dem Armaturenbrett?" „So ist es besser. Lach ein wenig und mach ein paar Späße. Der war wirklich gut, " sagte sie. Wie ich meinen Vater kannte wusste ich, dass kein Scherz der Welt ihn davon abhalten konnte sich Sorgen zu machen. Er starrte gebannt auf das Armaturenbrett bevor ihn meine Mutter bat das doch zu unterlassen. Wir erreichten die Grenze und die Wache beäugte uns alle ganz genau. Es verlief alles wie immer. Er fragte uns ob wir amerikanische Staatsbürger seien, worauf wir alle mit einem schlichten „Ja" antworteten. Ein paar Sekunden später hatten wir die Grenzkontrolle auch schon hinter uns gebracht. Mein Vater sagte nur: „ Lass uns einfach weiterfahren. Wir essen dann in Las Cruces." Zwanzig Meilen später starrte mein Vater noch immer in den Rückspiegel bis er sagte: „Bleib bitte stehen und lass mich weiterfahren." Ein paar Meilen später blieb sie stehen und sie tauschten die Plätze. Mein Vater fuhr los und meine Mutter griff sofort unter das Armaturenbrett und holte die kleine Papiertüte hervor. Sie öffnete sie und fand den Papagei noch immer tief schlafend vor. Sie lächelte und sagte: „Um ehrlich zu sein habe ich ihm einen ganzen Löffel gegeben und nicht einen halben wie der Verkäufer gesagt hat. Ich wollte einfach nur sicher gehen, dass er nicht aufwacht." Nach dem Abendessen in Las Cruces fuhren wir nach Hause. Als wir das Haus betraten, war der Papagei zwar ausgenüchtert aber sehr hungrig. Er sah prächtig aus aber wir waren uns alle im Klaren, dass es der Papagei meiner Mutter war, denn er mochte sie schon offensichtlich am meisten. Für mich hatte er einen speziellen Blick mit dem er mich nur mit einer Seite des Gesichts ansah. Meine Mutter beschloss ihn Kilroy zu nennen, wie die Poster, die während des zweiten Weltkriegs populär waren. Kein sehr origineller Name aber ich glaube er mochte ihn doch sehr, denn er wiederholte ihn immer und immer wieder. Wenn es ihm zu langweilig wurde immer nur Kilroy zu sagen, begann er einfach mit „Kilroy, Kilroy, Kilroy" um kurz darauf auf „Roy, Roy, Roy, Roy, Roy" zu wechseln. Er wurde zu einem richtigen Familienmitglied. Er wurde nie in einen Käfig gesperrt und konnte so herumlaufen und fliegen wie er es nur wollte. Ich schrieb damals sehr viel, als wir unterwegs waren. So saß ich im hinteren Bett unseres Wohnwagens um ein wenig Privatsphäre zu haben. Aber hatte ich gerade Privatsphäre gesagt? Entweder genoss es Kilroy mich zu nerven oder zu krächzen wenn ich gerade spielte. Jedes Mal, wenn ich mir meine Gitarre schnappte und zu spielen oder zu singen begann, kam er angelaufen, um sich vor meinem Bett in Position zu bringen, und begann lautstark zu krächzen währenddessen er vor und zurück lief. Und er war keinesfalls leise. So rief ich einfach meine Mutter. Sobald er sie kommen sah, versteckte er sich sofort im letzten Eck unter meinem Bett. Manchmal dauerte dieses Katz und Maus Spiel eine ganze Weile, war er doch ein sehr sturer Papagei. Ich würde beinahe soweit gehen ihn meinen eigenen kleinen Terroristen zu nennen. Nichtsdestotrotz war er ein Mitglied unserer Familie, der viele schöne Erinnerungen zurückließ. Als ich ein Kind war, genoss ich es immer eine bunte Vielfalt von Tieren um mich zu haben, die mein Vater für seine Darbietungen benötigte. Da gab es Meerschweinchen, Tauben, weiße Mäuse und Cookie, unseren kleinen weißen Hund, den mein Vater darauf trainiert hatte, mit dem männlichen unserer beiden Affen, namens Frankie, zu boxen.

Molly, die blinde Taube

Wir hatten auch eine blinde Taube namens Molly. Sie war eindeutig der Liebling meines Vaters. Sie war Teil einer seiner Clown Darbietungen. Er kam auf die Bühne und spielte ein Solo auf der Trompete. Plötzlich kam Molly hereingeflogen und setzte sich auf das Schallstück. Er hörte auf zu spielen und schon flog sie wieder davon. Sie flog über die Köpfe der Zuseher bis in die Vorhalle. Sobald er wieder zu spielen begann, kam sie wieder angeflogen, um sich zielsicher wieder auf dem Schallstück der Trompete niederzulassen. Eines Tages hielten wir eine Vorstellung in einem Gemeindehaus. Nach der Vorstellung packten wir unsere Sachen und fuhren los. Ungefähr 50 Meilen später fragte mein Vater: „Wo ist eigentlich Molly?" Niemand wusste Bescheid. Wir hatten sie einfach vergessen. Mein Vater drehte sofort um und fuhr zurück zum Gemeindehaus. Meine Mutter wartete im Auto, als wir hineingingen um nach ihr zu suchen. Nach einer vergeblichen, 25 minütigen Suche, waren wir schon bereit aufzugeben, als meine Mutter mit der Trompete meines Vaters in die Halle kam. Sie drückte sie ihm in die Hand, worauf er sofort auf die Bühne stieg und zu spielen begann. Es dauerte nur ein paar Sekunden und schon saß Molly wieder auf ihrem Platz auf meines Vaters Trompete. Einen Moment später waren wir alle zurück im Auto und fuhren glücklich unserem nächsten abenteuerlichen Auftritt entgegen. Mit ihren allgegenwärtigen Liebesbeweisen lehrten mich meine Eltern, dass es eine Liebe und einen Respekt zwischen Menschen und unseren Freunden, den Tieren gibt. Darauf sollte man nie vergessen und es nie selbstverständlich betrachten.

SILVERBIRD'S RESTAURANT

Im Jahr 1984 hatte ich eine neue Vision. Ich war mir ehrlicherweise weder deren Ausmaß noch der Auswirkungen bewusst, die sie auf mein Leben haben würde. Wie eine Stimme in einem Traum sprach die Vision zu mir, gab mir genaue Anleitungen etwas zu betreiben, womit ich überhaupt nicht vertraut war. Sie lieferte mir so ein perfektes Bild von dem, was ich zu tun hatte, mit so einer starken Energie und vermittelte mir jedes Detail bis zum letzten Buchstaben, dass die Umsetzung dieser Vision eine meiner größten Leistungen in meinem Leben in Manhattan sein würde. Sie katapultierte mein Leben von dem Extrem der angenehmen Selbstzufriedenheit in jenes der allgemeinen Bekanntheit in New York City. Mein Aufstieg von einem Sänger in einem Nachtklub ging so weit, dass mich die Leute in höheren Rängen, mit Titel wie Unternehmer oder Restaurantbesitzer, zu allen möglichen Fernsehevents und Festivitäten einluden, die normal der hohen Gesellschaft vorbehalten waren.

Ich wachte eines Morgens mit leichtem Kopfweh auf und dachte, es käme von der traumähnlichen Vision, die ich in der Nacht gehabt hatte. Ich ging zu meinem Arbeitsplatz und beobachtete mich selbst, wie ich die Speisekarte und die architektonischen Pläne für ein indianisches Restaurant in Manhattan gestaltete.

Jetzt wird euch jeder, den ihr fragen werdet, antworten, dass es in New York schon jedes erdenkliche Restaurant gibt: indonesische, japanische, thailändische und natürlich abertausende mexikanische. Doch was fehlte war mein ein besonderes Restaurant. Ich hatte den Traum, ein Original Native Restaurant zu eröffnen.

Ich begann also, mit einigen Freunden wie Tom Madden und Rob Rosenberg darüber zu sprechen. Tom stellte mir einige Leute aus Boston vor und in der Zwischenzeit begann ich, das Menü meiner Träume mit indianischen Gerichten vorzubereiten. Ich suchte auch nach einem geeigneten Platz in der Stadt dafür. Ich verbrachte fast drei Monate, in denen ich beinahe Tag und Nacht damit beschäftigt war, ein attraktives Menü nach dem New Yorker Standard zusammenzustellen, von dem ich das Gefühl hatte, dass es die Stadtbewohner anlocken könnte.

Meine Vision sagte mir, wenn ich ein Original Native Restaurant haben würde, dann musste sich das Ambiente komplett von allem anderen unterscheiden, so, als ob man in eine Miniatur von Santa Fe oder Sedona, eintreten würde, und zwar zu der Zeit, als diese Orte noch über die alte, spirituelle Energie verfügten. Mittlerweile haben diese beiden Orte jedoch diese Energie verloren und wirken wie kleine Vorstädte von New York City. Vielleicht kommt das daher, dass ich mich an die Spiritualität dieser Orte so gut erinnere, weil ich als Neunjähriger mit meinem Vater dorthin reiste. Diese Spiritualität ist verschwunden, nachdem eine neue Generation von Oststaatlern eine zweite Invasion in diese einst so schönen Gegenden gestartet hatten, die jetzt nichts mehr zu bieten haben, außer Einbahnstraßen in alle Richtungen. Das Magische der alten Spanier und Ureinwohner mit ihren Lehmziegelbauten ist verschwunden. Ich müsste zurückgehen, um die alten Tage wieder ins Leben zu rufen, als das Gefühl und die Faszination noch echt waren.

Ich musste unbedingt das wichtigste Fleisch, das repräsentativ für alle Ureinwohner Amerikas war, in meinem Restaurant haben: Büffelfleisch. Ich traf ein exklusives Abkommen mit einer Büffelvereinigung im Süden, um Büffelfleisch geliefert zu bekommen und mietete einen Kühlraum in New Jersey, um es zu lagern. Sie stellten mir eine einzigartige Lizenz in New York aus: Jeder, der Bisonfleisch haben wollte, würde es über mich beziehen müssen. Die Speisen mit Büffelfleisch enthielten Büffelfilets, Büffeleintopf, Büffel Tatar und Büffelburger. Es war eine appetitliche Anordnung von gut schmeckenden exotischen Speisen, die die verschiedenen Stammesgebiete repräsentierten, mit einer starken Betonung auf westliche Haida Fischgerichte.

Natürlich gab es auch den beständigen „Indian Taco", den ich „Navajo Jojos" zu nennen beschloss, um nicht zu vergessen, dass wir in New York waren und manch attraktiver Name manchmal dabei half, auf die eine oder andere Art und Weise zum Erfolg zu kommen. Nach einer Weile kamen viele der modernen Generation der Wall Street herein und verlangten nicht nach Navajo Jojos sondern nach den „Jojos", wie sie sie nannten. Es gab sie auf vier verschiedene Arten: Vegetarisch, mit Huhn, Lamm oder Büffel. Im Hintergrund plante ich etwas, das auch von meiner Vision herrührte, nämlich, meinem Volk Arbeit zu beschaffen. Ich sah mein Volk eine Fast Food Kette von indianischen Restaurants im ganzen Land eröffnen. Ich rief meine Künstlerfreundin „Light Feather" in New Mexiko an und erwähnte meine Franchise-Idee des Öfteren, da sie sehr an dem Plan interessiert zu sein schien.

Danach gestaltete ich die Pläne für die Innenarchitektur des Restaurants, so wie ich sie in meinem lebendigen Traum gesehen hatte. Bitte lasst mich erklären: Ich hatte nie ein Restaurant besessen oder darin gearbeitet, sondern bin einzig und allein als Sänger tätig gewesen. Das einzige, das ich über Restaurants wusste, war, dass ich das Essen, das mir dort serviert wurde, entweder mochte oder nicht. Ich war bereit, teures Geld für gutes Essen und gute Bedienung zu bezahlen und erinnerte mich immer an die Worte meines Vaters, die ich auch befolgte: „Stellt es mir in Rechnung, aber füttert mich".

Die Vision, die so lebendig war, dass ich sie schon „Lebendigen Traum" nannte, führte mich durch alle Schritte, die nötig waren, einschließlich warum ich das tat. Ich rief zwei Freunde von Alberquerque und Arizona an und bat sie, hierher zu kommen, um mir zu helfen. Eine davon war eine begabte Künstlerin, „Light Feather". Ich dachte kein zweites Mal darüber nach, was ich tat. Ich machte einfach so weiter, als ob ich mich auf einer perfekt geplanten Mission befinden würde, die es zu erfüllen galt. Zur gleichen Zeit sang ich noch in einem anderen Lokal. Es war ein kleines Imbisslokal im Osten von New York, an der 50sten Straße und an der dritten Allee. Ich trat dort schon seit sieben Jahren mit meinem Partner und begleitenden Pianisten, Ilya Moslov auf. Wie dem auch sei, ich hatte mit diesem Ort nichts weiter zu tun, als dort als Sänger angestellt gewesen zu sein. Ich hinterfragte nie die Machenschaften der Funktionalität eines funktionierenden Restaurants oder mischte mich ein.

Und jetzt ertappte ich mich selbst dabei, wie ich die ganze Nacht aufblieb, um an den Plänen meines eigenen Restaurants zu arbeiten. Ich plante alles im Vorhinein, als ob ich von einer inneren Kraft geführt werden würde. So, als ob ich im Vorhinein schon wüsste, was ich tat, arbeitete ich an jedem Detail und diese größere Kraft energetisierte mich weiterhin spirituell. Ich sah mich weiterhin nach einer geeigneten Lokalität um. Eine fand ich inmitten von Manhattan, genau neben einem Lokal von Roy Rogers. Der Trick dabei wäre gewesen, es für Werbezwecke als Cowboys und Indianer zu nützen. Dazu kam, dass es genau gegenüber von dem Theater lag, in dem sie gerade erfolgreich „Les Miserables" spielten. Das würde mir eine gute optische Exposition für einige Kunden bringen.

Ich hatte einen unglaublichen Instinkt oder ein Gefühl dafür, dass dies genau das Richtige war, doch ich hörte nicht darauf, ich wurde sogar vom Gegenteil überzeugt. Mir wurde vorgeschlagen, dass ein Lokal in der Straße der Restaurantzeile besser sei. Also sah ich mich weiter um und fand ein neu renoviertes Lokal zwischen der 85sten und der 86sten Straße in der Kolumbus Allee.

Es war ein gut aussehender Platz, der leider gerade neu renoviert worden war, von der architektonischen Seite her ganz von dem entfernt, was ich mir vorstellte. Ich dachte nicht einmal darüber nach, wie der Platz jetzt aussah, sondern wusste nur, dass er komplett umgebaut werden müsste. Ich hatte meinen eigenen visuellen Traumplan, dem ich folgen wollte. Ich heuerte weitere vier langhaarige Eingeborene eines Stammes in New York City an und begann, das Lokal so umzubauen, dass es wie in Santa Fe oder irgendwo sonst im Südwesten aussah. Wir verdeckten die großen Fenster an der Straßenseite mit Papier, so wie es üblich ist, wenn man ein Geschäftslokal umgestaltet.

Dann fragte ich meine Künstlerin „Light Feather", ob sie den folgenden Text oben in die Auslagen malen könnte: „US Indianer entdecken Kolumbus". Sie lachte und dachte, ich mache Spaß, also sagte ich zu ihr: „Ich meine es ernst. Schreib die Buchstaben auch groß genug!" Ich habe auch nie die Tür zugesperrt, wenn wir gearbeitet haben, im Gegenteil, sie war sogar immer einen Spalt offen.

Schon nach ein paar Tagen brachte uns meine Idee für diese Werbung unglaubliche und enorme Resultate ein. Viele Menschen, die auf etwas Neues aus waren, als auch einige wichtige Vertreter der Medien versuchten einen Blick zu erhaschen. Dann wagte ich einen Versuch und fragte nach einer besonderen Telefonnummer mit meinen Glückszahlen, 777-7777. Diese Nummer war noch frei. Es war erstaunlich, dass in einer so großen Stadt noch niemand diese Telefonnummer hatte. ABC besaß die Telefonnummer 777-7778, also wies ich jeden an, der ans Telefon ging, sich mit „Silverbird, New Yorks erstes Native Restaurant" zu antworten. So würde jeder, der zum ABC wollte und sich verwählte, über unser Restaurant informiert werden. Das funktionierte wunderbar zu unseren Gunsten. Der Plan funktionierte beinahe so gut, als ob ich eine eigene Werbefirma angeheuert hätte, die diesen teuren Werbefeldzug steuerte. Doch bisher hatte ich noch keinen einzigen Penny für Werbung ausgegeben. Ich konnte es kaum glauben, wie viel Energie meine vier Worte in der Auslage angesammelt hatten. Ich konnte mich damals gar nicht daran erinnern, aber mein Vater erinnerte mich früher immer wieder, dass die Nummer 4 eine spirituelle Glückszahl ist. Er erklärte mir niemals, warum diese Zahl Glück bringe. Er sagte nur, dass es so sei und ich deshalb daran glauben solle. Mir war jedoch klar, dass ich durch die vier Worte die ganze gelangweilte Stadt New York aufgeweckt und aufgestachelt hatte.

Wir müssen uns vor Augen halten, dass das noch zu einer Zeit stattfand, in der es weder Internet noch Mobiltelefone gab. Ohne diese neuen Technologien war ich in der Lage gewesen, die gesamte Presse in eine positive Stimmung zu versetzen. Kaum war das Telefon angeschlossen, klingelte es permanent. Die Werbewirksamkeit, die es hervorrief, war fabelhaft. Ich war so konzentriert und vertieft in mein Bestreben, dass es mich nicht störte. Es war so, als ob ich schon immer gewusst hätte, dass dies alles so vorherbestimmt gewesen war.

Jeder Tag war einfach ein neuer Arbeitstag. Einmal hatte ich eine Art Stahlvorrichtung, auf die Schleifen aufgeschweißt wurden, um ein paar Vigas zu formen. Das sind rustikale Holzornamente im Stil von Neu Mexiko, eine Art Ornament, das ich üblicherweise mit Blumen und Pflanzen füllte und zu jeder Seite des Eingangs aufstellte. Das Werk schien außergewöhnlich gut zu werden. Meine Künstlerin malte ein paar wunderschöne Wandgemälde auf die hinteren Fenster, die nach Osten zeigten und die noch schöner aussahen, wenn die Sonne hineinschien. Sie bemalte auch die 75 Fuß lange Wand, die spiralförmig nach unten führte und ein Getreidefeld darstellte, an dessen Ende ein weißer Büffel stand.

Mein Freund aus dem Clan der „White Mountains" fertigte eine Eisenskulptur für das Ende der Stiegen an. Er sprach nie viel und sobald er das Material zusammen hatte, das er brauchte, begann er zu arbeiten und hörte nicht eher auf, bis er fertig war. Ich kann mich nicht erinnern, dass er je viel zu mir gesagt hätte, außer wenn wir Materialien einkaufen gingen, die er für seine Arbeit mit dem Eisen brauchte, und dann sprachen wir hauptsächlich Englisch. Ich nannte ihn den „Stillen Mann".

Es gibt sieben Hauptclans bei den Apachen, die unser Volk beinhaltet. Ihre Sprache wird auch heute noch gesprochen. Sie unterscheiden sich auch voneinander. Im Reservat der White Mountain Apachen, aus dem mein Eisen-Künstler kam, gibt es ungefähr 5000 Personen, die ihre Muttersprache sprechen, im San Carlos Reservat sind es ungefähr 4000. Sie werden auch als westliche Apachen bezeichnet. Es soll auch gesagt werden, dass die Navajos, deren Anzahl über 300.000 Personen ausmacht, die am weitesten verbreitete Sprache der Eingeborenen im heutigen Amerika sprechen. Sie ist sehr ähnlich mit der Sprache der westlichen Apachen, da es in der Vergangenheit eine Blutsverwandtschaft gab. Auch wenn sie nur eine kurze Zeit miteinander verbracht hatten, konnten sich diese Stämme der Ureinwohner untereinander gut verständlich machen. Wenn sie sich gegenseitig begrüßen, benutzen sie den Ausdruck „Dine", was so viel bedeutet wie" Das Volk".

In einer kleineren Anzahl beherbergt das Mescalero Reservat ein paar tausend Menschen, die Mescalero und Chiricahua sprechen. Das sind verwandte Dialekte der östlichen Apachen. Eine noch kleinere Gruppe Chiricahuas bei Oklahoma spricht denselben Dialekt, wohingegen ein anderer Dialekt, jener der Kiowa Apachen, nur noch von drei oder vier Personen gesprochen wird. Sie leben in Oklahoma nahe der Gruppe der Kiowa, doch die Kiowa sind in keinster Weise mit den Kiowa Apachen verwandt.

Meine Nachfahren kamen von einem kleineren Unterclan, der eine ganz andere Sprache gesprochen hat. Früher, in den alten Tagen, als die Clans noch mehr reisten und sich miteinander verständigten, gab es ein fließendes Verständnis der Sprachen der Apachen unter allen Clans. Doch das kann jeder Volksgruppe passieren, wenn sie analytisch oder methodisch von einem Ort zum anderen umgesiedelt wird, um absichtlich so eine Orientierungslosigkeit und Verwirrung zu stiften.

Doch lasst uns mit der Entstehungsgeschichte meines Restaurants fortfahren, die meinen Geist die ganze Zeit über beschäftigt hielt:

Wir bauten an der gegenüberliegenden Seite des Restaurants zwei Ornos. Das sind Feuerstellen der Ureinwohner. Ich wusste, dass sie dort hingehörten, da ich es in meiner Vision so gesehen hatte. Gerade als ich dachte, mir würde nicht noch einmal so ein Geschenk zuteil werden, befand ich mich inmitten von dem nächsten, in einer der größten Städte der Welt. Reporter von Zeitschriften und Zeitungen kamen herein, hinterließen ihre Visitenkarte mit ihrer Telefonnummer, um ein Interview zu bekommen.

Ich war zu beschäftigt jemanden zurückzurufen, da ich mit Glas eingefasste Schmuckvitrinen baute, die an den Wänden aufgestellt werden sollten, wo die Gäste zu ihren Plätzen gehen würden. Ich ließ diese Ausstellungsvitrinen unter meiner Aufsicht irgendwo in Bronx anfertigen. Es fiel mir sehr schwer, das alles zu glauben, noch viel schwerer zu erklären, wie es den anderen damit ging. Ich konnte mir nicht vorstellen, es jemandem zu sagen, dass dies alles von einem visionsähnlichen Traum inspiriert worden war. Was wusste ich schon von der Herstellung dieser Vitrinen, um darin Schmuck und Handarbeiten der Ureinwohner auszustellen? Nicht, dass ich mich nicht für einen Menschen mit großer Vorstellungskraft gehalten hätte, doch ein ganzes Restaurant vollständig so zu dekorieren, dass die Gäste, wenn sie hereinkamen, nicht nur das Gefühl hatten, in meinem Teil des Südwestens zu sein, sondern wirklich meinten, dort zu stehen, hätte ich mir nicht gedacht. Die Leute konnten die Eröffnung kaum erwarten. Ich konnte ihre Aufregung spüren, wenn sie zurückkamen, um sich nach dem Eröffnungsdatum zu erkundigen.

Als wir den Mietvertrag unterschrieben, sah das Lokal fehlerfrei aus, die Küche schien in Ordnung zu sein, bis die Inspektoren kamen und uns sehr schlechte Nachrichten mitteilten … die Küche entsprach nicht den Normen. Dies erfuhr ich nur vier Tage vor der großen Eröffnung. Ohne eine Sekunde zu verschwenden, nahm ich die U-Bahn und fuhr zur 14. Straße in die Französische Kochschule und fragte, ob ich die Küche für den Tag der Eröffnung mieten könnte, und es ging in Ordnung. Der Eröffnungstag kam, meine deutsche Partnerin Inga und ihr ehemaliger Vier-Sterne-Chefkoch und Ex-Ehemann Helmut kamen irgendwoher aus dem Süden angeflogen, um das Essen für die große Eröffnung zu kochen.

Es war eine sehr nette Geste von ihm zu kommen, doch als er von seiner ehemaligen Frau unterrichtet wurde, dass es keine Küche gab, wurde er blass. Und das war nicht leicht, denn er war schon ein sehr „weißer" Mann aus Deutschland. Als wir uns trafen, sagte ich: „Mach dir keine Sorgen Helmut, ich habe schon Vorkehrungen getroffen." Wir stiegen in mein Auto und fuhren ihn zur Kochschule. Ich erklärte ihm: „Hier wirst du das ganze Essen kochen und einer von meinen Leuten wird es in einem Lieferwagen zum Restaurant transportieren. Keiner wird den Unterschied bemerken." Er lächelte mich an und meinte: „Das ist genial." In dem Moment war ich überglücklich von ihm gelobt zu werden. Er blieb zurück und bereitete sein Vier- Sterne-Menü vor, während ich zurückfuhr und eine blockierte Straße vorfand, die voll von Leuten war, die in mein Restaurant wollten. Ich schlich mich an ihnen vorbei in mein Lokal und fuhr fort zu überprüfen, ob alles bereit war.

Ich werde nie vergessen, was ich gerade tat, als die ersten Leute hereinkamen: Ich gab dem Eingangsbereich noch den letzten Schliff. Die Leute suchten den Restaurantbesitzer, und ich, der Chef, wischte den Fußboden auf. Es gab jedes Mal einen Artikel in den Zeitungen, im Fernsehen und in den Zeitschriften. Und das war sehr oft. Ich pflegte Anrufe vom Inhaber des Restaurants „Fenster der Welt", bei den Zwillingstürmen, zu bekommen. Ich denke, er hieß Joe Blum. Er war immer ganz aufgeregt, weil es über mich so viele Artikel in den Zeitungen gab. Eines Tages rief er mich an und sagte: „Ich weiß nicht, wie du das machst. Heute bist du auf der Titelseite der Wall Street Zeitung mit einem ganzseitigen Bericht. Gestern warst du in der Regis Fernsehshow. Komm doch und arbeite für mich!" Wenn ich damals gewusst hätte, was der Schöpfer noch mit mir vorhatte, hätte ich sein Angebot wohl in Betracht gezogen.

An einem anderen Tag blieb eine weiße Limousine vor meinem Lokal stehen und Goldie Hawn, hochschwanger, stieg aus und sagte: „Ich hab dich im Fernsehen gesehen, wie du ein paar perlenbestickte Turnschuhe gezeigt hast. Ich hätte gern so ein Paar." Ich sagte ihr, sie möge einen Moment warten und ging, um „Light Feather" zu holen, damit sie das übernahm. Als wir zurückkamen, war sie verschwunden, da sie eilig ins Spital musste, um ihr Baby auf die Welt zu bringen.

Ich bin mir sicher, Goldie erinnert sich daran wie an den beiläufigen Moment kostbaren Schmerzes. Es war ein seltsamer Zufall, dass das ABC zur gleichen Zeit eine Reportage vom Museum der Naturgeschichte brachte und sie dort perlenbestickte Turnschuhe zeigten. Sie kamen geradewegs in Silverbird's Restaurant, das hat auch Goldie gesehen. Es war etwas irreführend und hatte nicht wirklich etwas damit zu tun, dass wir perlenbestickte Turnschuhe hätten. Ich sagte zu „Light Feather": „Ich habe Goldie erzählt, dass du die Künstlerin warst, die das gemacht hat." Ihr dürft raten, was dann passiert ist: „Light Feather" sollte von diesem Tag an bei der Türe sitzen und Turnschuhe mit Perlen besticken. Sie war wohl die energischste Eingeborene mit Sommersprossen, die ich jemals kennengelernt habe. Außer natürlich meiner Mutter, die auch Sommersprossen hatte.

Ich hatte eine kleine Bühne für meinen Pianisten Ilya Maslov aufgebaut aber ging oft am Abend selbst auf die Bühne, um einige Lieder zu singen. Eines Abends hatte ich meinen Freund Floyd „Red Crow" Westerman zu Gast, er verzauberte alle, auch mich, mit seiner Stimme, die Johnny Cash sehr ähnlich war. Ein paar Tage später kam er vorbei und sagte: „Silverbird, ich gehe nach Hollywood und werde ein Filmstar." Und er tat genau, was er sagte.

Viele Stars kamen in mein Lokal. Joanne Shenandoah war ein weiterer. Sie lud mich ein, zur Amtsangelobung von Bush Senior nach Washington zu kommen, wo sie singen würde. Das war ein weiterer enttäuschender Moment für mich: Bush besuchte alle Festzelte mit Ausnahme von jenem der Original Natives, weil er behauptete, die Sicherheit sei dort nicht ausreichend. Für mich war diese Entscheidung herzzerreißend und respektlos allen Ureinwohnern Amerikas gegenüber. Da ich ein Mitglied der Gemeinschaft Amerikanischer Ureinwohner in Manhattan war (American Indian Community House, Anm. d. Übers.), spendete ich ihr einen Teil meiner Restauranteinnahmen. Mein Neffe arbeitete dort in der Werbung, und mein eigener Sohn wurde später, mit deren finanzieller Unterstützung, ein Microsoft Techniker. Der Betrag, den ich stiftete, war so gesehen recht gering. Der große Plan meiner Vision war es allerdings, eine Franchise Kette von Fast Food Restaurants zu gründen. Diese sollte sich über die gesamte USA erstrecken, um so weitere Arbeitsmöglichkeiten für Original Natives zu schaffen. Leider wurde dieser Plan nie in die Tat umgesetzt, da ich einen meiner besten Freunde verlor, der die ersten 12 McDonalds Filialen in New Jersey und New York eröffnet hatte.

Er kam manchmal vorbei und beobachtete den gleichmäßigen Fluss an Leuten, die in mein Restaurant kamen. Ich kann sagen, dass er mich mochte. Er fragte mich oft, warum ich nicht für ihn arbeiten würde. Er lud mich sogar ein, sein nobles Restaurant in Greenwich, Connecticut, zu besuchen, das der Beweis für seine Sachkenntnis in diesem Geschäft war. Dies war ein weiteres Angebot, das ich in Betracht hätte ziehen sollen.

Ich erinnere mich daran, zum Kulinarischen Institut von Amerika in Poughkeepsie gefahren zu sein, wo er mit seinem Segelflugzeug flog und mich traf. Wir trafen meinen Freund Joseph Amendolla, der einer der Senioren war, die mit dem CIA zu tun und unlängst mit 20 ihrer Küchenchefs mein Restaurant besucht hatte. Egal, diesmal waren wir seine Gäste beim Abendessen in dem CIA Fünf Sterne Restaurant.

Mein Freund verließ uns am nächsten Sonntagmorgen, um seine Mutter am Muttertag zu besuchen. Das Segelflugzeug zerschellte in den Bergen von Jersey und wurde am Montagnachmittag gefunden. Ich hatte nicht nur eine sehr nette Person verloren, sondern auch denjenigen, der so viel davon gesprochen hatte, mir bei der Verwirklichung des nächsten Schrittes meiner Vision zu helfen. Sein Rechtsanwalt, der ebenfalls ein guter Freund von mir war, rief mich im Schock an, um mir die schlechten Nachrichten mitzuteilen. Ich vermisste noch lange Zeit danach sein lustiges und lachendes Gesicht. Ich konnte ihn bildlich in meinem Restaurant sitzen sehen, wie er mein heiteres Benehmen bewunderte und genoss. Dies war das erste Mal, dass ich Schmerz empfand, seitdem ich das Restaurant eröffnet hatte. Ich fühlte mich, als ob sich der spirituelle Anteil von meinem Lokal rasch verschlechterte und vom Einfluss des Alkohols übernommen wurde.

Ich mochte den Teil des Lokals nicht, in dem sich die Bar befand, doch ironischerweise war das genau der Bereich, in dem das meiste Geld gemacht wurde. Ich fand auch heraus, dass einen die Barkeeper blind ausrauben konnten, oder wie manch einer im Scherz sagen würde „die stillen Partner werden". Ich wollte mit Alkohol nichts mehr zu tun haben. Ich war es leid geworden, zu beobachten, was der Alkohol im Allgemeinen mit den Leuten anrichtete, und vor allem auch mit mir selbst.

Wenn man naiv ist und alle Tricks und Hintergründe im Gastronomiegeschäft in New York nicht kennt, kann es manchmal ganz schön demoralisierend sein und auch gefährlich werden. Es gab eine Zeit, in der zwei gut gekleidete Männer kurz vor der Sperrstunde in mein Lokal kamen, sich an mich wandten und meinten, sie kämen von der örtlichen Kontrolle und wollten meine Lizenz sehen, um Alkohol ausschenken zu dürfen. Sie waren schnelle Redner und einmal erwischten sie mich in einem unachtsamen Moment. Sie forderten 500 Dollar sofort und noch einmal 1000 Dollar in den nächsten drei Tagen. Ich ging hinunter zu meinem Buchhalter Richard und erzählte ihm davon. Er fragte mich, was ich zu tun gedenke, und ich, der mit solchen Angelegenheiten nicht vertraut war, ging hinauf und gab ihnen das Geld.

Nachdem sie weg waren, sprach ich noch einmal mit Richard und er meinte: „Es ist nicht normal, dass sie einfach so hereinkommen und Bargeld mitnehmen." Ich gab ihm Recht und beschloss, einen alten Freund von damals, aus meiner Zeit in der Copacabana anzurufen, der vor kurzem wieder mit mir in Kontakt getreten war. Einige Jahre waren vergangen, seitdem wir uns das letzte Mal gesehen hatten. Dies geschah eines Tages an jenem Ort, dem Nachtclub Friar Tuck in Upstate Catskills, New York, an dem Ilya und ich die letzten drei Jahre lang aufgetreten waren. Dies geschah, bevor wir nach New York gingen und dort für sieben Jahre für die gleiche Familie arbeiteten. Von dort führte mich der Weg aber dann direkt zu meinem eigenen Lokal. Auf jeden Fall hatte sich in meinem Leben so einiges verändert, und wahrscheinlich ebenso viel in seinem, was sein jahrelanges Verschwinden erklären würde. Eines Nachts, als ich im Friar Tuck von der Bühne ging, kurz nachdem ich meine Gitarre für den Auftritt vorbereitet hatte, war ich wie versteinert, als er mich am Arm packte. Ich erinnere mich jetzt, dass es nicht einfach für mich war ihn wieder zu erkennen, denn er hatte sich sehr verändert. Aber als er anfing zu sprechen und sagte:" Du kannst dich nicht an mich erinnern, oder?", und ich tief in seine markant dunklen Augen blickte, wusste ich, dass diese Stimme und dieses Aussehen niemand anderem als „Joey P" gehören konnten.

Meine Gedanken versetzten mich sofort zu dem Zeitpunkt zurück, an dem wir uns das erste Mal trafen. Während ich in der Copacabana in New York auftrat, war immer ein leerer einzelner Tisch im Publikum, außer diese spezielle Person befand sich gerade im Copa. Egal wie brechend voll die Copacabana auch war, dieser Tisch war immer leer. Nur ein kleines weißes Schild, auf dem „Reserviert" zu lesen war, stand auf dem Tisch. Niemand durfte sich dort hinsetzen, außer diesem einen Mann, der für gewöhnlich alleine erschien und immer von Kopf bis Fuß elegant gekleidet war. Jeder nannte ihn schon JP oder Joey P, weshalb auch ich ihn so zu nennen begann. Die Besitzerin, Julie Podell, rief mich eines Abends zu sich und sagte mir, dass mich dieser ganz wichtige Klient sehen wolle. Ich schrieb ein Lied mit dem Titel „Liebesfantasie", das ich immer in der Show sang. Eines Abends lud er mich zu sich an seinen Tisch ein, zog 1500 Dollar aus der Tasche und drückte mir das Geld mit den Worten in die Hand: „Ich will, dass du das Lied aufnimmst." Ich antwortete: „Nein, ich danke Ihnen sehr, aber ich werde das Lied nächste Woche mit Columbia Records aufnehmen. Trotzdem ist es sehr nett von Ihnen, mir so ein großzügiges Angebot zu machen." Er steckte das Geld zurück in seine Tasche, starrte mich mit seinen dunklen Augen an und sagte: „Du bist ein anständiger Junge". Er fragte mich, ob ich am nächsten Sonntag kommen und mein Lied bei der Taufe seiner Tochter singen würde. Ich antwortete, dass es mir eine Ehre sei, für ihn zu singen.

Am kommenden Sonntag waren an einem Ort, der "Der runde Tisch" genannt wurde, eine große Menge an Leuten. Es war ein großer Raum. Ich bemerkte, dass jeder, der hereinkam, direkt zu JP ging und ihm die Hand küsste. Damals hat mich das noch nicht beunruhigt, denn ich war noch viel zu naiv und wusste nicht, wie das Leben in der großen Stadt funktionierte. Immerhin war Albuquerque nur ein kleiner Tropfen im Vergleich zu dem Eimer voll Wasser, der New York City ist. Die Jahre vergingen wie im Flug, und hin und wieder sollte sein Partner Carmine anrufen und sagen: „Reuben, JP ist zurück und hätte gerne, dass du kommst und dein Lied für ihn singst." Ich kam, sang und ging wieder nach Hause. Als noch mehr Zeit vergangen war, wie es nun einmal so ist, wenn man arbeitet um zu überleben, und wir unsere Freundschaft erneuert hatten, kam er wieder zu mir und fragte, „Könntest du bei der Taufe meiner Enkelin dein Lied singen?" Ich lächelte und sagte: „Du machst Witze". „Nein", antwortete er, „wir werden älter". Die Taufe fand in einem famosen Golf- und Landklub in der Nähe von New York statt.

Um es also kurz zu machen, ich habe ihn nie um etwas gebeten, obwohl er mir immer seine Hilfe anbot, wenn wir uns sahen. Jedoch wusste ich zu diesem Zeitpunkt schon wer er war, denn sein Gesicht war immer wieder in den Nachrichten zu sehen. So rief ich ihn an und erzählte ihm von meinem Dilemma. Er sagte: „Ich kann jetzt nicht reden, weil ich in einer Limousine sitze aber ich werde Carmine anrufen, sobald ich angekommen bin. Am Mittwoch, wenn diese Männer in dein Lokal kommen, wird er auf sie warten und mit ihnen reden." Ich bedankte mich und wartete ungeduldig auf Mittwoch. Pünktlich kam Carmine herein und kurz danach kamen auch die beiden Männer und nahmen ihren Platz bei der Bar ein.

Carmine, ein Mann groß wie ein Bär, den ich ziemlich gut kannte, erhob seine Stimme nie lauter als zu einem Flüstern. Trotz seiner Position in Verbindung mit JP war er ein freundlicher Mann, der Kinder sehr gerne mochte. Eines Tages bat er mich, in seiner Nachbarschaft in einer Schule mit behinderten Kindern zu singen und zu sprechen.

Auf jeden Fall sagte er: „Bleib hier, während ich mit ihnen rede." Dann ging er zu ihnen hinüber. Ich wartete und es dauerte nicht allzu lange. Ich konnte nicht hören, was sie gesprochen hatten und kümmerte mich auch nicht darum. Ich wartete einfach und als Carmine zurückkam, meinte er: „Es ist alles in Ordnung. Spendier ihnen ein Essen und sie werden verschwinden." Carmine verabschiedete sich, stand auf und ging zur Türe hinaus. Ich ging zu den beiden Männern hinüber, die ein angsterfülltes Gesicht hatten. Einer sagte zu mir: „Du hättest uns sagen sollen, dass du zu Joey P gehörst." Ich antwortete höflich: „Oh, es tut mir leid, ich vergaß das zu erwähnen."

Bevor ich noch etwas sagen konnte, standen sie auf und gingen zur Türe hinaus und ich habe sie nie wieder gesehen. So viele Jahre waren vergangen und bis zu diesem Moment hatte ich nie wirklich gewusst, wie machtvoll dieser Mann, mein Freund Joey P, war. Erst als ich die Angst in den beiden erschrockenen Gesichtern der Männer gesehen hatte, wurde es mir klar. Das ist nur eine der vielen Geschichten von Zwischenfällen, die passieren können, wenn man ein sehr erfolgreiches und bekanntes Restaurant in Manhattan besitzt.

Ich war Mister Silverbird geworden, doch es bedeutete mir nichts, denn ich hatte das Gefühl, dass ich langsam aber sicher etwas Wertvolleres als Geld und Status verlor....meine spirituelle Seele. Eines Tages, nach zweieinhalb Jahren, zahlte ich alle meine Angestellten aus und schloss ruhig die Türen von Silverbird, dem ersten indianischen Restaurant in New York City. Ich ging davon und blickte nicht einmal zurück, so wie ich es schon immer bei meinen vergangenen Unternehmen gemacht hatte.

So wie ich mich angepasst und ein Teil der Szene in New York geworden war, so habe ich es mir dennoch nie erlaubt, meine Spiritualität zu verlieren. Wenn etwas passiert ist, dann wurde sie dort stärker und stärker, während die Jahre verflogen.

Eines Tages erhielt ich einen Anruf von „Light Feather". Sie klang ganz aufgeregt, was normal war, da sie immer eine sehr fröhliche Person war. Sie sagte einfach: „Reuben, ich helfe, dass dein Traum wahr wird. Erinnerst du dich noch an Goldie Hawn?" Ich antwortete: „Wie könnte ich Goldie jemals vergessen?" Und sie fuhr fort: „Ich brachte ihr die perlenbestickten Schuhe nach Hollywood und sie hat es mir auf irgendeine Art und Weise ermöglicht, 200 Leuten unseres Volkes zu helfen, indem sie jetzt eine Anstellung haben und Turnschuhe mit Perlen besticken." Sie war so nett mich anzurufen und ihre glückliche Geschichte mit mir zu teilen. Es war wie ein Wohlklang, nett zu sein und sich des Wenigen zu erinnern, das ich getan hatte, um ihr wunderbares Talent zu fördern.

Und es erfüllt mich auch heute noch jeden Tag mit Freude, wenn ich mich an meine Momente als Restaurantbesitzer im Big Apple zurück erinnere.

SILVERBIRD

NEW YORK CITY'S 1st NATIVE AMERICAN RESTAURANT

Offerings from Mother Earth
(Prepared with fresh herbs and spices)

Appetizers

Gulf Shrimp with Green Chili Sauce 7.50
Corn Stuffed Mini Tomatoes 5.50
Baked Quahog Pie on the Half Shell 7.00
Buffalo Tartar on Grain Bread 5.50
PAPOOSE PLATTER
  Tender Chunks of Buffalo, Chicken,
  Lamb, Served with a Special Sauce
  and Zuni Chili 10.00

Soups

Blue Corn Soup (Tuscarora) 3.00
Zuni Corn Soup (tender lamb cubes
  with Pima Corn in a mild chili sauce) ... 3.00
Mushroom Soup 3.00

Buffalo Burgers
7.50
Plain, Cheese or Green Chili
Each served with lettuce, tomato, onion and
Cheyenne potatoes

Sliced Buffalo · Melt
12.50
Served on Navajo Fry Bread with Lettuce,
Tomatoes and Cheyenne Potatoes

Navajo JoJo
7.50
Navajo Fry Bread with Choice of Chicken,
Buffalo or Lamb Served with Refried Beans,
Lettuce, Tomato and Green Chili Sauce.

Blue Corn Pasta
12.50
Our Own Homemade Blue Corn Pasta
with Buffalo Meatballs and a Special Sauce

Beverages
2.00
Herbal Tea
Good Medicine-Warriors Brew
American Indian Love Tea
Chief's Delight

Coffee 1.50
Decaffinated Coffee 1.75
Soft Drinks 1.50

Main Courses

All Main Courses Served with Wild Rice
and Seasonal Vegetables

Buffalo Steak 14.95
Lamb with Fresh Mint Sauce
  (Southwestern Tribes) 17.85
Rabbit Stew 16.95
Pueblo Chicken with Green Chili Sauce 12.75
Lumbee Quail Grilled with Fresh Herbs
  Served with Apricot Glaze 15.95
Young Tom Turkey (Southwestern Tribes) 14.85
Whole Speckled Brook Trout Baked
  in Corn Husk (Seminole) 14.95
Broiled Salmon Steak with Tart
  Seasonal Berries (Patshati) 16.95
SILVERBIRD VEGETABLE PLATE
  An Assortment of Fresh
  Seasonal Vegetables 11.50
Chief's Salad with Wild Greens and
  Poached Chunks of Salmon 11.75
Choice of
Honey Cayenne or Walnut Oil and Raspberry
Vinegar Dressing

Side Orders
3.00
Blue Corn Chips with Green Chili Sauce
Baked Acorn Squash
with Apples and Walnuts
Cheyenne Potatoes   Blue Corn Fritters
Wild Green Salad   Refried Beans
Navajo Fry Bread

Desserts
3.50
Crisp Navajo Fry Bread
with Clover Honey or Apricot Sauce
Apple Pie with Sweet Cream and Nutmeg
Pumpkin Cheesecake
Sweet Meat Turnover
Seasonal Berries with Cream
Flavored Lightly with Licorice Root
Homemade Pumpkin Ice Cream
with Raspberry Sauce
Homemade Green Chili Ice Cream
with Pinon Nuts

Highlighted items (bold type) are a Silverbird Must!

Silverbird also offers a carefully selected list of
Native American wines ... Ask your waiter for suggestions
10.00 minimum per person

505 Columbus Avenue • New York, NY 10024 • (212) 877-7777

Native American Restaurant

BUFFALO DU JOUR

Got a yen for quahog pie, buffalo tartar, blue corn soup, Lumbee quail and Navajo bread? Take your appetite to Silverbird, 505 Columbus Ave., the first Native American restaurant in New York. Venison, wild boar, rattlesnake and brown bear are served in season. Wash it down with Native American wines. For reservations

Religion vs
Nativen Glauben

Ab und zu wandern meine Gedanken zurück, um viele schöne Erinnerungen wieder aufleben zu lassen. Zu den vielen Gesprächen, die ich mit dem Mann hatte, der so viele Kapitel in meinem Leben geprägt hat. Die Gespräche fanden nicht in einem Tipi statt, wie in der guten alten Zeit, sondern als wir von einem Ort zum nächsten fuhren. Er hatte so viel historisches Wissen in seinem Kopf gespeichert und mir machte es Spaß und ich bin ihm sehr dankbar, dass er es an mich weitergab. Oft erzählte er mir von Geschichten, die er mit seinem Vater erlebte. Wenn er die Berge von Sonora sah, zeigte er auf sie, und schon fielen ihm unzählige spannende Geschichten ein, die sein Vater und er erlebten als sie zu Fuß das Gebirge erkundeten. Bevor wir allerdings unser Ziel erreichten, fuhr er immer zum Haus eines dort ansässigen Priesters um Hallo zu sagen und die Schlüssel abzuholen. Es waren immer verschiedene, aber mein Vater schien sie alle zu kennen. Es waren immer sehr intelligente katholische Geistliche. Die meisten kannte er schon von früheren Aufführungen in ihren barocken Hörsälen.

Es war kaum zu glauben, wie freundlich und herzlich sie mit meinem Vater umgingen. Inzwischen kannten auch sie ihn sehr gut und schienen seine Gesellschaft zu genießen. Indem ich ihm und dem Geistlichen beim Sprechen zuhörte, begann ich mir meine eigene Meinung und Ansicht aufgrund ihrer religiösen Gespräche zu bilden. Bei unseren Besuchen handelte es sich meist um kleine Städte. Ich glaube, dass die dort ansässigen Priester ganz hungrig darauf waren etwas von der Welt außerhalb ihrer Stadtgrenzen zu hören. Sie luden ihn auf einen Kaffee ein oder sogar auf ein Frühstück oder Mittagessen. Es kam immer darauf an wann wir dort ankamen. Ich hörte ihnen gerne zu und lernte sehr viel aus ihren Gesprächen. Die Erinnerungen sind so lebhaft, dass ich manchmal glaube, dass all dies erst gestern passierte. Manche Gespräche führten oft zu nicht ganz so freundlichen und hitzigen Debatten über die Geschichte der christlichen Kirche und ihrem Einfluss.

Als interessiertes Kind wurde Religion ein sehr machtvolles Thema in meinem Leben. Sie wurde so wichtig, dass zu dem Zeitpunkt, als ich selbst als erwachsener, junger und umhergereister Mann nachzulesen begann, um einige meiner eigenen Ansichten und Meinungen in puncto Religion zu bestärken. Ich hatte das Gefühl, lesen zu müssen und so viel Information wie möglich zu bekommen, um in jedem Thema versiert zu sein, über das man intelligent diskutieren möchte.

Ich dehnte mein Lernen auf andere Religionsbewegungen in der Welt aus und beschränkte mich nicht einzig und allein auf die katholische Religion. Würde man mich deswegen beschimpfen? Ich ging davon aus, dass alle gegen mich verwendeten Worte von einigen Personen erfunden wurden, um Wahrheitssuchende zu verfolgen, zu bestrafen und sogar zu verdammen. Zu dieser Zeit war ich nicht bereit, die Meinungsfreiheit und die Freiheit des Denkens aus Angst vor ihren Worten aufzugeben, die ich für eine Belästigung und Kontrolle des freien Denkens hielt.

Im Gegensatz zu meinem Vater war ich nicht aus beruflichen Gründen dazu gezwungen, mich mit der Kirche zu arrangieren. Ich denke, dass meine Gegenwart bei den meisten seiner Gespräche mit dem Klerus in der südwestlichen Gegend dazu beigetragen hat, in meinem Geist ein großartiges und kontroverses Interesse an Religion entstehen zu lassen.

Durch die früh erworbene Fähigkeit des Zuhörens habe ich bis heute viele Buddhisten, Mönche, Sikhs, Protestanten, Sieben Tages Adventisten und Baptisten getroffen und mit ihnen gesprochen. Die Erwähnten sind nur einige der vielen, die der Menge ihrer Anhänger und treuen Gläubigen dienen. Ich war privilegiert, in der Gesellschaft von Spiritualisten aus Indien, den unterschiedlichen Teilen Afrikas, Amerikas, Tibets und Europas zu sein. Ich wurde eingeladen, zu Weltkonferenzen zu reisen, die in den wichtigsten Teilen der Welt stattfanden, die mir die Gelegenheit boten zuzuhören und zu verstehen versuchen, warum Theologen so unterschiedliche Meinungen in Bezug auf das haben, was ich für denselben Schöpfer halte.

Es ist interessant, wie sehr behauptet wird, dass Religion keinen Einfluss auf das mächtige Regierungsdenken hat und wie unwahr das in Wirklichkeit ist. Meine Eltern hatten bei uns daheim keine symbolische Figur oder ein Abbild, das den Schöpfer repräsentierte. Genauso war es bei allen Ureinwohnern vor 1492. Wir hatten nie Bilder oder Skulpturen unseres Schöpfers. Warum würden viele Natives sonst den Schöpfer „Großes Geheimnis" nennen, wenn wir in der Lage wären, ein Abbild zu erschaffen? Weiters wäre es eine gewaltige Verletzung unserer Glaubensregeln, das zu tun, denn wir stellen den Schöpfer über alle Dinge, uns selbst mit eingeschlossen. Viele Künstler unter den Ureinwohnern lassen in ihren Kunstwerken einen kleinen Fehler zu, der für das menschliche Auge nicht ersichtlich ist, aus Respekt und um zu zeigen, dass wir nicht perfekt sind. Dabei würdigen sie die Tatsache, dass das einzige perfekte Wesen der Schöpfer selbst ist.

Eine weitere Sache, die ich als sehr störend empfinde, ist das kommerzielle Geschehen. Der Verkauf von vor allem katholischen Kunstwerken muss einer der größten Märkte der Welt sein. Ich wurde in dem Glauben groß gezogen, dass man keine falschen Idole anbeten soll. In den meisten indianischen religiösen Traditionen war das so selbstverständlich.

Wenn es zum Gebet kam, beteten alle Ureinwohner instinktiv direkt zum Schöpfer im Himmel und nicht über irgendeine fabrizierte Maschine oder ein menschengeformtes Abbild. Original Natives hatten nie Bücher. Das erste Mal, als sie eines sahen, war es ein Buch der Missionare, die es ihnen als Bibel vorstellten. Anthropologen vermuten, dass die Ureinwohner Amerikas in diesem Land schon 10.000 Jahre lang gelebt hatten, ehe der Weiße Mann kam und ihren Boden berührte. Fragt sich irgendjemand, wie die Original Natives in ihrer Welt so lange überleben konnten, ohne von der europäischen Bibel gewusst zu haben?

Die Ureinwohner hatten noch nie zuvor etwas von Jesus Christus oder Johannes, dem Täufer, der die frühen christlichen Propheten im Fluss taufte, gehört. Die Ureinwohner benutzten das System der Taufe täglich. Aus diesem Grund befanden sich die meisten Siedlungen oder Tipis in der Nähe von Flüssen. Andererseits haben sich die Europäer auch nicht sonderlich oft gewaschen, weshalb sie auch so viel Parfum benutzten. Das brauchten sie auch, denn auch ihre Kleider wurden nur selten gewaschen. Sie konnten nie verstehen, warum die Weißen nur einen Tag für das Gebet reservierten, wenn sie selbst jeden Moment an jedem Tag beteten. Der Schöpfer ist mit uns, in unseren Gedanken, in jedem Moment unseres Lebens. Er ist in jedem Wort, das wir sprechen, in allem was wir sehen, tun und hören.

Ein Argument der europäischen Missionare gegenüber den Ältesten und den Stammesoberhäuptern, dass der biblische Gott der einzige sei, den sie verehren sollten, war nichtig, als ein Ältester zu den Missionaren sagte: „Wenn euer Gott besser sein sollte als unserer und ihr so viel Vertrauen in ihn habt, warum hat er euch dann erlaubt, euer Land auf der anderen Seite des Wassers zu verlassen, hierher zu kommen und unser Land in Besitz zu nehmen?"

Obwohl wir verschiedene Namen für „das große Mysterium" hatten, und wir alle verschiedene Sprachen verwendeten, beteten alle Natives den gleichen Schöpfer an. Die Namen reichen von „Großes Geheimnis", „Großer Geist", „Schöpfer", „Usan" (Apache), „Wakantanka" oder „Tunkasila" (Sioux), „Yei-bi-chai" (Navajo), bis zu „U nay klah nah hey", dem „Schöpfer aller Dinge" (Cherokee) und noch viele mehr. Sie bezeichnen alle denselben Schöpfer und stehen immer in enger Verbindung mit Mutter Erde. Und obwohl die Sprache in den mehr als 575 Nationen unterschiedlich war, haben sie alle gebetet. Aber ihre Gebete kamen spontan und von Herzen. Nur durch Wiederholungen haben sie manche gelernt und wurden genau auf die gleiche Art und Weise so an ihre Kinder und Enkelkinder weitergegeben.

Hier ist eines der vielen Gebete:

„Großer Geist, hilf uns auf dem Weg der Wahrheit zu bleiben, halte unsere Familien und unseren Stamm in Balance mit Mutter Erde. Gib unserem Geist und unserem Körper starke spirituelle Energie, die uns hilft, unsere Jüngeren auf dem rechten Pfad zu leiten. Bring Frieden der ganzen Welt. Wir danken dir über alles für die tägliche Morgensonne und den Mond und die Sterne in der Nacht. Wir danken dir und akzeptieren die vier Jahreszeiten, denn du weißt, warum wir diese Veränderungen brauchen. Wir danken dir mit unseren Gebeten für den Boden von Mutter Erde, die uns eine gute Ernte von Gras für unsere vierbeinigen und gefiederten Freunde bringt, gesundes und sauberes Wasser und Nahrung für alle Völker auf der Welt."

Sonnenaufgangszeremonie der Apachen, „na'ii'ees"

Diese Zeremonie ist eine anstrengende Zeremonie über vier Tage hindurch, die die Apachenmädchen in der Vergangenheit nach ihrer ersten Menstruation durchlebt haben und teilweise immer noch durchleben.

Sie wird in Vierergruppen durchgeführt, denn 4 ist die heilige Nummer der Apachen.

Die Mädchen werden durchtränkt mit der physischen und spirituellen Kraft der „White Painted Woman" und nehmen ihre Rolle als Frau der Apachen an, indem sie zahlreiche heilige Zeremonien, Tänze und Lieder durchlaufen.

Die meiste Zeit dieser vier Tage und Nächte tanzen sie und laufen in die vier Himmelsrichtungen, während Lieder und Gebete gesungen werden. In dieser Zeit nehmen sie an heiligen Ritualen teil und leiten diese. Sie erhalten und geben Geschenke und Segnungen. Jetzt erfahren sie ihre Fähigkeit zu heilen. Früher hat die amerikanische Regierung von einem Tag auf den anderen die spirituellen und religiösen Praktiken der Ureinwohner verboten. Es wurde als illegaler Akt befunden, die Sonnenaufgangszeremonie abzuhalten. Die Apachen mussten sie im Geheimen abhalten. Erst nach 1978, als der Akt über die Religionsfreiheit der Original Natives abgeschlossen war, wurde die Sonnenaufgangszeremonie in den meisten Reservaten wiederbelebt.

In der heutigen Zeit feiern viele Mädchen aus Zeit- und Kostengründen nur ein oder zwei Tage, anstatt die komplette vier Tage dauernde Zeremonie abzuhalten, die auch noch vier Tage Vorbereitung und vier Tage Erholung und Unterricht miteinschließt. Einige der Apachen meinen, dass die Zeremonie nicht vollständig ist, wenn sie in kürzerer als der traditionellen Dauer von vier Tagen und vier Nächten abgehalten wird. Die Familien der Mädchen, die die Pubertät erreichen, können auch gemeinsame Sonnenaufgangszeremonien feiern, bei denen zwei oder mehrere Mädchen die Rituale der „Changing Woman" gemeinsam abhalten. Wie in allen Mythen der Welt haben die Apachen genau wie alle anderen Ureinwohner ihre eigenen Erzählungen. Die Sage, die die Mädchen hier nachspielen, ist folgende:

Die erste Frau, „White Painted Woman", die auch als „Changing Woman" oder „Esdzanadehe" bekannt ist, überlebt die große Flut in der Muschelschale einer Schnecke und wandert an Land, als die Wasser zurücktreten. Am Gipfel eines Berges empfängt sie von der Sonne einen Sohn, den „Töter aller Feinde". Kurz darauf empfängt sie vom Regen den „Sohn des Wassers".

Die Welt, in der die Völker leben, ist nicht sicher, ehe nicht „White Painted Woman's" Söhne den gigantischen Eulenmenschen getötet haben, der den Stamm terrorisiert hat. Als sie später von ihrem Sieg zurückkehren und das erbeutete Fleisch mitbringen, stößt „White Painted Woman" einen Schrei des Triumphes und der Freude aus, der später von der Patin des Mädchens bei der Sonnenaufgangszeremonie wiedergegeben wird. Sie wird dann von den Geistern angeleitet, ein Pubertätsritual zu etablieren, das allen Töchtern, die ihrem Volk geboren werden, gegeben wird. Sie unterrichtet die Frauen des Stammes über dieses Ritual und die Riten des Frauseins.

Als „White Painted Woman" alt wird, wandert sie in Richtung Osten bis sie ihr jüngeres Selbst trifft, mit ihm verschmilzt und wieder jung wird. So wird sie immer wieder geboren, von Generation zu Generation.

Der traditionelle Zweck der Apachen im Erleben dieser Zeremonie ist ein heiliges und spirituelles Erbe der Apachen, persönliches Reifen sowie völlige Akzeptanz in der Kommune. Es ist das denkwürdigste und berauschendste Ereignis für eine junge Apachenfrau.

Indem die Entstehungsgeschichte und die Personifizierung mit „White Painted Woman" nachgespielt werden, verbindet sich das Mädchen, meist zum ersten Mal, mit seinem spirituellen Erbe. Im Kern ihrer selbst in der Verbindung mit „Changing Woman/White Painted Woman" erlangt sie die Kontrolle über ihre Schwäche und die dunklen Kräfte ihrer Natur und weiß um ihre eigene spirituelle Stärke, Heiligkeit und Güte. Sie erlebt möglicherweise auch zum ersten Mal ihre Fähigkeit zu heilen.

In weiterer Folge lernt sie, was es bedeutet, eine Frau zu sein, in erster Linie in Einklang mit den physischen Manifestationen des Frauseins wie der Menstruation und dem Wissen um die Sexualität sowie der Entwicklung der physischen Stärke und Ausdauer. Das harte physische Training, dem sie sich unterziehen muss, um die vier Tage des Tanzens und Laufens durchhalten zu können, ist anstrengend und das Überdauern und Triumphieren während der heiligen Prüfung stärkt sie physisch und emotional. Die meisten Apachenfrauen, die diese Zeremonie erlebt haben, bestätigen, dass es sie danach in ihrem Selbstbewusstsein und Auftreten deutlich bestärkt hätte. Am Ende fühlten sie eine Transformation von der Kindheit ins Frausein.

Dann erfährt das Mädchen, das in das Frausein eintritt, die zwischenmenschlichen und kommunalen Manifestationen des Frauseins in ihrer Kultur: Die Notwendigkeit, hart zu arbeiten, um die Bedürfnisse und Begehren der anderen erfüllen zu können und ihre Kraft zum Wohle der anderen zu trainieren. Sie sollte sich der Welt mit Würde und in einer freundlichen Verfügbarkeit präsentieren, auch wenn sie selbst erschöpft oder leidend ist. So wie ihr Temperament während der Zeremonie ist, ist dies der Hinweis auf ihr Temperament in ihrer Zukunft.

Sie teilt Nahrung, Geschenke und Segen an die Gemeinde aus und erhält im Gegenzug freundliche Segnungen, Akzeptanz und Liebe von der Gemeinschaft. Im Verlauf der Zeremonie ist sie Empfängerin von Gebeten und Herzenswünschen nach Erfolg, Gesundheit, Fruchtbarkeit, einem langen Leben und einem gesunden Alter.

Die Sonnenaufgangszeremonie dient sowohl der Gemeinschaft, als auch dem Eintritt des Mädchens in das Frausein. Sie bringt entfernte Familien und Stämme zusammen und bestärkt die Bindungen der Klans, Gegenseitigkeit, emotionale Bindungen und vertieft die Verbindung der Apachen mit ihrem allgemeinen spirituellen Erbe…

Was beinhaltet die Zeremonie?

Die Sonnenaufgangszeremonie beinhaltet eine aufwändige Vorbereitung samt Unterricht, die bis zu sechs Monate dauern kann, ehe das Ritual beginnt. Ein Großteil der Vorbereitung, wie die Herstellung des sehr symbolischen Kostüms des Mädchens genannt Regalia, und der Bau der Hütte, verlangen nachfolgende komplexe Prozeduren und Rituale. Ein anderer Aspekt der Vorbereitung ist die physische Vorbereitung in Hinblick auf die Stärkung der Ausdauer des Mädchens. Ihre Familie ist ebenfalls beschäftigt mit der ausführlichen Vorbereitung der Nahrung, da sie während der gesamten Zeremonie Nahrung und Geschenke für alle Teilnehmer und Besucher zur Verfügung stellt. Wenn die Zeremonie erst einmal begonnen hat, wird das Mädchen von ihrem Sponsor und dem Medizinmann durch die verschiedenen Stufen geführt. Dazu gehören zahlreiche Stunden des Tanzens jeden Tag und jede Nacht, wobei sich die Anzahl der Stunden ständig steigert. Oft tanzt sie mit einem Kompagnon, den sie als Unterstützung während der Zeremonie auswählt. Die Rituale des Laufens sind auch sehr wichtig: In Richtung Osten zur Sonne wird bei Sonnenaufgang gelaufen und in alle vier Himmelsrichtungen, um symbolisch die vier Phasen des Lebens darzustellen.

Das Mädchen wird auch bemalt, ja sogar ganz bedeckt, mit einer heiligen Mischung aus Maismehl und Lehm, die sie während der ganzen Zeremonie unter keinen Umständen abwaschen darf. Während des letzten Tages segnet sie ihr Volk mit Pollen und „heilt" alle Stammesmitglieder, die ihre heilende Berührung und ihren Segen suchen. Sie erhält auch viele Geschenke von ihrem Volk. Viele der weiter entfernten Verwandten werden miteinbezogen, um die Pubertätszeremonie vorzubereiten. Die zentrale Figur dabei ist die sponsernde Patin, gefolgt vom Medizinmann und den „Ga'an's Krone" Tänzern.

Die Familie ist besonders umsichtig bei der Wahl der Patin, die die Rolle eines Vorbildes hat und eine besondere Beziehung mit dem Mädchen für den Rest ihres Lebens eingeht. Als ihre Hauptbegleiterin in der Sonnenaufgangszeremonie wird die Patin mit dem Mädchen Tag und

Nacht tanzen, es massieren, inspirieren und sich um es kümmern, wenn es erschöpft ist, ihr zu essen und zu trinken geben und ein großes Abendessen für alle Verwandten zubereiten.

Aus diesem Grund muss sie stark, voll Energie und engagiert sein. Wenn eine Patin ausgewählt wird, dann besucht die Familie deren Bleibe zu Sonnenaufgang und platziert eine Adlerfeder an ihrem Fuße, bietet ihr einen Gebetsstein und Geschenke, während sie sie bitten, die Patenschaft für ihre Tochter zu übernehmen. Sie dürfen nur vier Personen fragen. Die Antwort wird dadurch signalisiert, ob die Patin die Feder von ihrem Fuß aufhebt.

Der Medizinmann hat auch eine bedeutende Rolle und muss auf ähnliche Art und Weise gefragt werden. Er wird den Vorsitz über den Großteil der Zeremonie führen, dutzende Lieder und Gebete rezitieren und sowohl instrumentieren als auch die Sänger und Trommler bezahlen, die ihn begleiten.

Eine weitere Verwandte, üblicherweise eine ältere Schwester oder eine Cousine, ist auch aktiv involviert, indem sie mit dem Mädchen die meiste Zeit mittanzt und sie unterstützt, wenn ihre Energie schwächer wird.

Man nimmt an, dass schätzungsweise ein Drittel der Mädchen der Apachen diese Zeremonie durchläuft, sei es für vier Tage, für einen Tag oder gemeinsam mit anderen Mädchen ähnlichen Alters. Die „Weißen Berg Apachen" in Arizona und die Apachen des Fort Reservats sponsern etwa zwanzig Sonnenaufgangszeremonien im Jahr, von denen die meisten im Frühling und Sommer zwischen Freitag und Montag stattfinden. Öffentliche Zeremonien, an denen auch Außenstehende teilnehmen können und die mehrere Mädchen einbeziehen, finden im Fort Apache Reservat und im Mescalero Apachen Reservat in Neu Mexiko am Wochenende um den 4. Juli statt.

Die Arbeit, die dazu nötig ist, eine solche Zeremonie zu veranstalten, ist so enorm wie die Kosten, die sich etwa auf 8.000 bis 10.000 USD belaufen. Die sponsernde Patin muss ebenso bezahlt werden wie der Medizinmann und die „Ga'an's" Tänzer. Nahrung für vier Tage muss der ganzen Gemeinschaft zur Verfügung gestellt werden. Dazu kommen noch die Ausgaben für das Kostüm der „White Painted Woman" des Mädchens und die Verzierungen. Aus diesem Grund steuern Großfamilien ihre Zeit und ihr Geld bei und das Mädchen muss manchmal ein Jahr lang oder länger warten, damit ihre Familien mit anderen Familien, deren Töchter ebenfalls bald in die Pubertät kommen, gemeinsam die Kosten und die Arbeit der Vorbereitung teilen können.

Was einst eine Frage des Anspruchs auf das kulturelle Erbe der Apachen und deren Stolz war, ist nun zu einem unwürdigen, teuren und beinahe kommerziellen Ritual geworden, das einen Hinweis auf den Einfluss der amerikanischen Art gibt, die weiter in das einst strikte kulturelle Bewusstsein der Apachen eingedrungen ist und einem jungen Apachenmädchen diese heilige Segnung verweigert, weil die Kosten so außerordentlich hoch sind.

Traurigerweise haben heutzutage einige der Mitglieder der Apachen mit einem starken historischen Vermächtnis aus der Vergangenheit sich selbst einen Bann auf die Apachen-Pubertätszeremonie auferlegt, indem sie sich nicht vereint haben, um eine der wichtigsten Traditionen der Apachen zu bewahren.

Sie machen es für die meisten Familien beinahe unmöglich, sich die verlangte Summe für dieses nur einmal im Leben vorkommende gesegnete Ereignis, das eine junge Apachenfrau davor bewahren kann, kulturell und symbolisch durch nicht nur eine, sondern alle vier Lebensphasen und in das Frausein zu gehen, finanziell leisten zu können. Die meisten Heilungszeremonien der

Apachen dauern vier Tage lang. Die Pubertätszeremonie für die Mädchen dauert immer noch vier Tage. In den alten Zeiten pflegten Apachenfreunde eine Medizinhütte zu bauen, die von einem Zaun aus Föhrendickicht umgeben war.

Es wäre zu bevorzugen, in die alten Zeiten zurückzukehren, in denen die Bezahlung nicht an erster Stelle stand. Es war eine Ehre, wenn man gebeten wurde, an der Zeremonie teilzunehmen und beinahe eine Verpflichtung für alle, dazu beizutragen, den Traum eines jungen Mädchens zu erfüllen. Dann pflegte die ganze Gemeinschaft daran teilzunehmen, sich zu freuen und ihre Zeremonienfeier zu segnen.

Viele andere Stämme wie die Wintu und Papago, feiern das Erreichen des Frauseins des Mädchens mit Ritualen, die diesen Wechsel im Leben zelebrieren. Die Zeremonien anderer südwestlicher Stämme, insbesondere die der Kinaalda der Navajo, die ebenfalls „Changing Woman" verehren, sind auffallend ähnlich, weil es eine Zeit gab, in der die Apachen und die Navajos eins waren. Wenn sich ein Apache und ein Navajo heute begegnen, begrüßen sie einander als Dine.

Die Sandbilder sind ein weiterer Brauch, den sie ebenfalls gemeinsam haben. Sandbilder sind grundsätzlich rituelle Objekte, die als Hilfe dazu verwendet werden, Harmonie und Balance wiederherzustellen. Der Patient wird ins Zentrum des Bildes gebracht. Auf diese Weise werden die negativen Kräfte, die die Krankheit verursachen, neutralisiert. Der Medizinmann oder die Medizinfrau halten den Sand in der Hand und kontrollieren den Fluss des Sandes, indem sie ihn zwischen Daumen und Zeigefinger nach unten rieseln lassen. Ganz aus dem Gedächtnis heraus und immer in der richtigen Reihenfolge zeichnen sie ein vorgeschriebenes Muster von heiligen Symbolen oder Bildern, die übernatürliche Wesen darstellen.

Sandbilder sind schön, komplex und bedeuten viele Stunden Arbeit, doch sie sind nicht dazu gedacht, von Dauer zu sein. Sie werden exklusiv für den Patienten angefertigt und zerstört, sobald die Zeremonie beendet ist, traditionellerweise vor Sonnenuntergang.

Die Tibeter verwenden ebenfalls Sandbilder, die sie nach ihrer Medizinzeremonie wieder zerstören. Die Navajos benützen der Tradition gemäß einen Hogan (eine Art Wohnhaus, Anm. d. Übers.), um ihre Medizin- und Heilzeremonien durchzuführen.

Klapper und Rassel werden heute immer noch von Medizinmännern und Medizinfrauen in ihrer Heilpraxis benützt.

Obwohl ich euch in diesem Buch kein Beispiel geben kann, bitte ich euch, eure Vorstellung zu benützen: Stellt euch das Geräusch von Klapper und Rassel in eurem Geist vor und stellt euch vor, diesem Geräusch von einem bis zu vier Tagen zuzuhören. Dann wisst ihr, was ein Patient bei seinem Heilungsprozess erlebt. Diese Klänge, gemeinsam mit Sprechchören, stellen die Heilungsprozedur dar.

Der Korb der Bürden der Apachen

Er wurde ursprünglich dazu benutzt, um Waren zu tragen. Die Klapperbleche wurden zur Abschreckung von Schlangen daran befestigt. Viele hingen ihn neben ihre Eingangstür. So konnte man bevor man das Wickiup, das Haus eines Apachen, betritt, seine Sorgen am Eingang abgeben, um sie beim Verlassen wieder mitnehmen zu können.

Der Erdteppich der Apachen

Katchina Puppen

Clown:
Bemalt mit horizontal verlaufenden schwarzen und weißen Streifen über den ganzen Körper. Er wird üblicherweise in einer humorvollen Pose dargestellt, sich an einer Wassermelone satt essend.

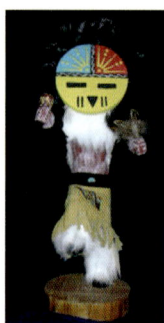

Sonnengesicht:
Repräsentiert den Geist der Sonne. Dieser Zeremonienleiter bringt Wärme und Schutz für die Alten, eine gute Zukunft und Verspieltheit für die Jungen.

Medizinmann:
Er besitzt die Macht, Krankheiten zu heilen und diese fern zu halten, indem er Kräuter benutzt. Die meisten Mitglieder des Stammes suchen bei ihm Rat.

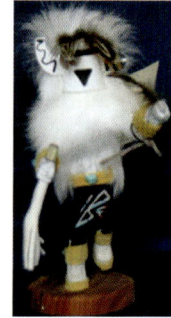

Zuni Regenpriester:
Dieser Katchina wird die Macht über den Regen nachgesagt, doch sein Hauptzweck ist die Begleitung des Shalako während des Regentanzes.

Maisjungfrau:
Sie soll die Frauen, die den Mais für die Zeremonien und andere Zwecke mahlen, reinigen.

Häuptling:
Zeremonienmeister, eine alte Katchina, die die große Kraft des Wissens darstellt.

Namen der feste der Hopi

Das Volk der Hopi ruft noch immer ihre Ahnengeister, die Katchinas, zu Hilfe. Sie meinen, dass diese für sechs Monate im Jahr ihre Heimat in den Bergen verlassen und den Stamm besuchen. Wenn sie das tun, bringen sie den Hopis Gesundheit, gemeinsam mit Regen für ihre Felder. Die Hopi leben in ständigem Gebet, wie die meisten Völker der Ureinwohner, und haben das von ihrem Anbeginn an getan.

Dennoch hatten ihnen die christlichen Missionare erzählt, so wie es ihr Brauch bei allen Nationen war, dass sie den falschen Gott anbeteten. Ich könnte mir vorstellen, dass die Missionare so ihrem eigenen Denken unterlagen, dass sie in ihrem Kopf ernsthaft glaubten, ihr christliches Wort sei die einzige Wahrheit und es wäre ihre ernsthafte Pflicht, diesen Glauben den Hopis ebenso aufzuzwingen, wie allen anderen, die nicht an ihrem fehlgeleiteten Glauben teilnahmen. Ich sage fehlgeleitet, da anthropologisch unsere Existenz die ihrige um zumindest 5.000 Jahre übertrifft.

Das Powamu Fest der Hopi ist ein Beispiel dafür, wie sich die meisten unserer Menschen in enger Verbundenheit mit Mutter Erde und den Jahreszeiten vereinen: Das Powamu Festival findet im Jänner oder Februar statt und feiert die Rückkehr der Geister, ähnlich wie Niman Katchina, das Abschiedsfest im Juli. Diese Feiern werden mit Zeremonientänzen abgehalten. Es gibt verschiedene Namen für jeden Monat, entsprechend der Katchina Tänze, mit Ausnahme von Juni:

Pamuya – Jänner

Powamu – Februar

Anktioni – März

Soyhim – April/Mai

Niman – Juli

Snake or Flute – August

Marau – September

Oagole – Oktober

Wuwuchim – November

Soyala – Dezember

Andere Nationen haben auch verschiedene Bilder, die die Saison und Erntezeiten im Jahr repräsentieren. Die Ureinwohner verehren ihre vierbeinigen und gefiederten Brüder und Schwestern in der Welt. Es wird sogar geglaubt, dass vor sehr langer Zeit, noch vor dem Beginn der Zeitrechnung, Mensch und Tier miteinander gesprochen haben und sich viel näher standen, als noch keine Angst zwischen ihnen geherrscht hat, so wie das heute der Fall ist. Es gibt über 575 Nationen an Ureinwohnern in den USA, davon haben die meisten immer noch großen Respekt und fühlen eine heilige Nähe zur Mutter Erde. Obwohl viele heutzutage den religiösen Ansichten der Weißen folgen, finden auch sie Wege, diese Ansichten mit den Wegen von Mutter Erde, Vater Himmel und den vier Himmelsrichtungen zu verbinden. Im Wesentlichen leben die Hopis in ständigem Gebet und haben so seit dem Anbeginn der Zeit und der vier Himmelsrichtungen gelebt.

Katchina Puppen

NAVAJO WEG

Der Weg der Navajo ist immer noch lebendig und wird auch heute noch praktiziert. Er enthält kein Konzept von Religion als separate Aktivität im alltäglichen Leben. Die Religion der Navajo wurde als das Leben selbst beschrieben; das Land und das Wohlbefinden. Alle Lebewesen – Menschen, Pflanzen, Tiere, Berge und die Erde selbst – sind Verwandte. Jedes Wesen ist durchdrungen von seiner eigenen Seele oder „inneren Form", die ihm Leben und einen Sinn innerhalb eines geordneten und untereinander verbundenen Universums gibt. Diese Verbundenheit mit der gesamten Schöpfung wird in täglichen Gebeten und einem ausführlichen System an Zeremonien gewürdigt. Der Zweck des Lebens eines Navajo besteht darin, die Balance zwischen dem Individuum und dem Universum zu halten sowie in Harmonie mit der Natur und dem Schöpfer zu leben. Um dieses Ziel erreichen zu können, müssen die Navajos ihre religiösen Praktiken an bestimmten verehrten Plätzen, die sie bewohnen, ausführen.

Nach den Mythen der Navajo war „Changing Woman" die Tochter des ersten Mannes und der ersten Frau, die eine Pubertätszeremonie für sie erschufen, die beinhaltete, vier Mal der aufgehenden Sonne entgegenzulaufen. „Changing Woman" heiratete später die Sonne und gebar zwei Söhne.

Das Navajo Kinaalda beinhaltet tägliches Laufen in Richtung Osten, Lieder und Gebete, das Modellieren von „Changing Woman", die Segnung der Menschen und die Gabe von Geschenken, doch es unterscheidet sich in einigen signifikanten Punkten von der Sonnenaufgangszeremonie. Zu Beginn wäscht sich das Mädchen die Haare mit einem Sud aus Yukkawurzeln und bindet sie für die Dauer des zwei bis vier Tage andauernden Festes zurück. In den ersten drei Tagen wird ein großer Teil der Zeit damit verbracht, über hundert Pfund Mais und Weizen zu mahlen und die Maisspelzen zu präparieren, um eine gigantische Maistorte zu backen, die in einer Feuerstelle im Boden erhitzt wird.

Während der Tage und Nächte von Kinaalda muss das Mädchen die ganze Nacht wach bleiben und mit aufrechtem Rücken und den Beinen vor sich ausgestreckt dasitzen und darf während der ganzen langen nächtlichen Gebete nicht einschlafen. Am nächsten Morgen läuft sie erneut dem Sonnenaufgang entgegen und segnet den Kuchen, der die ganze Nacht im Feuer gegart hat. Dann opfert sie das erste Stück der Sonne und gibt den Rest ihrem Volk.

Ein interessanter Artikel über die Wirkung von nativer Medizin

WINDOW ROCK – (Navajo Nation) Über Jahrhunderte hinweg wurden Navajos, die vom Krieg zurückkehrten mit Zeremonien, die ihre innere Harmonie wiederherstellten und die Gedanken von Krieg und Tod aus dem Gedächtnis löschten, in ihrem Heimatland willkommen geheißen. Aber seit dem Ende des ersten Weltkrieges kämpfen Kriegsveteranen der Navajos gegen die

Regierung. Die Regierung argumentierte, dass die Kosten für diese Zeremonien medizinisch legitim sind und deshalb vom Verbund der Veteranen bezahlt werden müssen.

Offizielle Vertreter des Verbunds der Veteranen unterschrieben in Phoenix ein beispielloses Abkommen mit dem Präsidenten der Nation der Navajos, Thomas Atcitty, das die Rückerstattung von manchen Behandlungen durch Medizinmänner Realität werden ließ.

„Durch dieses Abkommen, vielleicht zum ersten Mal überhaupt in der Geschichte, werden unsere traditionellen Navajo Überzeugungen von der Regierung anerkannt und bestätigt", sagte Atcitty. Auch John Fears, Leiter des Carl.T. Hayden Krankenhauses für den Verbund der Veteranen in Phoenix, wird der Erfolg hoch angerechnet. Fears sagte, dass e, als er vor drei Jahren das erste Mal seinen Vorgesetzten in Washington, D.C., einen ähnlichen Vorschlag unterbreitete, nur ungläubig angestarrt wurde. Viele sagten auch: „Sie wollen bitte was machen?"

Aber seine Bemühungen wurden durch Studien unterstützt die aussagten, dass viele Original Natives, im Speziellen Navajo und Sioux, nachdem sie im Krieg gedient hatten, mit psychischen Problemen nach Hause kamen, die eindeutig auf ihren Einsatz zurückzuführen waren.

Ein Pilotprojekt wurde ins Leben gerufen, um herauszufinden welchen Effekt eine Behandlung auf die mentale Gesundheit der Navajo Veteranen haben würde. Die Resultate waren besser als erwartet, laut Leo Chischilly, dem Leiter des Büros der Navajo Veteranen.

„Manchmal, wenn ein Navajo Veteran zu einem Arzt ging, konnte dieser keinerlei Problem entdecken. Zu diesem Zeitpunkt wurde dem Veteranen ans Herz gelegt einen Medizinmann aufzusuchen, um zu sehen ob dieser ihm helfen kann," sagte Chischilly. Und wie er half.

„Aber mit einer Arbeitslosenrate von mehr als 50% in der Nation der Navajo, gab es viele Navajo Veteranen die sich eine Behandlung durch einen Medizinmann nicht leisten konnten," sagte er.

Willie Keeto Sr., ein Medizinmann aus der Gegend um Window Rock, sagte, dass ungefähr 6.000–10.000 Navajo Veteranen krank sind oder sich nicht wohl fühlen und eine Behandlung durch einen Medizinmann brauchen würden.
Das Abkommen zwischen dem Verbund der Veteranen und dem Stamm ebnet den Weg für Navajo Veteranen. Sie erhalten $50 zurück, wenn sie einen Kristallkugelleser oder Sternenleser aufsuchen. Auch sie zählen zu den traditionellen Wegen der Navajos, um Patienten zu diagnostizieren und festzustellen, welche der ungefähr 23 Zeremonien oder welches von hunderten Kräutern zur Heilung benötigt werden. Die Regierung erstattet auch die Kosten für jede der neun Zeremonien zurück, die von Nöten sind, um die Harmonie in einem Navajo Kriegsveteranen wiederherzustellen.

Zum Beispiel könnte festgestellt werden, dass eine Flint Weg (oder auch Beesheeji) Behandlung nötig ist. Dabei handelt es sich um eine fünf Tage dauernde Zeremonie, die Krieger von den

Wunden durch gegnerische Waffen heilt. Das Abkommen verhilft nun zu einer Rückerstattung von $750 für diese Zeremonie.

Andere Zeremonien, die womöglich inkludiert sind, sind der Evil Way (er reinigt die Krieger von den Effekten durch Tote), der Monster Way (er revidiert den Effekt des in Kontakt Kommens mit der Zerstörung des Krieges) und auch die bekannte Yei Bei Chei (eine neun Tage dauernde Zeremonie, die unter anderem Hörschäden durch Explosionen, Schock oder Schusswechsel kurieren kann).
Die Regierung stimmt allerdings nur zu, die Kosten für den Medizinmann und seine Ausgaben zu decken. Das Yei Bei Chei kostet allerdings zwischen $3.000 und $4.000. Dabei gibt es eine Reihe von indirekten Ausgaben, wie zum Beispiel für das Bereitstellen von Essen, für die Teilnehmer der Zeremonie und für die Bezahlung der Tänzer.

Fears sagte weiter, dass es Gespräche gegeben hätte über die Rückerstattung der Kosten für die Heilung von Navajo Veteranen durch Zeremonien, durchgeführt von der Kirche der Nativen Amerikaner. Die Gespräche liegen allerdings bis auf weiteres auf Eis, da man auf Antwort von den Anwälten des Verbandes für Veteranen wartet. Er sagte, dass es auf Grund der für die Zeremonie notwendigen Einnahme von Peyote (Halluzinogenen) zu Verzögerungen kommt. Immerhin handle es sich hierbei um illegale Substanzen. Die Verwendung von Peyote ist auf wenige native Amerikaner beschränkt, welche die Substanz für traditionelle religiöse Zeremonien benötigen.

CHEROKEE

VOWEL SOUNDS

AH THEY SKI NOTE TRUE V HUH & TS J

HELLO — O·SI·YO   HOW ARE YOU — DO·HI·TSU

THANKS — WA·DO   YOU'RE WELCOME — HO·WA

GOOD-BYE — DO·NA·DA·GO·HV·I

D a	R e	T i	Ꭷ o	Ꝺ u	i v
Ꮠ ga Ꮙ ka	Ꝼ ge	Ꭹ gi	A go	J gu	E gv
Ꮤ ha	Ꭾ he	Ꭿ hi	F ho	Ꮁ hu	Ꮊ hv
W la	Ꮈ le	Ꮅ li	Ꮐ lo	M lu	Ꮑ lv
Ꮶ ma	Ꭰ me	H mi	Ꮉ mo	Ꭼ mu	
Ꮎ na Ꮏ hna Ꮐ nah	Ꭽ ne	Ꮒ ni	Z no	Ꮕ nu	Ꮕ nv
Ꮖ qua	Ꮻ que	Ꮗ qui	Ꮴ quo	Ꮘ quu	Ꮝ quv
Ꭴ sa Ꮝ s	4 se	Ꮏ si	Ꮡ so	Ꮜ su	R sv
Ꮣ da Ꮤ ta	Ꮪ de Ꮦ te	Ꭰ di Ꮧ ti	V do	S du	Ꮫ dv
Ꮬ dla Ꮮ tla	L tle	C tli	Ꮏ tlo	Ꮰ tlu	P tlv
Ꮳ tsa	Ꮳ tse	Ꮵ tsi	K tso	Ꮷ tsu	Ꮴ tsv
Ꮹ wa	Ꮺ we	Ꮻ wi	Ꮼ wo	Ꮽ wu	6 wv
Ꮿ ya	Ᏸ ye	Ꭹ yi	Ꮆ yo	Ꮍ yu	B yv

GLAUBENSANSICHTEN DER CHEROKEE

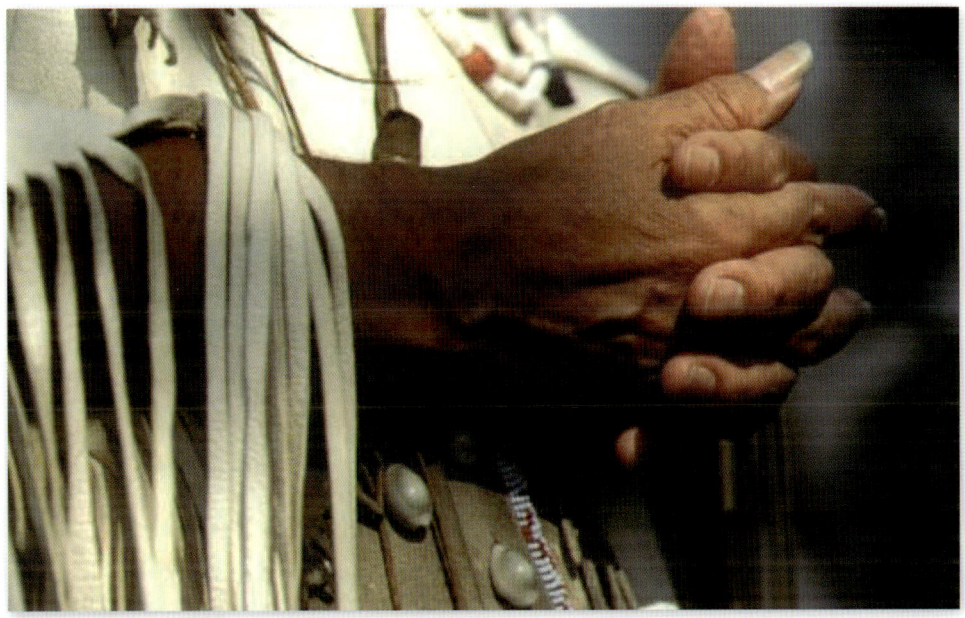

„U nay klah nah hey", der „Schöpfer aller Dinge",

„Go Hee Dah", vor langer Zeit

Unayklahnahhey, der Schöpfer aller Dinge, ist traditionell der Schöpfer der Cherokee. Unayklahnahhey ist kein rachsüchtiger Gott dieser Nation von liebenden Menschen. Der Schöpfer, an den die Cherokee glauben, ist voller Mitgefühl, ohne Vorliebe für bestimmte auserwählte Personen. Der Weg des Schöpfers führt durch den Einsatz des eigenen Herzens, der Seele und des Geistes für das Gute. Das ist eine prinzipientreue Cherokee Person, eine „A ni yun wi yah".

Sich zu bemühen, ein „A ni yun wi yah" zu werden, geschieht durch die Wertschätzung des Wunsches eines Cherokee, eine prinzipiengetreue Person durch den Weg des Friedens zu werden, der jener Weg ist, den die alten Cherokee gesucht haben. Sie sahen sich selbst als Kinder des Schöpfers. Wenn du den Beginn der Bibel studierst, wirst du herausfinden, dass Abraham verschiedene Namen für das hatte, was die Leute heutzutage allgemein als „Gott" bezeichnen. Wenn mehr Menschen die Geschichten vom Alten und Neuen Testament, auf denen die Bibel aufgebaut ist, lesen würden, würden sie eine große Ähnlichkeit zwischen den frühen Lehren Abrahams und seiner frühen Denkweise sowie jener von den Ureinwohnern Amerikas finden.

Gebete die vom Herzen kommen

Bis zu meinem jetzigen Alter habe ich mehr schöne Tage, Wochen, Monate und Jahre erlebt, als schlechte. Als Träumer hatte ich immer schöne Träume, weil ich an schöne Dinge denke. Wenn du dich nicht so sehr um finanzielle Vergütung kümmerst, wirst du glücklicher sein, und die besagte Entlohnung wird überraschend zu dir kommen … unerwarteterweise. Der einzige Schlüssel, von dem ich denke, dass er notwendig ist, besteht aus Hingabe und manchmal harter Arbeit, abhängig davon, wie vernünftig die entsprechende Person ist. Gebet hat viel damit zu tun. Glauben und Gebet gehen Hand in Hand, doch Glaube hat noch viel mehr damit zu tun. Man muss an seine Fähigkeit glauben, um etwas produzieren zu können.

Ihr seht, der Schöpfer schenkt uns das Leben auf der Erde und gibt uns all diese erstaunlichen Anlagen und Talente, um etwas für uns selbst zu machen. Wir haben nicht nur die Macht, alles im Leben zu werden, was wir werden wollen, sondern es ist sogar unsere heilige Pflicht, das zu tun. Wir werden alle mit der speziellen Fähigkeit geboren, Konstrukteure unserer gegebenen Talente zu werden.

Gebete helfen uns, auf dem Weg zu bleiben und den Pfad zu wählen, der uns zum Glücklichsein, zu Liebe, Erfolg und Ansehen führt. Die meisten unserer Gebete sollten zuerst an uns selbst gerichtet sein, um uns zu stärken und empfänglicher und bewusster für Liebe, Leben und Menschlichkeit zu machen. Wenn wir unsere Konzentration nicht auf die genannte Weise fokussieren, können wir weder uns selbst noch anderen helfen.

Gebete, die von Herzen kommen, sind vermutlich viel bedeutender und lohnender als die konventionellen Gebetstexte aus den alten Büchern. Meistens sind sie nicht mehr auf dem Stand der gegenwärtigen Welt, in der wir leben. Bedenkt auch die Tatsache, dass die meisten dieser Gebete im Laufe der Zeit immer wieder verändert worden sind, um sich an die Gegebenheiten ihres Autors anzupassen. Egal ob das Gebet in einer (Kirchen-) Gemeinde oder alleine stattfindet, wir müssen jedes Wort fühlen und mit unserem ganzen Herzen im Namen der Menschheit beten, da wir letztendlich alle miteinander verbunden sind.

Solange wir alle auf diesem Planeten leben, sind wir alle Ausdruck des Lebens selbst. Wenn wir mit genügend Glauben beten, wird unser Gebet widerhallen und wie eine entfernte Stimme wahrzunehmen sein, die uns enger zusammen bringt und uns als einen zentralen Punkt starker spiritueller Energie vereint. Als Beispiel: Nach der Tradition der Ureinwohner wird ein Gebet noch stärker, wenn man einen Kreis formt und sich an den Händen hält. Wenn der Führer oder der Älteste das Gebet spricht, wird die Einheit der Hände die heilige spirituelle Botschaft der Welt zutragen. Jedes Mitglied wird diese heilige Energie spüren können, indem es einfach nur die Augen schließt und sich auf das spirituelle Gebet des Ältesten konzentriert.

Johannes, der Täufer, taufte seine Anhänger, inklusive des 30 jährigen Jesus Christus, in einem Fluss. Alle Propheten der damaligen Zeit hielten ihre gemeinschaftlichen Treffen im Freien, auf

Ebenen, Bergen, an Flüssen und auf Feldern ab. Wozu brauchen wir hoch gewölbte, monströse Bauten, um in der Lage zu sein, etwas so Einfaches, wie von Herzen zu beten, tun zu können? Der Schöpfer gab den Ureinwohnern in seinem Land herrliche Naturplätze mit der Freiheit, dort zu verehren: Liebliche hohe Berge, um näher beim Himmel meditieren zu können, den Canyon De Shelly, in dem man den schönen Klang der Stille erleben kann und Orte, an denen man den erfrischenden Klängen von einem rhythmischen Wasserfall lauschen kann. Die Ureinwohner brauchten, ähnlich wie Johannes, nur das Wasser von einem friedlich dahin fließenden Fluss, um jeden unter diesem heiligen Himmel auf der schönen Mutter Erde zu segnen.

Ich denke, dass die ersten Missionare, die in unser Land kamen, so von ihrem eigenen Glauben vereinnahmt waren, dass sie nicht nur die Art des Gebets der Ureinwohner, die sehr eng mit erdbezogenem Glauben verbunden ist, völlig missverstanden, sondern es auch mit Ketzerei verwechselten. Fanatismus spielt in allen kommerziell organisierten Religionen eine bedeutende Rolle, wobei die Grenze zwischen Hingabe und Fanatismus sehr schmal ist, ähnlich der Grenze zwischen Vernunft und Wahnsinn.

Die Propheten in der Zeit von Jesus Christus trugen ein Kreuz mit sich herum. Es war Papst Konstantin der Erste, der das originale, goldene und mit Juwelen besetzte Kreuz auf einem Schwert anbringen ließ. Auf einem Instrument des Todes. Die Glock war nur dazu da, um die Leute an die Sünde zu erinnern, welche sie begehen würden, sollten sie nicht zur Kirche erscheinen. Jesus Christus stellte nie solche Anforderungen an seine Jünger. Es war Konstantin, der festlegte, dass keine Religion außer der seinigen akzeptiert werden würde. Was Konstantin der Erste anfing wurde zum Gesetz, denn er hatte die Macht es durchzusetzen. Jesus Christus wurde einmal mehr von Übeltätern benutzt. Ihr Ziel war die komplette Verbreitung und Etablierung des christlichen Glaubens. Die Menschen sollten lesen und endlich aufwachen. Es ist so einfach die Wahrheit zu erkennen. Ich hatte einen jüdischen Freund namens Inhorn in New York City, der im Scherz zu mir zu sagen pflegte: „Willst du viel Geld machen? Dann lass uns eine Revolution starten oder eine neue Religion begründen!" Ich habe seine Worte nie vergessen. Manchmal denke ich sogar, dass seine Aussage korrekt war. Vor nicht allzu langer Zeit versammelte ein scharfsinniger christlicher Prediger mit seiner weiblichen Partnerin ein Team von professionellen Managern mit guten Beziehungen zu den verschiedensten Medien um sich. Sie beriefen sich ein paar Male auf die Worte Gottes, wiederholten diese immer und immer wieder und wie durch Magie hatten er und sein Team auf einmal einen profitablen Fernsehsender gegründet, den sie praktischerweise Gott Kanal (The God Channel) nannten. Ein weiterer Fehler, den Gott machte: Er ließ sich seinen Namen nicht urheberrechtlich schützen. Der Fernsehsender liegt in Jerusalem. Von ihren christlichen Fenstern kann man wunderbar die orthodoxen Juden sehen, die an der Klagemauer beten. Und all das während sie ihre christlichen Predigten senden. Das ist wohl der Beweis, dass mein Freund Inhorn Recht hat.

Die Welt sollte endlich aufhören, sich im Namen Gottes zu bekriegen und gegenseitig umzubringen und stattdessen beginnen, gemeinsam und füreinander zu beten. Die Bewohner von New Orleans hätten sich öffentlich hinknien und gemeinsam beten sollen, ehe sie ihre Karnevalsaktivitäten eröffneten, so kurz nach der nie im Traum vorstellbaren Katastrophe. Wir müssen beginnen, dem Schöpfer echten Respekt zu zeigen: Respekt, der uns von unserem gegenwärtigen selbstsüchtigen Weg zu denken und zu leben loslöst. Nebenbei bemerkt gab es auch Ureinwohner Amerikas, die ebenso unter der Zerstörung durch Katrina litten. Doch die Medien und die Regierungsbeamten scheiterten daran, ihre Bitten um Hilfe zu erwähnen.

Wir müssen wahre Liebe mit Respekt kombinieren, dem Schöpfer danken, dass wir noch am Leben sind, dass unsere Gedanken, unsere Träume und Hoffnungen einen Neuanfang zu gestalten, immer noch in unserer Reichweite liegen, solange der Vorstoß unserer Energie an der Spitze von spiritueller Kraft gebildet wird. Diese spirituelle Energie, mit der wir vom Schöpfer ausgestattet wurden, ist das wunderbarste und reinste Geschenk, das wir besitzen, besser als jede materielle Sache, die wir jemals unser eigen nennen könnten. Wir sollten dankbar dafür sein, dass der Schöpfer unser Leben für einen Neubeginn verschont hat. Anstatt reumütig dazusitzen, mit Gefühlen der Wut oder einfach nur gleichgültig gegenüber dem zu sein, was um uns herum passiert, sollten wir für Wege beten, die uns wahrhaft umkehren lassen.

Ich bin überzeugt davon, wenn sogenannte religiöse Führer mehr Zeit damit verbringen würden, ihre Gemeinde in Gebeten, die aus dem Herzen kommen und dem Frieden dienen, anzuleiten, anstatt eine Kirche aus dem besten Baumaterial und eine goldenen Kutte haben zu wollen, dann könnten wir die vor uns liegende Aufgabe bewältigen. Frieden wurde seit den frühesten Niederschriften im Alten und Neuen Testament sowie noch früherer Schriften, noch einmal 500 Jahre früher, bei den Essenern oder den Bibliotheken des Judas, erwähnt. Vor langer Zeit war einer der Namen Gottes „Shalom" oder „Salaam", was soviel wie „Frieden" bedeutet. Das lässt mich erkennen, dass es in der Welt keinen Moment gegeben hat, in dem jemand in der Lage gewesen wäre, einen Anführer zu beeinflussen, den Weg des Friedens zu gehen.

Viele haben den Frieden gepredigt, doch niemand war jemals hilfreich darin wirklichen Frieden zu bringen, ohne dass es Gewalt oder den Tod ihrer Anhänger gebracht hätte. Ich kann die Philosophie nicht glauben oder mich daran gewöhnen, dass „Übermächte Krieg führen müssen, um den Frieden gewährleisten zu können". Das ist meiner Meinung nach die Philosophie eines Verrückten. Das ist so, als ob man sich in die Zeit Neros zurückversetzen würde, der seine Violine gespielt hatte, während er zusah, wie Rom in Flammen stand. Ich sah ein ähnliches Flammeninferno auf CNN, Tag und Nacht, zwei Wochen lang, während die Altstadt von Babylon und seine Bewohner bombardiert wurden. Spielt Mr. W Violine?

Ich kann verstehen, warum das hebräische Volk sich so zu dem Gebiet, in dem die Schriften des Alten und Neuen Testaments entstanden, hingezogen fühlt: Hebräische Schüler waren die Hauptpersonen, die diese Schriften erstellt haben. Durch den Umstand, dass die Israelis so eine gigantische journalistische Aufzeichnung für die ganze Welt erhalten haben, damit diese sie zusammen mit den unzähligen Schriften, die danach gefolgt sind, lesen kann und nachdem sie so weit durch die Welt dieser Zeit wanderten, haben es sich die Israelis sicherlich am meisten verdient, ein Land zu erhalten, das sie ihre Heimat nennen können. Ich sollte dies wissen, denn als Ureinwohner der USA habe ich nie das Gefühl gekannt, wie es ist, stolz darauf zu sein, ein Land zu haben, das ich als mein eigenes bezeichnen könnte.

Ich möchte damit nicht sagen, dass das hebräische Volk nicht mit seinem palästinensischen Gegenüber teilen sollte, sofern die palästinensischen Brüder und Schwestern denselben Frieden, die Harmonie und die Liebe wollen, die die Israelis ihrem Volk wünschen. Beide Völker sollten mit endloser spiritueller Energie zusammenarbeiten, vereint, um der ganzen Welt, die so aufgeregt darauf wartet, zu zeigen, dass sie letztendlich ihre Furcht besiegt und sich geeint haben: Dass sie zustande bringen, was sie bereits viel zu lange umgangen sind. Es liegt in Reichweite sowohl der Israelis als auch der Palästinenser, dieses „Friedenswunder" endlich wahr werden zu lassen.

Gebet in sechs Richtungen

Es gibt viele Versionen der Gebete zu den vier und sechs Richtungen.
Folgende Version ist nur eine davon:

> „Geist des Ostens, sende uns deine Weisheit.
> Geist des Südens, hilf uns auf dem Weg des Lebens.
> Geist des Westens, hilf uns, bereit für die lange Reise zu sein.
> Geist des Nordens, reinige uns mit deinen heilende Winden.
> Großer Vater Himmel, höre uns und lass uns stark werden.
> Mutter Erde, schenk uns ein gutes Leben und unterstütze uns.
> Jedes Wort, das wir sprechen, soll ein Gebet sein."

Schamanismus

Viele Veränderungen fanden seit Beginn dieses Jahrhunderts im Land der Original Natives statt. Die größte kam durch die Spielcasinos. Durch den Glanz, die Pracht und das Funkeln der Casinos taten sich Gelegenheiten und Türen auf, die einigen wenigen Eingeborenen zuvor verschlossen blieben. Jedoch hat die Mehrheit unseres Volkes bis heute nicht von den unvorstellbaren Einnahmen profitiert. Aber wie ich schon vielmals zu sagen pflegte: „ Geld ist nicht die Lösung." Die Regierung der Vereinigten Staaten hat noch viel Wiedergutmachungsarbeit zu leisten, um den Schaden, den sie angerichtet haben, zu reparieren und den Eingeborenen zu Würde und Stolz in ihrem Land zu verhelfen. Ich spreche jetzt nicht über die Casinos, denn ich nehme an, dass sie über deren Steuern und sonstige Abgaben überglücklich sind. Ich spreche von denen, die in den Reservaten zurückblieben, wo vieles unverändert blieb. Vielleicht ist das gut so, denn es gibt immer noch ausreichend Spiritualität, die man nicht in der Atmosphäre der Spielcasinos finden kann. Bei den vielen Menschen auf der ganzen Welt die wahre Spiritualität, Weisheit und Kräuterheilkunde so dringend brauchen, werden Sie einsehen, dass die Medizinmänner und – frauen heutzutage aktiver sind denn je sind.

Viele Original Natives reisen nach Übersee, wo es einen großen Glauben an spirituelle Arbeit gibt, die die nativen Heiler zu bieten haben. Die Heiltechniken der Medizinmänner haben sich in der Art, in der sie vor tausenden von Jahren angewandt wurden, nicht verändert. Die Nachfrage nach nativer Medizin steigt ständig. Unlängst erst kam eine Anfrage von nativen Soldaten, die aus dem Irak zurückgekehrt waren. Einige kamen nach Hause und standen unter einem traumatischen Schock. Sie verlangten danach, von ihren eigenen Medizinmännern behandelt zu werden, und die Regierung bewilligte die Bezahlung ihrer Behandlungen.

Dies lieferte einen weiteren Beweis für die Heilkraft unserer alten Medizin. Es gibt eine strenge Anordnung für unseren spirituellen Weg, mit Kräutern und Wurzeln zu heilen. Die Lehre über unsere Mutter Erde ist immer noch sehr stark und wird ständig in der ganzen Welt gesucht. Wenn jemand beschließt, eine Frage betreffend Medizinmänner/-frauen zu stellen und ihn oder sie als Schamanen bezeichnet, dann führt das zu einer heiklen Situation für unser Volk. Was einige unter einem Schamanen verstehen, weicht dramatisch von der Praxis der nativen Medizin ab. Wenn einige Individuen dann noch das heikle Ritual mit abscheulichen Fragen anzweifeln, dann dringen sie wirklich in das heilige Gebiet des Spiritualismus ein, das von unseren Heilern streng geschützt und verehrt wird.

Ich bin nicht einer, der viele Beispiele geben möchte, doch ich nehme an, damit einige überzeugt sind und in irgendeiner Form zufrieden gestellt werden, ist dies manchmal notwenig. Also hier ein Beispiel: Ich würde nicht nach Haiti gehen und einer Person, die Voodoo praktiziert, offen Fragen stellen, die mit den Ritualen zu tun haben. Meiner Meinung nach ist Voodoo ein hoch zu respektierendes Ritual und ein sehr privater Weg zu leben. Selbstverständlich gibt es immer gewisse Individuen auf der Welt, die keinen Respekt vor irgendetwas aufweisen, was als heilig betrachtet wird. Je größer die Geheimhaltung, umso mehr verfolgen sie den Akt des Eindringens und sind dabei unausstehlich hartnäckig. Voodoo ist eine starke und alte Tradition bei vielen afrikanischen Völkern. Es ist eine religiöse Tradition, die ihren Ursprung in Westafrika hat und in der „Neuen Welt" durch den Import afrikanischer Sklaven populär wurde. Westafrikanisches Voodoo ist die Originalform des Rituals. Ich glaube, dass es zwischen dem Praktizieren von Voodoo und wahrem Schamanismus Ähnlichkeiten gibt. Ich sage, wahrer Schamanismus, denn heutzutage gibt es viel zu viele Menschen, die diesen Begriff zum Kundenfang und zu Werbezwecken missbrauchen. Ich würde jede Person anzweifeln, die in der westlichen Zivilisation, mit allen ihr zur Verfügung stehenden Bequemlichkeiten, lebt, und sich trotzdem Schamane nennt.

Ich würde niemals jemandem vorschlagen, solche Gedanken mit den Ureinwohnern Amerikas oder den ersten Menschen in Kanada in Verbindung zu bringen: Jemanden unseres Volkes einen Schamanen zu nennen, ist absolut falsch, keine Frage. Medizinmann/-frau, Heiler, weiser Mann/ weise Frau, Ältester, spiritueller Führer oder sogar Häuptling, wenn Sie wollen, doch Sie sollten nie den Ausdruck „Schamane" verwenden, schon gar nicht, wenn Sie einen Medizinmann/eine Medizinfrau ansprechen.

Es gibt immer noch ein großes Missverständnis zwischen der Welt im Großen und unserem Volk. Ich habe versucht, es denen zu erklären, die mich immer noch fragen und begierig auf meine Antwort warten, in der Hoffnung, dass ich sagen werde: „Ja, ich bin ein Schamane". Doch ich könnte nie einer sein. Glauben Sie mir und benutzen Sie einen der Begriffe, die ich gerade erwähnte oder auch „spiritueller Heiler", aber bitte niemals Schamane.

Die Schuld könnte möglicherweise bei vielen unserer eigenen Leute liegen. Wenn sie durch die Welt reisen und aus Ignoranz von unschuldigen weißen Menschen, die sich in Wahrheit nur für ihre traditionelle Lebensweise interessieren und es nicht besser wissen, mit bestimmten Namen bezeichnet werden, vergessen sie diese oft zu korrigieren. Ich für meinen Teil finde es nicht nur wichtig, sondern empfinde es als Pflicht die Menschheit aufzuklären, sie zu unterrichten und anzuleiten, wie man die Original Natives von Amerika richtig anspricht. In den meisten Fällen sind viele Eingeborene damit beschäftigt, als Vertreter und Sprecher unseres Volkes zu fungieren, weil vor allem die Menschen in Europa, in Asien und dem Mittleren Osten nur sehr wenig über uns wissen, abgesehen von dem, was über Hollywood seinen Weg hierher gefunden hat.

Die Filmindustrie in Hollywood hat über lange Zeit sicherlich nicht unsere Interessen vertreten, wenn es um unsere Kultur ging. Sie war vielmehr daran interessiert, dass wir unsere Rolle als Bösewicht spielen und der Welt nichts anderes als einen schlechten Eindruck über unser Volk vermittelten. Die meisten der sorgfältig als Drehbuch geschriebenen Geschichten waren irreführend und in großem Ausmaß gefälscht. Diese Unwahrheiten verursachten weiteren Schaden am Stolz und an der Würde der Original Natives. Jedes Mal, wenn die Frage aufkommt, was oft genug der Fall ist, nehme ich die Mühe auf mich zu erklären, wie das Wort „Schamane" verbreitet wurde. Vielleicht sollten wir in die Zeit um 1974 zurückgehen, als ein Buch von einem Autor namens Carlos Castaneda veröffentlicht wurde. Er erzählte sehr detailliert von seinen Erfahrungen mit einem mexikanischem Yaqui Brujo, einem Hexendoktor, und brachte so das Wort „Schamane" erneut in Umlauf. Nun wissen viele weise und gut belesene Menschen, dass dieses Wort aus dem asiatischen Raum stammt, möglicherweise sogar von einer noch älteren prähistorischen Zivilisation. Selbstverständlich gibt es einige Ähnlichkeiten zwischen der Arbeit eines Schamanen und jener eines Medizinmannes/einer Medizinfrau. Dennoch trifft das Wort „Schamane" nicht auf die Ureinwohner der USA zu. Meine kurz gefasste Erklärung eines Schamanen und seiner Tätigkeit ist folgende:

Schamanismus bezieht sich auf eine Auswahl an traditionellen Glaubensvorstellungen und Praktiken, die mit der Kommunikation mit der Welt der Seelen und Geister zu tun haben. Es gibt viele unterschiedliche Varianten des Schamanismus auf der ganzen Welt. Darunter finden sich einige Glaubensvorsätze, die von allen Formen des Schamanismus geteilt werden. Einige vermuten, dass Schamanismus älter ist als die Vorzeit. In alten Zeiten wurde mit den Geistern zum Wohle der gesamten Gemeinschaft zusammengearbeitet. Der Schamane besitzt die Macht von guten und bösen Geistern. Ein Schamane soll in der Lage sein, sich auf mehrere mentale Techniken einzulassen, um bei den Teilnehmern eine Trance hervorzurufen. Dazu gehören Gesang, Tanz, Meditation, Trommeln und die Verwendung von Halluzinogenen.

Eine Ähnlichkeit zwischen einem Schamanen und manchen Medizinmännern und -frauen ist die, dass beide in der Lage sind, Krankheiten mit Hilfe von Pflanzenheilkunde zu behandeln. Ein echter Schamane kann seine Seele dazu veranlassen, den Körper zu verlassen und in die Welt des Übernatürlichen einzutreten, um bestimmte Aufgaben zu bewältigen. Ein weiterer gravierender Unterschied ist, dass ein Schamane auch menschliches Leid verursachen kann, wohingegen der Medizinmann/die Medizinfrau dies nicht tut.

Eine weitere mögliche Gemeinsamkeit ist die, dass beide in der Lage sind, das Wetter zu beeinflussen, Träume und die Projektionen himmlischer Zeichen zu interpretieren sowie in die „Obere und Untere Welt" zu reisen.

Neugierige und naive Menschen auf der Welt werden weiterhin ausgebeutet werden, da es noch immer genügend skrupellose und gierige Menschen gibt, die mit billigen Tricks im Internet oder auf Anzeigen werben, und behaupten jemandem beibringen zu können Schamane zu werden. Jeder, der nach der Grundlage der Verweigerung leben und auf jegliche moderne materielle Bequemlichkeiten verzichten und sein eigenes Leben für das von anderen einsetzen kann ohne eine Entschädigung zu erwarten und ohne dabei jeglichen negativen Gedanken zu haben, kann anfangen darüber nachzudenken sich mit Schamanismus zu beschäftigen, aber sich nicht fälschlicherweise selbst diesen Titel zu geben. Bitte bedenken Sie, dass das was ich hier in nur wenigen Worten beschrieben habe, nur an der Oberfläche des Schamanismus kratzt. Dies ist nur eine Interpretation und keine bestätigte Evaluierung. Ich hätte auch weniger Worte für meine Erklärung verwenden können. Ich hätte zum Beispiel sagen können: „Schamanismus kann man nicht lernen; man muss ihn sich verdienen." Oder: „Ein eingerahmtes Stück Papier an der Wand eines Büros, das denjenigen als Schamanen zertifiziert, hat nicht zu bedeuten, dass derjenige auch wirklich einer ist." „Ein Schamane hat kein Büro" Ich beantworte einfach ein paar Fragen, die ich immer wieder über Schamanismus gestellt bekomme. Es gibt noch viel mehr Antworten, die sich aber alle ähneln. Allerdings sollte diese kurz gefasste Erklärung genügen, um die Neugier von vielen Antwortsuchenden zu befriedigen, die mich viel zu oft über das Mysterium Schamanismus befragen.

Reinigungszeremonie / Schwitzhaus

Es gibt immer wieder viele heikle Fragen, die über das heilige Ritual der Original Native Reinigungszeremonie, vielerorts auch Schwitzhaus genannt, gestellt werden. Ich werde mich kurz fassen, damit Sie schnell den wichtigen Artikel lesen können, der auf meinen Kommentar folgt. Alles was ich denjenigen, die sich dafür interessieren einer solchen Zeremonie beizuwohnen, sagen will ist, dass sie sich an die folgenden vier Regeln halten sollten. Als erstes sollten Sie nach dem Namen des Original Natives fragen, der die Zeremonie abhält und auch sicher gehen, dass nur er es ist, der sie vollzieht. Akzeptieren Sie nie Einladungen von blauäugigen Blondinen, die behaupten, sie wurden von Original Natives unterrichtet diese Zeremonie durchzuführen. Die meisten, die diese Rituale ausführen dürfen, sind Original Natives fortgeschrittenen Alters. Weiters bringen Original Natives niemandem, außer ihrem eigenen Volk bei, wie diese Rituale korrekt und in traditioneller und spiritueller Weise von Beginn bis Ende durchzuführen sind. Original Natives würden außerdem für niemanden außer für sich selbst ein Schwitzhaus bauen. Zweitens stellen Sie sicher, dass mehr als 25 Personen an dem Ritual teilnehmen. Männer müssen Badehosen und Frauen Badeanzüge tragen. Während der Pausen sind alle verpflichtet Wasser zu trinken. Drittens stellen sie, bevor sie an einem solch kräftezehrenden Ritual teilnehmen ,mit Hilfe des nativen Leiters ihre körperliche Fitness fest. Viertens fragen Sie immer, was sie als Gegenzug für die Teilnahme an einem solchen Ritual geben können. Hier finden Sie nun ein Beispiel was alles passieren kann, wenn Original Natives nicht an einer von ihnen entwickelten und über Jahrhunderte als heilendes Ritual durchgeführten Zeremonie teilnehmen. Solche Rituale werden heutzutage leider meist ungestraft von selbsternannten Gurus und Schamanen weltweit durchgeführt.

Der Sohn eines bettelarmen Priesters aus Oklahoma, namens James Arthur Ray, schmiss die Uni hin und arbeitete als Telefonvermarkter, bevor er seine Karriere als selbsternannter Heil-Guru startete. James Arthur Ray wurde am Mittwoch in Arizona festgenommen. Ihm wird fahrlässige Tötung in drei Fällen vorgeworfen. Alle drei Menschen kamen in einer Reinigungszeremonie in einem Schwitzzelt zu Tode. Seine Kaution wurde auf 5 Millionen Dollar festgelegt und wartet, laut Yavapai Country Scheriff Steve Waugh, in einer Zelle der Scheriffstation in Prescott auf seine Überstellung in das Gefängnis von Camp Verde.

„Scheriff Waugh möchte sich bei den Angehörigen der Opfer für ihre Geduld bedanken, während das Büro des Scheriffs seine gründlichen und umfassenden Ermittlungen zu Ende führt. Er hofft, dass mit der Festnahme von James Ray die Familien der Opfer zumindest in gewissem Maße beginnen können Ruhe zu finden."

Die „Reinigungszeremonie", die von Ray im Angel Valley Retreat Center in der Nähe von Sedona, Arizona durchgeführt wurde, endete mit dem Tod der Teilnehmer Kirby Brown, 38, James Shore, 40 und Liz Neuman, 49. Weitere 18 Teilnehmer wurden verletzt. Leider trifft man heutzutage immer mehr Scharlatane in der Umgebung von Sedona an. Es wurde berichtet, dass Ray die Ohnmachtsanfälle gleichgültig waren. Laut Augenzeugenberichten soll Ray, anstatt nach medizinischer Hilfe zu rufen, den Satz: „Heute ist ein guter Tag um zu sterben" von sich gegeben haben. (Dabei handelt es sich um eine heilige Phrase, die Tasunka Witko, Crazy Horse, einst sagte.) Drei Menschen starben, 18 wurden in umliegende Krankenhäuser gebracht.

Während der „Spiritueller Krieger" genannten, fünf Tage dauernden Zeremonie, für die Ray $9,695 pro Person verlangte, wurden die Teilnehmer an ihre spirituellen und physischen Grenzen gebracht. Sie mussten 36 Stunden fasten und wurden dabei in eine knapp 40 Quadratmeter große Hütte gesperrt. In der Hütte, die im Grunde nur aus einem Holzgestell bestand ,welches mit Tüchern und Planen abgedeckt war, herrschten Sauna ähnliche Temperaturen. Die Teilnehmer begannen sich zu übergeben und ohnmächtig zu werden und wurden dennoch aufgefordert, das Zelt nicht zu verlassen.

Nach den Toden brachte Ray, der Autor von Harmonischer Reichtum: Das Geheimnis, das Leben anzulocken, das Sie wollen, sein Bedauern zum Ausdruck, fuhr aber mit seiner Arbeit fort und sagte: „Auch ich möchte wissen, wie es zu einer solchen Tragödie kommen konnte." Ray's Anwalt, Luis Li, erklärte am Mittwoch, dass es nie zu einer Anklage hätte kommen dürfen. Ray's erster Gerichtstermin wurde auf Donnerstag, kurz nach 8 Uhr Früh, im Obersten Gerichtshof von Camp Verde angesetzt.

„Die Anklage ist ungerecht und das werden wir vor Gericht beweisen", ließ Li verlauten. „Es war ein tragischer Unfall und kein krimineller Akt. James Ray zeigte sich höchst kooperativ und verhalf der Polizei Informationen und Zeugen zu finden, die unterstrichen, dass niemand diesen Unfall vorhersehen hätte können. Wir werden nun diese Beweise dem Gericht vorlegen und sind sicher, dass diese Herrn Ray entlasten werden."

Kurz bevor er von der grellen Wüstensonne in den drückend heißen, stockdunklen Bunker ging, erhielt Richard Wright Jr. von seinem spirituellen Anführer, James Arthur Ray, noch ein paar aufmunternde Worte. Er sagte: „Es wird sich anfühlen als ob dir deine Haut vom Körper gebrannt wird; du wirst dich fühlen als müsstest du sterben", erinnert sich Wright, 42, ein Reservist der Luftwaffe, der es über 18 Jahre lang gewohnt war, in 40 Grad Hitze zu trainieren. „Er sagte, dass Original Natives sein Schwitzzelt inspiziert und für das Extremste und Intensivste gehalten hätten, dass sie jemals gesehen hatten. Darauf sei Ray sehr stolz gewesen. Trotzdem hatte ich immer das Gefühl, dass uns James nie einer Gefahr aussetzen würde." Doch genau das war es, worin sich Wright und 60 andere Teilnehmer wiederfanden. In etwas, was die Ermittler nun als Todesfalle deklarierten. Am 8. Oktober war Ray's Zelt so unerträglich heiß und stickig, dass zwei Leute starben und 19 andere im Krankenhaus landeten. Einer von ihnen verstarb später an den Folgen des auf einer Reinigungszeremonie der Original Natives beruhenden Rituals. Nachdem eines der Opfer, Kirby Anne Brown, 38, im Zelt das Bewusstsein verloren hatte, schrieen andere Teilnehmer: „Kirby kann nicht atmen! Sie ist nicht mehr bei Bewusstsein!" „Leute hörten sie nach Luft schnappen aber konnten ihr nicht helfen", sagte Brown's Cousin Tom McFeely, der mit einigen Überlebenden gesprochen hatte. Die Szene kurz nach dem zwei Stunden dauernden Ritual, stellte sich dar wie ein Albtraum: „Benommene Menschen lagen am Boden; andere stolperten, konnten sich nicht mehr auf den Beinen halten und übergaben sich; eine Frau sagte immer und immer wieder „Ich bin gestorben", erzählte Shawna Bowen, eine von Ray's Gefolgsleuten, die zwar nicht selbst im Schwitzzelt war, aber die Menschen kurz danach versorgte. „Es sah aus wie ein Unfall mit 60 Opfern", sagte sie.

Wie konnte eine solche Katastrophe überhaupt geschehen? Warum endete ein fünftägiger Ausflug, der die Teilnehmer $9,695 kostete und von Ray, 51, geleitet wurde, mit dem Tod von drei zuvor gesunden Menschen? Laut Polizei verweigerte Ray noch vor Ort jegliche Aussage und verließ die Stadt ohne sein Eigentum abzubauen oder die Verwundeten zu besuchen. Trotz dieses Vorfalls ging er aber sofort zurück an die Arbeit und hielt Seminare in Colorado, nur Tage nach der Tragödie. In einer Telefonkonferenz vom 14. Oktober hielt er die Überlebenden dazu an, seine Seminare zu besuchen, da sie den Heilungsprozess beschleunigen würden. Während dieses Telefonats erklärte einer von Ray's Mitarbeitern, dass jene, die in dem Zelt den Tod fanden, ihre Körper verlassen hätten und auf Grund von zu viel Spaß beschlossen, nicht mehr in ihre Körper zurückkehren zu wollen. Ray's Verhalten während und nach dem Desaster machte viele Überlebende und Verwandte von Opfern wütend. „Es machte den Anschein, als genoss er es wie ein Gott ähnliches Wesen behandelt zu werden", sagte Tom McFeeley „Aber dieser Mann trieb es einfach zu weit."

Silverbird's Kommentar zu den Vorfällen in Sedona:

Was Sie gerade gelesen haben ist sehr traurig aber leider die Wahrheit. Graphische Videos sind auch auf www.youtube.com zu finden. Ray kopierte einen Ausspruch von Chief Dan George als er sagte: „Es ist ein guter Tag um zu sterben." Eine weiße Frau namens Kate Starhawk, die vom

Fernsehen interviewt wurde und offensichtlich höchst ignorant und unwissend dem Wissen der Original Natives gegenüberstand, sagte: „Das Schwitzhaus ist eine spirituelle Zeremonie, die von den Lakota Sioux eingeführt wurde." Alle Original Natives aus Nord und Südamerika hielten schon über Jahrhunderte reinigende und heilende Zeremonien ab. Frühe Aufzeichnungen der Spanier sprechen von der Temescal: weitere sprechen von „Tacheeh" oder auch Schwitzhaus, das von den Dineh (Navajo) benutzt wurde. Ein Buch namens, „Das Schwitzhaus der Original Natives" („The Native American Sweat Lodge". Originaltitel Anm.d.Übersetzers) von einem Abenaki namens Joseph Brushac wird all Ihre Fragen auf intelligentere Art und Weise beantworten. Das Einzige was in dem tragischen Bericht über die Vorfälle in Sedona nicht erwähnt wird ist, wie sehr die Original Natives in den USA noch immer von den Weißen ausgenutzt werden. Wir hatten die weiße Welt immer und immer wieder gewarnt, dass es sich bei diesen Zeremonien um heilige Rituale handelt. Jeder, der ein Schwitzhaus ohne einen Original Native ausführt ‚verliert den traditionellen und spirituellen Wert und somit jegliche heilende oder reinigende Wirkung. Guru Ray hat zweifellos genug Geld, um ungeschoren davonzukommen. Dennoch brachte er Schande über sich selbst und scheiterte kläglich daran eine Reinigungszeremonie durchzuführen, die die Original Natives als heiliges Ritual betrachten. Ray wurde nur von seinem eigenen Ego und der Gier nach Reichtum und Ruhm beeinflusst.

AMERIKA

Dieses Buch wäre nicht vollständig, würde ich nicht meine Ansichten über Amerika zum Ausdruck bringen, das Land, aus dem ich komme und in dem ich eine abwechslungsreiche und interessante Zeit erlebt habe: Nicht jedes Leben ist perfekt. Das meinige hatte genügend Höhenflüge und Tiefpunkte, um zuzugeben, dass nicht alles immer heiter und eitel Wonne war. Es gab Momente der Verzweiflung, des Leids, der Freude, der Aufregung, des Fortschritts und letztendlich Überlegungen, die mich persönlich immens gestört haben, weil sie die ungerechte Unterjochung meines Volkes im Laufe der Jahre betreffen. Und für jene, die manchmal zu mir sagen: „Du hast es doch nicht so schlecht gemacht", kann ich nur sagen: „Man kann sehr viel Glück haben, egal wo auch immer man sich befindet, solange man hart arbeitet."

Nachdem alles gesagt und getan wurde, ist es nicht wichtig, wie stolz ich auf das Nedni/Apachen/ Cherokee Blut bin, das durch meine Adern fließt. In der Weißen Welt, in der wir leben, bin ich nur ein weiterer Indianer, der in den USA geboren wurde. Ich war durch die Regierung, die zwischen den Jahren 2001 und 2009 die amerikanische Macht innehatte, völlig desillusioniert. Der 20. Januar 2009 wurde für mich so zu einem Freudentag. In nur acht Jahren hatte es die vorhergehende Regierung geschafft, ein Feuer zwischen den beiden mächtigsten Religionen der Welt zu entfachen. In den acht Jahren an der Macht in Washington manipulierte sie akribisch Menschen, um sie gegen andere Menschen aufzuhetzen. Sie taten dies, anstatt ihre eigentliche Aufgabe zu erfüllen, nämlich Frieden zu bringen. Dadurch brachten sie eine Tatsache ans Licht, die einen verheerenden Domino- Effekt weltweit auslöste. Ich beobachte noch immer mit großem Interesse und großer Leidenschaft den Impuls, der aus dem Land meiner Geburt kam. Ich kann auch zwischen den Zeilen lesen, wie viele dieses Land gerne hatten und sich nicht davon wegbewegen wollen.

Wir setzten große Hoffnung in die Wahl unseres neuen Anführers und es sollte wirklich zu einem historischen Event werden. Viele hatten Zweifel, dass solch ein Anführer ein schwarzer Mann sein könne. Aber genau so sollte es sein. Ich betete aus Entfernung in Europa dafür, dass jeder US-Bürger gut nachdenkt, ehe er den einfachen Vorgang namens Wahl durchführt, der uns alle auf der ganzen Welt betreffen würde. Ja, Amerika war auf dem Weg zum nächsten „Contest" für eine drastisch nötige Veränderung in diesem geschwächten und gebrechlichen Land, die es einer gescheiterten Verwaltung zu verdanken hat. Ich sage deswegen drastisch, weil dieser „Contest" zum ersten Mal in der Geschichte Amerikas, in erster Linie zwischen einer farbigen Person und einer Frau abläuft, die beide sehr intelligent sind und auf der gleichen demokratischen Seite stehen. Vielleicht war es genau aus dem Grund, dass die vorige Regierung zu diesem Zeitpunkt so chaotisch agierte, dass die Leute einen solch radikalen politischen Wechsel akzeptierten. Obwohl beide Parteien alle erdenklichen Mittel einsetzen um Stimmen zu gewinnen, war es doch der Mann aus Illinois, der sich im Rennen um das Amt des Präsidenten durchsetzen konnte. Es war ein aufregendes und neues Rennen, das sich Senator Obama und Senatorin Hillary Clinton lieferten. Ich bin mir sicher, dass viele Menschen wie gebannt das Rennen verfolgten, nicht nur ich.

Nachdem ich immer gerne wissen möchte, was Amerika denkt … Während des New Hampshire Wahnsinns landete ich beim God-Channel (TV-Sender, Anm. d. Übers.), noch bevor die Resultate hereinkamen, wo Pat Robertson und seine Freundin Terry gerade über Barack Obamas geringe Chancen diskutiert, die er ihrer Meinung nach hatte. Eine sicherlich unterschwellige TV-Botschaft, sofern ich jemals eine gehört habe, an alle Christen von einem der mächtigen christlichen Magnaten der 700 Clubs, der sich über den Gott-Kanal in meiner Gegend aufspielt. Ja, Herr Robertson und Frau Meeuwsen sendeten eine unterschwellige Botschaft an die christliche Gemeinde in New Hampshire und den Rest des Christentums in den USA. Diese Botschaft war lieblich, höflich und dennoch direkt genug, um die Menschen in dieser Gegend mit dieser Wahlbotschaft in der allerletzten Minute zu erreichen und zu beeinflussen.
Ich kann das behaupten, denn ich war sechs Jahre lang eine Persönlichkeit im Fernsehen und bin mir durchaus des Einflusses bewusst, den ein Moderator auf das Publikum hat. Ich habe Wert darauf gelegt, diesen charismatischen Mann manchmal zu sehen, der einmal die Medien und auch mich geschockt hat, indem er eine Morddrohung an einen südamerikanischen Spitzenpolitiker adressierte, ohne Respekt dafür zu zeigen, dass diese Person der Präsident seines südamerikanischen Landes war. Ich habe mich gefragt, warum der damalige Präsident der USA diesen Mann

nicht zurechtgewiesen hat, wie das viele Magazine getan haben und mutmaßte, dass jemand in der Amtsperiode politisch und öffentlich nicht so handeln konnte, und Robertson, wie es jeder weise Rechtsanwalt getan hätte, die Botschaft in ihrem Auftrag sendete.

Diesmal war der Dialog höflich, doch genau genommen sagte Herr Robertson im Endeffekt etwas von: „Wie will er (Obama) mit den ganzen weltweiten Problemen der heutigen Zeit klar kommen?" Nachdem er nicht erwähnte, wer diese weltweiten Probleme überhaupt hervorgerufen hatte, setzte er nach: „Er hat nicht genug Erfahrung." Terry fügte ihre absolute Zustimmung hinzu und nickte bei jedem Kommentar zustimmend. Dann schickte er noch eine weitere Botschaft als Beweis an seine Zuseher, die McCain betraf. Ich bemerkte, dass er, während er negativ über Barack Obama sprach, niemals direkt in die Kamera blickte, sondern den Kopf mit einem scheinheilig besorgten Blick nach unten neigte.

Wie ihr sehen könnt, richtet der Fernsehzuseher einen Großteil der Aufmerksamkeit auf Gesichts- und Körperbewegungen und Herr Robertson lieferte eine sehr gute schauspielerische Darbietung, indem er den Eindruck einer armen schwarzen Person vermittelte. Weiters war das unmittelbar bevor die Stimmen ausgezählt wurden, also ein sehr gutes Timing. Sie mussten später gejubelt haben, dass sie sich nicht darum sorgen mussten, dass Obama das weiße Amerika anführen könnte; doch sie werden nicht vergessen, dass Obama nur ein paar wenige Prozentpunkte hinter Hillary lag. Und das war erst der Anfang.

Wir alle wissen von den Prozeduren, die der Präsident durchlaufen muss, wenn er seine Angestellten wählt. Meine Meinung über die, vom damaligen Senator und jetzigen Präsidenten Obama gewählten Angestellten ist, dass seine Wahl vorsichtig aber auch sehr gut durchdacht war. Nur eine Änderung in seiner Angestelltenwahl hätte, meiner Meinung nach, einen Unterschied gemacht: Wenn er Hillary Clinton zur Vizepräsidentin gemacht hätte. Versteht mich nicht falsch, denn ich mag Vizepräsident Joe Biden, und nicht nur weil er mein Namensvetter ist. Hier ist allerdings meine Begründung und zwar aus historischer Sicht..: Wir haben den ersten dunkelhäutigen Präsidenten und er wählt den ersten weiblichen Vizepräsidenten als seinen Vertreter. Ich glaube, dies wäre ein weiterer historischer Moment für ihn gewesen. Und ich gebe auch gerne zu Protokoll, dass ich Präsident Obama geschrieben habe und ihm sagte, dass ich fände, dass Hillary, in jenem Amt Wunder bewirke, welches er für sie gewählt hat. Und mein werter Vizepräsident: Sie sind auch am richtigen Platz, solange sie lesen, was ich in meinem Buch über „Denke bevor du sprichst", schreibe.

Als ich im Jahre 1999 das erste Mal nach Europa kam, musste ich ernsthaft bemerken, dass die USA kontinuierlich an Glaubwürdigkeit verloren hatten und dabei waren, ein vom Großteil der Welt am meisten geächtetes Land zu werden. Wenn es nicht bald eine drastische Wende gäbe, um den gegenwärtigen Status wieder umzukehren, dann liefe Amerika Gefahr, in die Position eines Dritten Welt Landes zu rutschen, von der Position aus, die einige für den ersten Platz hielten. Durch meine Reisen durch den Großteil Europas, die ich jährlich unternehme, und durch die Gespräche mit verschiedensten Politikern sowie auch Menschen des Volkes, konnte ich erfahren, dass es ihrer Meinung nach nur an der vorhergehenden Regierung lag, dass ein solches Abfallen an Ansehen zustande kam.

Amerika braucht eine Veränderung, die uns weltweite Glaubwürdigkeit gibt. Amerika braucht ein neues Symbol für Hoffnung und ein neues Image der Freiheit für alle, und genau das ist es, was Barack Obama repräsentierte.

Ich applaudierte Oprah Winfrey, dass sie einen jungen Mann mit den Werten von Martin Luther King unterstützte. Ich gratulierte auch Hillary Clinton, die als erste Frau den Versuch gewagt hat, sich für das höchste Amt in Amerika zu bewerben. Es ist schon schwer in jedem anderen Land der Erde, doch doppelt so schwer in den USA. Ich betete dafür, dass der Wettbewerb zwischen den beiden einen gewissen Grad an Ehrlichkeit aufweist und mit Respekt, Wahrheit und etwas demokratischer Transparenz abläuft!

Ich erlebte die staatliche Versammlung mit, an der Obama erstmals vor einem landesweiten Publikum sprach und war einfach erstaunt und an meinen Sessel gefesselt, während er sprach. Das einzige Mal, an das ich mich erinnern kann, bei dem ich schon einmal so ein Gefühl hatte, war das erste Mal, als ich Präsident John F. Kennedy sprechen hörte. Ich bin froh, dass Caroline und Ted Kennedy Obama unterstützen. Barack Obama soll nie diese Qualität und Redegewandtheit verlieren, ganz egal wer und was auf ihn zukommt. Die Qualitäten eines Präsidenten, so wie er sie hat, hatte vor ihm noch keiner. Kein Mann in Amerika, der sich für das Präsidentenamt bewarb, hatte zuvor die Courage, die Original Natives in seinen Ansprachen auf seiner Wahlkampftour in einem guten Licht darzustellen. Seine Vorgänger hatten einfach Angst die weiße Wählerschaft zu verlieren, wenn sie dies täten.

Auch Senator Kerry hat Herrn Obama empfohlen. Hier zitiere ich, was er gesagt hat: „Ich bin stolz, mitgeholfen zu haben, Barack unserer Nation vorzustellen, als ich ihn bat, vor unserer Nationalversammlung eine Rede zu halten. Dort kamen Baracks Worte und Visionen zum Vorschein. An diesem Tag hat er Amerika daran erinnert, dass unsere wahre Genialität in einem Glauben an einfache Träume und unser Bestehen auf kleines Wundern beruht. Mit seiner Führung können wir einfache Träume und Millionen kleiner Wunder für einen echten Wandel unseres Landes wahr werden lassen."

… John Kerry.

Natürlich hat auch Präsident Obama seine Fehler gemacht. Er erbte ein Land, das beinahe vollkommen bankrott war und dessen Wirtschaft sich nicht abrupt über Nacht erholen würde. Und vor allem ein Land, das sich im Krieg befindet. Ein Krieg, und eine Invasion des Irak, die er der Arroganz seiner Vorgänger zu danken hat. Er hat es geschafft ein Gesetz zu verabschieden, welches Frauen die gleiche Bezahlung wie Männern garantiert. Eine kleine Neuerung vielleicht. Aber sicher nicht für jene Frauen, die eine solche Gleichberechtigung zwar verdienten aber nie hatten. Ein anderes, von Amerikanern dringend benötigtes Gesetz, das schon von vielen Präsidenten dem Senat und Kongress vorgelegt, aber auf Grund der mächtigen Pharmakonzerne immer wieder abgeschmettert wurde, ist die Revolutionierung des Gesundheitswesens. Diese Konzerne wissen leider nur zu gut wie man Politikern finanziell „helfen" muss, um ihre Machtposition in Washington nicht zu verlieren. Ein weiteres war die Unterzeichnung der Ankündigung des Native American Day. Ein Tag, der wohl sehr wenigen Menschen des „weißen" Amerikas etwas bedeutet, aber für unsere Leute schon längst überfällig war. Kein anderer Präsident hatte zuvor überhaupt darüber nachgedacht so etwas für die Original Natives zu tun. Obwohl diese Original Natives für viele Europäer noch immer die Wurzeln des heutigen Amerika sind, da die USA ansonsten aus Fremden aus der ganzen Welt besteht, die erst seit ungefähr 500 Jahren auf diesem Land wohnen. Ganz im Gegensatz zu den zehntausend Jahren, die unser Volk schon als Beschützer dieses Landes hier lebt. So klein diese Veränderungen für Skeptiker auch sein mögen, wurden sie doch von vielen von Obama's Vorgängern gänzlich ignoriert.

Egal wie enttäuscht viele Amerikaner heute sind, sie sollten dieselbe Courage zeigen wie die Leute in Europa, die sich gegen die herannahende Depression, die wir momentan alle durchleben, wehren und sich für den Erholungsprozess stark machen. Anstelle von einer negativen Einstellung sollten wir doch alle zu denken beginnen, uns auf unsere Füße stellen und weiter unseren Weg gehen. Lasst uns ein Lied singen, viel mehr lachen und glücklich sein.

Es muss allerdings mehrere Veränderungen geben, bevor ich wieder so stolze Gefühle haben kann, wie ich sie als junger Mann beim Militär hatte. Ich hatte mich als ich noch diente immer sicher gefühlt doch hatte ich hin und wieder für Sekundenbruchteile das unsichere Gefühl, dass die meisten Männer, die meist die unteren Ränge im Militär bekleideten, nichts weiter waren als roboterähnliche Tötungsmaschinen. Aber bitte versteht mich nicht falsch. Ich bin weder gegen Amerika, noch gegen das Christentum … doch ich bin gegen Rassismus, gegen Genozid und mit Sicherheit gegen Worte wie „Reservat", „Indianer", „Wilde", „Besiegte", „Menschen ohne Land" und gegen die Lügen, die immer noch in den Archiven des Obersten Gerichtshofes schlummern, dem höchsten Gericht vom „Land der freien Bürger"… Amerika. Niemand sollte als „Aktivist" bezeichnet werden nur weil er das, was in seinem Land falsch läuft, laut ausspricht. Auch sollte niemand als Atheist bezeichnet werden, weil er das ausspricht was seinen und anderen Völkern widerfährt. Sie erkennen eben wie die superreichen Anführer der Religionen pompös in ihren Gotteshäusern sitzen, während Teile der restlichen Bevölkerung noch immer hungern müssen.

Nur weil ich stolz bin und das Land meiner Geburt liebe, bedeutet das noch lange nicht, dass ich es billige und bereit bin, die dokumentierten und wiederholten Ungerechtigkeiten, die mein Volk von Europäern erlitten hat, zu akzeptieren. Diese Euro-Amerikaner kamen mit der Bibel in ihrer linken Hand und einer Muskete in der anderen und sagten uns ganz einfach: „Werdet katholisch oder sterbt". All das im Namen der Religion und fast genau vom Zeitpunkt an, als sie unser Land betraten, mussten wir mit Beleidigungen und Unrecht leben. Beleidigungen, die auf viele Arten auch heute noch andauern, nicht nur im Kopf von vielen hohen Beamten, sondern bis hin zu den Ausläufern des Kongresses, dem Senat und dem Obersten Gerichtshof, die sich immer noch auf 500 Jahre alte Rassismusgesetze berufen und dadurch dazu beitragen, ein psychologisches Vorurteil zu verbreiten, das eine sich allmählich ausbreitende Wirkung auf die Nicht-Ureinwohner gegen unser Volk hat. Ich würde auch nie in Erwägung ziehen, das trickreiche Wort „Aussöhnung" zu akzeptieren. Ein Wort, das viel zu oft von Predigern in den Mund genommen, aber auch in den Sekunden auf dem Weg zu ihrem heiligen Pult oder Altar wieder vergessen wird. Es wird leider zu oft gebraucht. Leider nur um gut dazustehen und nicht wirklich im gutgemeinten Glauben.

Das von der Regierung vorgeschlagene Land innerhalb der USA für die Original Natives. „Native Country"

Wenn Amerika die Absicht hätte, einen Weg in seinem Herzen zu finden und zustimmen würde, zumindest hundert Quadratmeilen Land (etwa 170 km², Anm. d. Übers.) der Ureinwohner, das es sich ungerechtfertigt angeeignet hatte, abzutreten und eine eidesstattliche Anerkennungserklärung unterzeichnen und dieses Land als „Land der Ureinwohner" ausrufen würde, dann könnten die Ureinwohner Amerikas endlich ihren Stolz und ihre Würde zurückerhalten und auf die Frage, woher sie kämen, antworten: „Ich komme aus dem Land der Ureinwohner".

Das ist notwendig, um den Wiederaufbau-Prozess von Stolz und Würde von Menschen, die in Amerika immer noch als besiegte Menschen betrachtet werden, zu beginnen. Beobachtet man den derzeitigen Präsidenten, wie er sich zu der Bewegung Israels verhält und dazu beiträgt, einen palästinensischen Staat abzulehnen, dann ist das eine fürchterliche Beleidigung für die Intelligenz der Einwohner dieses Landes.

Es ist eine weltweit anerkannte Tatsache, dass die Ureinwohner für die Seele und die Wurzeln ihres Landes stehen. Hier folgt nun ein Textauszug von den Verhandlungen von Ex-Präsident Bush. Ich schreibe diese Worte mit Respekt gegenüber dem höchsten und einflussreichsten Amt, welches er für ganze acht Jahre innehatte. Am Ende seiner Regierungszeit, , versuchte er, womöglich aus Verzweiflung, in letzter Minute noch gute Eindrücke zu hinterlassen. Er unternahm sogar eine Reise durch die Länder des Mittleren Osten. Sehr weit entfernt von seinem Hinterhof in Crawford. Während seiner hurtigen Abschiedstournee machte er Aussagen wie die Folgende. Leider stieß sie auf taube Ohren. Andere, wie jene im Irak, gingen ganz nach hinten los.

Washington Post, Journalistenstab, Freitag, 11. Jänner 2008, Seite A01

JERUSALEM, 10. Jänner: Präsident Bush meinte am Donnerstag, dass palästinensische Flüchtlinge Entschädigung für den Verlust ihrer Häuser, die sie verlassen mussten oder aus denen sie während der Niederlassung Israels geflohen sind, erhalten sollten. Er erklärte, dass es ein Ende der israelischen Besetzung des im Krieg erkämpften Landes vor vier Jahrzehnten geben sollte.

Werter Ex-Präsident George W Bush: Hier ist dieselbe Rede von oben, die Sie genauso couragiert den Original Natives hätten vorlesen können:

AMERIKA, 10. Jänner: Präsident Bush meinte am Donnerstag, dass die Flüchtlinge der Ureinwohner Amerikas Entschädigung für den Verlust ihrer Häuser, aus denen sie geflohen sind oder die sie verlassen mussten, als Amerika entstanden ist, erhalten sollten und erklärte, dass es ein Ende der Amerikanischen Besetzung des in einem vor einigen Jahrhunderten manipulierten Krieg erkämpften Landes geben sollte.

Wie Sie weiters in ihrer gut vorbereiteten und vorgelesenen Rede in Israel gesagt haben, dass die Ureinwohner dieses Landes auch bereit wären, Seite an Seite mit ihrem Nachbarn Amerika zu leben. Vielleicht kann ja Präsident Obama diese Ideen umsetzen?

Genozid

Die US Regierung hat dafür gesorgt, dass unsere Bevölkerung von einer geschätzten Anzahl zwischen 16 und 50 Millionen im Jahr 1492 auf knapp 4 Millionen Menschen systematisch verringert wurde. Anthropologen und Historiker haben Ratespiele veranstaltet, hin und her gerechnet, wie viele Ureinwohner es in Amerika vor oder zum Zeitpunkt der Ankunft der Christen 1492 gegeben haben mag.

Wenn es nach mir ginge, würde ich es bevorzugen, herauszufinden, wie viele Möglichkeiten entwickelt wurden, um die Ureinwohner auszurotten. Schaut euch die Zahlen zwischen 1492 und 1849 an, dem Jahr, in dem der Völkermord ein Ende nahm, rechnet die Zahlen eines jeden Jahres dieser Periode zusammen und ihr kommt zu einer viel sinnvolleren Bevölkerungsschätzung. Behaltet dabei auch im Kopf, dass diese Zahlen nicht jene Personen beinhalten, die in die Sklaverei verkauft und an Orte wie Westindische Inseln, Mexiko und Teile Europas geschickt worden sind.

Weiter unten sind einige historische Berichte angeführt, die sich auf die verwendeten Methoden beziehen.

Der folgende Artikel berichtet nur über die angewandten Methoden, um Grausamkeiten und Genozid zu begehen. Die Berichte in diesem Artikel stammen aus verschiedenen Quellen: angefangen von der Kongressbibliothek bis hin zu Büchern, die im Internet erwähnt werden, von Artikeln, Tagebüchern und Notizen der Christlich-Puritanischen Pilger und anderen Europäern dieser Zeit.

John Winthrop, der Gouverneur der Massachusetts Bay Kolonie, meinte in einer auf der Arabella abgehaltenen Predigt auf dem Weg in die Neue Welt im Jahre 1630:

„… Um richtig zu handeln, um Barmherzigkeit zu lieben, um in bescheidener Weise mit unserem Gott zu wandeln – dann soll Gott uns gepriesen und siegreich machen, damit die Menschen von unseren erfolgreichen Plantagen sagen werden: Gott mache es wie jene in Neu England!" Kurz nach dieser bewegenden Predigt behandelten die Puritaner ihren Wohltäter, die Ureinwohner, grausam, die sie willkommen hießen und ihnen halfen, in den ersten Jahren in der neuen Welt zu überleben.

Die Puritaner massakrierten eine benachbarte Stadt freundlicher Pequote im Jahr 1637, indem sie die Siedlung in Brand legten und die Bewohner abschlachteten, als diese versuchten, den Flammen zu entkommen. Mehr als 900 Männer, Frauen und Kinder wurden von denselben Puritanern ermordet, die behaupteten, dass ihre Niederlassung das „Modell der Christlichen Nächstenliebe" sei.

Einer der Pilgeroffiziere dieser Expedition gaben Einblick in die Pequote, die sie trafen: „Die Indianer, die uns nachspionierten, kamen in einer Menge entlang des Wassers angelaufen, und riefen: „Welche Freude, Engländer, welche Freude, aus welchem Anlass kommt ihr?" Sie dachten nicht daran, dass wir Krieg beabsichtigten und waren weiterhin voller Freude."

Der Historiker Francis Jennings schrieb über Hauptmann Masons Angriff:

„Mason schlug vor, es zu vermeiden, die Krieger der Pequote zu attackieren, da dies seine unerprobten und unzuverlässigen Truppen überfordert hätte. Eine Schlacht als solche war nicht seine Absicht. Eine Schlacht ist nur einer der Wege, um den Kampfgeist des Feindes zu zerstören. Ein Massaker kann den gleichen Zweck mit viel weniger Risiko erfüllen und Mason war darauf aus, ein Massaker zu seinem Ziel zu machen."

In Howard Zinns Buch „Die Geschichte eines Volkes der Vereinigten Staaten (wörtl.: „A peoples' history oft he United States") wird die Aussage eines Pilgers dieser Expedition wörtlich zitiert: „Der Hauptmann sagte auch, wir müssten sie niederbrennen und stapfte sofort in einen Wigwam … kam mit einer Brandfackel wieder heraus, steckte sie in die Matten, mit denen sie bedeckt waren und setze die Wigwams in Brand."

William Bradford beschreibt das Blutbad in seiner „Geschichte der Plymouth Plantage":

„Diejenigen, die dem Feuer entkamen, wurden mit dem Schwert erschlagen, einige in Stücke gehackt, andere von ihren Degen durchbohrt … So wurden sie sehr schnell abgefertigt und nur ganz wenige entkamen. Es wurde festgehalten, dass sie diesmal auf diese Art etwa 400 getötet hatten. Es war ein angsterfüllender Anblick, diese Leute in dem Feuer verbrennen zu sehen, und den Blutstrom, der selbiges dämpfte. Der Gestank und Geruch davon war schrecklich, doch der Sieg erschien wie ein liebliches Opfer und sie schenkten ihre Gebete davon Gott, der so wunderbar für sie gearbeitet hatte, indem er den Feind in ihren Händen einschloss und ihnen so schnell den Sieg über einen so stolzen und beleidigenden Feind schenkte."

Cotton Mather, einer der sehr verhassten und unerbittlichen Anführer der Pilger, schrieb:

„Es wurde angenommen, dass nicht weniger als 600 Seelen an diesem Tag in die Hölle geschickt wurden."

Mather schreibt in seinem „Jahrbuch der Christen in Amerika":

„Ich berichte im vollen Bewusstsein der Wahrheit über die wunderbaren Offenbarungen SEINER unendlichen Macht, Weisheit, Güte und Treue, in der SEINE göttliche Fürsorge ein Licht auf die indianische Wildheit geworfen hat."

Sehr richtig!

Nachdem sie ihre Waffen niedergelegt und das Christentum akzeptiert hatten, wurden die Pequote mit einem bösartigen und feigen Abschlachten von ihren neuen christlichen Brüdern belohnt.

Francis Jennings sagte: „Der Terror unter den Indianern war sehr real. Sie zogen ihre Lektion aus dem Pequote-Krieg: Erstens, dass das höchste Gelöbnis der Engländer gebrochen werden würde, sobald die Verpflichtung mit einem Vorteil in Konflikt kam und zweitens, dass die englische Art, Krieg zu führen, keine Grenzen bezüglich Skrupel und Grausamkeit kannte."

Die Pilger rechtfertigten ihre Eroberung, indem sie sich auf die Bibel, Psalm 2:8 beziehen: „Fordere von mir, und ich gebe dir die Völker zum Erbe und zum Besitztum die Enden der Erde".

Die Verwendung von Gewalt um dieses „Erbe" an sich zu reißen, wurde von den Römern, 13:2, folgendermaßen gerechtfertigt:

„Wer sich daher der staatlichen Gewalt widersetzt, stellt sich gegen die Ordnung Gottes, und wer sich ihm entgegenstellt, wird dem Gericht verfallen".

Wir können nun leicht sagen, nachdem wir in ihren eigenen christlichen Tagebüchern gelesen haben, dass die Bevölkerung der Ureinwohner der Neuen Welt vor 1492 nur eine Einschätzung, eine Gespensterfigur oder ganz einfach ein komplettes Mysterium ist. Es sollte vielleicht weiterhin ein großes Interessensfeld für Anthropologen und Historiker darstellen. Möglicherweise auch für die christlichen Theologen, denn wenn man nach diesen Niederschriften geht, waren sie sehr stark in das Arrangement des göttlichen Niedergangs der Ureinwohner mit einbezogen.

Aus bestimmten Gründen ist beinahe alles archiviert und niedergeschrieben worden, mit Ausnahme der Figuren, die unter den Besiegten gelitten haben. Es ist beinahe so, als ob es Teil eines ungeschriebenen Gesetzes wäre. So sehr wir auch als die Besiegten bezeichnet werden, weil behauptet wird, dass wir den Krieg verloren hätten, bezweifle ich diesen Krieg und gehe davon aus, dass er uns durch Manipulation auferlegt wurde, um uns unser Land wegzunehmen. Nachfolgend nun Aussagen und Bestätigungen von einigen anderen hoch respektierten Historikern über weitere Fragen zur Bevölkerungszahl.

Der Historiker David Stannard ist der Meinung, dass die eingeboren Völker Amerikas, inklusive Hawaiis, Opfer eines „Euro-Amerikanischen Völkermordes" waren. Während er zugibt, dass die Mehrheit der eingeborenen Völker Opfer der beabsichtigten Verwüstungen durch europäische Krankheiten wurden, nimmt er an, dass beinahe 100 Millionen in dem, was er als „Amerikanischen Holocaust" bezeichnet, umgekommen sind. Stannards Ansichten wurden von Kirkpatrick Sale, Ben Kiernan, Lenore A. Stiffarm, Phil Lane Junior und vielen anderen geteilt.

Auf anderen Wegen der Ausrottung haben die Europäer beschlossen, Krankheiten zu verbreiten, um sich von ihren nichtsahnenden Gegnern zu befreien.

Trent's Zeitschrift bestätigt, dass die Pocken in Fort Pitt vor der Korrespondenz zwischen Bouquet und Amherst ausgebrochen waren und ihre Pläne dadurch ausführbar machten. Es deutet auch darauf hin, dass eine mit Absicht durchgeführte Infektion der Original Natives mit Pocken sich zumindest unter Hauptmann Ecuyer im Fort bewährt hatte, der über einige Berichterstatter in direkter Korrespondenz mit General Amherst stand. Die Darstellung der Original Natives als wilde Bestien war sehr verbreitet unter den frühen amerikanischen Anführern, inklusive George Washington und Thomas Jefferson. David E. Stannard schreibt: „So wie es meist der Fall ist, war es die religiöse Elite von Neuengland, die den Punkt bildlicher darstellte als irgendjemand anders".

In Bezug auf einige Ureinwohner, die die Kolonisten beleidigt hätten, schrieb der Pfarrer Cotton Mather: „Wenn man einmal die Spur von diesen gefräßig heulenden Wölfen gefunden hat, dann soll man sie energisch verfolgen und nicht umkehren, ehe sie alle erlegt sind. Treibt sie vor euch her, wie der Staub vor dem Wind hergetrieben wird."

Damit das nicht nur als eine rein rhetorische Möglichkeit ohne eigentliche Absicht gewertet wird, bedenkt, dass ein weiterer und von Neu England höchst angesehener religiöser Führer, Pfarrer Soloman Stoddard, später im Jahr 1703, dem Gouverneur von Massachusetts formal vorgeschlagen hat, den Kolonisten die nötigen finanziellen Mittel zu geben, um große Rudel an Hunden anzuschaffen und zu trainieren, um „die Indianer wie Bären zu jagen" (American Holocaust: Columbus and the Conquest of the New World, New York and Oxford, Oxford University Press 1992).

Die Zeitschrift von William Trent, einem Kommandanten der Bürgerwehr von Pittsburgh während Pontiacs Belagerung des Forts, wurde als „die detaillierteste zeitgenössische Darstellung der bangen Tage und Nächte in der belagerten Festung" beschrieben. (Pen Pictures of Early Western Pennsylvania, John W. Harbster (ed.), University of Pittsburgh Press, 1938).

Trents Eintrag am 24. Mai 1763 enthält folgende Aussage: „Wir haben ihnen zwei Decken und ein Taschentuch aus dem Pocken-Spital gegeben. Ich hoffe, das wird den gewünschten Effekt aufweisen."

Dies sind die entscheidenden Briefe der biologischen Kriegsführung, die von General Amherst gemeinsam mit einem ihm unterstandenen Oberst, Henry Bouquet, am 13. Juli 1763 geplant wurde. Oberst Henry Bouquet schlägt General Amherst an diesem Tag in einer Nachschrift vor, Decken zu verteilen, um „die Indianer zu infizieren". Amherst schreibt Bouquet am 16. Juli 1763 in einem Postskript, dass er seinen Plan befürwortet und gleichzeitig vorschlägt „jede weitere Methode auszuprobieren, die dazu dienen kann, diese minderwertige Rasse aussterben zu lassen". In den Briefen wurde auch der Einsatz von Hunden diskutiert, um die Indianer zu jagen, die so genannte „Spanische Methode", die Amherst vom Prinzip her befürwortet, die er jedoch, wie er behauptete, nicht ausführen könne, da es nicht ausreichend viele Hunde gäbe. In einem Brief vom 26. Juli 1763 bestätigt Bouquet Amhersts Zustimmung und antwortet: „Alle Ihre Befehle werden ausgeführt werden".

Eine kontraversielle Frage in Bezug auf die Geschichte der Bevölkerungsreduktion der Ureinwohner Amerikas ist die, ob die Eingeborenen Opfer eines Völkermordes waren oder nicht. Nach dem verübten Holocaust der Nazis während des Zweiten Weltkrieges wurde Genozid (teilweise) als „ein Verbrechen, das mit der Absicht, eine nationale, ethnische Rasse oder religiöse Gruppierung ganz oder teilweise zu zerstören, begangen wird", definiert.

Die vollständige Ausrottung der Mandan Stämme im oberen Missouri durch Pocken fand in den späten Jahren um 1830 statt, mit einer Politik der Infektion, die zumindest bis 1840 ausgeführt wurde.

Ich muss eure Aufmerksamkeit darauf richten, dass es für mich ersichtlich ist, dass sich erst ab dem Zeitpunkt, als die Nazis den Holocaust verübt hatten, jemand die Mühe machte, das Wort „Völkermord" zu definieren. So als ob man damit sagen wollte, dass der Jüdische Holocaust der erste Fall in der Welt gewesen wäre. Der Grund dafür, dass mir diese Berichte ein unbehagliches Gefühl geben ist, dass es keine von unseren intelligenten Ureinwohnern gibt, die im Fernsehen über diese Themen diskutieren und in der Lage wären, unseren Fall dementsprechend zu verteidigen. Wie können sie eine exakte Zahl an Eingeborenen bis 1492, zwischen 1492 und 1840 und um 1840 angeben, wenn sie sich nur auf Spekulationen stützen und sich nicht die Zeit nehmen, nachzuforschen und eine Möglichkeit zu finden, um die Tatsachen zu präsentieren?

Kann mir irgendjemand erklären, wie viele Millionen Menschen von den christlichen Kreuzrittern zwischen dem 2. und dem 16. Jahrhundert getötet wurden? Oder hat irgendjemand die genaue Anzahl an Irakern festgehalten, die seit der Invasion des Amerikanischen Heers ums Leben gekommen sind? Jemand muss eine Veränderung herbeiführen: Es muss jemand mit genügend Mut sein, um die Dinge zu sagen und so darzustellen, wie sie wirklich sind. Was mich angeht, mit all der bestätigten Dokumentation in der Kongressbibliothek in Washington DC, besteht kein Unterschied zwischen Völkermord und Ausrottung, wie es die amerikanische Regierung bei ihrem Vorhaben anwendete.

Nach den frühesten europäischen Einwanderern gab es zwei grundsätzliche Erklärungen für den Bevölkerungsrückgang der amerikanischen Ureinwohner. Die erste Niederschrift bezog sich auf Gräuel und die Versklavung im Jahre 1492 gefolgt von den brutalen Methoden der spanischen Eroberer, wie sie von den Spaniern selbst aufgezeichnet wurden, in besonderem Maße von dem Dominikanermönch Bartolome de las Casas, dessen Niederschriften die Kriegsgräuel lebendig beschreiben, die von den Spaniern an den Eingeborenen verübt wurden. Die zweite Erklärung stützt sich auf eine göttliche Bestimmung, in der Gott die Ureinwohner als Teil seines göttlichen Plans verschwinden ließ, um Platz für die neue christliche Zivilisation zu schaffen. Gelehrte spekulieren, dass unter den vielen verschiedenen entscheidenden Faktoren, die epidemischen Krankheiten, die die Europäer eingeschleppt hatten, der Hauptgrund für den drastischen Rückgang der Ureinwohner Amerikas waren.

Die Krankheiten begannen eine immense Anzahl an eingeborenen Völkern dahinzuraffen, kurz nachdem europäische und afrikanische Sklaven in die Neue Welt kamen und diese Infektionskrankheiten der Alten Welt mitbrachten. Ein Grund dafür, dass dieser Todestribut übersehen oder heruntergespielt wurde, ist, dass die Krankheiten, nach der weitverbreiteten Theorie, in vielen Gegenden den europäischen Einwanderern vorauseilten und daher schon einen beträchtlichen Teil der Population auslöschten, ehe die Europäer ihre Beobachtungen anstellten und Aufzeichnungen machten. Die meisten Gelehrten der Hauptströmung tendieren dazu, das Wort „Genozid" nicht benutzen zu wollen, um die generelle Reduktion der Ureinwohner Amerikas zu beschreiben.

Wie dem auch sei, anstatt die ganze Geschichte der europäischen Kolonisation als einen langen Akt des Völkermordes zu betrachten, zitiert eine Anzahl an Historikern nur bestimmte Kriege und Kampagnen, die argumentativ in ihrer Absicht und Wirkung genozid waren, nachdem sie den Ureinwohnern ohne ersichtlichen Grund und ohne jegliche Provokation angetan worden waren, um ihnen das Land wegzunehmen. Darunter wurden auch solche Vorkommnisse mit eingeschlossen, die die Europäer allgemein als „Krieg" bezeichneten: Der Pequote Krieg (1637) sowie die überwältigende Kampagne, die in Washington DC manipuliert wurde und sich vom frühen 18. Jahrhundert bis in das frühe 19. Jahrhundert gegen die Stämme im Südwesten und in Kalifornien richtete. Aufgrund der oben angeführten Information sehe ich in naher Zukunft nur wenig Hoffnung für unser Volk, solange Amerika nicht aufwacht und sich zu der Tatsache bekennt, dass auch wir existieren. Es wird für jeden, der nur ein wenig Gewissen hat, schwer sein, weiterhin danebenzustehen und nichts gegen das Problem zu unternehmen, dass das Weiße Amerika unsere Existenz verleugnet und nichts gegen eine komplette Ausrottung einzuwenden hätte.

INDIAN LAND FOR SALE

GET A HOME

OF

YOUR OWN

✳

EASY PAYMENTS

PERFECT TITLE

✳

POSSESSION

WITHIN

THIRTY DAYS

FINE LANDS IN THE WEST

IRRIGATED		AGRICULTURAL
IRRIGABLE	GRAZING	DRY FARMING

IN 1910 THE DEPARTMENT OF THE INTERIOR SOLD UNDER SEALED BIDS ALLOTTED INDIAN LAND AS FOLLOWS:

Location.	Acres.	Average Price per Acre.	Location.	Acres.	Average Price per Acre.
Colorado	5,211.21	$7.27	Oklahoma	34,664.00	$19.14
Idaho	17,013.00	24.85	Oregon	1,020.00	15.43
Kansas	1,684.50	33.45	South Dakota	120,445.00	16.53
Montana	11,034.00	9.86	Washington	4,879.00	41.37
Nebraska	5,641.00	36.65	Wisconsin	1,069.00	17.00
North Dakota	22,610.70	9.93	Wyoming	865.00	20.64

FOR THE YEAR 1911 IT IS ESTIMATED THAT **350,000** ACRES WILL BE OFFERED FOR SALE

For information as to the character of the land write for booklet, "INDIAN LANDS FOR SALE," to the Superintendent U. S. Indian School at any one of the following places:

CALIFORNIA: Hoopa.	**MINNESOTA:** Onigum.	**NORTH DAKOTA:** Fort Totten. Fort Yates.	**OKLAHOMA—Con.** Sac and Fox Agency. Shawnee.	**SOUTH DAKOTA:** Cheyenne Agency. Crow Creek.	**WASHINGTON:** Fort Simcoe. Fort Spokane.
COLORADO: Ignacio.	**MONTANA:** Crow Agency.	**OKLAHOMA:** Anadarko.	Wyandotte.	Greenwood.	Tekoa. Tulalip.
IDAHO: Lapwai.	**NEBRASKA:** Macy.	Cantonment. Colony.	**OREGON:** Klamath Agency.	Lower Brule. Pine Ridge.	**WISCONSIN:**
KANSAS: Horton. Nadeau.	Santee. Winnebago.	Darlington. Muskogee, E. Ja. Pawnee.	Pendleton. Roseburg. Siletz.	Rosebud. Sisseton.	Oneida.

WALTER L. FISHER,
Secretary of the Interior.

ROBERT G. VALENTINE,
Commissioner of Indian Affairs.

Advertisement for the government sale of "allotted Indian land"; such practices led to the drastic reduction of Indian-owned

REGIERUNG UND RELIGION

Ich habe schriftliche Aufzeichnungen von nicht nur dem physischen und tödlichen, sondern auch vom unvergänglichen psychologischen Schaden, der den Eingeborenen von den einwandernden Europäern mit der kombinierten Gewalt aus Regierung und Religion, zugefügt wurde. Diese besondere Geschichte bezieht sich auf einige der weißen „Zerteilen und Bekämpfen" Taktiken, die eingeführt wurden. Taktiken, die heute noch zur Anwendung kommen. Sie organisierten ihre satanischen Methoden so, dass sie sowohl Regierung als auch Religion schadlos hielten. Dabei platzierten sie ganz einfach eine Marionettenregierung in jedes Reservat. Diese wurden nun dazu verwendet, um unsere Leute gegeneinander aufzuhetzen. Dieses System wird heute noch effektiv im Mittleren Osten sowie in Afrika und Südamerika verwendet. Dies ist ein kurzes Beispiel für religiöse Kojoten, die mit der Regierung Hand in Hand arbeiteten. Fast wie ein „Guter Polizist, böser Polizist" Spiel. Außer, dass es in diesem Fall nur böse Polizisten gab.

In der Mitte des 18. Jahrhunderts, als die Regierung ihre Agenten aussandte, um den Eingeborenen eine Mitgliedsnummer und einen neuen Namen in ihrem Stamm zu geben, dachten viele der Menschen, dass es ein neuer Trick der Weißen sei, um ihr Leben noch schlechter zu machen, als es ohnehin schon war. Daher liefen viele in die Berge, um sich zu verstecken. Ohne diese Nummer hatte man jedoch keine Identität mehr, und dem Häuptling, der von der Regierung zur Umsetzung der Maßnahme mit einer gewissen Macht ausgestattet wurde und der Anführer des Stammes war, musste niemandem ein wertvolles Stück Land geben. In der einen Geschichte geht es konkret um eine Frau, die eine von denen war, die davonliefen, als der Regierungsagent kam.(Dies passierte auch in Deutschland, allerdings viel später) Nachdem sie viele Jahre in den Bergen überlebt hatte und nun 53 Jahre alt war, kehrte sie in ihr Reservat zurück, doch ihr wurden vom Häuptling die Genehmigung und ein Stück Land verweigert.
Sie war eine Waise und hatte keinen Nachweis für ihre Identität, mit der Ausnahme, dass sie diesen Leuten sehr ähnlich sah und ihre Sprache fließend beherrschte. Die Güte eines Landbesitzers erlaubte ihr, am äußeren Ende des zehn Hektar großen, ihm zugeteilten Grundstückes zu leben. Dort hatte sie eine Baracke und eine Feuerstelle zum Kochen und durch die Güte eines weiteren Nachbarn war sie in der Lage, sich selbst zu versorgen.

Eines Tages näherten sich der Frau zwei junge Original Natives in schwarzen Anzügen des weißen Mannes, mit einem weißen Kragen um ihren Hals und einem schwarzen Buch, als sie gerade an der Feuerstelle beim Essen war. Sie streckten ihre Hand aus und begrüßten sie: „Tantchen, wir grüßen dich!". Sie lud sie zum Essen ein und die beiden aßen gierig, bis sie satt waren. Als sie fertig waren, fragten sie die Frau, was sie hier draußen ganz alleine mache. Sie erzählte ihnen ihre Geschichte und die beiden versicherten ihr, dass sie ihr eine Landzuweisung und Geld besorgen könnten, unter der Bedingung, dass sie die Hälfte von allem erhalten würden. Sie war ein bisschen verstört bei dem Gedanken, dass sie die Hälfte an diese Missionare abtreten würde müssen, die behaupteten Gottes Arbeit zu verrichten, doch sie versicherten ihr, dass die Hälfte doch besser als gar nichts sei. Es war so, dass diese beiden christlichen Missionare Schwindler waren, die gemeinsam mit zwei Rechtsanwälten in Washington unter einer Decke steckten. Ehe sich der Häuptling versah, war der Name der Frau schon in der Einschreibungsliste eingetragen, zusammen mit dem zugeteilten Land, ohne dass er dies bewilligt hätte.

Er hatte einen höflichen, doch harten Brief geschrieben, der an eine Dame in Washington adressiert war, die für dieses Department verantwortlich war. Nachdem er schon über 80 Jahre alt und nicht mehr so agil war, machte er sich frühmorgens mit dem Pferd auf den Weg, um den Brief zur Post zu bringen. Auf dem Weg kamen ihm Zweifel, dass er, wenn der Brief in die falschen bürokratischen Hände geraten würde, missverstanden werden könnte und er wegen falschen Handelns beschuldigt werden würde. Daher machte er in der Nähe des Waldes ein Feuer und verbrannte den Brief. Als er von seinem Zehn- Meilen- Ausflug zurückkam, überholte ihn die berittene Polizei und verhaftete ihn dafür, dass er im Wald ein Feuer entzündet hatte und Gewalt anzetteln würde. Sie brachten ihn ins Gefängnis.

Nach einem langen Aufenthalt schien schon alle Hoffnung verloren. Eines Morgens jedoch wurde der Häuptling plötzlich frei gelassen und seinem Sohn übergeben, der geduldig auf ihn wartete. Dieser wurde gebeten, ein Formular für die beiden jungen christlichen Missionare zu unterzeichnen, die neben ihm standen. In seiner Bange, aus dem Gefängnis herauszukommen, unterschrieb er erst das Formular und fragte danach, was er denn unterschrieben hätte. Sein Sohn erklärte ihm: „Ich musste ihnen die Hälfte von deinem Land überschreiben, damit sie helfen, dich hier herauszubekommen".

Es ist normal, dass sich eine Geschichte von einem Geschichtenerzähler zum nächsten verändert, vor allem zu den damaligen Zeiten, als Original Natives noch nicht über Bücher verfügten, um genaue Aufzeichnung oder Mitschriften führen zu können.

Aus diesem Grund ist die Schrift für mich eines der wichtigsten Elemente, das die Europäer mit in unser Land brachten. Es hat den Ureinwohnern das Instrument in die Hand gegeben, über die Grausamkeiten zu lesen, die die Europäer, bevor sie ihre Reise antraten und an unseren Küsten landeten, begangen hatten. Bald darauf hatten die Original Natives die Möglichkeit ihre Version der Geschichte niederzuschreiben.

Die Religion hat viel zu der Verwirrung beigetragen, in der sich die Eingeborenen seit der steten Ankunft der Europäer befanden, vor allem, seitdem die Christen in ihren Missionarsanzügen eine sanftere Annäherung verwendeten, die die Eingeborenen besser akzeptieren konnten.

Die Akzeptanz des Christentums war von Anfang an bemerkenswert variabel. Es war eine „Geben und Nehmen- Position" was die Ureinwohner anlangt, sei es für beständigen Komfort oder dürftige finanzielle Mittel. Einige Ureinwohner haben sie als Teil eines Assimilationsprozesses in die Welt des weißen Mannes und seines Lebens akzeptiert, andere traten der Vorteile wegen, die diese Religion mit sich brachte, freiwillig über, wohingegen viele der Neugeborenen einfach durch die Taufe in das Christentum aufgenommen wurden. Die Ureinwohner fanden immer gewisse Handelsvorteile, die ihre arme und schrumpfende Gemeinde stärken und vor der überwältigenden Anzahl an weißen, benachbarten Siedlern schützen sollten.

Es geschah jedoch nie deshalb, weil die Ureinwohner so einen starken Glauben an die Religion des weißen Mannes gehabt hätten, da sie viel eher an die „Zu sehen heißt zu glauben"- Wirklichkeit der Elemente von Mutter Erde glaubten, wohingegen der weiße Mann sein Leben nach religiösen Schriften ausrichtet, die vor Tausenden von Jahren diktiert worden sind.

Einige weiße Männern der wissenschaftlichen und innovativen Welt der Erfindungen, die für die großen Vorteile in der Vergangenheit und in der heutigen Welt verantwortlich sind, wurden meist für Atheisten oder Agnostiker gehalten, da sie, um das Unbekannte auf die Probe zu stellen, das Alte und Neue Testament sowie die Genesis hinter sich lassen mussten, um ihre wissenschaftlichen Ziele weiter verfolgen zu können. Obwohl einige dieser Männer den Beifall der ganzen Welt für ihre Errungenschaften genießen konnten, liegt es außerhalb meines Verständnisses, wie einige davon manchmal von der Religionsgemeinschaft geächtet wurden und teilweise immer noch werden.

Ein Seneca, bekannt als „Handsome Lake" („Schöner See"), hatte zwischen 1799 und 1801 eine ganze Reihe von Visionen, in denen er Jesus Christus und George Washington gemeinsam mit einer Reihe von Bestrafungen für Verbrechen sah. Er, wie auch Vovoka, ein Piute Prediger, haben ein neues Evangelium der Ureinwohner gepredigt, das Gaiwiio. Sie drängten ihre Kirchengemeinde, traditionelle Zeremonienpraktiken des Feierns und Träumens wiederzubeleben, um mit den Geistern zu kommunizieren. Seine Doktrin prangerte auch gewisse traditionelle Praktiken an und förderte stattdessen den Weg der Familie zu dieser Zeit.

Seine Visionen und Predigten, ebenso wie die von Vovoka, brachten zu dieser Zeit der stark demoralisierten Nation neue Hoffnung. Gegenwärtig leben viele Eingeborene im Geiste so, wie ich es vorgeschlagen habe: „In einer Grätschstellung über dem Zaun". Mit dem rechten Fuß stehen sie in ihrem eigenen traditionellen Glauben und mit dem linken Fuß in Übereinstimmung mit der Religion, die ihnen am besten das Überleben sichert. Einige andere navigieren gut zwischen den verschiedenen Glaubensansichten und haben keine, der sie den Vorzug geben würden.

Viele der Eingeborenen haben heutzutage den christlichen Glauben der Missionare adoptiert, der ihnen seit 1492 aufgezwungen wurde, doch sehr viele leben auch eng verbunden mit dem traditionellen Weg. Diejenigen, die einst ihre traditionelle Religion für das Christentum verlassen haben, finden heute langsam zurück zu ihrem alten kulturellen Weg, der die religiösen Glaubensansichten ebenso beinhaltet wie die Nähe zu Mutter Erde.

ALKOHOL, DROGEN, FETT-
LEIBIGKEIT UND SELBSTMORD

Ich muss eine persönliche Aussage machen, wenn es um ein so heikles Thema geht, das ein solch großes Problem in meinem Leben war. Vor allem, weil es sehr schwierig sein sollte meine Identität als Original Native zu verbergen. Alkohol ist ein lästiges Thema, von dem ich sagen muss, dass es auch ein historischer dunkler Schatten für die Ureinwohner dieses Landes ist. Bei den Reisen durch Europa, wo die alten Geschichten, besonders die Geschichten aus den 40er Jahren Hollywoods über „Cowboys und Indianer", beliebter waren als in den USA selbst, merkte ich erst welch furchtbaren Schaden solche Filme anrichten können.

Jemand wird immer das Thema des Alkoholproblems und Drogenproblems der Ureinwohner zur Sprache bringen. Soweit ich weiß, hatten unsere Leute immer schon das Wissen um schwache, aber dennoch schädliche Schnäpse herzustellen. Im Südwesten wurde ganz früh Tiz Win oder Tiswin aus fermentiertem Mais hergestellt.

Ich kann wenig Verständnis für diejenigen aufbringen, Ureinwohner oder nicht, denen es an Willensstärke fehlt, „nein" zu etwas zu sagen, das Geist und Körper schädigt. Ich glaube und verstehe, dass es sehr schwierig ist, das zu tun, vor allem für Menschen, die eine so lange Zeit unterdrückt waren oder glauben, dass sie nichts haben, wofür es sich lohnt zu leben.

Es muss eine Zeit kommen, in der die Angehörigen einer jeden Rasse anhalten und nachdenken, um sich dann zu entscheiden mehr Respekt vor sich selbst und ihrem Leben zu haben. Alkoholismus und Drogenkonsum sowie Gewalt, Übergewicht und Selbstmord werden üblicherweise durch Inaktivität ausgelöst. Diese führt wiederum zu negativem Denken worauf Depressionen folgen können. Es gibt genügend Gründe im Leben vieler Menschen heutzutage, die sie dazu veranlassen, mit Hilfe von Suchtmitteln wie Alkohol und Drogen, vergessen zu wollen.

Ich war als Gast auf einigen europäischen Festivitäten und habe dadurch auch ihre Trinkgewohnheiten kennengelernt. Ich bemerkte, dass Europäer, was den Alkoholkonsum angeht, eine viel größere Toleranz haben als Eingeborene oder Asiaten.

In jedem Fall denke ich, dass das Hauptproblem meist tief in den Familien verwurzelt ist. Einige meinen, es sei erblich, doch es gibt viele, die gerade deshalb nichts trinken, weil ihre Eltern Trinker waren. Viele genießen einfach die Höhenflüge, die der Alkoholgenuss mit sich bringt. Andere können unter Alkoholeinfluss Dinge sagen, die sie normalerweise für sich behalten würden. Manche können sich allerdings gar nicht mehr daran erinnern was sie gesagt haben, nachdem sie wieder nüchtern waren.

Einigen gibt er die Möglichkeit, aus dem Schneckenhaus ihrer zurückhaltenden Persönlichkeit herauszukommen und kühn genug zu werden, um Dinge zu Frauen zu sagen, die sie sonst nie zu sagen gewagt hätten.

Ich wünschte, es wäre so oder so einfach bei meinem Volk. Doch der Grund liegt viel tiefer, als er von vielen Nicht-Ureinwohnern auf diesem Planeten erlebt wird. Es geht um den Verlust von Land, um ungerechte Behandlung und um Stolz und Würde. Wie sehr es mich auch schmerzt das zu sagen, aber es wurde über die letzten 500 Jahre tief in ihren Köpfen verwurzelt.

Durch die Gnade des Schöpfers wurde ich mit dem Geschenk eines starken und reinen Geistes und Körpers geboren und habe nie Alkohol missbraucht, Drogen genommen oder Tabak geraucht, mit der Ausnahme, wenn ich ab und zu gebeten wurde, eine Friedenspfeife oder Medizinpfeife in einer Heiligen Zeremonie zu rauchen. Das abzulehnen wäre äußerst unschicklich. Der Grund dafür, warum ich diese Aussage mache, liegt mehr auf einer persönlichen Ebene, vielleicht, um alles los zu werden, und nicht, um zu beeindrucken oder meine Gefühle oder Meinungen anderen aufzudrängen. Ich bin der Meinung, dass alle Individuen dafür verantwortlich sind, wie sie ihr eigenes Leben gestalten und ihren wertvollen Körper behandeln.

Sehr oft habe ich negative und ausfällige Kommentare überhört, die aus einem Mangel an echtem Verständnis von Nicht-Ureinwohnern, vor allem in Amerika, gemacht wurden. Die rohen und harten Worte kommen von Personen mit geringem oder keinem intelligenten Wissen über unsere Leute. Ihnen machte es nichts aus, dass Original Natives noch immer weit unter dem US Standard leben, den sie genießen. Und um die Dinge noch zu verschlimmern, verbreiten sich die negativen Aussagen, die sie treffen schnell wie der Wind und ehe man sich versieht, trägt sie der Wind fort in die entlegensten Ecken der Welt. Ich denke, es ist nötig für die Journalisten meines Volkes, so oft wie möglich über dieses Thema zu schreiben, damit die jüngere Generation dies lesen und lernen kann oder zumindest aufmerksam auf die gefährliche Macht dieses schrecklichen Dilemmas wird, das nicht nur Ureinwohner, sondern auch andere Menschen quält.

Es wäre ein Fehler für mich, diese Angelegenheit herauszunehmen und es nur den Ureinwohnern Amerikas zu widmen, wo doch so viele andere Leben von Alkoholikern und Drogenabhängigen auf der ganzen Welt auf dem Spiel stehen, die mit diesem Problem konfrontiert sind, das die Ausmaße einer Seuche hat.

Im Vergleich zu den meisten Fällen in Amerika werden wir auf der ganzen Welt in eine Position mit hohem Ansehen gebracht. Es ist für einige von uns nicht gerade einfach, sich immer mustergültig zu verhalten, wenn wir irgendwohin reisen, da wir die Vorurteile anscheinend wie ein Magnet anziehen.

Unglücklicherweise sind einige Leute manchmal desillusioniert und entmutigt durch die irreführenden Handlungen oder Beispiele, die von Natives mit Alkoholproblemen gesetzt werden, ebenso wie sie den Eindruck haben, dass Ureinwohner nur tanzen und nicht sprechen können. Ich denke, dieses Konzept aus Illusionen stammt von dem altmodischen Eindruck, den der hölzerne Indianer, der an den Eingängen der Wild West Saloons und Gemischtwarenhandlungen im Westen des frühen 18. Jahrhunderts platziert war, hinterlassen hat. Diese Ureinwohner haben weder getanzt noch gesprochen und waren vermutlich die bestakzeptierten und nicht umstrittenen Ureinwohner der weißen US Bürger, die sie damals auch wirklich akzeptierten, obwohl wir heute, zum Leidwesen vieler US Regierungsbeamten, viel lautstärker geworden sind.

Ich möchte nicht abstreiten, dass es mich immens traurig macht, wenn ich hören und zugeben muss, dass ein großer Prozentsatz der Bevölkerung der Ureinwohner von Alkohol, Drogen und Tabak Gebrauch macht. Dies gibt den Europäern, vor allem denjenigen, die unser Volk im Allgemeinen hoch achten, da sie der Meinung sind, dass wir alle eine besondere spirituelle Energie besitzen, einen schrecklich entmutigenden Eindruck, der manchmal irreparablen Schaden anrichtet.

Obwohl sich einige der Ureinwohner an diesen Praktiken beteiligen, können sich die wenigen, die sich nicht beteiligen, mit diesem Zustand abfinden und Aufklärungsarbeit leisten. Ich antworte in der jüdischen Tradition, die eine Frage mit einer Gegenfrage beantwortet: „Habt ihr jemals versucht, über längere Zeit in einem Reservat zu leben, sagen wir ein- oder zweihundert Jahre? Versucht es und wenn ihr überlebt, werdet ihr vielleicht nicht nur Alkohol, Drogen und Zigaretten konsumieren, sondern auch aus Langeweile so viel essen, dass ihr komplett verfettet, so wie das viele unserer Kinder heute machen."

Wenn ein Ureinwohner geboren wird, in einem Land der Fülle wie Amerika, aufwächst, unter verfallenen und unter jeglicher menschlicher Würde liegenden Bedingungen lebt, ist es schwer, solche Ungleichheit zu verstehen. In der Nähe der großen amerikanischen Städte zu leben, doch sich im eigenen Herzen und in der Seele abgeschnitten und psychisch zu weit von ihnen entfernt zu fühlen, kann einen sicherlich aus Langeweile viele widerlichen Angewohnheiten, bis hin zum Selbstmord, annehmen lassen. Für viele Ureinwohner sind diese Gedanken auf eine aussichtslose Zukunft in einem Reservat genug Grund, damit diese fürchterlichen Lebensstile schreckliche Realität mit letalem Ausgang werden.

Gedanken zu Jerusalem

Jedesmal, wenn ich Jerusalem aufs Neue besuche, reise ich nach Nazareth und suche mir einen friedlichen Platz am See Genezareth. Ich finde es immer sehr aufregend an diesem historischen Gewässer für ein kurzes Gebetes und eine Meditation mit dem Wunsch zu sitzen, dass ich zumindest einen ganzen Tag hier allein verbringen und die Zeit zurückdrehen könnte, um den Grund zu verstehen, weshalb so ein friedlicher Ort in einen so permanenten Konflikt, Schmerz und Tod eingehüllt werden kann, sodass man sogar heute manchmal für Momente diese Schwere im ständigen Wind spüren kann. Meine spirituelle Energie scheint sich immer darüber hinaus in einen grenzenlosen Bereich auszudehnen. Ich habe nie erwartet, dass es auf so eine überwältigende und erleuchtende Art passieren würde.

Ich erwartete, viele Konflikte zu sehen und obwohl ich nie Zeuge einer wirklich ernsthaften Konfrontation zwischen Israelis und Palästinensern war, wünsche ich mir, dass den Kindern einige der Gedanken erspart bleiben würden, von denen die Erwachsenen es für zwingend erforderlich halten, sie mit ihnen bereits in einem sehr frühen Alter von sieben oder acht Jahren oder sogar noch früher zu teilen. Ich war umgeben von Erwachsenen, die immer das Gefühl hatten, zu jeder Zeit für alles vorbereitet sein zu müssen, wohingegen viele der Kinder ihre Chance im Leben zu verlieren scheinen, eine echte Kindheit haben zu können.

Ich näherte mich einer Gruppe von zehnjährigen Schulkindern und spielte für sie auf meiner Flöte, während sie mich stillschweigend anstarrten. Mein Eindruck, als ich in ihre Augen blickte, war der, dass ihre Emotionen eingefroren seien, zum Schutz eingeschlossen in ihren Herzen. Sie wussten nicht wirklich, wie sie auf einen Fremden reagieren oder ihm antworten sollten, den sie gerne in ihr Leben hineingelassen hätten. Doch weil sie so in Angst lebten, wussten sie nicht, ob sie es wagen sollten. Ich kannte dieses Gefühl der Besorgnis als ich aufwuchs: Das Zögern, wenn ich im Süden an einigen Orten zum Essen ging, nie wissend, ob ich willkommen geheißen und hereingebeten würde, oder auf eine manchmal sehr rüde und unangenehme Art und Weise abgewiesen werden würde. Wenn das jemandem persönlich widerfahren ist, dann lässt das eine Furcht entstehen, die sehr schwer zu beschreiben ist. Also war ich mit dem, was ich beobachtete, sehr vertraut. Es ließ einige traurige Erinnerungen aus meiner Kindheit in mir aufleben. Ich bete darum, dass sich der Konflikt lösen möge, solange ich noch lebe, damit ich die Veränderung in diesen unschuldigen Kinderaugen erleben und sehen kann, wie sie sich wirklich freuen und sich gegenseitig als Schwestern und Brüder lieben.

Immer noch in Israel, wohnte ich einem Treffen von einer Gruppe mit dem Namen „Eltern-Zirkel – Familienforum" bei. Ich denke nicht, dass der Name ihrem Anlass gerecht wird. Mit ihrer äußerst wichtigen Arbeit versuchen sie, beide Seiten in dem Konflikt voranzubringen, mit ihrer Bitte um dauerhaften Frieden. Es gibt viele auf beiden Seiten, die genug von den Verlusten haben und Frieden wollen. Ich stieß auf folgenden Artikel einer weiteren Gruppe:

„Du hörst einen Mann davon erzählen, wie er geschossen hat, getötet hat und das Haus deines Nachbarn zerstört hat. Trotzdem kannst du es nachempfinden. Du erkennst, dass wir alle den gleichen Hintergrund haben, lediglich von einer anderen Seite. Der Soldat wollte sein Volk beschützen, und das wollten auch wir. Doch wir haben entdeckt, dass wir uns in der Art geirrt haben, auf die wir es versuchen wollten."

Bassam Aramin ist einer der Gründer von „Mitstreiter für Frieden", einer Gruppe, die israelische Soldaten und militante Palästinenser zu einem monatlichen Dialog zusammen führt.

Hinter der traurigen Geschichte einer Gegend, die überwältigend heilig und schön ist, befindet sich noch eine dunklere Geschichte, eine, die keinen Sinn ergibt. Und ich frage mich, ob das eine politisch manipulierte Geschichte von Übermächten ist, die beschlossen haben, den Konflikt in der gesamten Gegend aus persönlichem Nutzen heraus am Leben zu erhalten, oder ob es einfach deswegen ist, weil diese Gegend von vielen bevölkert ist, die nicht den christlichen Glauben teilen?

Ich erinnere mich an die Zeit, als Hollywoodfilme diese Gegend romantisch und positiv dargestellt haben, an „Ali Baba und die 40 Räuber" und viele andere Abenteuerfilme. Heute wurde Ali Baba ersetzt durch Bombardierungen, Blutbäder, Krieg und Tod. Trotz all dieser allgemeinen Umwälzungen auf diesem Planeten muss ich weiterhin daran glauben, dass es nur einen Schöpfer gibt, der hoch oben sitzt und beschämt zuschaut. Wir müssen uns weiterhin über die politischen Mächte hinwegsetzen und uns auf die Tatsache fokussieren, dass wir alle Brüder und Schwestern sind, die eines zum Ziel haben: Sich gegenseitig zu respektieren, einander zu lieben und eine Lösung für dauerhaften Frieden, in diesem als heilig erachteten Teil der Welt, zu finden. Ich bin voller Hoffnung, dass gemeinsame Gebete, Liebe und Respekt letztendlich siegen werden.

Am Anfang

Ich habe einen großen Teil meines Lebens damit verbracht, den Grund für die ständigen Tumulte und Konflikte in der Welt seit ihrem Entstehen herauszufinden. Als Mensch, der an die Wurzeln der Familie glaubt, bin ich der Meinung, dass dieses Problem seltsamerweise ganz klar bis zum Anbeginn zurück geht.... Das ist meine ehrliche und unvoreingenommene Meinung: Der am deutlichsten erkennbare und offensichtlichste Grund für die ständigen Turbulenzen auf diesem Planeten, seit dem Zeitpunkt, den wir als „Beginn" bezeichnen, hat mit der Ungleichstellung der Frau zu tun.

Es ist unglaublich, dass im Laufe der ganzen Geschichte kein einziger Mann im Besitz von Macht jemals beschlossen hat hervorzutreten und zu erkennen, dass genau das der Punkt ist, der schuld daran ist. Dieser Mangel an Wertschätzung hat die Frau dem Mann unterlegen gemacht. In Übereinstimmung mit den frühesten Aufzeichnungen, die wir anerkannten, denen wir gehorchten und die wir als Anleitung für die strikte Praxis in unserem täglichen Leben wählten, erhielt nicht nur der Mann immer den Vorrang, sondern auch sein Wort.

Die gesamten historischen Manuskripte, die nach der Zeit der ägyptischen Geschichtsschreiber entstanden, wurden großteils – wenn auch nicht alle – von Männern geschrieben, die stark einseitig auf die männliche Spezies ausgerichtet waren bzw. diese bevorzugten. Um zum Kern des Ganzen vorzudringen, müssen wir offen genug dafür sein, um erst einmal zu erkennen, dass im Laufe der Jahre immer Männer über Männer als Hauptdarsteller der Geschichte geschrieben haben und die Frauen ignorierten oder ihnen nur wenig Gedanken oder Platz einräumten.

Das Wort „Mann", ob gottgefällig oder nicht, kommt sehr häufig in den historischen Dokumenten vor, während nur wenig oder kein Bezug auf das Wort „Frau" genommen wird. Zur Verteidigung muss ich sagen, dass ich es der männlichen Bevölkerung nicht vorwerfe, dass sie weiterhin die Frauen auslassen oder vielmehr ihre Existenz ignorieren. Frauen wurden über all die Jahre, vor allem in alten Schriften, so sehr unterdrückt, sodass der Mann zu der Überzeugung gelangt ist, dass er es ist, der an der Spitze steht. Dies sollte auch so bleiben. Der Mann sah weiterhin auf die Frau herab. Beispiele folgen:

Aus der Verfassung der Vereinigten Staaten von Amerika, Artikel II, Abschnitt I: „Die ausführende Gewalt soll auf den Präsidenten der Vereinigten Staaten von Amerika übergehen. Er soll sein Büro haben". Etc. etc.

„Bevor er sein Amt antritt, soll er folgenden Eid schwören: Ich gelobe feierlich, dass ich das Amt des Präsidenten der Vereinigten Staaten aufrichtig ausführen und das Beste meiner Fähigkeiten geben werde, um die Verfassung der Vereinigten Staaten zu bewahren, zu schützen und zu verteidigen."

Mit anderen Worten nehmen wir wie selbstverständlich an, dass das Wort" Präsident" automatisch „männlich" heißt und nicht „weiblich", nachdem wir die Sätze der Verfassung gelesen haben.

Aus der Unabhängigkeitserklärung:

„Wir halten diese Wahrheit für offensichtlich, dass alle Männer gleich geschaffen wurden, dass sie von ihrem Schöpfer mit bestimmten, unabdingbaren Rechten ausgestattet wurden, zu denen Leben, Freiheit und das Streben nach Freude gehören. Um diese Rechte zu sichern, werden von den Männern Regierungen geschaffen, die ihre Macht durch die Zustimmung der Regierten erhalten."

Alle Männer wurden gleich geschaffen. Es sollte heißen: Alle Männer und Frauen wurden gleich geschaffen. Sogar wenn man noch weiter zurückgeht, vielleicht etwas mehr als 2000 Jahre, war es nicht anders. Hier sind einige Beispiele aus dem Alten und Neuen Testament, in denen die männlichen Schreiber die Heldentaten von Männern, Edelleuten und Königen niedergeschrieben haben, doch nur selten Frauen auf gleiche Weise erwähnen.

Exodus, 27 – 28:

20. Gebiete den Israeliten, dass sie zu dir bringen das allerreinste Öl aus zerstoßenen Oliven für den Leuchter, dass man ständig Lampen aufsetzen könne. 21. In der Stiftshütte, außen vor dem Vorhang, der vor der Lade mit dem Gesetz hängt, sollen Aaron und seine Söhne den Leuchter zurichten, dass er brenne vom Abend bis zum Morgen vor dem HERRN. Das soll eine ewige Ordnung sein für ihre Nachkommen bei den Israeliten.

Matthäus, 21:1 – 22:

9. Die Menge aber, die ihm voranging und nachfolgte, schrie: Hosianna, dem Sohn Davids! Gelobt sei, der da kommt in dem Namen des Herrn! Hosianna in der Höhe!

Doch viel überzeugender und schädlicher für die Frauen ist Genesis, 1:

26. Und Gott sprach: Lasset uns Menschen machen, ein Bild, das uns gleich sei, die da herrschen über die Fische im Meer und über die Vögel unter dem Himmel und über das Vieh und über alle Tiere des Feldes und über alles Gewürm, das auf Erden kriecht.

Die Aussage „über die Erde herrschen" erwähnt nicht nur nicht die Frau, sondern ist auch sehr schädlich für alle eingeborenen Völker auf der Erde, da die habgierige Fehlinterpretation der Europäer ihnen das Recht zu dem gaben, das sie als „Entdeckung" bezeichneten.

Genesis, 2:

7. Da machte Gott der HERR den Menschen aus Erde vom Acker und blies ihm den Odem des Lebens ein. Und so ward der Mensch ein lebendiges Wesen.

Als ein Ureinwohner, dessen Vorfahren nie die Bibel, den Koran oder die Thora vor 1492 gesehen haben, kann und werde ich dies durchaus als Mythos oder als Angriff auf den heiligen Schoß der Frau und ihren Segen, gebären zu können, ansehen. Ich muss erst einmal einen Mann sehen, wie er ein Kind auf die Welt bringt. Ich bin kein Anhänger der Mythologie, denn ich glaube an das Sprichwort „Zu sehen heißt zu glauben", so wie es mein Vater und seine Vorfahren vor ihm gemacht haben. Was den Mutterschoß angeht, in dem sie das heilige Kind trägt, ist dieser mit

Wasser gefüllt, und nicht mit „Staub". Es wird behauptet, dass diese Schreiber die angelernte Gabe des Schreibens kannten. Aber mussten sie solchen Unsinn niederschreiben? Ich würde sogar ihre geistige Gesundheit anzweifeln. Noch schlimmer ist es allerdings, dass heute Milliarden von „Schafen" diesen Schwachsinn noch immer glauben.

Genesis, 2:21:
Da ließ Gott der HERR einen tiefen Schlaf fallen auf den Menschen, und er schlief ein. Und er nahm eine seiner Rippen und schloss die Stelle mit Fleisch.

Genesis, 2:22:
Und Gott der HERR baute eine Frau aus der Rippe, die er von dem Menschen nahm, und brachte sie zu ihm.

Genesis, 2:23:
Da sprach der Mensch: Das ist doch Bein von meinem Bein und Fleisch von meinem Fleisch; man wird sie Männin (Frau) nennen, weil sie vom Manne genommen ist.

Sie wurde aus dem Mann genommen? Heißt das, sie wurde von ihm geboren? Sparen sie mir den Unsinn über mythische Erscheinungen. „Dies ist eine Beleidigung meiner Mutter". Ich weiß, dass viele Philosophen und Theologen sagen, dass sich die Worte in Genesis,1 „Lasst uns den Menschen nach unserem Ebenbild erschaffen" auf alle Menschen beziehen, doch psychologisch oder in anderen Worten fehlt immer noch das Wort „Frau", das einfach ausgelassen wird. Das widerspricht dem Recht und repräsentiert nicht das heilige Recht der Frau. Indem nicht wirklich die Wahrheit gesagt wird, wird der Frau der heiligste Akt der Schwangerschaft verweigert, ihr heiliger Akt der Schöpfung. Es ist gleicherweise eine schreckliche Beleidigung aller Frauen und Männer, die ihre Mutter lieben und sich ohne Zweifel daran erinnern, woher sie gekommen sind.

Ich glaube manchmal aufrichtig daran, dass der Mann dies psychologisch der Frau vorwirft, weil sie diejenige ist, die fähig ist, Leben in ihrem Schoß zu tragen, wohingegen er das nicht kann. Das ist es, was meiner Meinung nach drastisch in den alten Schriften der Genesis fehlt. Ihr könnt mich nennen, wie ihr wollt, doch ich werde meine Meinung nicht ändern. All diese Niederschriften wurden von Männern verfasst. Das einzig Heilige, das ich darin finden kann, meinen Respekt, und ich würde sogar so weit gehen, es als Liebe für jegliches zu bezeichnen, das alte Geschichte ist. In diesem Zusammenhang habe ich auch großen Respekt für alle ägyptischen religiösen Tempel und die Pyramiden. Das Alte und Neue Testament folgen, wo die Genesis endet, indem sie die Präsenz der Frau abstreitet. Mancher wird sich nun vielleicht die Frage stellen, wie ich mir herausnehmen kann, all diese heiligen Schriften in Frage zu stellen? Meine Antwort besteht aus zwei Worten: Warum nicht?
Ich hatte eine Mutter, die ich in größtem und liebendstem Ansehen hielt und dank ihrer unsterblichen Liebe für mich und der aller anderen Frauen auf der Welt verdanke ich, dass ich heute schreiben kann, dass die Liebe in meinem Herzen meiner Mutter wegen fließt. Weiters wurden die vorhin erwähnten Worte nicht von himmlischen Wesen geschrieben, sondern von Menschen

wie du und ich. Diesen Menschen rechne ich an, dass sie belesen waren, da sie die Kunst des Schreibens beherrschten, die, wie wir erkennen müssen, wenn wir intelligent genug sind, nachzulesen, zu der damaligen Zeit den Frauen verwehrt und dem niedrigen Volk im Allgemeinen verboten war. Diese gelehrten Schreiber haben, aus welchen Gründen auch immer, vergessen, woher sie gekommen sind und in ihren Schriften den wichtigsten Lebensspender ausgelassen: die Frau. Wir können nicht weiterhin solchen antiken Niederschriften folgen und von ihnen erwarten, dass sie uns in unserem Leben in der gegenwärtigen Zeit hilfreich sind.

Eine weitere Verdammung der Frau hätte nicht deutlicher dargestellt werden können, als es zu ihrer Untertänigkeit gegenüber dem Mann kam. Der Schöpfer hielt es für passend, den Mann zuerst und dann die Frau zu erschaffen, in völliger Umkehr zur Rolle der Frau in der Welt. Die Schreiber weigerten sich folgendes zu schreiben: Dann wählte er die Frau, um neun lange, sehr ermüdende und unbequeme Monate zu durchleben, bevor sie das heiligste Wunder von allen erhalten durfte: das Leben.

Und um das alles noch zu übertreffen, ist die Frau immer zweite geblieben, auch am Arbeitsplatz. Ich würde sagen, dass dies nur auf Grund der Schreiber geschah. Diese platzierten sie einfach dort. Sie werden für heilige Dokumente gehalten, doch geben sie dem Mann lediglich eine legitime Ausrede und das Recht, die Frau permanent in den Historischen Schriften seit einer langen Zeit von der Herrschaft und dem Gesetz auszuschließen. Ich würde gerne alle Fanatiker daran erinnern, dass wir im 21. Jahrhundert leben und nicht mehr im Mitteralter. Wir können nicht mehr solchen antiquierten Schriften folgen und darauf hoffen, dass sie uns in allen Lebenslagen der heutigen Zeit helfen. Andere Gelehrte, die vielleicht mehr gelernt haben, versuchen möglicherweise andere kluge Erklärungen abzugeben, doch die Versuche enden in der Tatsache, dass im 21. Jahrhundert die Frau im Allgemeinen doppelt so hart arbeiten und kämpfen muss, um die gleiche Position auf der gleichen Leiter zu erreichen, während es der Mann in der halben Zeit schafft, in den meisten Fällen sogar mit einer höheren finanziellen Abgeltung.

Als Ureinwohner Amerikas halte ich es nur für gerechtfertigt über diese alten Dokumente zu sprechen und meine Kommentare dazu abzugeben. Ich habe auch beschlossen, mich auf sie als Notizen, Einträge und Tagebücher zu beziehen, die von den damaligen weisen Männern aufbewahrt wurden, die, dessen bin ich mir sicher, sich großteils auf die Angaben aus mündlichen Überlieferungen aus zweiter Hand verlassen mussten und denen keine Geschichten aus erster Hand, oder solche, die sie selbst erlebt hatten, zur Verfügung standen, über die sie hätten schreiben können. Was noch dazu kommt und viel wichtiger für mich ist, ist, dass ich nicht die geringste Schuld dafür empfinde, mich derart zu äußern, außer durch die Tatsache, dass mein Volk bis 1492, als katholische christliche Missionare sie in unser Land brachten, auf keine einzige dieser Niederschriften gestoßen ist. Ich sah nie eine Ausgabe von einem religiösen Buch bei uns daheim.

Wir hatten unsere eigene Religion. Kurz nach der Ankunft der Christen auf unseren Ländereien lernten wir von ihnen, dass es die falsche Wahl war, wenn wir unseren Gott anbeteten. Wir lernten, dass wir alle, wenn es nicht der Gott war, den sie haben wollten, als Heiden, Ungläubige, Heidenvölker und vieles andere mehr bezeichnet wurden. Wörter, die wir vor ihrer Ankunft nicht gekannt hatten.

Ich könnte weitermachen, indem ich einige gültige Beispiele von der Thora oder dem Koran gäbe, doch, wie dem auch sei, möchte ich für alle, die zu naiv sind, um es zu wissen, erklären, dass sich auf die eine oder andere Art alle diese Bücher auf die Schöpfungsgeschichte beziehen. Alle drei Bücher beziehen sich auf manche Teile der Genesis, mit dem Unterschied der Sprache und einigen Abänderungen natürlich. Die Thora und der Qur'an (Koran) enthalten viele Referenzen zu Personen und Vorkommnissen, die in der Bibel erwähnt werden, insbesondere die Geschichten der islamischen Propheten die Moses, David und Jesus enthielten. Viele Dinge, die die Moslems praktizieren, wie zum Beispiel die völlige Verschleierung der Frau, werden in keinem der drei Bücher erwähnt. Auch steht nirgends geschrieben, dass Priester, Bischöfe und Päpste nicht heiraten dürfen. In meinem indianischen Glauben bin ich der Ansicht, dass wir nackt geboren werden und auf die gleiche Art wieder gehen sollten.

Natürlich gibt es viele Streitereien darüber, welche die korrekte oder ursprüngliche Version ist, die Christen als Anhänger des Neuen Testaments, die Muslime mit der Genesis und Teilen des Alten Testaments und die Juden mit der Torah.... Ich selbst bin der Meinung, dass es 101 Millionen Wege gibt, um jeden Absatz von Altem und Neuem Testament sowie der Genesis zu interpretieren, sodass jeder Redner es sich für die jeweilige Situation zurecht biegen kann, sei es für friedliche Mittel, von denen es nur wenig historische Zeugnisse gibt, oder für kriegerische Zwecke, von denen es viele historisch belegte Tatsachen gibt, so wie die tödlichste aller Episoden, die berüchtigten Christlichen Kreuzzüge des 11., 12., 13. Und 14. Jahrhunderts.

Historisch gesehen hat die Frau immer hinter dem Mann Platz genommen. Warum wird diese Haltung noch immer in der Welt praktiziert? Die Frauen mussten letztendlich aufstehen und beginnen für ihre Rechte zu kämpfen. In einem jüngsten Fall haben sich eine Million Frauen zusammengetan, um eine der größten und bekanntesten Handelsketten in Amerika zu verklagen. Sie klagten, weil sie, verglichen mit männlichen Angestellten, weniger verdienten.

Was ist es also, das so einen Unterschied zwischen Frau und Mann ausmacht? Frauen studieren gleich viel oder mehr, um Bildung zu erlangen. Sie sind grundsätzlich gleich verlässlich oder sogar noch verlässlicher als Männer, Firmenchefs von großen Firmen mit eingeschlossen. Abgesehen von wenigen Männern, die die Probleme der Frauen sehen, wahrnehmen und sich dafür einsetzen, ist die Mehrheit der Männer dabei, auf die gleiche besitzergreifende, kämpferisch überlegene Art weiter zu machen, wie sie es schon im Laufe der gesamten Geschichte getan haben.

Ich kann die Meinung, dass etwas Altes nicht neu geschrieben werden kann, nicht teilen, denn in diesen Testamenten wurden Veränderungen und Überarbeitungen im Laufe der Geschichte vorgenommen, mit weniger klar ersichtlichen Veränderungen bereits im ersten Jahrhundert.

Nichts sollte auf Stein geschrieben werden, sodass man es nicht mehr verändern kann, um zu einer sich verändernden Welt und viel wichtiger, zu einer sich verändernden Menschheit zu passen.

Ich glaube fest daran, dass es in der Welt solange keinen Frieden geben wird, solange es keine Balance zwischen Frau und Mann gibt. In meinen Werken bleibt meine eindeutige Meinung bestehen: „Die Frau kam vor dem Mann"!!

FEHLENDER STOLZ UND GESCHICHTE

Je mehr ich durch Europa reise und mit der Art und Weise, wie die Europäer ihre Geschichte und Kultur erhalten haben, in Kontakt komme, umso mehr vermisse ich meine eigene und sehne mich nach ihr.

Ich halte es für eine kultur-kriminelle Beleidigung, dass so viele von der Nicht-Ureinwohner Bevölkerung sich dazu befähigt sahen, zu versuchen, unsere Kultur auszulöschen, was ihnen beinahe gelungen wäre. Ich mache meiner Enttäuschung Luft, indem ich darüber in meinen Unterrichtseinheiten auf der ganzen Welt spreche. Es bringt meinem Herzen einen gewissen Frieden und gleichzeitig teile ich mit dem Publikum viel gewünschte Information über die Ureinwohner, die vom Schulsystem der USA ausgelassen wird und die so viele gerne hätten, aber nirgendwo finden können, weil sie einfach nicht zur Verfügung steht.

Das ist vor allem in amerikanischen Schul-Geschichtsbüchern so. Ich bin vertraut mit der Phrase „Der Sieger schreibt Geschichte". Es ist für den weißen Mann allerdings nicht gerechtfertigt, das Wort „Indianerkriege" zu verwenden, da es als Tatsache bekannt ist, von jedem, der hinter die historischen Aufzeichnungen blickt, dass unser Volk systematisch in diesen Konflikt verwickelt wurde.

Ich muss meine Reaktion zu allem, das mit Zorn zu tun hat, erklären: Ich halte Wut, Hass und Rache für die unnötigsten und unproduktivsten Wege, um ein Problem zu lösen. Unglücklicherweise halte ich sie eher für eine Krankheit, ebenso wie ich Eifersucht für eine Krankheit halte.

Wenn ich spüre, dass ich kurz davor stehe, einer solchen Situation zu begegnen, rufe ich mir sofort ein paar weise Worte meiner Mutter in Erinnerung: „Es gibt keine Probleme, nur Lösungen". Das gibt mir automatisch eine positive Anschauung und einen Vorteil in der Situation und ich kann schnell über eine Lösung nachdenken. Selbstverständlich kann das den Angreifer nicht immer vollständig beruhigen, doch es wird die Person denken lassen, dass man friedlich verhandeln möchte. Manchmal hilft es sogar, die gegnerische Partei in ihrem Verhalten lange genug zu unterbrechen, dass sie wieder rational denken kann und sogar beschämt ist wegen ihres manchmal absurden Verhaltens in bestimmten Situationen. Die bleibende Kraft von dieser und anderer Lieblingsphrasen oder „weisen Worten" meiner Eltern haben sich in meinem Leben mit ihrer Intensität und andauernden Kontinuität als sehr dienlich erwiesen. Sie waren immer meine Führer in Zeiten der Gefahr und haben mir geholfen, mich zu beruhigen, wenn ich in Umstände hineingeschlittert bin, in denen ich mit den unwahrscheinlichsten Situationen oder ungewöhnlichsten Konfrontationen zu tun hatte.

Ich habe manchmal sogar das Gefühl, dass, wenn man schlecht über andere denkt, beim Denkenden selbst ein alarmierender schmerzlicher Nachhall zurückbleibt. Ich glaube wahrhaftig, dass jene mit tief sitzendem Ärger, Hass und Rachsucht in ihrem Herzen, sich selbst mehr verletzen, als sie anderen wehtun wollen. Sie können sich durch ihre negative Denkweise sogar ernsthafte Krankheiten zuziehen.

In der schnelllebigen Welt, in der wir heute leben, gibt es viele so nervöse Individuen um uns herum, sodass wir es manchmal nicht einmal bemerken. Daher müssen wir uns immer einer gewissen Prädisposition bewusst sein, wenn wir mit Leuten reden, die mit aufgeregter Nervosität agieren und dazu tendieren, schnell auf alles, was wir sagen könnten zu reagieren, da es nur den Bruchteil einer Sekunde dauern könnte, um in einem solchen Individuum eine Kurzschlusshandlung auszulösen.

Ich muss meiner Konditionierung und meinem Bewusstsein meiner frühen Selbstkonditionierung Rechnung tragen, die von meinen Eltern weiter gefördert wurden und mehr Substanz erhalten hatten. Die Gegenwart des Schöpfers habe ich ohne Unterbrechung immer in meiner Nähe gespürt, wie er mich sorgsam beobachtet, doch mir immer erlaubt, unabhängig zu denken und meine eigenen Entscheidungen mit meinen Gedanken zu fällen. Meine Einführung in Europa war eine der spirituellsten überhaupt und hat eine Art Wiedergeburt in mein Leben gebracht. Ich denke, jeder erreicht in seinem Leben einen Zeitpunkt, an dem er sich wie neugeboren fühlt. Ich bin keine Ausnahme. Im meinem Fall habe ich zumindest ein paar Lebensabschnitte gehabt, die mir aus dem Stegreif einfallen. Jeder neue war viel aufregender als der vorangegangene, vielleicht gab es einige tragische Momente, doch ich bin damit immer sehr locker umgegangen, eher wie mit einem Salzkristall als anders. Die guten Momente haben die schlechten immer übertroffen. Ich habe jedes Leben voll ausgekostet und das nächste hat immer schon an der Türschwelle gewartet. Ich halte jedes für ein „Leben nach dem Tod", denn wenn man zum Ende des einen kommt, beginnt schon ein neues, das sich manchmal mit dem anderen überlappt.

Manche Leute bezeichnen sie als Kapitel in ihrem Leben, doch meine hatten tatsächlich spirituelle Anfänge und Enden, mit jedem kamen neue, aufregende und dramatische Veränderungen in mein Leben. Ich habe die Welt bereist und alle meine Erwartungen wurden übertroffen. Doch im Laufe jedes einzelnen Lebensabschnitts habe ich eines nie vergessen und immer mit mir herumgetragen: Die Lehren zweier außergewöhnlicher Menschen .... meiner Eltern.

FAMILIEN UND BEZIEHUNGEN

Junge Gemüter

In dieser verwirrenden und bunt gemischten Welt, in der wir heute leben, wenden sich die Kinder auf ihrer Suche nach Antworten an andere. Sie stellen Fragen, die von ihren Eltern zuhause beantwortet werden sollten. Warum tun sie dies immer häufiger? Warum ist es so schwer, die eigenen Eltern zu fragen? Hat es etwas mit unserer schnelllebigen Welt zu tun, in der unsere Eltern leben müssen? Is der negative Einfluss so stark, dass er bei den Eltern ungewollten Stress auslöst und es nicht mehr zulässt, dass sie näher auf die Fragen und Probleme ihrer Kinder eingehen? Bei Betrachtung der aufgewühlten Emotionen der Eltern und mit Verständnis für das Leid selbst, haben die Kinder manchmal Angst zu fragen. Meist fürchten sie sich davor, getadelt zu werden, wenn sie eine einfache Frage wie „Gefällt dir, was ich anhabe?" stellen oder einfach nur sagen" Ich hab dich lieb". Viele der Fragen, die sie haben, sollten einfach mit viel Liebe und Aufmerksamkeit behandelt werden, denn sie sind für sie in diesem jungen Alter sehr wichtig. Ihre heranwachsenden und sich erweiternden Gehirne brauchen Hilfe. Sie stellen Fragen, weil sie das Wissen und die Weisheit der Eltern schätzen.

Einige der Fragen können einfach oder faszinierend, manchmal einnehmend, doch auch albern oder störend sein. Egal wie klein oder groß die Frage auch sein mag, ein umsichtiger Elternteil wird sich immer so viel Zeit wie nötig nehmen, um diese Frage mit Liebe und Zuneigung zu beantworten.

Es mangelt an Kommunikation in den Familien der jeweiligen Elternhäuser und das ist nicht nur gefährlich, sondern auch traurig, da sich das Kind auf die nächste Ebene begeben muss, um die Information zu bekommen, die es daheim nicht erhält. Die Lehrer, und auch manche Eltern, haben alle Hände voll zu tun. Viele unverheiratete Lehrer sind außerdem zu jung oder zu unqualifiziert, um helfen zu können. Daher sind sie auch nicht für etwas zur Verantwortung zu ziehen, das in den Zuständigkeitsbereich der Familien fällt.

Ich wurde von einem Teenager gefragt, ob ich der Ansicht wäre, dass Eltern ähnlich denken. Der Grund für seine Frage war, dass er immer, wonach er auch fragte, von beiden Elternteilen genau die gleiche Antwort bekam. Es war so, als ob sich die Eltern schon ein paar Antworten zurecht gelegt hätten, die sie auf bestimmte Fragen geben konnten. Meine Antwort war, dass es wahrscheinlich auf seine Frage ankam. Manchmal sprechen sich Eltern ab, um dieselbe Antwort auf dieselbe Frage zu haben. Meist haben diese Antworten etwas mit Fragen zu tun wie: „Wann muss ich zu Hause sein?" oder „Wo kommen wir her und wo gehen wir hin?" Was die Eltern dabei tun ist, den schwarzen Peter weiterzugeben. Zum Beispiel sagen sie: „Frage deinen Vater!" oder umgekehrt. Viele Eltern haben auch ein Problem damit, dir eine Frage einfach mit Ja oder Nein zu beantworten. Das heißt nicht, dass sie dich nicht lieben. Alleine die Tatsache, dass sie sich die Zeit nehmen deine Frage zu beantworten zeigt dir schon, dass du ihnen wichtig bist. Manchmal ist es für ein junges Kind nicht einfach geduldig zu sein. Noch schwieriger ist es allerdings für Teenager, die gerade alle möglichen Hormone verspüren. Wenn ich behaupten würde, dass meine Eltern gleich gedacht hätten, dann könnte ich genauso gut behaupten, dass sie Klone gewesen wären. Keine zwei Gehirne denken gleich. Das bedeutet nicht, dass nicht zwei Gehirne den gleichen Gedanken im selben Moment haben können. Mir passiert das oft genug, um zu wissen, dass dies möglich ist. Manche Eltern wundern sich, warum ihre Kinder nicht so perfekt sind wie sie selbst. Manche wundern sich auch, warum eines ihrer Kinder gescheiter zu sein scheint als das andere. Das ist das schlimmste, was einem Kind passieren kann. Es kann einem Kind das Gefühl geben, wertlos zu sein. Eltern sollten sich miteinander unterhalten und sehr darauf aufpassen, was sie zu ihren Kindern sagen und auf welche Art und Weise sie das tun. Ein falsch gesagtes Wort kann ein Kind für den Rest seines Lebens verfolgen. Dann gibt es noch das Thema der Perfektion. Mein Vater war ein Perfektionist, so wie auch ich bis zum heutigen Tage einer bin. Er brachte mir diese Perfektion immer nahe. Allerdings kann ich mich nicht daran erinnern, jemals für Fehlerhaftigkeit getadelt worden zu sein. Er hat mich immer wieder auf seine Perfektion hingewiesen. Vielleicht ist das auch der Grund, warum ich bis heute so denke. Ich wurde wahrscheinlich auf Perfektion programmiert. Ich muss aber auch sagen, dass er mir dieses Thema nie aufgezwungen hat. Ich bin eben einer von denjenigen, die so hart wie jeder andere auch arbeiten, um ein bisweilen illusorisches Ziel zu erreichen. Ich glaube auch, dass wie ein Bauer seinen Samen in die Erde setzt, mein Vater das Selbe mit mir gemacht hat. Nachdem ich im Glauben erzogen worden bin, dass Perfektion existiert, sind Perfektionismus und Perfektionisten ein Teil meiner Welt. Ich bin einer dieser Leute, denen man sagen muss: „Du hast es geschafft." Oft bin ich aber in meinem Kopf noch immer mit mir selbst unzufrieden. Das ist wahrscheinlich auch der Grund, warum ich in vielen meiner Projekte einen Partner habe. Dennoch gibt es viele, die behaupten, dass es unmöglich ist, Perfektion zu erreichen, insbesondere die Christen, die einzig und allein den Schöpfer für vollkommen halten. Ich finde das schwer zu glauben. Ich respektiere ihre Gedanken, lasse mir aber genug Raum, um zu zweifeln. Viele Angehörige meines Volkes teilen diese Ansicht über den Schöpfer. Sie werden immer einen kleinen Fehler bei ihrer Arbeit machen, um zu zeigen, dass nur der Schöpfer vollkommen ist. Ein gutes Beispiel für den Purismus ist der Computer. Als ich meinen ersten PC im Jahr 1994 erworben habe, war das, als hätte ich die Tore zum Himmel durchschritten. Ich war erstaunt über all die Dinge, die ich mit ihm und noch viel wichtiger, was er für mich tun konnte. Definitiv hielt ich das für Perfektion. Doch wie sehr sollte ich mich da täuschen, denn die Hersteller verändern und verbessern angeblich ständig alles und dabei scheint es kein Ende zu geben. Daher ist dies keine Perfektion.

Wenngleich ich manchmal wirklich glaube, dass es eine starke Verbindung zwischen dieser Aussage und dem Kapitalismus gibt, denke ich, dass die Hersteller Stufen in der Softwareentwicklung auslassen, damit sie sechs Monate später wieder mit einem Upgrade oder Update auftauchen können, das natürlich auch etwas kostet. Noch einmal, ich bin der Ansicht, dass einige Menschen mit dem Wunsch, alles perfekt zu machen, geboren werden. Zu einem gewissen Grad glaube ich daran, dass mein Computer perfekt genug dafür ist, um mich dieses Buch schreiben zu lassen, ohne tonnenweise Papier zu verschwenden.

Unglücklicherweise muss ich zugeben, dass ich zu dieser riesengroßen Gruppe gehöre, die in dem Glauben geboren wurde, dazu bestimmt zu sein, an den Symptomen des Perfektionismus zu leiden, auf den ich mich oft als einen Fluch beziehe, der manchmal für schlaflose und noch viel schlimmer, gedankenlose Nächte sorgt. Wenn ich den Anflug einer Krise spüre, die leicht zu einer Katastrophe werden könnte, blinkt immer ein kleines Licht in meinem Kopf auf und erleuchtet meinen Geist. Sofort erinnere ich mich an die Worte meiner Mutter. Sie sind immer da, wenn ich mich unter Druck nahe der Verzweiflung befinde. Die Gedanken an ihre Worte kommen immer, wenn ich sie brauche: „Erinnere dich immer daran, dass kein menschliches Wesen perfekt ist, sondern nur der Schöpfer." Ich mochte diese Worte, denn sie gaben mir das Gefühl, dass es in Ordnung ist auch einmal Fehler zu machen. Selbstverständlich stimmt das mit religiösen Ansichten überein, doch ich frage mich, warum uns der Schöpfer nicht ein klein wenig perfekter machen konnte, um nicht so viele Fehler machen zu müssen?

Die weisen Worte haben mich stets angeleitet und ich bin bereit und gewillt, sie mit denjenigen zu teilen, die sich dafür interessieren und daran glauben, dass sie ihnen in ihrem Leben hilfreich sein können.

Verbessern von Beziehungen

Intime Beziehungen, Freundschaften und erfreuliche Begegnungen mit Mitarbeitern und Bekannten bieten soziale Unterstützung – das kann wie ein Puffer gegen die Schwierigkeiten des Lebens wirken.

Du kannst deine Beziehungen verbessern, indem du Rücksicht nimmst, andere mit Respekt behandelst, Hilfe anbietest, wenn sie gebraucht wird und so weiter. Eine der besten Strategien ist es, ein guter Zuhörer zu werden. Die meisten Menschen werden dich mehr schätzen und mögen, wenn sie das Gefühl haben, dass du ihnen erlaubst, gehört und verstanden zu werden.

Versuche das Folgende, um Beziehungen allgemein zu verbessern:
Extrovertierter, versuche still zu sein, wenn andere sprechen. Zügle dein Verlangen, Information hinzuzufügen, Fragen zu stellen, Ratschläge zu geben oder die Konversation an dich zu reißen. Begrenze deine Beiträge auf ein gelegentliches Ja oder Nein. Selbstverständlich können manche Gespräche langweilig sein und dich zum Abschweifen veranlassen. Wenn das der Fall ist und dein Geist zu wandern beginnt, fokussiere dich wieder auf die Worte der Person und versuche, weiterhin zuzuhören. Du wirst schon an die Reihe kommen und wenn nicht, dann erinnere dich daran, dass man das meiste durch Zuhören lernen kann.
Es ist wichtig, die richtige Körpersprache zu verwenden. Um interessiert zu wirken, bleibe entspannt mit einem aufmerksamen Gesichtsausdruck. Mit einem Lächeln liegst du nie falsch,

außer wenn es sich um eine sehr ernste Angelegenheit handelt.

Wiederhole, was die andere Person gesagt hat. Bevor du deinen Kommentar abgibst, fasse kurz zusammen, was du meinst gehört zu haben und lege den Schwerpunkt auf Fakten oder Gefühle. Das zeigt, dass du vorhin aufmerksam zugehört hast.

Beispielsweise: „Gefällt es dir hier in unserer Stadt?"

Sei offen und bestimmt. Das bedeutet nicht, dass du deine Meinung ändern musst, sondern lediglich, dass du für andere Möglichkeiten offen bist. Es wird sich zeigen, wenn deine Geisteshaltung offen und nicht eng ist. Du kannst vielleicht auch etwas Nützliches lernen. Diese Vorgehensweise ist vor allem dann sehr brauchbar, wenn über Religion oder Politik gesprochen wird.

DIE KRÄFTE
UND MÄCHTE DES LEBENS

Die heilende Kraft von Musik, Gesang und Tanz

Es existieren so viele machtvolle Kräfte in unserem Leben, die das Leid von Körper und Geist erleichtern können. Der folgende ist meiner Meinung nach einer der größten, einfachsten und doch effektivsten Heilungsprozesse, der sicherlich für jedermann Wunder vollbringen kann. Er ist ziemlich billig, da die meisten von uns irgendeinen CD-Spieler daheim haben.

Nachdem ich beinahe von Geburt an der Musik ausgesetzt war, habe ich ihren Wert zu schätzen gelernt und auch, dass es Menschen für jede Art von Musik gibt. Obwohl ich bis zu meinem elften Lebensjahr keine Ahnung von der dahinterstehenden Theorie hatte, schrieb ich bereits mit acht Jahren Texte und komponierte Musik.

Mit neun Jahren spielte ich das Waldhorn, ging über zur Posaune und kurz darauf zur Gitarre. Ich liebte das Klavier wirklich sehr, doch zur damaligen Zeit gab es noch keine transportfähigen Klaviere. Zudem war es teuer, ein Klavier zu besitzen. Dennoch war ich glücklich, Posaune spielen zu können. Mein damaliges Idol war Glen Miller.

Die Gitarre habe ich nie wirklich gemocht, da ich die schlechte Vorstellung hatte, dass alle Gitarrenspieler in den Saloons Trinker waren. Ich denke, dieser Eindruck kam daher, dass alle Gitarristen, die mit meinem Vater unterwegs waren, zwar keine besonders großen Trinker waren, aber dennoch viel Alkohol konsumierten.

Nichtsdestoweniger lernte ich das Gitarrenspiel von einem jungen Eingeborenen der Yaqui. Er hieß Manny und reiste mit uns. Ich hatte Zugang zu allerlei Unterweisungen. Ich lernte Spitzentanz von Emma, das Singen von meinem Vater und meiner Mutter. Es war ziemlich einfach für mich. Ich lernte ebenso in einem frühen Alter den Wert der drei Hauptarten der Unterhaltung auf der Bühne.

Doch lasst mich eines klar stellen: Man muss nicht in der Unterhaltungsbranche tätig sein, um diese Dinge zu genießen. Ich halte Musik, Tanz und Gesang für ein machtvolles, heilendes und spirituelles Element, manchmal unbewusst für das Individuum.

Die Musik trägt die Wellen der Liebe ohne Grenzen direkt in das Herz. Sie kann über die ganze Welt reisen, durch die Luft, ohne Grenzen und ohne Reisepass. Alles und jedes, das sich mit der Musik verbinden kann, ist spirituell und heilend. In Wahrheit sind die Musik, der Gesang und der Tanz sehr nahe verwandt und sehr eng im Gehirn verknüpft, sodass es egal ist, welche dieser drei Komponenten jemand wählt. Sie alle können gesund und heilsam auf Herz, Körper, Geist und Seele wirken. Geheiligt sind die, die das nicht einmal bemerken, doch begnadet genug sind, um alle drei zu genießen. Bestimmte melodische Musikkompositionen, in wohlklingender oder lieblicher Form, wie beispielsweise der einfache meditative Klang einer indianischen Flöte, können dem dafür empfänglichen Geist Frieden und Ruhe bringen. Der ansteckende rhythmische

Klang einer indianischen Handtrommel kann die Nervenempfindungen des Körpers wecken und anregen sowie zur Freiheit für einen erstaunlichen und formlosen Tanz führen. Ein ganzes Symphonieorchester kann die emotionale Heilung des Herzens einleiten und dich in einem Moment an unbekannte und weit entfernte Orte bringen.

Die Musik kann unzählige Erinnerungen aus ferner Vergangenheit zurückbringen und einen dazu veranlassen, Erinnerungen in Form von lebendigen Bildern so zu sehen, als ob sie gerade stattgefunden hätten. Man kann sich in den Tanzschritten völlig verlieren und sich von allen Gedanken befreien, die sonst mit den guten positiven Gedankenwellen interferieren würden.

Selbstverständlich gibt es auch diejenigen, die behaupten, dass sie nicht in der Lage wären, einen Ton zu treffen und die sich nur unter der Dusche laut zu singen trauen. Doch das ist sehr gut, denn gerade sie genießen das und befreien sich aus ihrer scheuen Haltung, indem sie etwas tun, das sie üblicherweise in der Öffentlichkeit standhaft verweigern. Genauso verhält es sich mit dem Tanz und denjenigen, die der Meinung sind, zwei linke Füße zu haben.

Nicht jeder ist dazu bestimmt, ein Travolta, Fred Astaire oder Ginger Rogers zu sein. Mein Vorschlag in solchen Fällen ist der, einfach die Augen zu schließen, zu lächeln und aus ganzem Herzen zu tanzen zu beginnen. Genieße einfach die heilende Kraft von Musik und Tanz und tanze einfach in deinem Stil und mit deinen Schritten.

Die Macht der Selbstheilung

Ein acht Jahre alter Bub stellte mir die Frage: „Ist es möglich, uns selbst mit unserem Geist zu heilen?". Ich war erstaunt, so eine Frage von einem Achtjährigen zu hören! Meine Antwort lautete: „Ja, vieles von dem, das uns plagt, können wir selbst heilen, wenn wir auf unseren Körper hören".

Ich bin mir sicher, wenn jemand fähig ist, Geduld, einen schnell reflektierenden Geist, Spiritualität und positives Denken in einem schnell kombinierten Gedankengang zu vereinen, dann können wir viele der schrecklichen Katastrophen, die sich uns manchmal in den Weg zu stellen scheinen, vermeiden. Wir wären weniger von Schmerz und Leid geplagt.

Ich weiß, ich habe gesagt, dass es schwer ist, dem Schicksal zu entkommen. Doch auf der anderen Seite sollten wir uns auch nicht unnötig in den Weg des Leides stellen. Ich war bereits im Angesicht einer schlimmen Tragödie, habe sie gelassen vermeiden können und war in der Lage, das Ergebnis von dem zu sehen, dessen ich nicht Teil war: Ein außer Kontrolle geratener Sattelschlepper kam mir auf meiner Spur auf der zweispurigen Fahrbahn einer Brücke in Washington State entgegen. Ich wich gelassen auf seine Seite aus und vermied dadurch, dass er in meinen Kombi krachte, in dem auch meine drei Söhne saßen. Der Sattelschlepper rollte weiter außer Kontrolle die Straße hinunter und krachte in ein Gebäude am Ende des Hügels. Im Angesicht einer Gefahr verhalte ich mich immer gelassen und gesammelt. Das erlaubt mir, schnell zu denken und sofortige Entscheidungen in Sekundenbruchteilen zu fällen.

Kannst du dir all die Sinne, die man in einem Bruchteil einer Sekunde verwendet oder verwenden kann, vorstellen? Erstens macht man sich ein schnelles geistiges Bild, zweitens trifft man die richtige Sofortentscheidung und noch viel wichtiger, man bleibt dabei völlig ruhig. Der Schöpfer strengt sich besonders an, um uns den bemerkenswertesten Körper zu geben, von dem ihr bereits wisst, dass ich ihn für das größte Wunder halte.

Hier ist meine Erklärung für das, von dem ich denke, dass es mir geholfen hat, eine beinahe zustande gekommene Tragödie oder einen größeren Unfall in etwas Harmloseres zu verwandeln: Indem ich nicht so viel Wert auf jeden einzelnen Aspekt gelegt habe, sondern es als ein Ereignis, das viel unwichtiger war, behandelt habe, dem ich nicht einmal die Wichtigkeit eines Gedankens gab, hat es mich vor einer Panik- und Stressreaktion bewahrt und ich konnte klar denken.

Hast du die Phrase „Unter Kontrolle sein" schon gehört? Nun, genau das ist es. Es ist nicht so leicht, wenn du nicht völlig gelassen bist. Es fällt nicht so schwer, gelassen zu sein, wenn du es in deinem Geist übst. Ich habe beinahe das Gefühl, als ob ich, wie das Sprichwort sagt, „ein geborgenes Leben" gelebt hätte. Natürlich scheint hier auch das einfache Wort „Wunder" auf, denn ich kenne keinen zu meiner Zeit, der nach einem Sturz aus 50 Fuß Höhe (etwa 15,24 Meter), viel weniger noch aus 75 Fuß (etwa 22,86 Meter) ohne irgendeine körperliche Verletzung überlebt hätte. Ich denke, wenn wir lernen, unseren Gehirnmuskel mehr zu trainieren, als wir es zu tun gewohnt sind, benützen wir dennoch nur einen geringen Prozentanteil unseres Gehirns und sollten in der Lage sein, viele der Beschwerden selbst zu heilen, die uns in unserem Leben plagen. Ich habe Leid und Schmerz in meinem Leben immer höchst geheim gehalten, da die meisten Ärzte kein Heilmittel dagegen finden können, um dies gleich einmal zu sagen. In den meisten Fällen ist auch nichts vorhanden, da die Beschwerden meist psychisch verursacht sind.

Bitte hegt nicht die falsche Vorstellung, ich würde den Schmerz genießen. Ich bin nur der Meinung, wenn dein Körper schmerzt, dann solltest du hineinhören und selbst versuchen, den Grund dafür herauszufinden, ehe man Ärzte damit belästigt, die ohnehin schon alle Hände voll mit Patienten zu tun haben, die darum bitten, entsetzliche Nackenschmerzen sofort zu diagnostizieren. Wohingegen du selbst, wenn du in deine Kindheit zurückblickst und ehrlich mit dir selbst bist, schon viel von dir analysieren kannst und niemand anderen als dich selbst dazu brauchst. Wer könnte deine Gedanken und deinen Schmerz besser kennen als du selbst?

Nachdem ich mein Augenlicht wiedererlangte, war es für mich schwierig, auf meine innere Stimme und die meiner Eltern zu hören. Obwohl ich es viele Male versuchte, wusste ich einfach nicht, wo oder wie ich beginnen sollte. Dennoch hat mir die Stärke, meine Gedanken für mich zu behalten und sie nicht meinen Eltern zu erzählen, eine weitere Fähigkeit oder Geschenk gegeben, das ich heute für sehr brauchbar halte: Ich habe manchmal das Gefühl, dass die Stille mein ständiger und freundlicher Begleiter ist. Ich könnte keinen besseren Freund haben. Mein Schweigen stört manchmal die Personen, die mich umgeben, sodass sie mir deswegen Fragen darüber stellen.

Trotzdem weiß ich, dass hinter der Kraft, nichts zu sagen, viel spirituelle Bedeutung steht. Nichts zu sagen, ausgenommen es ist etwas Wichtiges und Besonderes, ist eine sehr starke und mächtige Gabe. Ebenso sollte es als etwas Einzigartiges erachtet werden, wenn einem vertraut wird, etwas für sich zu behalten und nachzudenken, ehe man spricht. Dennoch ist es für die Mehrheit der Menschen sehr schwer, dies zu tun oder zu vollbringen.

Es verlangt viel Übung und Kontrolle des Bewusstseins, um in der Lage zu sein, schweigen zu können und, wenn jemand anderer spricht, jedes einzelne Wort vorsichtig abzuwägen, ehe man sich dazu äußert. In meinem Fall habe ich das, was ich auch für eine Kunst halte, bereits als Kind gelernt. Dadurch musste ich nicht den Schmerz ertragen, wenn ich bei einer Gelegenheit, etwas zu sagen, die falschen Worte benutzte. In den ersten Lebensjahren blind gewesen zu sein, hat mir einen Vorteil gebracht und es mir vermutlich einfacher gemacht, die wahre Bedeutung und den Nutzen solcher Gaben in unserem Körper zu lernen, als es bei sogenannten „normalen" Kindern mit all ihren Fähigkeiten der Fall ist.

Ich hatte so viele Fragen, mit denen ich meine Eltern bombardierte. Dadurch, dass ich ihnen so nahe stand, erlebte ich das komplette Gegenteil, wenn sie nicht in meiner Nähe waren: Nicht nur eine Welt ohne Sehsinn, sondern auch eine Welt der Stille. Dies gab mir Gelegenheit, sehr viel über das wunderbare Geschenk der Stille zu lernen, die ich in den Momenten von herannahendem Stress bis heute besonders schätze.

Ich muss gestehen, ich fühle mich gesegnet, dass der Schöpfer beschlossen hat, so erfahrenswerte Wunder in mir einzurichten. Ich sollte anmerken, dass diese Wunder manchmal auch versuchten, zu meinem Nachteil zu arbeiten, da sich so viele Menschen in meiner Umgebung fragen, warum ich ständig schweige. Es ist nur natürlich für diese Personen, manchmal meine tranceähnlichen Zustände zu unterbrechen und mich zu fragen, was ich gerade denke. Wenn ich sage, dass es nichts sei, dann lächeln sie und meinen: „Ist wohl ein Geheimnis, nicht wahr?" Es tendiert dazu, Menschen in meiner Nähe ein unbehagliches Gefühl zu geben. Sie nehmen immer an, ich würde ihnen etwas vorenthalten. Ich weiß, dass ich als Person im öffentlichen Blickpunkt mehr über mich, mein Leben und mein Volk erzählen sollte, doch stattdessen finde ich mich selbst schweigend und den anderen zuhörend wieder.

Das Wort „asozial" wurde oft fälschlicherweise mit mir assoziiert. Besonders mit geliebten oder nahe verwandten Menschen ist es manchmal sehr schwer. So sehr ich auch zu erklären versuche, dass der Grund, warum ich so viele Dinge für mich behalte, der ist, dass sie entweder meiner Meinung nach nicht wichtig genug sind, um ausgesprochen zu werden, oder dass ich manchmal befürchte, dass diese sogenannten Geheimnisse jemanden verletzen könnten, wenn ich sie preisgeben würde. Ich möchte klarstellen, dass sie für mich keine Geheimnisse sind. Es ist lediglich der Umstand, wie die Menschen meine stillen Momente oder Gedanken abstempeln. Manchmal habe ich darüber keine Kontrolle und keine Erklärung dafür.

Es könnte auch an meiner Ansicht liegen, dass jeder seine eigenen privaten Gedanken haben sollte, um eine bestimmte spirituelle Energie im Körper aufrecht zu erhalten. Sobald man diese innersten Gedanken oder Geheimnisse preisgibt, beginnt sich diese besondere und sehr spirituelle Energie, die in jedem von uns wohnt, zu verdünnen.

Es liegt auch an meinem Vater, der immer zu mir gesagt hat, dass es, wenn ich nichts Wichtiges oder Konstruktives zu sagen hätte, besser sei, gar nichts zu sagen. Viele seiner Ansagen oder Unterweisungen wie „Denk nach, ehe du sprichst", sind Sprichwörter, von denen ich nicht glaube, dass ich sie aus irgendeinem Schulbuch hätte auf diese Weise lernen können, wie ich sie von meinen Eltern gelernt habe.

Die Wurzeln sind so wichtig. Wenn ich als Mädchen geboren worden wäre, dann wüsste ich nicht, ob ich zum Beispiel in der Lage gewesen wäre, diese rigorose, vier ganze Tage andauernde Pubertätszeremonie der Apachen über mich ergehen zu lassen. Ich denke oft daran, was eine Frau aushalten und ertragen muss, um das Frausein zu erreichen. Abgesehen von den vielen anderen Härtefällen, die Apachenfrauen durchlebten, wenn ihre Männer losziehen mussten, um ihre Rechte als menschliche Wesen zu verteidigen. Drei Viertel der Frauen haben ihre Männer verloren, sehr oft gemeinsam mit ihren Söhnen.

Ich vermute, dass es nicht leicht ist, einen Konflikt zu verstehen, wenn man nicht Teil davon ist. Wenn ich die einsamen Frauen sehe, die Afghanistan, Irak, Gaza und viele Teile Afrikas mit ihren kleinen Kindern, deren Väter ermordet wurden, verlassen haben und in selbstgebauten Baracken leben, frage ich mich oft, ob in ihrem Kopf der Konflikt jemals wirklich endet. Ich sage wirklich weil ich glaube, dass der Konflikt für jene, die darin leben müssen, niemals ein Ende findet. Ein Beispiel sind meine Leute und ihr Leid, das ihren Kopf über Jahrhunderte nicht verlassen hat. Und wenn ich an solche Konflikte denke, die von wenigen fanatischen Männern heraufbeschworen werden, habe ich die Befürchtung, dass sich die Welt niemals ändern wird.

Die Macht der Gedanken

Eines der größten Wunder, das der Mensch besitzt, ist die Kraft der Gedanken. Jedoch benutzen viele Individuen, obwohl sie komplette Kontrolle über diese einzigartige Kraft der Gedanken besitzen, ihre Fähigkeiten falsch oder missbrauchen sie sogar die meiste Zeit. Mir wurde von klein an beigebracht, zuerst nachzudenken bevor ich spreche. Um ehrlich zu sein, ist das meistens gar nicht so einfach, du musst die Möglichkeit haben deinen Geist zu trainieren, um deine Gedanken immer unter Kontrolle zu haben. Es ist beinahe so, als hätte man zwei Gedanken zur selben Zeit, die sich gegenseitig im Griff haben. Aber wie schaffe ich es zwei Gedanken gleichzeitig im Kopf zu haben? Ich versichere euch, dass es möglich ist, aber sehr viel Zeit und Training braucht. „Denke nach, ehe du sprichst". Nachzudenken, bevor man spricht, ist eine der meist ignorierten geistigen Besitztümer der Menschen heutzutage. Besonders Leute in führenden Positionen bekommen oft Probleme, wenn sie auf diese Gabe vergessen. Man denke nur an das Wort „Dummheit". Ich bin mir sicher, dass unser Präsident, als er dieses Wort das erste Mal benutzte, sich gleich darauf selbst eine Ohrfeige verpassen wollte. Weil er nicht nachdachte, bevor er sprach, musste er eine Bierparty organisieren, um eine ganze Gruppe von Leuten in Boston versöhnlich zu stimmen. Ich bin mir auch sicher, dass ein gewisser Britischer Politiker niemals die zwei Worte „bigotte Frau" vergessen wird. Sie haben ihn auch genug gekostet. Die wundervolle Qualität des Geistes wird im Allgemeinen im täglichen Leben oft vernachlässigt von vielen im gesamten Universum. Der Grund, warum dies heute viel offensichtlicher ist, ist, dass sich die Medien auf genau solche Dinge stürzen. Aus einem einzigen falsch gesagten Wort können sie tagelang Geschichten machen.

Dadurch, dass etwas nicht sorgfältig geplant ist, ehe es ausgesprochen oder getan wird, hat es kleine bis große Reibereien unter lebenslangen Freunden verursacht, oder enorme Messungenauigkeiten und sogar voll ausgetragene Kriege von einigen taktlosen Herrschern im Lauf der Weltgeschichte.

Ein Wort oder eine spontane Phrase kann zu lebenslangem Bereuen darüber führen, dass man nicht nachgedacht hat, ehe man die Worte aussprach, die so ein Chaos und fortlaufendes Bestehen eines gespenstischen, dunklen und lebenslangen Schattens über den Sprecher, Anführer oder einfache und alltägliche Personen werfen können. Die Kraft der Gedanken ist genau das, doch nur wenige halten sie dafür.

Etwas genau zu planen, ehe man sich auf die Konstruktion stürzt, bedeutet nur, dass man eine Gabe des Schöpfers effektiv benützt, um etwas in größerer Nähe zur Macht der Reinheit zu vollenden, beziehungsweise, mit anderen Worten ausgedrückt „zur Perfektion zu bringen". Das bedeutet einfach, dass wir eine weitere unserer wertvollsten Geschenksqualitäten hinzufügen, ehe wir mit unserer Konstruktion voranschreiten.

Indem wir das tun, fügen wir die Macht des Denkens zu unserem Plan. Wir sollten nie etwas machen, ohne zuerst darüber nachgedacht oder es geplant zu haben. Warum fordern wir unser Gehirn so gerne heraus und strapazieren es unnötigerweise, beispielsweise, wenn wir etwas bei Ikea kaufen, das einen Zusammenbau erfordert. Ikea ist bekannt dafür, dass es dem Käufer spezielle Anleitungen zu lesen gibt, die zu befolgen sind, ehe das Bett, der Kasten oder das Sofa aufgebaut werden können. Dennoch nehmen einige die Herausforderung an, die Möbel ohne den Plan zusammenzubauen und machen dabei einige Fehler.

Ich habe vorhin gesagt, dass ich nie ein durchgeplantes Leben hatte, doch ich muss erklären, dass „In Schönheit gehen" genau das bedeutet, was ich hier zu erklären versuche: Man benützt Umsicht, die ebenfalls ein sehr brauchbares und wichtiges Werkzeug im Leben ist.

„Umsicht" ist ein essentielles Wort, auf das wir im Leben nicht verzichten sollten. Man sollte immer umsichtig fahren, gehen, denken, sprechen und essen. Mit anderen Worten, bei unseren

Ess- und Trinkgewohnheiten sollten wir immer Umsicht walten lassen.

Indem man sich immer daran erinnert, zwingt es eine Person nur dazu, unbewusst zu denken, also gehen wir zum ersten Schritt zurück: „Denke nach, ehe du sprichst", „Denke nach, ehe du etwas unternimmst". Dies waren einfache, doch obligatorische Lebensgewohnheiten der Eingeborenen. Sie wurden von den ursprünglichen Eingeborenen unterrichtet, lange vor „Amerika". Es wurde aus den alltäglichen Lehren gelernt, von Kindern, die Eltern wurden, Älteste, Anführer, Geschichtenerzähler.

Ich lernte die Macht der Gedanken ohne Bücher kennen, da es keine gab. Daher musste es durch praktische Anwendung erlernt und zu einem Teil der täglichen Art zu denken gemacht werden. Diese Lehren waren ein Geschenk an mich. Das Rezept dieses Geschenks wurde mir von meinen Eltern und anderen weisen Ältesten und Anführern der Ureinwohner eingeflößt, die es wiederum von ihren Eltern gelernt hatten und so von Generation zu Generation weiter gaben.

Es war ein einfacher Prozess: Du brauchst nur um den Wert der Macht der Gedanken Bescheid wissen und dann deinem Gehirn erlauben, es zu einer Gewohnheit zu machen, indem du Wiederholungen verwendest, um es nicht zu vergessen. Bald wird es eine jener Gewohnheiten, die es wert sind, erlernt zu werden.

Die Macht der reinen positiven Konzentration

Die Kraft von reiner positiver Konzentration und Meditation hat jeder Mensch im Leben nötig. Dennoch existiert dies in der heutigen Welt fast nicht. Wenn jeder seine Augen schließen und jeden Tag für zumindest fünfzehn Minuten meditieren würde, dann würde die Fähigkeit, im Laufe des Tages klarer zu denken, gestärkt. Es kostet nichts, dieses Geschenk ist in unserem wunderbaren Körper schon vorhanden.

Ich würde es nicht vorschlagen, wenn ich nicht der Meinung wäre, dass dies erfahrbar sei. Versuche es, doch sei nicht enttäuscht, wenn du nicht augenblicklich ein Ergebnis bekommst, da du deine spirituelle Energie graduell aufbauen musst. Geduld zu üben ist eine der wichtigsten und förderlichsten Möglichkeiten unseres Gehirns, wird jedoch immer weniger und weniger ein Teil unseres Lebens. Dies liegt vermutlich an der heutigen Zeit und an dem Lebensstil, den viele Menschen führen: Ein Mangel an Geduld, als eine der grausamsten möglichen Ursachen für unnötige Krankheiten, sowohl des Körpers als auch des Geistes. Ich sage „unnötig", weil es immer Wege und Mittel gibt, die wir erlernen können, um diese Ungeduld zu umgehen.

In meinem Fall erlebte und lebte ich dieses Geschenk vom frühesten Zeitpunkt an, zu dem meine Erinnerung zurückreicht. Obwohl es mir zu einer zweiten Natur wurde, fürchte ich das dennoch: Ich akzeptierte die Versuchung, es aufgrund reiner Neugier in meinem blinden Zustand zu benützen. Es wurde ein integrierter Bestandteil meiner höchst mächtigen spirituellen Fähigkeit und der starken Kraft, die in mir bis zum heutigen Tage sprudelt. Ich war in der Lage, das ultimative Geschenk zu erlangen, von dem viele hören und noch mehr es zu erreichen versucht haben, doch nur wenigen ist es gelungen. Es gibt nur wenige dokumentierte Fälle von Personen auf dieser Welt, die das höchste Ziel der außerkörperlichen Erfahrung erreicht haben, so wie wir es heute kennen.

Es gibt eine dünne Linie zwischen dem Verhältnis von Geduld und Stress: Das ist nicht viel anders als mit der dünnen Linie zwischen Liebe und Hass. Wir können sagen, es existiert dieselbe Grenze zwischen Geduld und Stress. Sie sind beinahe miteinander verwandt: Als Gegenteile können sie sehr weit voneinander entfernt sein und dennoch sind sie sich so nahe, dass sich das eine durch einen einfachen Gedanken des Gehirns in das andere umwandeln kann. In einem Moment des Chaos haben wir die Wahl, ruhig und gesammelt zu bleiben oder in Panik zu geraten und gestresst zu sein.

In der Gegenwart sind wir ständig von Stress umgeben.

Wir müssen uns mehr anstrengen, um ruhig und gesammelt zu bleiben und das braucht natürlich Geduld. Wenn wir beschließen, das nicht zu üben, dann ist der Stress immer da und wartet, bis er übernehmen kann.

Es gibt einige, die behaupten, dass keiner dem Stress zu der einen oder anderen Zeit entkommen kann. Ich stimme mit dieser Aussage nicht überein, möglicherweise weil ich Musiker, Schauspieler, Geschichtenerzähler und Weltreisender bin, dessen Hauptaufgabe es ist, die Leute zum Lachen zu bringen, glücklich zu machen und noch viel wichtiger, sie ihre Probleme vergessen zu lassen und ihnen für einen Moment geistige Entspannung zu bringen. Wenn das die Hauptaufgabe in deinem Leben ist und du deine Arbeit ernst nimmst, so wie es sein sollte, egal ob Maurer oder Musiker, bin ich einer der sagt: „Wenn du mit deiner anspruchsvollen Arbeit unglücklich bist, dann ändere das und sei glücklich".

Auf diese Weise sind viele weise Menschen glücklich genug in der Lage zu sein, die Untiefen des Lebens mit scheinbarer Leichtigkeit zu bewältigen. Sie nehmen eine ungünstige, negative Situation, wandeln sie in eine positive um und heizen sich dabei nicht unnötig auf.

Indem sie eine positive Haltung einnehmen, schaffen und genießen sie liebende Beziehungen und freundliche, dauerhafte Freundschaften.

Während einigen ihr Talent für das Leben sonderbar erscheinen mag, ist es nur eine Frage der Begabung gelernt zu haben, das Positive häufiger anzuwenden als das Negative. So wie ich vorhin gesagt habe, der Musiker, der schöne Musik spielt, wird immer sein Zielobjekt oder Publikum glücklich machen. Sie wissen ganz einfach, wie man Freude und Harmonie schafft, in erster Linie für sich selbst. Wenn man sich selbst nicht glücklich machen kann, kann man den anderen niemals wahre Freude bringen.

Noch einmal: Jeder Mensch, der mit seinem Beruf nicht glücklich ist, sollte über eine Veränderung nachdenken. Dies erinnert mich an die Geschichte eines Freundes, der jemanden gefragt hat: „Was für eine Arbeit machst du denn gerade?" Der andere antwortet: „Die gleiche wie immer". Darauf sagt der Freund: „Was, du säuberst immer noch die Straßen hinter den Zirkuselefanten bei den Paraden? Du solltest dich wirklich nach einer neuen Arbeit umsehen". Der andere meint: „Und das Showgeschäft dafür aufgeben?" Seht ihr, das einzig Wichtige ist, dass euch eure Arbeit glücklich macht.

So gering seine Aufgabe auch erscheinen mag, er hat völlige Kontrolle über seine Gefühle und das gleiche gilt vermutlich auch für seine Aktionen in den Beziehungen. Jemand hat sich unlängst mit mir unterhalten und gemeint: „Ich bin hier aufgewachsen und habe eine gute Arbeit, doch ich bin nicht glücklich und möchte nach Kalifornien gehen und mein Glück dort versuchen. Ich habe eine Arbeit von einer neuen Firma angeboten bekommen. Was schlägst du vor?" Ich habe ihm gesagt: „Versichere dich, dass es eine sichere Arbeit ist und gehe, wenn es dich glücklich macht". Seht ihr, die Einstellung hat viel damit zu tun, wie wir uns fühlen. Viele Menschen, die selbst zu Millionären geworden sind, denken positiv. Sie fokussieren sich auf ihr Ziel und streben danach.

Ein Artikel, der unlängst im „American Heart Journal" veröffentlicht wurde, berichtete darüber, dass Patienten mit einem Koronar-Bypass, die sich einem Trainingsprogramm zur besseren Kontrolle der Emotionen unterzogen, signifikant weniger Depression, Ärger und Stress gemeinsam mit einer erhöhten sozialen Verträglichkeit und Zufriedenheit im Vergleich zu gesunden Personen aufwiesen, die kein Training erhalten hatten. Der Puls aller trainierten Teilnehmer verlangsamte sich und ihr Blutdruck reagierte weniger auf Stress nach dem Training. Dies weist deutlich darauf hin, dass sie die Belastung ihrer Herzen verringern. All diese Faktoren blieben unverändert oder waren schlechter in den anderen Gruppen.

So ungern ich mich auf den nativen Weg beziehe, muss ich sagen, dass die Eingeborenen, die mehr in Harmonie mit unserer Mutter Erde heranwuchsen, nur wenige solcher Fälle hatten, wie sie in diesem Magazin beschrieben wurden, ehe die Europäer ankamen. Selbstverständlich hat die Einführung von mehr Freizeitmöglichkeiten im Leben dazu geführt, dass unser Volk begann, ähnliche Probleme zu haben.

Eine weitere Nachforschung über die letzten 30 Jahre hat gezeigt, dass psychischer Stress das Risiko für Herzkrankheiten und andere schweren Erkrankungen ansteigen lässt. Dazu gehören Depressionen und Ängstlichkeit. Höhere Sterblichkeitsraten gehen einher mit Verbitterung, die sich als zynisches Misstrauen gegenüber anderen manifestieren kann, einer niedrigen Reizschwelle für Ärger und/oder einem hohen Aggressionspotential.

Ich sollte noch hinzufügen, dass es aufgrund des einfachen menschlichen Verhaltens immer leichter ist, in ein Stressmuster zu verfallen als in Ruhe und Geduld zu verweilen. Es ist auch viel einfacher das Falsche zu tun als das Richtige.

Für einige Leser wird die Einfachheit dieser Sätze mehr Sinn machen als zwei Seiten niedergeschriebenes Material, was auch der Grund dafür ist, um mich erneut zu wiederholen: Es ist gut, einige der weisen Worte der Ureinwohner, die in diesem Buch angeführt sind, zu lernen und sich zu merken. Ihr braucht kein Ureinwohner zu sein, denn ich denke, sie sind auf jedes menschliche Wesen anwendbar, egal welcher Hautfarbe: Es ist das in unserem Gehirn, was zählt.

Willenskraft

Wohin ich auch gehe, überall wird viel über „Willensstärke" gesprochen: Ich höre von einigen Teilnehmern meiner Seminare, dass sie so oft fehlt. Sie scheinen sich diesem Thema immer mit einem Lächeln im Gesicht und auf eine scherzhafte Art und Weise nähern zu wollen. Ich selbst halte es für ein sehr ernstes und heikles Thema in der heutigen Welt. Menschen, die zu mir kommen, weil sie Heilung brauchen, verwenden dieses Wort viel häufiger als andere Ausdrücke. Es ist mit Abstand eines der populärsten aus zwei Komponenten bestehenden Negativwörtern von Internationalität, vor allem bei Rauchern. Wie oft habe ich gehört: „Ich habe schon so oft alles versucht um aufzuhören, doch mir fehlt einfach die Willensstärke".

Willensstärke passt beinahe zu allem und jedem in unserem funktionellen Leben: Essgewohnheiten, Trinkgewohnheiten, Drogenmissbrauch und wir könnten ein oft vernachlässigtes Wort hinzufügen, dessen niemand gerne bezichtigt wird: Faulheit. Doch ist es nicht eine Tatsache, dass wir, wenn wir nicht trainieren, uns des Schadens, den wir unserem Körper zufügen, bewusst sind? Obwohl wir es wissen, beschließen wir, nichts daran zu ändern. Sehen wir dem ins Auge: einfach aufzustehen und ein bisschen zu trainieren ist für viele das größte Problem.

Wenn wir nun weise wären, und unseren Geist benützen würden, der der Kern des Netzwerks ist, der unseren Körper steuert, und wenn wir umgekehrte Psychologie anwenden und beschließen würden, unsere Denkweise zu verändern, dann würden wir Willensstärke verwenden. In vielen Fällen sind Menschen anscheinend einfach nicht in der Lage mit Kleinigkeiten, wie „nachzudenken", zurechtzukommen. Natürlich ist es schwer zu denken, einige Menschen sind sogar dafür zu müde. Geschweige denn, dass sie sich aufraffen, um etwas Konstruktives für sich selbst und ihre Gesundheit zu tun. Oder auch, um etwas für ihre Geliebten zu tun, die normalerweise von ihrer vernachlässigenden Haltung betroffen sind.

Dann gibt es die führenden „Entscheider". Dabei handelt es sich zufälligerweise um Individuen, die im großen Umfang für ein ganzes Land Entscheidungen treffen müssen. Die meisten dieser Personen umgeben sich mit einem Team aus weiteren „Entscheidern", da sie selbst nicht in der Lage sind, im großen Maßstab zu denken. Sie verlassen sich auf Andere, aus Mangel an Wissen um andere Teile der Welt und deren diplomatischen Wegen der Regierungen. Es war eines dieser Entscheidungsteams, das uns in den acht Jahren Amtszeit, die im Jahr 2009 endete, immer wieder Wörter wie „Chaos", „Flugzeuge auf Kreuzzug", „Mission erfüllt" servierte. Nicht zu vergessen das Wort „Terrorist", das uns zum Frühstück, Mittag- und Abendessen vorgesetzt wurde, bis wir davon Verdauungsstörungen bekamen. Und die einzige Strategie, die wir von dieser Administration lernten, war: „ Wir geben zu, dass Fehler gemacht wurden." Aber nichts wurde dagegen unternommen. Zum Zeitpunkt, als die wenigen beunruhigten Menschen endlich Beweise in den Händen hielten, waren die betroffenen Parteien bereits auf dem Weg aus der Regierung und die breite Öffentlichkeit hatte bereits auf alle Probleme vergessen, so wie immer. Diese neue Regierung hat eine der tödlichsten Invasionen geerbt, die aufgrund des überdimensionalen Egos einer Person stattgefunden hat. Die schlimmste Wirtschaftkrise seit 60 Jahren, die Einfluss auf die gesamte Welt hatte. Es wird Jahre dauern, bis sich die Welt von dieser Katastrophe erholt hat.

Willensstärke bedeutet, selbst das Steuer in Händen zu halten, sein Leben im Griff zu haben, und für sich selbst denken können. Egal ob ihre Entschlüsse gut, schlecht oder gleichgültig sind, können sie als wahrhaft als „Entscheidungen treffende Personen" bezeichnet werden. Sie müssen so eine starke Konstitution oder Willensstärke haben, dass sie sich nicht auf Alkoholismus oder Drogenkonsum einlassen und sehr ausgeglichen sind, wenn es um die Beteiligung an Religion geht. Ja, natürlich hat die Religion viel damit zu tun, wie die Regierung funktioniert.

Es ist einfach, sich das auszumalen, denn alle Europäer, die in unser Land eingewandert sind, standen zweifelsfrei vollständig unter dem Einfluss und Befehl der Christlichkeit, also dem Papst, und in zweiter Linie unter dem der Regierung, welche auch katholisch war.

Traurigerweise hat sich das bis heute nicht verändert. Da die Probleme weltweit immer größer werden, wachsen auch die Kirchengemeinden immer weiter, da die Menschen glauben, dass sie genau dort Erlösung finden. Wir müssen schon sehr naiv sein, um wirklich daran zu glauben. Willensstärke fehlt in großen Teilen unserer heutigen zivilisierten Welt. Und genau weil diese fehlt, sind wir Zeugen einer Welt mit Alkohol- und Drogenmissbrauch, Fettsucht durch falsche Ernährungsgewohnheiten und neuerdings immer häufiger von Demenz. Diese Probleme werden ständig größer werden und zu einem Punkt gelangen, an dem sie einen tragischen Tribut fordern werden. Besonders betroffen ist die Jugend der westlichen Welt. Die ansteigenden Zahlen verteilen sich außerdem rasch auf andere Teile der Welt sowie auf größere Teile Asiens.

Es gibt erschreckende Berichte über einige der kultiviertesten Hauptstädte der Welt, in denen Alkohol und Drogen zum Hauptproblem der heutigen Zeit geworden sind. Es beginnt als Spaß, Abenteuer oder um aktuelle Kriegsgeschehen zu vergessen, die 24 Stunden lang im Fernsehen gezeigt werden und ehe das Individuum es bemerkt, ist es zu einem Abhängigen geworden. Im Herzen des eben angeführten Problems befindet sich eine unbekümmerte oder sorglose Regierung, die mit der wachsenden Bevölkerung der einzelnen Länder nicht Schritt halten kann. Die entsetzliche Gewalt auf den Straßen Torontos, die wir vor nicht allzu langer Zeit mit ansehen mussten, zeigte ein klares Bild des Misstrauens der Jugend von heute.

Aber wie schaffen wir es wieder auf den richtigen Weg zurückzukommen, nachdem wir erlaubten und zusahen, wie wir uns weiter und weiter davon entfernten? Es wird einige sehr gesunde und verständnisvolle „Handlungen des Kongresses" brauchen, von einer sehr glaubwürdigen, ehrlichen und sorgsamen Regierung im Weißen Haus: Einer Regierung, die nicht nur an sich selbst denkt, sondern aus dem Volk und für das Volk zusammengesetzt ist. Der Anführer muss nicht nur jung, sondern im Herzen jung sein, um in der Lage zu sein, den einsamen und langen Weg, um eine „Veränderung" herbeizuführen, gehen und durchhalten zu können. Als Amerikaner, der nahezu die ganze Welt bereist hat, muss eine amerikanische Regierung am Steuer sitzen, die den Standard vorgibt, wobei einige Regierungsbeamte in Amerika nicht den Einfluss sehen, den wir auf die Regierungsfunktionen beinahe überall auf der ganzen Welt haben.

Diese vollständige Wende im System sollte, so wie es immer war, stark von Musik, Programmen im Fernsehen und in der Filmindustrie beeinflusst werden, die wir immer über die ganze Welt geleitet haben. Wir müssen beginnen, eine gesündere Strategie zu verwenden als es im Moment geschieht, vor allem hinsichtlich der Verwendung von dem, was ursprünglich als vulgäre Sprache bezeichnet wurde, die mittlerweile in Sendungen wie „Die Osbournes" zu einem normalen Teil des täglichen Lebens geworden ist. Dies ist kein gutes Beispiel für gesunde Familienwurzeln, ganz besonders wenn wir an unsere Kinder denken. Diese feindliche Denkweise wird über Kommunikationsmittel wie Satellit, Internet und andere fortgeschrittene Kommunikationstechnologien rasch und ohne Ende in alle vier Himmelsrichtungen des Planeten übertragen. Eine Lösung dieses Problems wird verzweifelt benötigt aber wer kann helfen, sie zu finden? Hoffentlich findet man sie früher als früh.

Die Macht der Träume

Was mein Leben von dem anderer Kinder unterschied war vielleicht, dass ich nie meine Großeltern, weder väterlicherseits noch mütterlicherseits, kennen gelernt habe.

Ich vermisste diesen Familienanschluss und erkenne heute, dass dies der Grund ist, warum ich
so eine enge Bindung an meine Eltern hatte. Alles was ich brauchte, waren einige Geschichten
von ihnen über meine Großeltern, der Rest blieb mir überlassen.

Ihr seht, dass diese Geschichten mich mit einem weiteren außergewöhnlichen Geschenk auf
meinem ursprünglichen nativen Lebensweg ausgestattet haben, nämlich mit der Macht der
Träume. Mein Volk hatte einen starken Glauben an Träume, die in vielen Fällen zu Visionen
wurden, die viele zukünftige Ereignisse voraussahen. Diesen Glauben haben wir bis in die Gegenwart beibehalten.

Viele Ereignisse, die sich in der Vergangenheit zugetragen haben, wurden von weisen Ureinwohnern wie Pontiac, Tecumseh, Geronimo, Sitting Bull und anderen vorhergesagt. Katastrophale
Dinge, die mit der Ankunft der Fremden von der anderen Seite des großen Meeres passieren
würden, erreichten die Ureinwohner in ihren Träumen schon Jahrhunderte, bevor sie dann
tatsächlich eintraten. Sie wussten auch, dass sie keine oder nur wenig Chance gegen diesen
mächtigen Gegner haben würden. In vielen Fällen wurden diese auch wegen ihrer seltsamen
Kleidung und den Bärten für Götter gehalten. Als die Spanier auf unserem Land auftauchten,
kamen viele von ihnen nicht zu Fuß, sondern beritten auf Kreaturen, die die Eingeborenen noch
nie zuvor gesehen hatten.

Es gibt viele Träumer auf dieser Welt, doch nur wenige davon erreichen ihren Traum oder können
ihn wahr werden lassen. Die meisten Träume können Früchte tragen, doch es erfordert große
Konzentration, damit dies wirklich funktionieren kann. Manchmal bedarf es viel an Meditation
und Gewissenhaftigkeit, um letztendlich sagen zu können: „Das war mein Traum und ich habe
ihn wahr werden lassen". Es braucht eine fokussierte und engagierte Person, um Träume wahr
werden zu lassen. Ich denke, ich könnte hier noch hinzufügen: einen Workaholic und sehr oft
eine gründliche Person.

Fleiß ist ebenfalls ein Teil dieses ganzen Schemas, denn manchmal bedarf es vieler kleiner
Träume, um einen großen Traum zu verwirklichen. Ich war immer dafür, dass Zuhören und Be-
obachten starke Fähigkeiten sind, wenn es darum geht, zu lernen, was wir besitzen. Seit meiner
Schulzeit habe ich Weltgeschichte immer geliebt. Ich pflegte zu träumen und in meinen Träumen
um die ganze Welt zu reisen, ohne meinen Schultisch zu verlassen. Ich war ein Abenteurer, ein
Philosoph, Erfinder und Maler. Ich las die Geschichte nicht nur, sondern lebte sie.

Ich hätte mir nie gedacht, dass ich nun, zu einem viel späteren Zeitpunkt, all diese Dinge auch
im wirklichen Leben erfahren würde. Dinge, von denen ich geträumt und in Büchern gelesen
habe, über Europa, seine Antike und alte Kultur. Es öffnete mir auch die Tür zu vielen anderen
Teilen der Welt, über die ich so viel gelesen hatte. Und so sah ich alles mit meinen eigenen Augen.
Ich war in Italien in dem Haus, in dem Michelangelo geboren wurde. Ich war in Österreich im
Geburtshaus von Mozart. Ich erinnere mich, als ich als kleiner Bub im Yellowstone Nationalpark

losging und ein Foto vom „Alten Geysir" machte, als er in die Luft hinauf schoss – das war die reine Mutter Natur in Aktion.

Auf der anderen Seite hat Europa, ehe es von McDonalds und Burger King überrollt wurde, eine alte Geschichte, die wahrlich sehr alt ist. Glaubt mir, es gibt nichts dergleichen. Ich muss meinen Eltern dankbar sein. Sie beide haben nicht nur zu meinem neugierigen touristischen Verhalten beigetragen, sondern auch zu meinem musikalischen Talent, meiner Spiritualität und Redegewandtheit. Ich könnte sagen, ich hatte eine Freifahrt mit Unterkunft und guter Bezahlung für das Ganze.

Viele Menschen fragen mich, wann ich aufhören werde zu reisen, so wie ich es derzeit mache, und meine Antwort darauf ist immer die gleiche… Ich werde dann aufhören zu reisen, wenn ich kein Publikum mehr habe, das meine Botschaften der Liebe, des Friedens und des Respekts gegenüber der gesamten Menschheit hören möchte. Das ist ein Traum, der jedem mit einem liebenden und träumenden Herzen gehört.

Denke positiv

Suche die Liebe nicht, lass sie zu dir kommen. Verliere nicht die Geduld mit dir. Hör auf, in den Spiegel zu schauen und zu sagen: „Ich werde älter, ich bekomme Krähenfüße und Falten im Gesicht". Wenn du mit einer negativen Haltung in den Spiegel schaust, wirst du auch nur eine negative Haltung finden. Stattdessen lächle, wenn du schon in den Spiegel schauen musst, gehe weg und sage: „Gott sei Dank für ein lächelndes Ich und einen schönen Tag".

Wir verbringen zu viel Zeit damit, negative Gedanken zu verwenden oder zu denken. Denke positiv und du wirst gesünder sein. Lache über ein Problem, anstatt darüber zu brüten und finde eine Lösung. Jedes Problem, sei es noch so ernst, hat eine Lösung. Denk einfach darüber nach und finde sie.

Erinnere dich daran, dass jeder einzelne von uns ein „Wunder" darstellt.

Wenn ich mich wiederhole, dann ist das nur eine alte Angewohnheit der Ureinwohner, denn unserer Ansicht nach ist das die einzige Möglichkeit, wie unsere Jungen und manchmal auch die Erwachsenen lernen können. Es wird Lernen durch durchdringen oder Lernen zu lernen, genannt.

Lasst mich euch wieder einige Beispiele geben: Wir können sprechen, das ist ein Wunder. Wir können hören, das ist ein Wunder. Wir können sehen, noch ein Wunder. Wir können gehen, unsere Finger bewegen, berühren, riechen, fühlen und viele von uns können an mehr als eine Sache gleichzeitig denken. Ja, ich fügte ein Neues hinzu und es gibt noch viele mehr.

Dies sind alles Wunder, die wir für selbstverständlich halten.

Weil die meisten von uns mit diesen Sinnen auf die Welt kommen, haben wir das Gefühl, wir könnten einen Vorteil daraus ziehen und sie geradewegs missbrauchen. Warum auch nicht, sie sind schließlich unser eigener Besitz und keiner hat das Recht uns zu sagen, wie wir unseren Körper behandeln sollen.

Wie viele stehen schon mitten im Winter auf, sehen als erstes zum Himmel und sagen „Danke!"? Ich weiß, es ist nicht einfach, das zu machen, wenn du weißt, dass du nun in dem Regen, Graupelschauer oder Schneefall zur Arbeit fahren musst. Wird deine negative Einstellung das Wetter für dich ändern? Wird sie deiner Gesundheit hilfreich sein? Du weißt, dass die Antwort „nein" lautet! Egal, wie sehr du mit dir selbst debattierst, die Antwort ist immer noch nein, tausendmal nein! Jetzt fängst du an, Schmerzen in deinem Kopf, deinen Schultern, deinem Nacken und letztendlich in deinem Magen wahrzunehmen. Der erste Gedanke ist, dass du deinen Arzt anrufst und mit ihm einen Termin vereinbarst. Doch was hat diese plötzlichen Schmerzen wirklich verursacht? Siehst du, der Arzt weiß nicht wirklich, was dir fehlt – keinesfalls so gut, wie du es selbst weißt. Denk einmal darüber nach: Könnte es sein, dass dein Körper einfach nur auf den Gedanken reagiert hat, in die Kälte hinauszugehen? Und dass dieser Gedanke die Serie von Schmerzanfällen in deinem Körper ausgelöst hat? Wahrscheinlich haben deine Augen einen Impuls an dein Gehirn gesendet und so diese Episode ausgelöst. Wenn du so nachdenkst und dahinter gekommen bist, hast du dir gerade den Weg zum Arzt erspart, du hast ihm die peinliche Situation erspart, raten zu müssen, was dir weh tut oder dir irgendwelche Pillen verschreiben zu müssen, die den Schmerz beseitigen. Zusätzlich hast du dir durch die hohen Treibstoffpreise Geld gespart und natürlich auch das Arzthonorar.

Das Positive betonen

Ehen halten länger, wenn es positive Kommunikation wie Komplimente, zärtliche Berührungen, Lächeln und geteilten Enthusiasmus gibt, die Negatives wie Kritik, gehässige Blicke und Rückzug in einem Verhältnis von fünf zu eins übertrifft.

Wendet das gleiche Prinzip in all euren Beziehungen an, strengt euch bewusst an, mehr Komplimente als Kritik auszuteilen. Schreibt ein E-Mail, wenn euch eine Bekanntschaft in den Sinn kommt und teilt demjenigen mit, dass ihr gerade an ihn gedacht habt.

Ich sage immer ganz besonders zu Männern: „Bringt ihr eine Rose mit, nicht ein ganzes Bouquet. Es braucht kein besonderer Anlass zu sein, nur ein Moment, in dem ihr an einem Blumengeschäft vorbeikommt und sofort an sie, eure Lebenspartnerin, denkt. Bleibt stehen, geht hinein und kauft eine einzelne Rose. Überrascht sie damit und ihre Reaktion wird euch erstaunen. Viel wichtiger noch, es wird euch ein gutes Gefühl geben. Das garantiere ich".

Übungen für den Alltag

Wie man Stress los wird

Um mit Stress umgehen zu können, kommt es darauf an, ihn als solchen zu erkennen. Denken Sie einmal so: Das Problem besteht schon, also, anstatt sich Sorgen darüber zu machen, bis zu dem Punkt hin, an dem es in Stress ausartet, halten Sie einen Moment inne und denken Sie nach. Dann fokussieren Sie sich auf die Lösung. Trainieren Sie 20 Minuten lang jeden Morgen. Tun Sie es für sich und Ihr Leben.

Wie man mit einer negative Situation umgeht

1) Das Ziel ist immer, die Kontrolle in der Situation zu behalten. Die Zielsetzung ist hier, die Situation zu verharmlosen. Zum Beispiel bekommt jemand die Panik, wenn er Blut sieht, anstatt nachzudenken und die Kontrolle zu behalten.

   Klares Denken ist notwendig, um inne zu halten und zu überlegen, ob du dir erlauben sollst, auf ein Hindernis, eine Provokation oder einen Stolperstein zu reagieren. Wiege deine Möglichkeiten ab. Gibt es irgendetwas, das du jetzt in diesem Fall tun kannst? Ist es wichtig genug, um überhaupt darin verwickelt zu sein?

2) Ändere deine Reaktion. Wenn deine Bewertung der stressigen Situation dir sagt, dass es nicht wichtig ist, dann übe dich darin, die negativen Gedanken abzuwenden und die schlechten Gefühle zu beruhigen.

   Als Beispiel: Du bist allein und irritiert. Mit einem entschlossenen Befehl sage dir selbst, damit aufzuhören. Noch einmal, verwende eine ernste Stimme. Wiederhole den Befehl im Stillen, wenn die Situation in der Öffentlichkeit eintritt.

   Für jene mit einem schlechten Gedächtnis: Während der ruhigen Zeiten schreibe eine Liste mit Themen, die dir ein gutes Gefühl geben, wenn du daran denkst. Ein geliebter Verwandter, ein schöner Urlaubsplatz ... Wenn du gestresst oder aufgeregt bist, dann schließe deine Augen und stelle dir die Dinge deiner Liste bildlich vor. Viel wichtiger ist, einfach deine Augen zu schließen und an positive Dinge zu denken.

3) Werde aktiv. Wenn deine Analyse dich dahinführt, dass die stressige Situation es wert ist, etwas zu unternehmen, dann mache positive Schritte.

   Hilfreiche Tipps: Löse das Problem systematisch. Zuerst definiere es, denke positiv an die möglichen Lösungen, triff eine Entscheidung und setze sie um. Die besten Lösungen sind für gewöhnlich die ersten. Das hast du schon in der Grundschule gelernt, wenn du bei einer Prüfung eine Frage beantworten solltest. Frage nie jemand anderen und finde einen guten Grund, wenn du deine erste Antwort ändern willst, denn sie könnte richtig sein. Mit anderen Worten, ehe du etwas von dem vorhin Gesagten machst, entscheide erst, ob du Kontrolle über die Situation haben willst oder nicht. Wenn deine geistige Verfassung gerade so ist, dass du das Gefühl hast, nicht vollständig die Kontrolle zu haben, dann verschiebe das Ganze und probiere es erneut, nachdem du dich selbst entladen und deine Willenskraft wieder gesammelt hast. Komme dann einfach wieder zurück und mache es. Egal, ob du scheiterst oder nicht, du wirst dich glücklicher fühlen. Freude sollte der wichtigste Teil in deinem Leben sein.

   Was die meisten Menschen in Schwierigkeiten bringt, ist ihre Unentschlossenheit. Diejenigen, die lange im Voraus planen und eine Liste an Dingen erstellen, erleben für gewöhnlich viel weniger Stress als diejenigen, die das nicht machen. Warum schreibe ich das alles, wenn es doch so selbstverständlich erscheint?

   Weil es eben solche gibt, die manchmal dieser Denkweise feindlich gegenüber stehen und sich dementsprechend verhalten. Sie müssen zweimal, manchmal auch drei- oder viermal daran erinnert werden.

Nachrichten
und Kommentare

Nachricht an Präsident Barack Obama

Menschen, die ich auf meinen Reisen durch Europa und vor allem durch Amerika traf, fragten mich immer und immer wieder, ob Sie den Friedensnobelpreis wirklich verdient haben. Meine Meinung und Antwort darauf war und wird immer die gleiche sein: „ Menschen neigen dazu zu vergessen, wie wenig Hoffnung wir in Amerika hatten, kurz bevor Sie gewählt wurden. Sie gaben uns und der Welt die Hoffnung zurück. Genau aus diesem Grund gratuliere ich Ihnen zum Gewinn des prestigeträchtigen Nobelpreises. Denn ich glaube, dass Sie vielen Menschen auf aller Welt für einen Moment ihren „Seelenfrieden" zurückgegeben haben."

Es scheint, als wäre es schon eine Ewigkeit her, als ich Ihnen über mein Buch geschrieben habe. Das war im März 2008, und ich glaube mich zu erinnern, Sie damals mit Präsident Obama angesprochen zu haben. Sie haben mir daraufhin die folgende Dankesmail als Antwort geschrieben, damals noch als Senator Obama.

Nachricht von Senator Barack Obama
Von: senator_obama@obama.senate.gov
Gesendet: Mittwoch, 25/06/08 17:17
To: jsilverbird@hotmail.com

Werter Herr Silverbird: Ich möchte die Möglichkeit nutzen, mich bei Ihnen für die Ausgabe Ihres Buches Two Sides of Life zu bedanken, das Sie mir zugesandt haben. Ich schätze Ihre Aufmerksamkeit sehr und wünsche Ihnen für die Zukunft alles Gute. Hochachtungsvoll, Barack Obama, Senator der Vereinigten Staaten von Amerika

Nachdem Sie die Wahl gewonnen hatten, bemerkte ich, dass Sie, wie kein anderer, der vor Ihnen ins Präsidentenamt gewählt wurde, weiter genauso hart arbeiteten wie Sie es vor Ihrem Amtsantritt taten. Sie begannen, lange bevor Ihre Amtszeit begann, daran zu arbeiten. Wenige Männer vor Ihnen waren zuvor so gewissenhaft. Ein Land zu übernehmen, das von der Achtlosigkeit der letzten acht Jahre und durch das undenkbar schlechte Management verkrüppelt wurde, stellte Sie, genauso wie ich es im Gefühl hatte und Sie wahrscheinlich auch wussten, vor beinahe unüberwindbare Hindernisse. Nicht nur der Zustand Amerikas, sondern auch die Nachwirkungen, die Ihre Wahl auf die ganze Welt hatte, lagen auf Ihren Schultern als Präsident der Vereinigten Staaten von Amerika. Es ist nicht nur anerkennenswert, dass Sie sich für all die riesigen Probleme des amerikanischen Volkes und jener auf anderen Kontinenten einsetzten, sondern vor allem, dass Sie als Erster die Courage und das Herz hatten, im Gegensatz zu all ihren Vorgängern, jenen Leuten auf persönlicher Ebene zuzuhören, die seit langem schon auf so eine Chance gewartet hatten; nämlich den Original Natives of Amerika. Am 5. November 2009 wurden Sie zum ersten Präsidenten in der Geschichte der USA gewählt, der einen ganzen Tag darauf verwendete, den Stimmen unserer Leute zuzuhören. Dass sich jemand um die schweren Probleme unserer Leute kümmert und ihnen Gehör schenkt, war seit langem überfällig.

Ich bin überzeugt, dass viele Menschen auf der ganze Welt hören möchten, wie viel spirituelle Reinigung Sie unseren Leuten brachten. Ich füge Ihre gesamte Bekanntmachung hier hinzu.

THE WHITE HOUSE
Office of the Press Secretary:
For Immediate Release   October 30, 2009

NATIONAL NATIVE AMERICAN HERITAGE MONTH, 2009
BY THE PRESIDENT OF THE UNITED STATES OF AMERICA

Das Weiße Haus
und die Erklärung für Original Natives

Das Weiße Haus
Büro des Pressesprechers:
Zur unmittelbaren Veröffentlichung 30. Oktober, 2009
NATIONALER MONAT DER GESCHICHTE DER
AMERIKANISCHEN UREINWOHNER 2009 - - - - - - - VOM
PRÄSIDENTEN DER VEREINIGTEN STAATEN VON AMERIKA
Eine Erklärung

Die Eingeborenen von Nordamerika – die ersten Amerikaner – haben reichhaltige und facetten-reiche Fäden in den Gobelin unserer nationalen Geschichte eingeflochten. Während der langen Jahre und ihrer Geschichte in diesem wunderbaren Land durchliefen sie nicht nur Momente des Sieges sondern erfuhren auch unzählige Tragödien. Im Nationalen Monat der Geschichte der amerikanischen Ureinwohner würdigen wir die vielen Errungenschaften, Beiträge und Opfer, die sie erbrachten, und wir zollen ihnen Anerkennung für ihre Anteilnahme in allen Aspekten der amerikanischen Gesellschaft.

Diesen Monat feiern wir die Herkunft und die altehrwürdigen Traditionen der amerikanischen Ureinwohner und der Eingeborenen Alaskas in Nordamerika. Sie lenkten unser Land mit Richt-linien und Verwaltung, trugen unermesslich zur Geschichte unseres Landes bei und zeigten Mut in Zeiten der Not. Seit der Zeit der amerikanischen Revolution bis zu den Kampfmissionen im Irak und in Afghanistan, kämpften sie tapfer als Soldaten und Soldatinnen, um unsere Nation zu verteidigen. Ihre Sprache spielte eine entscheidende Rolle am Schlachtfeld. Während des ersten und des zweiten Weltkrieges waren es amerikanische Ureinwohner, die einen nicht entschlüsselbaren Code entwickelten, um militärische Nachrichten zu übermitteln. Diese Verschlüsselung rettete unzählige Menschenleben. Amerikanische Ureinwohner haben sich als Erfinder, Unternehmer, spirituelle Anführer und Gelehrte hervorgetan. Unsere Schuld unseren ersten Amerikanern gegenüber ist immens. Es obliegt deshalb unserer Verantwortung, für ihre faire und gleichgestellte Behandlung und die Einhaltung der Verpflichtungen, die wir gegenüber ihren Vorfahren eingegangen sind, zu sorgen.

Die Gemeinschaft der amerikanischen Ureinwohner hat heute mit riesigen Herausforderungen zu kämpfen, die viel zu lange von unseren bisherigen Regierungen ignoriert wurden. Um diesem Unrecht entgegenzutreten, weist das Gesetz für amerikanische Regeneration und Reinvestition, diesen Gesellschaften mehr als 3 Milliarden Dollar zu, um ihnen bei ihren dringendsten Bedürfnissen zu helfen. Im Finanzjahr 2010 hat die Regierung ein Budget von über 17 Milliarden Dollar vorgeschlagen, welches dem Büro für Indianerbeziehungen, dem Indianischen Gesundheitsservice und anderen bundesweiten Behörden, die eine bedeutende Rolle zur Verbesserung des Lebens der amerikanischen Ureinwohner spielen, zur Verfügung gestellt. Die Programme werden die Möglichkeiten auf eine gute Ausbildung verbessern, zur Lösung der Probleme, wie Alkoholsucht und häuslicher Gewalt, und für wirtschaftlichen Aufschwung sorgen. Weiters wird der Zugang zu einer flächendeckenden und leistbaren Krankenversicherung ermöglicht. Obwohl die Aufstockung der Gelder nicht die versäumten vergangenen Mangelzustände ausgleichen kann, zeigt sie doch unser Bekenntnis, die Selbstständigkeit der Stämme anzuerkennen und für ein Fortbestehen der Reservate in den USA zu sorgen.

Nun, da wir versuchen, unsere internationalen Beziehungen auszubauen und zu verstärken, verpflichtet sich meine Regierung, den Stammeszugehörigen eine bedeutende Stimme in Debatten über die nationale und internationale Politik unseres Landes zu geben, da diese Herausforderungen alle Amerikaner betreffen. Wir werden diesen konstruktiven Dialog im Nationalen Kongress der Stämme, im Weißen Haus in Washington DC, diesen Monat fortsetzen. Über tausende Jahre waren die Echos der Stimmen der amerikanischen Ureinwohner durch die Täler, über Berge und Ebenen unseres Landes zu hören, und jetzt ist es an der Zeit, dass wir ihnen auch zuhören.

AUS DIESEM GRUND ERKLÄRE ICH, BARACK OBAMA, Präsident der Vereinigten Staaten von Amerika, den November 2009, gemäß der Befugnis, die von der Verfassung und den Gesetzen der Vereinigten Staaten an mich übertragen wurde, zum Nationalen Monat der Geschichte der amerikanischen Ureinwohner. Ich rufe alle Amerikaner dazu auf, diesen Monat mit passenden Programmen und Feiern zu begehen und dabei den 27. November 2009 als Nationalen Tag der amerikanischen Ureinwohner zu feiern.

ZUM ZEUGNIS DESSEN habe ich am dreizehnten Tage des Oktobers, im Jahre 2009 unseres Herrn, und im zweihundertundvierunddreißigsten Jahre der Amerikanischen Unabhängigkeit, diese Erklärung eigenhändig unterschrieben.

BARACK OBAMA

Ein Kommentar von J. Reuben Silverbird

Ich glaube, es ist überflüssig zu erwähnen, dass die Tränen, die unseren Leuten und mir in den Augen standen, nachdem wir ungefähr 300 oder 400 Jahre warten mussten um gehört zu werden, mit Leichtigkeit eine Sintflut ausgelöst haben könnten. Am 5. November, als Sie sprachen und auch aufmerksam zuhörten, hatte unser Warten endlich ein Ende.

Ich weiß, dass es Zeit und viel Geduld brauchen wird, um die vielen Probleme, die unsere Leute nach Jahrhunderten von Missachtung und Missbrauch haben, zu lösen, aber ich glaube, dass sich der Wagen endlich in die richtige Richtung bewegt. In die Richtung, die den verzweifelten Original Natives dieses Landes endlich die langersehnte Veränderung bringt.

Ich unterstütze Sie seit langem in all meinen Vorlesungen in Europa und auch in den USA. Mir ist es nicht peinlich zu sagen, dass dies das erste Mal ist, dass ich einen Präsidenten unterstütze und auch das erste Mal für einen Kandidaten in den USA gestimmt habe. Ich weiß, dass Sie genügend Probleme auf ihrem Kalender haben und ich frage Sie auch nicht, ob Sie mit mir auf ein Bier gehen wollen, da ich kein Bier trinke, aber ich will, dass Sie wissen, dass ich Sie unterstützt habe, weil Sie der erste Mann waren, der sich für das Präsidentenamt beworben hat, der die Courage hatte, bei zumindest einigen Wahlkampf- Partys, über unser Volk zu sprechen.

Jeder Mann, der sich zuvor für dieses Amt bewarb, hatte Angst davor, die Stimmen der Weißen zu verlieren, wenn er zugegeben hätte, Gefühle jeglicher Art für unser Volk zu haben. Das war meines Erachtens die erste große Veränderung, die Sie Amerika brachten. Viele von jenen, die Präsident wurden, hatten dies mit dem Slogan „Indianischer Kämpfer" geschafft. Möglicherweise war der Moment, als ich diese eine Person aus Colorado sah, als Sie zum Innenminister gewählt wurde, mein einzig trauriger. Es fühlte sich genauso an, als ob die Spanier schon wieder an unseren Stränden gelandet wären. Die herzlose und grausame Ungerechtigkeit, die die Spanier den Eingeborenen entgegenbrachten, ist gut dokumentiert. Als ich ihn mit seinem Cowboyhut sah, wusste ich, dass dies nur Ungerechtigkeit für unsere Leute bedeuten konnte. Meine Albtraumvision war wohl gerechtfertigt, als am 7. Dezember die Verhandlung von Eloise Cobell endlich außergerichtlich beigelegt wurde. Wie auch immer, außer in diesem einen Fall, blieben die finanziellen Zugeständnisse für unsere Leute weit unter den Erwartungen. Es gibt noch viele jahrhundertealte Probleme zwischen Amerika und den Original Natives, die endlich einer Lösung bedürfen und Sie wissen genau in welchem Maße.

Ich glaube wirklich, dass Sie der erste Mann in der Geschichte der Vereinigten Staaten sind, der diese Probleme lösen kann. Und wenn sie nicht ganz lösbar sind, dann beginnen Sie bitte den Prozess und lösen sie zum Teil, damit unsere Leute zumindest einen Teil ihres Stolzes und ihrer Menschenwürde zurückerhalten.

Frau Eloise Cobell verbrachte 13 Jahre ihres Lebens damit, sich für die Rechte der Original Natives einzusetzen. Das, was sie schlussendlich bekam, war weit von den 27 Milliarden entfernt, die sie am Beginn forderte.

Frau Cobell sagte einmal: „Obwohl die Summe, die wir im Vergleich erhielten, groß zu sein scheint, ist sie weit von dem entfernt, von dem viele Ureinwohner glauben, dass der Staat sie ihnen schulde. Jedoch glaubt Frau Cobell, dass durch das Sterben vieler der Ältesten doch das Beste für alle erreicht wurde. Vielleicht ist es nicht viel Geld, aber es bedeutet uns schon viel, einen kleinen Sieg davongetragen zu haben. Sie glaubt, dass die Legislative und die Zustimmung des Gerichts bald eintreffen werden. Sobald das geschehen ist, gibt es eine Formel, mit deren Hilfe die Verteilung der Gelder an alle Original Natives getätigt wird.

Es wird geschätzt, dass, sobald das Geld verteilt wird, jeder Original Native ungefähr 1500 Dollar erhalten werde. Eine traurige Summe, wenn man bedenkt, dass man 13 Jahre darauf gewartet hat. Frau Cobell hat wahrscheinlich Recht wenn sie sagt, dass es sich bei dem Betrag nicht um viel Geld handle, und ich bin mir sicher, dass viele der Mitglieder der ungefähr 500 Nationen, die sie repräsentierte, zustimmen. Denn immerhin hatte man 13 Jahre auf etwas gewartet, um dann von der Regierung einen so kleinen Betrag zu erhalten. Sieg hin oder her. Für die Ältesten, die starben und sogar für jene, die diesen schmerzhaften Prozess überlebten, ist es nach 13 Jahren wohl kein Sieg sondern nur ein kurzer, politisch manipulierter Kompromiss.

Unsere Leute glauben heute, dass sie zum ersten Mal einen Mann in Washington haben, den sie wirklich den „Großen Weißen Vater in Washington" nennen können. So nannten Mitglieder des Militärs den Präsidenten, als sie in den Anfangsjahren unseres Landes mit den Anführern unserer Stämme sprachen. Die einzige Ausnahme ist, dass Sie nur halb-weiß sind.

Bitte nehmen Sie sich den folgenden Artikel nicht allzu sehr zu Herzen. Unsere Leute glauben, dass Sie der erste Mann in Washington sind, der bis jetzt mehr getan hat als jeder andere Präsident zuvor, nur dadurch, dass Sie während des Wahlkampfes die Reservate besuchten und freundlich über uns in den Medien sprachen. Nachdem man so lange sozial benachteiligt wurde, glaube einige endlich den „Großen Weißen Vater in Washington" zu haben. Einige glauben sicherlich, dass Sie ein Mann sind, der Wunder bewirken kann. Aber all jene, die wissen, wie viele große Probleme es gibt, die einer Lösung bedürfen, wissen auch, dass es für alles eine Wartezeit gibt, vor allem in diesem Land. Ich weiß, Ihr Herz schlägt für unsere Leute, so wie es noch nie zuvor der Fall war, also bitte, wenn Sie sich Ihre Versprechen durchlesen, die Sie gemacht haben, lesen Sie sie sorgfältig noch einmal und denken Sie an jedes einzelne Versprechen, nur als Erinnerung und nichts anderes, denn Sie haben in einem kurzen Jahr so viel mehr getan. Suchen Sie tief in Ihrem Herzen nach der einzigen Antwort auf die alle Eingeborenen so sehnsüchtig warten. Und diese Antwort besteht nur aus einem einzigen Wort….Gerechtigkeit.

Walk in beauty… J Reuben Silverbird

Ein Artikel von Dr. J. Kehaulani Kauanui

Der folgende Artikel wurde von Dr. J. Kehaulani Kauanui geschrieben. Sie ist außerordentliche Professorin für Amerikanische Studien und Anthropologie an der Wesleyan Universität.

Viele Menschen aus dem Eingeborenenland, die für Obamas Kampagne gearbeitet haben, fühlen sich mit Recht betrogen. Wie kann ein Präsident seine zuvor bekanntgegebene Verpflichtung, die Beziehungen zwischen verschiedenen Nationen zu verbessern, so verbiegen, dass sie für die Nationen der Eingeborenen keine Gültigkeit mehr hat? Es scheint fast so, als würde Obama's Regierung ein Zeichen an alle Original Natives schicken, dass sie nicht daran glaubt, dass sie selbst ihre Probleme lösen können.

Der Fall von Eloise Cobell zeigt die Misswirtschaft, wie mit den Problemen der Original Natives umgegangen wird, schonungslos auf. Sie ist nur die Hauptklägerin in einem Fall, der über 500.000 Kläger aufweist. Und all diese, schon lang andauernden Misswirtschaftsklagen, richten sich gegen das Innenministerium. Cobell hat sich vor kurzem erst unzufrieden über Präsident Obamas Regierung geäußert, wie Rob Capriccioso in der Indian Country Today (=Zeitung Anm. d. Übersetzers) diese Woche berichtete. Sie zeigt sich bestürzt, wie Ken Salazar, der Innenminister, mit diesem Fall umgeht. In diesem Fall, der im Jahre 1996 das erste Mal vorgebracht wurde, forderten die Kläger Milliarden von Dollar, die an Öl, Gas, Holz und anderen Tantiemen, die vom Innenministerium, das als Kurator für die Original Natives seit dem Jahre 1887 eingesetzt war, nie an diese ausbezahlt wurden. Gegen diesen Fall wurde mehrfach Einspruch erhoben und wird nun vor dem Oberlandesgericht in Washington DC am 11. May 2009 neu verhandelt. Wie Capriccioso berichtete, erklärte Bezirksrichter James Robertson im August die Ansprüche der Original Natives als rechtsgültig und wies ihnen 455,6 Millionen Dollar für 121 Jahre der Misswirtschaft zu. Dieser Betrag ist geringer als die Summe, die die Regierung über die letzten Jahrzehnte für die Umstrukturierung und Reparatur des Trust Verwaltungssystems aufwendete.

Obwohl sich Cobell immer für einen Vergleich aussprach, versäumten sowohl Salazar als auch die Mitglieder von Obama's Regierungsstab, mit ihr Kontakt aufzunehmen. Aus diesem Grund ist es wohl wenig verwunderlich, dass sie immer skeptisch der von Obama's Regierung versprochenen Veränderung gegenübersteht. Während seiner Kampagne sagte Obama noch: „Wir werden der Misswirtschaft, die über ein Jahrhundert den Original Natives widerfahren ist, ein Ende setzen. Wir werden zusammenarbeiten, um ungelöste Fälle zu lösen, um herauszufinden, wie das gesamte System der Trustverwaltung funktionieren sollte. Und wir werden sicherstellen, wie man dieses System dann verantwortungsvoll überwacht. Und das nicht nur heute, sondern auch morgen und für alle Zeit." Diese Ansprache hielt er am Nationalen Kongress der amerikanischen Ureinwohner im Oktober 2008, via Video Konferenz, und eine Niederschrift dieser Ansprache erschien darauf als Artikel in der Indian Country Today.

Obama hat sich zu einer „vollen Partnerschaft" mit den Nationen der Original Natives verpflichtet. Er ging sogar soweit zu sagen:" Die Nationen der Original Natives haben die Vereinigten Staaten nie um viel gebeten, nur um jene Dinge, die wir als Vertragsbedingungen mit ihren Vorfahren vereinbart hatten. Also lassen Sie mich ganz klar sagen, dass diese Vereinbarungen für mich das höchste Gesetz sind, und ich diese als Präsident der Vereinigten Staaten einhalten werde."

Lasst uns alle sicherstellen, dass Präsident Obama auch sein Wort hält. Obwohl er einige Original Natives für wichtige Positionen in seinem Kabinett bestimmte, können diese wenigen Personen wohl kaum als „volle Partnerschaft" ausgelegt werden. Des Weiteren werden diese wenigen Zugeständnisse von den Handlungen seiner Regierung, im Bezug auf die Bedürfnisse der Original Natives und der langen Geschichte der Misswirtschaft, durch das Innenministerium und andere Institutionen der Regierung der USA untergraben. Wir müssen einfach unseren politischen Willen behaupten, um sicherzustellen, dass die versprochene Veränderung mehr ist, als eine reine politische Phrase.

Es ist an der Zeit, dass die Original Natives Amerikas für höchste Positionen ausgewählt werden und nicht nur für die Positionen zweiter Klasse, die immer höheren Stellen antworten muss und nicht selbst Fragen stellen kann. Genau dies ist der Fall beim Posten des Innenministers. Einer der Unseren hatte seit Anbeginn der Zeit noch nie das Privileg, dort an erster Stelle zu stehen. Es ist Zeit für eine Veränderung.

Dr. J. Kehaulani Kauanui ist außerordentliche Professorin für Amerikanische Studien und Anthropologie an der Wesleyan Universität. Sie ist Produzentin und Moderatorin von „Einheimische Politik: Vom damaligen Neu England bis heute", einer Radio Show, die sich mit öffentlichen Angelegenheiten beschäftigt. Diese Show läuft auf dem Sender WESU in Middletown, Connecticut, wird aber von vielen Partnersendern des Pacifica Netzwerks ausgestrahlt und auch online archiviert. Sie ist die Autorin des Buches „Hawaiianisches Blut: Kolonialismus und die Politik der Hoheitsgewalt und der Status der Eingeborenen" (Duke University Press, 2008), Kauanui arbeitet weiters als Beraterin für die US Kampagne für den akademischen und kulturellen Boykott Israels.

An: Dr. Kauanui von J Reuben Silverbird:

Werte Frau Dr. Kauanuli, Ich stimme vielen Ihrer Anliegen zu und verstehe Ihre Besorgnis. Allerdings kann der Präsident keine Wunder vollbringen und hat schon jetzt mehr für uns getan als jeder andere Präsident in der Geschichte der USA, auch wenn Sie glauben, dass er noch zu wenig für uns getan hat. Ohne Zweifel haben Sie sehr hart gearbeitet, um all Ihre Zeugnisse und Titel zu erlangen und schätzen es auch sicher, damit benannt zu werden. Trotz Ihrer Missstimmung glaube ich, dass Sie Präsident Barack Obama den Respekt erweisen und ihn als Präsident Ihres Landes respektieren sollten.

„Ja, ich will" – sollte für immer gültig sein

Die Ehe halte ich für eine der heiligsten Einrichtungen auf der Welt. Die Aussaat des Samens ist die gemeinsame Verantwortung einer Frau und eines Mannes. Sie müssen diesen Samen mit und durch ihre Liebe pflanzen. Es ist nichts anderes, als ein Loch in Mutter Erde zu graben und vertrauensvoll den Samen in ihre Erde oder ihren Schoß zu legen. Die Eingeborenen opfern bis zum heutigen Tag das erste Stück Brot dem Schöpfer.

Das Prinzip sollte überall auf der Welt dasselbe sein, doch leider ist dem nicht so. Der Plan wurde für uns vom Schöpfer erstellt. Er kann nicht verändert werden: Ein Mann kann nicht gebären, er kann nur der Helfer sein. Es ist die Frau, die mit der heiligen Gabe der Empfängnis betraut wurde. Es hat mit dem Einpflanzen des Samens und seiner Pflege zu tun, damit neun Monate später daraus die Frucht entsteht. Es bleibt diesen beiden wunderbaren Individuen überlassen, diesen neu gepflanzten Samen mit Liebe und Zuneigung zu nähren und zu schützen.

Mir fällt eine Geschichte von einem Vater ein, der dem Bauch seiner Frau nahe zu kommen pflegte und dem Baby im Mutterleib Lieder vorsang, während es heranwuchs. Nachdem das Kind auf der Welt war, sang er die Lieder weiter. Den Worten der Tochter nach gibt es Lieder, die sie gemeinsam singen und von denen sie schwört, den Text gelernt zu haben, als sie noch im Mutterbauch war. Hältst du diese Geschichte für faszinierend, für ein seltsames Phänomen, glaubwürdig? Nun, ich kenne dieses Vater – Tochter – Gesangspaar und sie harmonieren wirklich wie zwei Tauben. Sie spielen auch ihre eigenen Instrumente.

Der Grund, warum ich diese Geschichte glaube, ist, weil ich selbst das Produkt so einer starken Liebe bin. Während sie sangen, hat meine Mutter die rechte Hand meines Vaters genommen und ihn ihren Bauch fühlen lassen, wobei es schien, als ob ich zu ihrem Gesang tanzen würde. Ich werde diese rührende Geschichte nie vergessen, die mir von beiden Elternteilen erzählt wurde.

Ich lehne den Mangel an Vorbereitung für das heilige Ritual der Trauung ab. Ich denke, dass gewisse Regeln angewandt werden sollten. Nehmen wir hypothetisch folgende Situation an: Ein Paar trifft sich, verliebt sich und heiratet, genau so einfach. Einige Jahre vergehen und sie haben jetzt zwei Kinder. Die Dinge sind nicht mehr so wie damals, als sie sich kennengelernt hatten. Tatsächlich läuft ihr Leben so chaotisch ab, dass es ein einziger Albtraum ist.

Jetzt spricht das einst so verliebte Paar, das vor wenigen Jahren gelobt hat „bis dass der Tod uns scheidet", nicht mehr miteinander. Sie sind zwei feindselige Individuen geworden, mit ihren angesehenen Anwälten an der Seite, die in ihrem Namen kommunizieren und jedem ein gewaltig hohes Anwaltshonorar ausstellen, damit sie an ihrer Seite in und aus dem Gerichtssaal gehen.

Letztendlich kommt es zur Scheidung. Weder der Ehemann noch die Ehefrau kümmern sich wirklich um die Kinder, sondern benutzen sie als Werkzeug zur Manipulation vor dem Richter. Die klassische Entscheidung des Richters ist, dass die Kinder eine Woche mit dem Vater und die nächste mit der Mutter verbringen, eine Woche mit der Mutter und eine mit dem Vater. Hört sich das so an, als ob ich mich wiederholen würde? Nun, stellt euch die erste Reaktion eines normalen Kindes vor: Es wird zu einem Pingpong Spiel.

Das geht immer so hin und her. Die Kinder bekommen täglich von einem oder beiden unklugen Elternteilen eine Dosis an psychologisch zerstörten Missständen, die sie nicht wirklich verstehen. Dieses Gerede über den anderen, von der Mutter und dem Vater, wird weitergehen und die Kinder für den Rest ihres Lebens begleiten.

Habt ihr jemals von dem Sprichwort gehört: „Kinder vergessen nie etwas"? Lasst mich euch sagen, wie wahr dieses Sprichwort ist. Ich treffe immer mehr „Kinder" im Alter zwischen 40 und 45 Jahren, die über ihr Lebensproblem sprechen wollen, das mit ihren Eltern begonnen und geendet hat. Es heißt „Die Zeit heilt alle Wunden", doch das stimmt nicht wirklich. Nicht für diese Erwachsenen, die von ihren Eltern belastet sind, die ihnen so viele dauerhafte psychische Probleme auferlegt haben. Aus diesem Grund ist die Ehe eine so heilige und spirituelle Einrichtung. Zwei Menschen, die eine solche Bindung eingehen, sollten sich mehr ihrer Verantwortung bewusst sein und was von ihnen verlangt wird, bevor sie „Ja, ich will" sagen, und nicht danach.

Warum halte ich dieses tragische Thema einer weltweiten Epidemie für einen Teil der Spiritualität? „Der Verlust der Spiritualität" ist die Frage, die mir von so vielen verwirrten Menschen gestellt wird. Obwohl es nicht mit dem Subjekt „Geist" an sich beginnt, ist es, übereinstimmend mit vielen alleinerziehenden Müttern, die mich für Heilungen und Readings aufsuchen, eine der wichtigsten Fragen, die sie beschäftigen. Natürlich sollte ich auch den geringeren Anteil an Männern nicht vernachlässigen, die mir die gleiche Frage stellen, weil auch sie auf der Suche nach einer Form von „Geist" in ihren Körpern sind, um ihre verwirrten Gemüter zu klären. Die Kinder von gestern werden jetzt von den Kindern des 21. Jahrhunderts abgelöst, deren Probleme doppelt so groß sind.

Wenn es keinen Wandel hin zu verbindlichen Anordnungen auf Regierungsebene oder der Religion in Bezug auf die Heiligkeit der Ehe gibt, können wir davon ausgehen, dass viele Kinder keine Chance auf eine normale Kindheit haben. Sie werden immer wieder nur ein Duplikat derselben Formel sein, mit dem Unterschied, dass diese mit jedem weiteren Jahr immer mehr an Boden verliert. Jede durchgeführte Erhebung schätzt, dass heutzutage die meisten Kinder mehr Zeit in Kindergärten, Vorschulen und Schulen als zuhause verbringen.

Dadurch, dass beide Elternteile arbeiten, sind zu viele Häuser ganz und gar impraktikabel geworden. Die letzten, die das bemerken, sind die Eltern. Sie sind der Meinung, weil sie ein doppeltes Einkommen haben, was für die meisten verheirateten Paare im 21. Jahrhundert normal ist, ist es einfach ebenfalls normal, das Kind zu einer Einrichtung zu bringen, die sich um es kümmert. Die Tatsache, dass beide arbeiten, macht erforderlich, die Kinder in die Obhut eines Kindergartens oder einer Schule zu geben. Daher sollte die Zeit, die Eltern mit ihren Kindern verbringen, qualitative Familienkommunikation sein. Wenn nicht, leiden alle darunter, doch auf lange Zeit gesehen, sind es die Kinder, die am meisten darunter zu leiden haben. Viele dieser gestörten Familienverhältnisse landen vor Gericht, vor einem Richter, der nur das Gesetz aus den Büchern kennt, manchmal wird sogar eine lokale Zwangsvollstreckung auferlegt. Für die Eltern ist das sehr schwer zu verstehen, da sie viel Geld dafür ausgegeben haben, um die bestmögliche Betreuung für ihre Kinder zu erhalten. Sie können nur schwer verstehen, inwiefern sie sich geirrt haben.

In der Zwischenzeit haben sich die Kinder daran gewöhnt, eher hart erzogen und belehrt zu werden und nicht die Liebe und Fürsorge der Eltern zu bekommen, oder noch viel wichtiger die Führung, die ursprünglich vorgesehen war. Es ist kein Wunder, dass jetzt immer mehr Kinder rebellieren, als es jemals in der Geschichte der Welt der Fall war. Die Eltern wachen zu spät auf, um zu bemerken, dass das Fehlende in ihrem Haus ein wirkliches Familienheim ist, mit einem unbezahlbaren Guthaben an Liebe, Anleitung und dem einfachen doch starken Glauben an die „alten Familienbande".

Man könnte den Luxus der modernen Gesellschaft dafür verantwortlich machen, dass er so große technische Vorteile bringt, um der Menschheit zu helfen und im Gegenzug gierige Individuen hervorbringt, die durch den Gewinn von Wohlstand und Macht alle anderen außer sich selbst vergessen. Man könnte den Luxus der modernen Gesellschaft dafür verantwortlich machen, dass er so große technische Fortschritte macht, die der Menschheit ermöglichen, sich weit über das 21. Jahrhundert hinaus zu entwickeln. Was hingegen wirklich geschehen ist, ist, dass diese Fortschritte eine Gesellschaft geschaffen haben, die abhängig von Mobiltelefonen, Fernsehen, Play Stations und Nintendo-ähnlichen elektronischen Konsolen ist. Diese Vorteile kann man sehr in Frage stellen, wenn es um den gesundheitlichen Wert von körperlicher und geistiger Stabilität der gesamten Menschheit geht. Trotzdem verhalten sich diejenigen, die die Antwort auf diese Frage kennen, entweder aus dem Grund ruhig, dass sich jemand gut um sie kümmert, oder dass sie eng mit den großen Firmen der kapitalistischen Welt verbunden sind.

Andererseits weiß der Markt nur zu gut, wie die Knöpfe der menschlichen Neugier zu drücken sind, um eine positive Reaktion hervorzurufen. Durch die Einführung eines solchen medien-gepushten Elektronikhandels entsteht ein einfacher Verkauf an die Massen, die stundenlang Schlange stehen und darauf warten, die neuesten Spielzeuge erwerben zu können, während sich die gierigen Individuen immer weniger mit Gesundheit und Wohlfahrt der schnell wachsenden Generation an Kindern auf der ganzen Welt befassen. Je mehr Wohlstand und Macht diese Individuen erlangen, umso weniger bedenken sie Worte wie Anstand, Ehrlichkeit und Respekt. Einige programmieren sich selbst dazu, zu glauben, dass sie der Menschheit einen Dienst erweisen. Es ist eine bekannte Tatsache, dass jedes Mal, wenn ein innovatives Auto auf den Markt kommt, das effizient mit alternativen Treibstoffen funktioniert, darüber ein- oder zweimal in den Medien berichtet wird, ehe es wieder aus den Nachrichten verschwindet. Wir lesen lieber einen kleinen Artikel über den von BP verursachten Ölteppich bei Halliburton, anstatt unser bequemes Leben aufs Spiel zu setzen. Nie würden wir das goldene Bohren nach Öl in den heiligen Gewässern von Mutter Erde aufgeben, wenn sich dafür unser Lebensstandard ändert. Der folgende Artikel von Kenneth G. Bill, zeigt uns, wie wenig sich die Öl Firmen, Politiker und Behörden sowohl um Mutter Erde als auch um die Menschheit kümmern.

Kommentar: „Der wahre Grund für BP's Ölteppich"

Kenneth G. Brill, 05.26.10, 06:00 AM EDT
Die Systeme der Firma wurden entwickelt um "meistens zu funktionieren"
und nicht um "niemals zu versagen."

Als Ingenieur wurde ich ausgebildet, um Dinge zu bauen die „funktionieren." Funktionieren beinhaltet aber auch einen gelegentlichen Ausfall. Die Arbeit eines Ingenieurs ist es, eine Balance aus Ergebnis und Kosten zu finden. Wenn sich die Kosten, um einen Ausfall zu verhindern, auf

$100.000 belaufen aber die Wahrscheinlichkeit einen Ausfall in 20 Jahren zu haben und dessen Konsequenz ist, dass sich diese Kosten auf nur $10.000 belaufen würden, wird die Firma wohl auf Grund von ökonomischem Denken, die „gut genug" Variante bevorzugen. In den letzten 20 Jahren haben sich allerdings viele Kunden umorientiert und wählen nun die „niemals versagend" Variante. Aber auch nur, weil manchen Ausfälle so kritisch waren, dass sie die Zukunft der Firmen gefährdeten.

Ich persönlich empfand den Wechsel von der „größtenteils funktionierend" zur „niemals versagend" Einstellung als intellektuell äußerst anspruchsvoll. Nur zu oft wird die kritische Wichtigkeit einer „niemals versagend" Einstellung Firmenfunktionären und Aufsichtsräten erst nach katastrophalen Ausfällen, darauffolgenden Millioneneinbußen und Aktieneinbrüchen bewusst. Nicht nur läuft das Firmen-Herzattacken Opfer Gefahr nicht zu überleben sondern auch das Firmen-Scheckbuch ist schon weit offen, um die Situation noch irgendwie zu retten, während man das tut, was eigentlich schon von Anfang an hätte getan werden sollen. Ebenso wichtig ist es, dass die Zeit der Firmenchefs und Aufsichtsräte für Monate, vielleicht auch Jahre, für die ermittelnden Behörden und für die erneute Vertrauensbasisschaffung zur breiten Öffentlichkeit zur Verfügung stehen muss.

Nur sehr wenige Firmen verdienen den Ausdruck „nie versagenden Ansatz". Aber wenn Regen ihr Unternehmen beeinflussen könnte, und es regnet und regnet und regnet während sich ihre geschäftskritische Anlage in einem Überflutungsbereich befindet, der nur alle hundert Jahre erreicht wird, sollten sie besser folgendes zur Hand haben: Unmengen von Gummistiefeln, Regenmänteln, Schirmen und Planen sowie Sandsäcke, Sperrholz, Sand und anderen Baumaterialien sowie Fahrzeuge um Dach oder Dammbrüche zu verhindern, Pumpen, Brennstoff, kleine und große Boote, Leute die ausgebildet sind und wissen, wie sie sich zu verhalten haben, sowie Ersatzteile, Lebensmittel und alle erdenklichen Vorräte ,die sie jemals brauchen könnten.

Das Management von Bp erlebt wohl zurzeit die Folgen eines „größtenteils funktionierenden" Versuchs nach Öl im Meer zu bohren. Der öffentliche Eindruck, dass BP unvorbereitet auf die ökologischen Konsequenzen reagierte, erhärtet sich. Es spielt keine Rolle, dass der Bohrturm Transocean gehörte oder der Zement von Halliburton kam. BP bekommt die ganze Schuld. Nur wenige Wochen zuvor hatte Barack Obama den Vorschlag nach einer Steigerung der Hochsee-ölbohrungen beim Kongress eingebracht. Als Resultat sah die Zukunft der Ölfirmen besser aus als vor der Exxon Valdez Katastrophe vor 21 Jahren in Alaska. Obama hat seinen Öl-Bohr-Plan suspendiert, aber nicht ohne große Verluste an politischer Unterstützung. Der Kongress wird jetzt eingreifen und andere Regierungen werden folgen. Die Marktkapitalisierung von BP und womöglich der gesamten Tiefsee Ölindustrie ist nun wesentlich und vermutlich dauerhaft reduziert.

Die Aufgabe der Führungskräfte sowie jene von Politikern und Aufsichtsbehörden ist, das Undenkbare zu denken. Einige Risiken rechtfertigen eine „nie versagende" Einstellung. Diese sollten meinen fünf Grundsätzen zur Zuverlässigkeit folgen:

1. Mehrere Faktoren müssen zusammenspielen, bevor es zu einem Versagen kommt. Katastrophale Ausfälle sind äußerst selten.

2. Junior Management Fehler sind die häufigsten Ursachen. Warum sollte man sich gegen etwas schützen, was wahrscheinlich niemals eintreten wird?

3. Kontrollieren Sie Konfigurationsänderungen sehr sorgfältig. Im Falle von BP wurde der Bohrturm zum Zeitpunkt der Explosion abgetrennt.

4. Suchen Sie nach unbeabsichtigten Wechselwirkungen zwischen benachbarten Systemen. Zum Beispiel verhinderte unerwarteter Frost den Verschluss von BP's erstem Bohrloch.

5. Seien Sie gegen Ende von langfristigen Projekten besonders vorsichtig. Am Tag der Explosion verteilte BP Auszeichnungen für sieben Jahre ununterbrochene Sicherheit.

Kenneth G. Bill ist der Gründer des Uptime Institutes.

J. Reuben Silverbird BP Kommentar:

Präsident Obama hoffte, dass BP seine anstehenden Aktionärsdividenden aufheben würde (geschätzt auf mehr als $10 Milliarden jährlich), aber BP's öffentliche Aussagen waren nie eindeutig. Es ist eine Beleidigung, jetzt über Dividenden zu sprechen. Egal ob Milliarden oder Billionen Dollar. Kein Geld der Welt kann jemals den Schaden gutmachen, den BP den Gewässern von Mutter Erde zugefügt hat. Wir können dieses BP Desaster dem „Großen Pazifischen Müllteppich" hinzufügen, der indirekt von Plastikherstellern verursacht wurde. So werden weiter unsere Ozeane verpestet und Säugetiere und Menschen langsam vergiftet. Dadurch, dass dieser Unfall das Herz unserer Erde betrifft, sollte der Präsident Transocean Rigs einer ganz genauen Untersuchung unterziehen. Und ganz besonders gilt das natürlich auch für Halliburton, USA Corporation, die mit Riesenoktopus Tentakeln grauenvolle Fehler und überbezahlte Irrtümer im Irak machen durfte. Und das nur auf Grund ihrer guten Beziehungen zu der vorhergegangen Administration. Sie sollten von unserem Präsidenten auf Bundesebene reguliert und eingeschränkt werden. Weiters sollten alle Politiker, die ein gutes Gewissen haben wollen, eine „niemals versagen" Lösung wählen müssen und nichts anderes. Unter der Aufsicht der Bundesbehörden. Immerhin verletzten sie, laut unserer Orginal Natives Herkunft und laut unseren Hütern der Weisen Worte, mit ihren Bohrungen schon unsere geliebte Mutter Erde und hinterlassen tief Narben sowie eine Unruhe in ihrem Herz und ihrer Seele. Seid euch auch bewusst, dass Menschen aufstehen können, um ihre Rechte zu verteidigen. Unsere Umwelt, sowie alle Tiere, sind gänzlich schutzlos und der Gnade der gierigen Individuen ausgesetzt. Da sich die ganze Welt momentan auf BP konzentriert, findet das letzte Floß Equipment von Halliburton wenig Beachtung. Es gibt starke Gerüchte, dass auch diese Ausrüstung hätte versagen können. Es würde logisch erscheinen, wenn die Regierung darauf bestünde, dass Halliburton alle Pläne offenlegen und sich den Fragen der Menschen stellen muss. Bis jetzt ist allerdings nur eines klar: Mit all dem Schwindel, mit dem Halliburton in der Vergangenheit ungestraft davon gekommen ist, müssen sie wohl sehr mächtige „stille" Partner in Washington haben. Ein Kommentar lautete nur „Verschwörung?" Ich persönlich glaube ja nicht an Verschwörungen, außer es gibt einen wahrhaftigen Grund. Vielleicht sollte man der Religion nicht erlauben, der Verantwortung zu entfliehen. Männer haben damit die Massen von Beginn an manipuliert. Jeder, der behauptet, dass Regierung und Religion nicht eine Macht sind, muss nachforschen, was zwischen erstem und 14. Jahrhundert passierte, um Schuld und Angst in den Köpfen der Menschheit zu etablieren. Es ist interessant, wie Menschen aller Religionszugehörigkeiten von der Macht der jahrhundertealten, immer gleich gebliebenen Mythen und Legenden dominiert werden. Ich kann nur über das Christentum sprechen, denn das wurde meinem Volk gebracht und übergestülpt, indem man Macht oder Psychologie anwandte, um uns davon zu überzeugen. Das bedeutet nicht, dass ich nicht im Bilde wäre, was anderen Völkern durch fanatischen Glauben im Namen einer Religion passiert. Das hat manchmal nichts mit dem zu tun, was in den Lehren der drei ältesten Tagebücher steht, die von Männern geschrieben wurden, über deren historischen und biographischen Hintergrund wir nur sehr wenig wissen. Frauen war es nicht erlaubt, zu schreiben, daher gibt es keine, die wir einschließen oder für Schriftstücke fraglicher Herkunft verantwortlich machen könnten. Sehr oft werden sie von Theologen oder aus anderen Gründen interessierten Menschen immer noch theologisch in Bezug auf ihre Logik und Legitimität angezweifelt. Ich weiß nur, dass sie von dem Moment an, in dem sie auf unserem Boden landeten, versucht haben, enorme psychologische und gehirnwäschenähnliche Veränderungen in der Denkweise unserer Völker hervorzurufen und dies in den meisten Fällen auch gelungen ist. Ich bin selbst ein katholischer Christ durch die Tatsache, dass ich bereits als kleiner Bub in die Kirche gebracht wurde, wo sie mir Wasser übers Gesicht gossen und als ich älter wurde, fiel ich automatisch in dieselbe Kategorie wie Billionen anderer Menschen. Es wäre mir nie in den Sinn gekommen, von einer Religion zur nächsten zu wechseln, doch ich habe viele getroffen, die zwei- oder dreimal ihr Bekenntnis gewechselt haben und dann noch verwirrter waren als vorher.

Das Einzige, das sich verändert hat ist die Tatsache, dass jetzt jeder die Freiheit hat, darüber zu schreiben. Wäre dies im dritten Jahrhundert der Fall gewesen, so würde man wegen Ketzerei verurteilt, zu einem Geständnis gezwungen oder andernfalls auf dem Scheiterhaufen verbrannt, erhängt oder in der Öffentlichkeit enthauptet worden sein, um allen Ungläubigen ein mahnendes Beispiel zu geben und sie aus Angst heraus konvertieren zu lassen.

Für mich sind alle Religionen gleich. Unbewusst existiert das in jedem Regierungsbeamten, da jeder von ihnen in einer religiösen Struktur geboren wurde, egal ob sie das wollten oder nicht. Es sind immer noch die Köpfe der gut organisierten mächtigen Religionen, die die Wahlstrategie eines jeden Politikers auf die eine oder andere Art und Weise beeinflussen und manipulieren.

Vorschläge, was von den Kirchenvertretern gebraucht wird:

1. Konzentriert euch darauf, mehr Liebe unter allen Menschen zu lehren, unabhängig ihrer Herkunft und ihres Glaubensbekenntnisses.

2. Vermittelt den tatsächlichen Wert, was es bedeutet, die andere Wange hinzuhalten und praktiziert es öfter, auch mit Gegnern.

3. Oberhäupter der Religionen sollten ein verpflichtendes Programm entwickeln, das zumindest ein Jahr dauert und die Verlobten auf die wirklichen und heiligen Verpflichtungen der

Elternschaft vorbereitet. Wenn dieses Paar wirklich in dieser Religion heiraten möchte und der Geistliche die Verantwortung übernimmt, sie zu verheiraten, muss die Kirche auch ein Programm ins Leben rufen, um sie auf die heiligen Pflichten der Elternschaft vorzubereiten. Dies würde die vielen Scheidungen, die überall auf der Welt wuchern, stoppen oder zumindest reduzieren. Lehrt sie, dass durch ihre Unverantwortlichkeit die Kinder wesentlich mehr betroffen sind als sie selbst. Ich habe viele „Kinder" im Alter von 45 Jahren beraten, die immer noch von diesem Dilemma betroffen waren.

4. Schafft Programme für Kinder, die sie über die wahre Liebe unterrichten, die füreinander bestehen sollte, unabhängig von der religiösen Überzeugung.

5. Gebt den Frauen auf der ganzen Welt gleiche Rechte und echte Religionsfreiheit. Als menschliche Wesen sollte es ihnen erlaubt sein, ihr eigenes Schicksal in jeder Hinsicht selbst zu wählen.

6. Religiöse Anführer der ganzen Welt, aller Glaubensgemeinschaften und Glaubensbekenntnisse sollten sich zusammensetzen, so wie es unter Kaiser Konstantin dem Ersten der Fall war, der im dritten Jahrhundert mit viel Macht und Autorität allen 1800 Bischöfen befahl, zu erscheinen. Diese Versammlung wird als" Das erste Konzil von Nicäa" bezeichnet, auch bekannt unter" Das Bekenntnis von Nicäa". Das Ziel war, die Doktrin von Aurius und seinen Anhängern zu verbannen, die sich gegen Konstantin stellten. Sicherlich, mit all den Veränderungen im 21. Jahrhundert, durch die schnellen Fortschritte in der Ausbildung, brauchen wir noch mehr Veränderungen von den stigmatisch überalterten altertümlichen Schriften und Gedankengängen, von denen so viele nicht länger zu den Standards des 21. Jahrhunderts passen.

7. Die Kleidung und der Schmuck einiger religiöser Würdenträger sollten nicht länger als Druckmittel dienen dürfen, die Massen zu übertrumpfen. Die religiöse-unreligiöse Praxis, keine Hochzeiten zwischen Klerus und Frauen zu erlauben, ist eine absolute Sünde. Dies stellt definitiv Adam vor Eva und ich war immer der Meinung, dass das nicht korrekt sein kann. Jedes menschliche männliche Individuum auf dieser Welt wird von einer Frau geboren und die Religionsoberhäupter, die das Gegenteil glauben, müssen sich daran erinnern, woher sie kamen …. von einer Frau!

Wir könnten die Regierung und die religiösen Personen auf höchster Ebene verantwortlich machen für die Art zu leben, an die sich die Menschen gewöhnt haben. Doch anstatt ein Evangelist mit „beschuldige dies und beschuldige das" zu werden, ist es meiner Meinung nach an der Zeit, zum Ursprung des Problems von heute zurückzukehren. Um das tun zu können, müssten wir uns zurück zu Adam und Eva begeben, doch das würde die Bibel ins Spiel bringen. Versteht mich nicht falsch, ich glaube an die alten Sagen und an die weisen Worte der alten Zeiten, doch ich erkenne auch, dass sie nicht nur angepasst, sondern auch angewendet werden müssen, um uns in der Zeit des 21. Jahrhunderts helfen zu können.

Veränderung sollte oberste Priorität sein und so schnell wie möglich stattfinden. Wenn ich sage „so schnell wie möglich", dann meine ich, dass man nicht ein brennendes Haus sieht und eine halbe Stunde lang überlegt, ehe man die Feuerwehr ruft. Der erste Impuls gibt dir die sofortige Antwort.

Nachdem ich nun all das gesagt habe, bin ich der Ansicht, dass die gesamte Verantwortung auf die Einrichtung übergeht, die von den beiden Personen, die in die Ehe eintreten, errichtet wird und die nicht wirklich die Bedeutung und Verpflichtung von diesem machtvollen und sakralen Wort „Hochzeit" verstehen.

Warum arbeiten so viele weiterhin materialistisch so hart für ihren Gewinn? Manchmal erzeugen wir mehr Umweltverschmutzung, wenn wir doch einfach nur mehr Erdung auf Mutter Erde brauchen. Wenn ich von spirituellen Geschenken spreche, dann halte ich die Ehe für eines der heiligsten unter ihnen.

Obwohl sie das wertvollste aller Geschenke ist, ist sie auch das am meisten missbrauchte auf der ganzen heutigen Welt. Der zerstörerischste Überrest einer zerbrochenen Ehe ist die lebenslange, sich allmählich ausbreitende Wirkung mit manchmal irreversiblen psychischen Schäden, die immer mehr unschuldige Kinder betreffen.

Ich wuchs mit den Prinzipien auf, dass ein Mann und eine Frau, die in den heiligen Stand der Ehe eintreten, „für immer und ewig" verheiratet sind. Der Grund ist sehr einfach und logisch: Diese beiden menschlichen Wesen gründen die Wurzeln, die stark genug sein müssen, alle Zweige zu nähren, denn aufgrund ihrer Vereinigung werden alle Knospen entweder stark oder schwach heranwachsen. Es bleibt ihnen überlassen, ob diese Äste gesunde und starke Blätter tragen werden und Blüten, die blühen oder verwelken. In meinen Lehren gehe ich noch weiter und sage, dass, sobald das erste Kind geboren ist, das Leben der Eltern nicht mehr so wichtig oder noch länger ihr eigenes ist. Von jetzt an gehört es dem Kind. Ihre Verantwortung liegt darin, individuell und kollektiv stärker zu werden, um die Schönheit des Familienbaumes zu unterstützen. Dadurch geben sie den lebenslangen Halt, der liebevolle und gesunde Wurzeln einer Familie schafft.

Wir erinnern uns, dass ein brandneues Gehirn ein junges und lernendes Gehirn ist, das kostbare Anleitungen braucht und die oberste und einzige Sorge von Ehemann und Ehefrau sein sollte. Was für eine Ehre ist es für alle Menschen auf dieser Welt, wegen der enormen Verantwortung ein junges Gehirn in die richtige Richtung zu lenken, konstruktiv das Richtige zu tun, das zu bewundern und zu genießen. Tatsächlich verdient diese Verantwortung ein besonders Lob. Verpflichtung ist ein viel passenderes Wort und sollte obligatorisch sein.

Ja, diese beiden Menschen, die in eine lebenslange Ehe eingetreten sind, sind verpflichtet, zu lieben, sich um ihren Nachwuchs zu kümmern und ihn anzuleiten, damit dieser stabil wird, rational denken und andere menschliche Wesen lieben kann. Die Weltbevölkerung forderte einst Redefreiheit, Bildung und das Recht, ihre Religion selbst zu wählen.

Was machen wir aus all diesen Dingen, für die unsere Vorfahren gekämpft und ihr Leben geopfert haben, damit wir davon profitieren und genießen können? Ich denke, anstatt uns weiter nach vorne zu bewegen, haben wir nun seit einiger Zeit die Taktik des alten Höhlenmenschen angewandt: „Ein Kampf gegen jeden", „Große Haie und kleine Fische", „Starke über Schwache" und letztendlich „Krieg gegen Frieden". Das ist definitiv ein Schritt rückwärts im Gegensatz zur Richtung, die unsere Vorväter im Sinn hatten.

Christoph Kolumbus und die
Macht des christlichen Katholizismus

Amerika macht ständig patriotische und internationale Helden aus unwürdigen Menschen sowie: Andrew Jackson, Kit Carson, Daniel Boone und Christoph Kolumbus. Die Welt sollte darauf aufmerksam gemacht werden, dass, wenn man alle historischen Fakten betrachtet, Kolumbus, König Ferdinand, Königin Isabella und vor allem der Papst Alexander VI, den Spaniern die fanatische und unbefugte Macht erteilten, alle Einheimischen, die sie in der Neuen Welt trafen, zu versklaven und zu vergewaltigen und deren Besitztümer an sich zu reißen. Es sei denn, sie würden sich dem Christentum zuwenden. Die Verordnung des Papstes folgt etwas später.

Christoph Kolumbus, ein großartiger Navigator, der sich selbst verfuhr, brandmarkte alle Original Natives der Neuen Welt mit einem einzigen Wort, das er sagte, für immer. Und dieses eine Wort trug den stigmatischen Titel „INDIOS".

(Dies soll keine Beleidigung Indiens oder der Indischen Bevölkerung sein)

Für Leser, die skeptisch sind oder mehr über dieses Thema wissen wollen, enthält der folgende Artikel Informationen, die dem zuvor Gesagten Authentizität und Bestätigung geben werden. Um diese Bestätigung über die Echtheit dieses Schreibens zu erhalten, bitte ich euch einfach, die Quellen am Ende des Textes zu konsultieren.

Ich habe die folgenden Dokumentationen der Kolumbus Expeditionen gewählt, die, wie jede gebildete Person weiß, aus Quellen stammen, die öffentlich in der Bibliothek des Kongresses zugänglich sind. Diese Quellen wurden von „mitfühlenden" Historikern, deren Vorfahren wahrscheinlich Europäer waren, immer und immer wieder erzählt. Ich hatte das Gefühl, dass diese Schreiben von Leuten verfasst wurden, die über jeden Zweifel erhaben und äußerst bekannte Gebildete oder Schriftsteller waren. Mich persönlich, als Original Native, würde niemand beschuldigen, jeglicher Rasse gegenüber böswillig oder feindselig gestimmt zu sein. Meine Aufgabe, sowie die der meisten Schriftsteller, zu welcher auch dieser glaubwürdige Schreiber zählt, ist es, die Leser zu erleuchten und sie auf die Ungerechtigkeiten, die es heute noch überall zu sehen gibt, hinzuweisen. Leider gibt es bis heute in den Regierungen auf der ganzen Welt nicht genügend Leute, die Zeit darauf verwenden wollen, sich um die Menschheit zu kümmern. Beispiele dafür gibt es in den letzten Jahren viele. Die berüchtigten Lobbyisten, Bernard Maddoff und Jack Abramoff fallen mir spontan ein. Sie hetzten unsere Leute wieder gegeneinander auf. Oder der Konflikt im Kongo, in dem es um Coltan ging. Dabei handelt es sich um ein seltenes Mineral, welches in Mobiltelefonen und anderen Elektronikartikeln eingesetzt wird und im Kongo von unterbezahlten Arbeitern aus Mutter Erde abgebaut wird. Oder seht euch an, wie die arabische Gesellschaft im „Nieren zu verkaufen" Skandal dargestellt wurde, und zwar überall, sowohl in New Jersey als auch in Israel. Und in diesen Skandal waren sogar religiöse Anführer involviert.

Und früher als später, wird Amerika zum Großmeister aller Zeiten aufwachen müssen: Karzai, einem Mann, dessen korrupte Energie ich spürte, als ich sein Gesicht zum ersten Mal sah. Er verbringt mehr Zeit in Washington als jedes andere Staatsoberhaupt. Er ist dort, um auf politischem Wege an Gelder zu gelangen. Aber wo gehen die Gelder dann wohl hin? (Neuester Artikel) Afghanistan wird von internationalen Unterstützungsgeldern überflutet. Es wird jedoch als eines der korruptesten Länder der Welt eingestuft. Obwohl die USA und ihre Verbündeten Geld ins Land pumpen, wird ungefähr eine Milliarde Dollar jedes Jahr ins Ausland geschafft. Das Geld, wie die Washinton Post im Februar 2010 berichtete, wird unter den Augen des Zollbeauftragens auf Kabuls Flughafen außer Landes gebracht. Solche Transporte sind legal, solange sie zuvor angemeldet wurden. Offizielle vermuten, dass der Großteil des Geldes nach Dubai fließt, wo viele elitäre Afghanen Villen besitzen. Natürlich auch Karzai's älterer Bruder.

LÖSUNG: Wach auf Amerika! Wir verschwenden viel zu viele gute Leben. Holt die Truppen nach Hause so schnell es nur geht. Ich bin mir sicher, dass wir für das viele Geld eine bessere Verwendung finden in unserem Land.

Über den Artikel, den Sie gleich lesen werden, wurde auch in den Nachrichten berichtet. Weiters schrieben auch zahlreiche namhafte Autoren immer und immer wieder darüber. Ich glaube, dass wir uns einfach so lange wiederholen müssen, bis diese Themen in die Herzen der Amerikaner und der Welt eingedrungen sind. Ich wollte vor allem, dass dieser Herr, der den folgenden Text geschrieben hat, euch seine beglaubigte Analyse der Situation der Original Natives in den Vereinigten Staaten der Jetztzeit gibt. Nicht nur, weil er ein anerkannter und gut bekannter Gelehrter ist, sondern weil er einer der wenigen ist, dem wirklich jede lebende Seele auf dieser Erde etwas bedeutet.

Jack Weatherford ist Professor für Anthropologie am Macalaster College in St. Paul, Minnesota. Er ist der Autor des Buches „Indianische Geber: Wie die Eingeborenen Amerikas die Welt veränderten".

Ich möchte Ihnen, Professor Jack Weatherford, persönlich danken, dass Sie mir gestatten, Ihren Artikel über Christopher Kolumbus in mein Buch zu inkludieren.

Artikel von Jack Weatherford

Am 17. April 1492, noch vor seiner ersten Reise nach Amerika, handelte Christoph Kolumbus mit König Ferdinand und Königin Isabella von Spanien einen Vertrag aus, der ihm 10% aller Profite garantierte. In diesem Vertrag stimmten die Herrscher folgendem zu:

Von allen Waren jedweder Art, seien es Perlen, Edelsteine, Gold, Silber, Gewürze und andere Dinge, die innerhalb des genannten Admiralitätsbereiches gekauft, getauscht, gefunden und erworben werden, soll Don Cristóbal (Christoph Kolumbus) für sich als Gunsterweisung Ihrer

Königlichen Hoheiten den zehnten Teil von allem haben, nachdem von den Waren alle Kosten in Abzug gebracht sind, sodass der zehnte Teil des Reingewinnes zur freien Verfügung von Kolumbus bleibt und die übrigen neun Zehntel Ihren Hoheiten gehören. Von den Hoheiten genehmigt.

Nach seiner vierten und letzten Reise nach Amerika fasste Kolumbus seine Vorliebe für Gold und Reichtümer in einem Brief vom 7. Juli 1503 an Ferdinand und Isabella zusammen. „Gold ist das Beste; Gold ist ein Schatz, und derjenige, der es besitzt, kann in dieser Welt alles tun und lassen, so wie er will."

Nachdem die Juden vertrieben wurden

Abgesehen von den Profiten wollte Kolumbus die einheimische Bevölkerung auch zum Katholizismus bekehren. Im Vorwort seines Tagebuchs der ersten Reise schrieb Kolumbus an König Ferdinand und Königin Isabella:

„Eure Hoheiten, in Ihrer Eigenschaft als katholische Christen, als Freunde und Verbreiter des heiligen christlichen Glaubens und als Feinde der Sekte Mohameds(des Islam) und jedes anderen Götzendienstes und Sektiererwesens, ersuche ich Sie, mich, Christoph Kolumbus, nach den vorgenannten Gegenden Indiens zu entsenden, um jene Fürsten aufzusuchen … und die Möglichkeiten zu erwägen, wie man sie zu unserem heiligen Glauben bekehren könnte … Nach Vertreibung aller Hebräer aus Ihren Königreichen und Heerscharen … befahlen mir Eure Hoheiten mit einer hinlänglich starken Armada nach den genannten Gestaden Indiens in See zu stechen…Ich solle den Schlaf vergessen und meine ganze Aufmerksamkeit der Navigation zuwenden; denn nur so wird es mir möglich sein, meine Aufgabe zu erfüllen.."

Die Versklavung der Eingeborenen

Am 12. Oktober 1492, dem ersten Tag, an dem er auf die Einheimischen Amerikas traf, schrieb Kolumbus in sein Tagebuch:

„Sie müssen gewiss treue und kluge Diener sein … Wenn es dem Allmächtigen gefällt, werde ich bei meiner Rückfahrt sechs dieser Männer mit mir nehmen, um sie Euren Hoheiten vorzuführen …"

Diese Gefangenen wurden nach Kolumbus Rückkehr in den Straßen Barcelonas und Sevillas zur Schau gestellt.

Vom ersten Moment seiner Begegnung mit den Einheimischen an, hatte Kolumbus deren Beherrschung im Sinn. Zum Beispiel schrieb er: …"Mit einigen fünfzig Mann könne man alle anderen niederhalten und zu allem zwingen."

Dies waren nicht nur Worte, denn nach seiner zweiten Reise sandte er eine Gruppe Einheimischer nach Europa, um sie dort als Sklaven zu verkaufen.

Doch schrieb er im April 1493 einen Brief an Luis de Santangel (ein Gönner, der half die erste Mission zu finanzieren). In diesem machte er klar, dass die Menschen, die er dort traf, nichts getan hätten, um eine schlechte Behandlung zu verdienen. Kolumbus schrieb:

„Sie sind einfach und gehen sehr großzügig mit dem um, was sie haben. Dies geht sogar so weit, dass niemand es glauben würde, ohne es selbst gesehen zu haben. Wovon auch immer sie haben, geben sie einem alles, ohne ein einziges Mal nein zu sagen, sondern laden die Person eher dazu ein, das Geschenk anzunehmen. Dabei zeigen sie einem so viel Herzlichkeit, als würden sie ihre Herzen verschenken."

Nichtsdestotrotz schrieb Kolumbus später in seinem Brief:
„Eure Hoheiten werden sehen, dass ich Ihnen so viel Gold bringen werde, wie Sie nur brauchen … und auch so viele Sklaven, wie Sie mir befehlen, zu überbringen."

Der Papst vergibt Amerika an Spanien

Nach Kolumbus Entdeckung veröffentlichte Papst Alexander VI am 4. Mai 1493 eine päpstliche Bulle, die ganz offiziell die Neue Welt zum Eigentum von Ferdinand und Isabella machte. Diesen Monarchen schrieb der Papst:

„Wir übertragen, schenken, gewähren Euch und Euren Nachfolgern, hiermit aus unserem eigenen Entschluss, ohne Euren Antrag, alle entdeckten Inseln und das Festland. Diese Länder dürfen hiermit erforscht werden, ohne Rücksicht darauf, ob die besagten Festländer oder Inseln in Richtung gen Indien oder in Richtung anderer Weltgegenden liegen und übertragen Euch absolute Macht in all diesen."

Diese Erklärung wurde jedoch nicht ohne Einsprüche angenommen. So scherzte zum Beispiel Franz I von Frankreich später:" Die Sonne scheint auf mich sowohl als auch auf andere. Ich würde gerne die Klausel in Adams Testament sehen, die besagt, dass ich beim Verteilen der Welt einfach ausgelassen werde."

Nichtsdestotrotz hatte die Erklärung des Papstes für die Ureinwohner Amerikas furchtbare Folgen. Im Jahre 1514 führten die spanischen Eroberer „die Auflage" ein. Dabei handelte es sich um ein Ultimatum, welches die Ureinwohner zwingen sollte „die Kirche als den Herrscher und Vorgesetzten der ganze Welt" zu akzeptieren. Sollten sie dies nicht tun, hätten sie mit einer Bestrafung zu rechnen. Sollten sich die Einheimischen nicht sofort fügen, warnte sie „die Auflage":

„Wir werden euch, eure Frauen und eure Kinder nehmen und Sklaven aus euch machen, und so über euren Verkauf und euren Verbleib bestimmen, wie eure Hoheit es befiehlt. Und wir werden euch all eure Sachen wegnehmen und so viel Schmerz und Schaden anrichten, wie wir nur können."

Quellen:

1 Page 79 of Bourne, E. G. (Ed.). (1906). The Northmen, Columbus and Cabot, 985-1503: The voyages of the Northmen, The voyages of Columbus and of John Cabot. New York: Charles Scribner's Sons. 2 Bourne, p. 412. 3 Bourne, p. 90. 4 Bourne, pp. 111-112; Page 18 of Hanke, L. (1949). The Spanish struggle for justice in the conquest of America. Philadelphia, PA: University of Pennsylvania Press. 5 Bourne, p. 114. 6 Hanke, p. 19. 7 Bourne, pp. 265-266. 8 Bourne, p. 270. 9 Page 22 of Southey, T. (1827). Chronological history of the West Indies (vol. 1). London: Longman, Rees, Orme, Brown, and Green. 10 Hanke, p. 148. 11 Hanke, p. 33. 12 Hanke, p. 34. 13 Bush, G. W. (2002, October 10) Columbus Day, 2002: By the President of the United States of America: A proclamation

Ich habe hier die gesamte Bekanntmachung aus dem Jahre 1492 inkludiert um jenen, vor allem jenen in den USA, die einen tiefen religiösen Glauben haben, eine Möglichkeit zu geben, jenes Dokument sorgfältig lesen zu können, das heute noch Original Natives in den USA leiden lässt. Die Arroganz dieser Vertreter der katholischen Christen und deren Vergehen an anderen Lebewesen, die nicht den gleichen Glauben besaßen, werden in jedem Satz, den ihr lest, deutlich werden. Welcher Gott würde Papst Alexander VI erlauben, König Ferdinand, Königin Isabella und Christoph Kolumbus die Autorität zu übertragen, alle Einwohner eines Landes mit Gewalt zum Christentum zu konvertieren und deren Land, die NEUE WELT, an Spanien zu verschenken?

Hier finden Sie den gesamten Text, ausgestellt von Papst Alexander VI

Deutsche Übersetzung: Papst Alexander VI.: Schenkung, Gewährung und Übertragung der Neuen Welt (Bulle Inter caetera vom 4. Mai 1493)

Alexander, Bischof, Diener der Diener Gottes, den erlauchten Herrschern, Unserem teuersten Sohne in Christo, Ferdinand, dem König, und Unserer teuersten Tochter in Christo, Isabella, der Königin von Kastilien, León, Aragonien und Granada, Gruß und apostolischen Segen!
1. Unter anderen, der göttlichen Majestät wohlgefälligen und Uns am Herzen liegenden Werken ist dieses gewiss das wichtigste: dass in unserer Zeit vor allem der katholische Glaube und die christliche Religion gefördert und überall verbreitet und bestärkt werden; dass für das Heil der Seelen gesorgt werde, dass die barbarischen Völker unterworfen und zum wahren Glauben bekehrt werden. Wir, die Wir trotz Unserer unzulänglichen Verdienste durch die göttliche Barmherzigkeit auf diesen Heiligen Stuhl Petri berufen worden sind, erkennen, dass Ihr als wahrhaft katholische Könige und Fürsten, als welche Ihr Uns seit jeher bekannt seid und als welche Euch Eure berühmten, schon nahezu der ganzen Welt bekannten Taten erweisen, dieses Ziel nicht nur ernstlich herbeisehnt, sondern auch mit aller Kraft, allem Eifer und aller Sorgfalt, ohne alle Mühen, Aufwendungen, Gefahren und selbst Blutvergießen zu scheuen, darauf hinarbeitet; Wir erkennen weiterhin, dass Ihr seit langem Eure ganze Seele und alle Eure Bemühungen diesem

Zwecke gewidmet habt – wie es in unserer Zeit durch die Befreiung des Königsreichs Granada vom Joche der Sarazenen zur Ehre des Namens Gottes bezeugt ist; Wir fühlen Uns daher bewogen und halten es für Unsere Pflicht, Euch aus eigenem Willen und zu Euren Gunsten das zu gewähren, wodurch Ihr in die Lage versetzt werdet, mit täglich wachsender Kraft zur Ehre Gottes und für die Ausbreitung christlicher Herrschaft Euer heiliges und preiswürdiges, dem unsterblichen Gott so wohlgefälliges Werk fortzusetzen.

2. Wir haben erfahren, dass Ihr, die Ihr lange Zeit bestrebt wäret, gewisse ferne, unbekannte und bislang durch niemanden anderen entdeckte Länder und Inseln aufzusuchen und zu entdecken, um ihre Bewohner für die Sache unseres Heilands und für die Annahme des katholischen Glaubens zu gewinnen, nicht in der Lage wäret, diese heilige und preiswürdige Aufgabe zu Ende zu führen, da Ihr bis zum gegenwärtigen Zeitpunkt mit der Belagerung und Wiedereroberung des Königsreichs Granada selbst vollauf beschäftigt wäret. Es gefiel dem Herrn, dass das besagte Königreich endlich wiedergewonnen wurde, und von dem Wunsche beseelt, Euer Ziel zu erreichen, habt ihr Unsren geliebten Sohn Christoph Kolumbus – einen gewisslich würdigen Mann von bestem Rufe, der auch zu einem so großen Unternehmen befähigt ist, und den Ihr zu jenen Zwecken mit Schiffen und Männern ausgerüstet habt (was nicht ohne die größten Schwierigkeiten, Gefahren und Aufwendungen vor sich ging) – bestimmt, eifrig nach diesen entfernten und unbekannten Festländern und Inseln auf den Meeren zu suchen, zu denen bisher noch niemand gefahren ist.

3. Mit göttlicher Hilfe und großer seemännischer Umsicht die Meere befahrend, entdeckten sie endlich einige sehr weit entfernte Inseln und sogar Festländer, die bisher noch niemand sonst entdeckt hatte und auf welchen sehr viele Völker, in Frieden lebend wohnen, die, wie man berichtet, unbekleidet gehen und kein Fleisch essen. Eure genannten Boten sind weiterhin der Ansicht, dass die auf den besagten Inseln und Festländern lebenden Völker an einen Gott, den Schöpfer im Himmel, glauben und dass sie die erforderlichen Anlagen besitzen, um den katholischen Glauben zu erfassen und zu guten Sitten erzogen zu werden. Werden sie belehrt, so ist zu hoffen, dass der Name des Heilandes, unseres Herrn Jesu Christi, leicht in den genannten Ländern und Inseln eingeführt wird. Auch hat der besagte Christoph Kolumbus bereits veranlasst, dass auf einer der wichtigsten der genannten Inseln eine gut gerüstete Festung errichtet und ausgebaut wird, in die er als Besatzung eine Anzahl Christen aus dem Kreise seiner Gefährten gelegt hat, die nach anderen entfernten und unbekannten Inseln und Festländern forschen sollen.

4. In den bereits entdeckten Inseln und Ländern sind Gold, Gewürze und viele andere kostbaren Dinge verschiedenster Art und Güte gefunden worden. Aus diesen Gründen habt Ihr Euch, wie es katholischen Königen und Fürsten geziemt, nach ernsthafter Überlegung aller Umstände, insbesondere im Hinblick auf die Einführung und die Ausbreitung des katholischen Glaubens, ganz nach der Art Eurer Vorfahren – Königen ruhmvollen Angedenkens – das Ziel gesetzt, mit der Hilfe der göttlichen Barmherzigkeit die besagten Festländer und Inseln mitsamt ihrer Bevölkerung zu unterwerfen und sie zum katholischen Glauben zu bekehren.

5. Indem Wir diese Eure heilige und preiswürdige Aufgabe von Herzen dem Herrn befehlen und wünschen, dass sie zum gehörigen Ende gebracht werde und dass der Name unseres Heilandes in jene Gegenden getragen werden möge, ermahnen Wir Euch deshalb ernstlich bei Gott und der heiligen Taufe, durch die Ihr an unsere apostolischen Befehle gebunden seid, und bei der

Barmherzigkeit unseres Herrn Jesu Christi und verpflichten Euch strengstens, dass Ihr in gleichem Maße, in dem Ihr diese Expedition betreibt, Euch pflichtgemäß und aus eigenem Willen zum Ziele setzt, mit rechtgläubigem Eifer die in jenen Inseln und Ländern wohnenden Völker dahin zu führen, dass sie die christliche Religion annehmen; und dass Ihr niemals zu irgendeiner Zeit Euch durch Gefahren oder Schwierigkeiten davon abschrecken lasst, in dem festen Glauben und herzlichen Vertrauen, dass der allmächtige Gott Eure Unternehmungen fördern wird.

6. Damit Ihr ein so großes Unternehmen mit größerer Bereitschaft und Kühnheit, ausgestattet mit der Wohltat Unseres apostolischen Segens, anzugreifen vermöget, schenken, gewähren und übertragen Wir hiermit – aus Unserem eigenen Entschluss, ohne Euren Antrag und ohne das Ersuchen irgendeines anderen zu Euren Gunsten, lediglich aus Unserer eigenen und alleinigen Großmut und sicheren Erkenntnis und aus der Fülle Unserer apostolischen Machtbefugnis, die durch den allmächtigen Gott, durch die Vermittlung St. Petri auf Uns übertragen worden ist, sowie auf Grund der Stellvertreterschaft Jesu Christi auf Erden – an Euch und Eure Erben und Nachfolger, die Könige von Kastilien und Leon, für alle Zeiten, für den Fall, dass eine der genannten Inseln durch die von Euch ausgesandten Männer und Kapitäne gefunden werden sollte, alle aufgefundenen oder aufzufindenden, alle entdeckten oder zu entdeckenden Inseln und Festländer mitsamt allen Herrschaften, Städten, Lagern, Plätzen und Dörfern und allen Rechten, Gerechtsamen und zugehörigen Berechtigungen, soweit diese Inseln und Festländer westlich oder südlich einer vom arktischen bis zum antarktischen Pol in einer Entfernung von 100 Meilen westlich und südlich von einer der gemeinhin unter dem Namen Azores und Cap Verden bekannten Inseln zu ziehenden Linie gelegen sind – ohne Rücksicht darauf, ob die besagten Festländer oder Inseln in Richtung gen Indien oder in Richtung auf andere Weltgegenden gefunden worden sind oder noch gefunden werden; mit der Maßgabe jedoch, dass keine der westlich oder südlich der besagten Linie gefundenen oder zu findenden, entdeckten oder zu entdeckenden Inseln und Festländer sich im tatsächlichen Besitze eines christlichen Königs oder Fürsten befindet, und zwar gerechnet bis zum letztvergangenen Geburtstage unseres Herrn Jesu Christi, an dem das Jahr 1493 begann. Wir bestellen und beauftragen Euch und Eure besagten Erben und Nachfolger als Herren über sie mit voller und unumschränkter Gewalt, Autorität und Oberhoheit jeglicher Art. Mit dieser Maßgabe jedoch, dass durch diese Unsere Schenkung, Gewährung und Übertragung kein erworbenes Recht irgendeines christlichen Fürsten, der sich vor dem besagten Geburtstag unseres Herrn Jesu Christi im tatsächlichen Besitz der besagten Inseln und Festländer befunden hat, hierdurch zurückgezogen oder beeinträchtigt werden soll. Überdies tragen Wir Euch bei Eurem heiligen Gehorsam auf, dass Ihr, unter Anwendung aller gebührenden Sorgfalt, wie Ihr auch versprecht – und wohinein Wir auch mit Rücksicht auf Eure Treue und königliche Großsinnigkeit keinen Zweifel setzen -, in den besagten Festländern und Inseln würdige, gottesfürchtige, geschulte, geschickte und erfahrene Männer bestellt, auf dass sie die vorgenannten Einwohner im katholischen Glauben unterrichten und sie zu guten Sitten erziehen.

7. Weiterhin verbieten Wir bei Strafe der ipso facto eintretenden Exkommunikation latae sententiae für den Übertretungsfall jedermann, welchen Standes oder Grades, welcher Ordnung oder Stellung er auch immer sein möge, und sei er selbst kaiserlichen oder königlichen Ranges, es zu wagen, ohne Eure oder Eurer vorgenannten Erben und Nachfolger besondere Erlaubnis zum Zwecke des Handels oder aus irgendwelchen anderen Gründen zu jenen aufgefundenen

oder aufzufindenden, entdeckten oder zu entdeckenden Inseln westlich oder südlich einer vom arktischen bis zum antarktischen Pol in einer Entfernung von 100 Meilen westlich und südlich von einer der gemeinhin unter dem Namen Azoren und Cap Verden bekannten Inseln zu ziehende Linie – ohne Rücksicht darauf, ob die besagten Festländer oder Inseln in Richtung gen Indien oder in Richtung auf andere Weltgegenden aufgefunden sind oder noch aufgefunden werden – zu reisen.

8. Ungeachtet aller entgegenstehenden apostolischen Konstitutionen, Verordnungen und anderer Dekrete, vertrauen Wir auf Ihn, von dem alle Reiche und Regierungen und alle guten Dinge ihren Ursprung nehmen,

dass in kurzer Zeit Euer Ungemach und Eure Bemühungen, sofern Ihr nur unter der Führung des Herrn diese Eure heilige und preiswürdige Aufgabe weiterverfolgt, zur Freude und zum Ruhme der ganzen Christenheit den glücklichsten Ausgang nehmen werden.

9. Soweit es schwierig ist, die vorliegende Urkunde überall dorthin zu schicken, wo es wünschenswert wäre, ist es Unser Wille und Unser aus gleichem Beweggrund und gleicher Erkenntnis geschöpfter Entschluss, dass ihren weiteren abschriftlichen Ausfertigungen, soweit sie von einem dazu bestellten öffentlichen Notar unterzeichnet und mit dem Siegel eines geistlichen Beamten oder einer geistlichen Behörde versehen sind, die gleiche Achtung wie der vorliegenden Urkunde vor den Gerichten sowohl als auch sonst überall bezeugt werden möge, wo immer sie zu diesem Zwecke vorgezeigt werden sollten.

10. Niemand möge daher diese Unsere Empfehlung, Ermahnung, Forderung, Begebung, Gewährung, Übertragung, Konstitution, Dekretierung, Betrauung, Beauftragung, dieses Unser Verbot und Unseren Willen übertreten oder mit gewagter Dreistigkeit verletzen. Sollte irgendjemand die Absicht haben, dieses zu versuchen, so sei ihm kund getan, dass er den Zorn des Allmächtigen Gottes und der Heiligen Apostel Peter und Paul auf sich laden wird.

Gegeben zu Rom, zu St. Peter, im Jahre der Wiedergeburt unseres Herrn Eintausendvierhundertunddreiundneunzig, den 4. Mai, im ersten Jahre Unseres Pontifikats.
[Quelle der Übersetzung: Gott in Lateinamerika : Texte aus fünf Jahrhunderte. Ein Lesebuch zur Geschichte / ausgewählt und eingeleitet von Mariano Delgado ... -- Düsseldorf : Patmos, ©1991. -- ISBN 3-491-77041-6. -- S. 68 – 71].

Biografie von Papst Alexander VI

Papst Alexander der VI (1431-1503) wurde während der Zeit des Konklaves gewählt. Bewaffnete Schwadronen ermordeten währen dieser Zeit mehr als 200 Menschen auf den Straßen Roms. Die Splittergruppen waren verärgert, da er immensen Reichtum angesammelt hatte und damit die Wahl beeinflusste. Die Wahl zum Papst gewannter nur durch die Bestechung der Wahlberechtigten, und diese Tatsache unterstützt sogar diese Vermutung. Seine spanischen Wurzeln waren ebenfalls ein ausschlaggebender Grund, da die Kardinäle es verhindern wollten, einen Franzosen zum Papst zu wählen. Er hatte zuvor 5 vorangegangenen Päpsten als Vizekanzler gedient. Seine Wahl hinterließ auch viele lukrative Positionen innerhalb der Kirche. Diese Ämter versprach er jenen, die bereit waren, ihn zu wählen. Schon im Jahre 1460 wurde er Pius II (1458-62) gemeldet, weil er in seinem Garten in Siena obszöne Tänze mit nackten Frauen veranstaltete. Bis zu seinem Ableben genoss er allerdings weiterhin solche Spektakel. Seine Ernennung zum Papst war einer der größten Skandale im Vatikan seit der Herrschaft der Huren. Er durfte, ohne einen Hehl daraus zu machen, weiter mit seinen sexuell anstößigen Tänzen fortfahren. Vom Tagebuch des deutschen Kaplan Johann Burchard erfahren wir am meisten über den Charakter dieses Papstes. Burchard wurde Zeuge einer von Alexanders Ausschweifungen und schrieb den berühmten Satz „Des Papstes Christentum war nur ein Vorwand.", in sein Buch.

Alexander der VI war so berüchtigt und seine Geschichte so gut bekannt, dass er der katholische Kirche schnell peinlich wurde. Diese versuchte vergeblich, ihn als frommen Papst dastehen zu lassen. Auch seine Vergangenheit zu verschleiern und sie schön zu reden, funktionierte nicht. Aus den Aufzeichnungen geht hervor, dass nur er seine unehelichen Kinder in der Öffentlichkeit zur Schau stellte. Dies ist in der Geschichte der katholischen Kirche einzigartig. Auch wurden seine Unverfrorenheit, seine Liebschaften im „heiligen Palast" zu empfangen, schnell bekannt. Durch das Bekanntwerden seiner 12 unehelichen Kinder, unter ihnen Cesare, Giovanni (Juan), Lucrezia und Jofre, und seiner unzähligen Liebschaften, wurde „der Vatikan wieder zu einem Bordell." (Die Aufzeichnungen Roms, 1868, Britische Bibliothek). Sein ausschweifender päpstlicher Hof wurde weiters mit den „Fleischtöpfen" von Caesarea verglichen, in denen schon Augustin (starb 430) schwelgte. Alexander der VI war sexuell pervers und viele reißerische Geschichten wurden über ihn und seine Ausschweifungen in der intellektuellen Unterwelt von Rom verbreitet. Der venezianische Senator Sanuto schrieb, dass der damalige Kardinal sich in Rosa Vanozza die Cattanei verschaut hatte. Sie war die eine hübsche, junge aber verheiratete Tochter seines Kammerherrn. Diesen bezahlte er, um eine Reihe von nachmittäglichen Treffen zu organisieren. Als Folge dieser Affäre wurde Cesare Borja (1475-1507) geboren. Cesares Geburtsurkunde bestätigt die Vaterschaft des Kardinals.

Als Teenager erstach der verbitterte Cesare, unter den Augen seines Vaters, den Kammerdiener, enthauptete ihn und spießte seine Kopf mit einer Lanze auf. Daneben stand in einer Inschrift geschrieben: „Dies ist der Kopf meines Großvaters, der seine eigene Tochter prostituierte und sie dem Papst übergab." (Eine Geschichte der Päpste, Kapitel Alexander VI). Die Anschuldigungen waren schwerwiegend. Es wurde behauptet, dass Alexander VI, Sex mit seiner eigenen Tochter Lucrezia (1480-1519) hatte, die er mit Rosa Vannozza die Cattanei zeugte. In Rom nannte man Lucrezia nur mehr „des Papstes Tochter, Frau und Schwiegertochter." Angeblich zeugte er mit ihr auch einige „Nichten" (Eine Geschichte der Päpste). Es ist nicht wichtig zu erwähnen, ob er nun zwei oder drei Kinder mit Lucrezia zeugte, aber andere Aspekte sind durchaus erwähnenswert.

Cesare war sein Lieblingssohn. Als er nur sieben Jahre alt war, ebnete sein Vater ihm den Weg in das Kardinalskollegium indem er ihn zum Bischof ernannte. Damit verbunden war natürlich auch ein beträchtliches Einkommen. Als Cesare 18 wurde, machte ihn sein Vater, Papst Alexander VI, zum Kardinal und hob ihn wenig später in das Amt des Kommandanten des vatikanischen Militärs, womit er eine Ausweitung der päpstlichen Staaten erreichen wollte. Cesare wuchs zu einem klar denkenden und intelligenten jungen Mann heran, der von seinem Vater bis zu seinem Tod unterstützt wurde.

Alexander VI missbrauchte schon seine Stellung als Kardinal und auch die des Papstes, indem er seinen Kindern das schnelle Erreichen von führenden Positionen ermöglichte. Pedro Luis (1468-88) kaufte er das Herzogtum Gand'a, Borjas Stammsitz in Valencia, Spanien. Cesare, Giovanni (1476-97) ernannte er zum zweiten Herzog von Gand'a. Und dann war da natürlich noch Cesare. Botschafter sahen den Einzug Cesares in den Vatikan als Überbringung von wunderschönen Kurtisanen, um die sexuelle Lust seines Vaters zu stillen. Buchard nennt erstaunliche Details einer Orgie, die der Papst im päpstlichen Palast abhielt. „Am Sonntagabend, dem 30. Oktober 1501, organisierte Don Cesare Borja für seinen Vater ein Abendessen, zu dem er auch 50 gutaussehende Prostituierte und Kurtisanen lud. In helle Gewänder gekleidet, tanzten diese nach dem Essen mit den 279 Angestellten und anderen Teilnehmern. Zuerst waren sie alle noch bekleidet. Bald darauf waren sie allerdings schon nackt. Nach dem Essen wurden große Kerzenständer in den Raum gebracht und Kastanien auf dem Boden verstreut. Diese mussten die Prostituierten auf allen Vieren und völlig unbekleidet mit ihren Mündern aufsammeln. Der Papst saß da und bewunderte sie von oben bis unten. Der Abend endete mit einem obszönen Wettbewerb dieser Frauen und anderer männlicher Angestellter des Vatikans. Dabei konnten sie Preise gewinnen, die der Papst vergab. Später wählten Don Cesare, Donna Lucrezia und der Papst Partner für weitere, private, Spielereien. Zur damaligen Zeit war Hexerei eher eine kirchliche und nicht eine zivile Sorge. Aufzeichnungen zeigten auch, dass der Glaube des Papstes nicht mit dem der orthodoxen Christen übereinstimmte. Die folgenden Aufzeichnungen wurden in einer Sammlung von zuvor nicht veröffentlichten päpstlichen Äußerungen, genannt Anecdota Ecclesiastica oder auch die „geheimen Geschichten der Kirche" (Vienta, Paris, 1822. Neudruck von 1731), versteckt. In Diderots Enzyklopädie wurden diese offengelegt und bestätigt. So dachte Papst Alexander VI wirklich über das Christentum: „Allmächtiger Gott! Wie lange werden diese abergläubischen Sekten von Christen noch an diese neue Erfindung glauben?"

Aber seine Trauer wurde von der Zuneigung seiner Damenbekanntschaften gestillt. Besonders von Guilia Farnese, der 15-jährigen Schwester des Petticoat Kardinals Alessandro Farnese. Ein Bild von ihr, welches sie als Jungfrau Maria darstellt, ziert eine der größten Fresken des Vatikans. Ihr Bruder wurde später zu Papst Paul III. Es kommt wohl nicht mehr überraschend in Burchards Tagebuch zu lesen, dass der Vater von Guilias Tochter Laura, Papst Alexander VI war.

Es war derselbe Papst der den asketischen italienischen Reformator Girolamo Savonarola (1452-98) und seine beiden dominikanischen Jünger auf Grund von „religiösen Fehlern" im Mai 1498 hängen und verbrennen ließ. Trotz seiner Zügellosigkeit war sich Alexander des ausbreitenden Misstrauens gegenüber der Gültigkeit des Christentums in den gebildeten Teilen Roms bewusst. Selbst über den Zweifel der Gesellschaft an den Geistlichen selbst, war er im Bilde. Er erkannte, dass seine Institution Überprüfungen und zu vielen Fragen nicht standhalten würde und etablierte so von einem Tag auf den anderen eine Zensur von unter Umständen rufschädigenden Publikationen. (Diarium von Burchard, aaO. Cit.) Im Jahre 1501 erließ er das Edikt, dass kein Buch, welches sich mit der christlichen Religion befasste, publiziert werden durfte, ohne zuvor von einem zuständigen Erzbischof kontrolliert worden zu sein oder die persönliche Zustimmung des Papstes hatte. (Diarium von Burchard, aaO.) Dies war der Beginn des Index für verbotene Bücher und der Unterdrückung von Büchern, die das christliche Dogma anzweifelten. Diese Vorgehensweisen hatten ab diesem Zeitpunkt im Vatikan Methode. Es war vielleicht die dramatischste Form der ‚ie es jemals gab. Über Jahrhunderte hinweg überwachte die Kirche jegliche Literatur und machte nur von ihr abgesegnete Werke der Öffentlichkeit zugängig. Bis weit ins 20. Jahrhundert verhängte die Kirche noch Sanktionen gegen jeglichen Verstoß gegen ihre Doktrin.

Über die regelmäßige und institutionelle Sodomie an Ermordung von Kindern:

(1492-1503) Papst Alexander VI führte die Jahrhunderte alte päpstliche Tradition der institutionellen Sodomie an Kindern, vor allem jungen Burschen, fort. Papst Alexander VI und der Vatikan fuhren mit der traditionellen Rechtfertigung dieser Methoden fort. Diese Tradition der Homosexualität war schon im europäischen Adel und auch im antiken Griechenland zu finden.

Über die Veröffentlichung einer Falschaussage zum Zwecke des Diebstahls:
(1492) Christoph Kolumbus entdeckt San Salvador und beginnt die Kolonisierung der Neuen Welt. Papst Alexander VI teilt Amerika zwischen Spanien und Portugal auf.

Über die Verbrechen gegen die Menschlichkeit:

(1492+) Christoph Kolumbus: 150.000.000 nordamerikanische Original Natives wurden über Jahrhunderte hinweg von spanischen und englischen Entdeckern und Pilgern versklavt, verschifft oder getötet. (1493) Die südamerikanische päpstliche Bulle teilt der Kirche unter König Ferdinand den Besitz aller Länder Südamerikas zu: „Sollten sich die Indianer weigern, habe er das Recht sie zu bekämpfen, zu töten und sie zu versklaven, wie es schon Josua mit den Einwohnern Kanaans machte.

(1493+) Cortes: 30.000.000 Azteken und Mayas sterben, als spanische Konquistadoren versuchen, sie zum christlichen Glauben zu bekehren.

(1497) Florence: Kunst der Renaissance von unschätzbarem Wert wurde zerstört, nachdem die Kirche beschloss Bücher, Ornamente und Musikinstrumente zu verbrennen, die nicht den christlichen Idealen entsprachen.

Gründung eines rechtswidrigen Unternehmens zum Zwecke der Kriminalität:

(1493) Papst Alexander VI baute wissentlich und absichtlich den internationalen Sklavenhandel aus. Dieser unterlag der Kontrolle der römisch katholischen Kirche. Durch die volle Autorität des Papstes der Christen steuerte man so die Gebühren und Quoten des Sklavenhandels in der Karibik sowie den noch relativ unerforschten Gebieten wie Asien, Indien und den unentdeckten Gebieten Amerikas. Dies wurde durch die päpstliche Bulle Inter caetera, die von Papst Alexander dem VI am 4. Mai 1493 verfasst wurde, veranlasst

Über ein historisches, moralisch verdorbenes, Ereignis zur Förderung der Verkommenheit und des Satanismus:

(1501) Beginnend am 31. Oktober 1501 nahmen Papst Alexander VI sowie viele Geistliche, Kardinäle und Nonnen über viele Tage hinweg an der größten und verdorbensten Sexorgie der Geschichte teil. Nicht nur nahmen sie daran teil sondern hatten die Orgie selbst organisiert. Diese Sexorgie, die der Förderung des Satanismus diente, beinhaltete die rituelle Ermordung einer erheblichen Zahl von unschuldigen Menschen, wobei es auch häufig zu Akten des Kannibalismus kam.

Im Jahre 1492 konnten die Original Natives Englisch weder lesen, schreiben oder sprechen und sind heute leider nicht mehr hier, um ihre Rechte zu verteidigen. Ohne jeden Zweifel waren sie Teil einer furchtbaren, teuflischen und brutalen Geschichte. Diese Geschichte wurde ihnen aufgezwungen und zwar von der schlimmsten religiösen Gruppe, die jemals auf dem Land unserer Mutter Erde existierte. Würden Männer, wie der syphilitische Papst Alexander VI, mit all seiner Macht, die er hatte, heute noch mit solchen religionsüberwachenden Korruptionen durchkommen? Wegen des hohen Amtes, das er hatte und der Naivität und Engstirnigkeit von Milliarden von Anhängern kann die armselige Antwort bis zum heutigen Tag nur eines sein…."JA"

Ich kann zu Papst Alexander dem VI nur eine positive Sachen bemerken: „Er war menschlich", obwohl der Vatikan ja alle Geistlichen zwingt genau das nicht zu sein. Wenn sie das Zölibat abschaffen würden wären zumindest die breite Öffentlichkeit, und vor allem die Kinder sicher.

Quelle: Johann Burchard Darium ‒ (Fortsetzung…. Siehe unten)
Thornberry (2002) behauptete, dass die „Inter Caetera" im „Requeriemento" Anwendung fand, das den amerikanischen Ureinwohnern, die die Sprache der Besiedler nicht verstehen konnten, vorgelesen wurde, bevor die Feindseligkeiten ihnen gegenüber begannen. Sie hatten die Möglichkeit, die Autorität des Papstes und der spanischen Krone anzuerkennen oder attackiert und unterworfen zu werden. Im Jahre 1993 forderte das Institut für die Gesetze der Einheimischen, Papst Johannes Paul II auf, die Inter Caetera zu widerrufen und für Reparationen dieses historischen und ungerechtfertigten Kummers zu sorgen. Im Jahre 1994 folgte ein ähnliches Gesuch vom Parlament der Weltreligionen. Und die Antwort…?

Mehrere (kurze) Papstbiografien

Formosus (c816-896)
Nur wenige Vorgänger dieses mittelalterlichen Papstes dachten, dass er dieser Aufgabe würdig war. Auf Grund seiner vielen Reisen durch Europa glaubten viele, er würde eine Verschwörung gegen die Kirche planen. Er hatte viele Feinde während seiner Amtszeit und musste sich wohl aus diesem Grund der schändlichen „Synodus Horrenda" stellen. Kurz nachdem er gestorben war, wurde der Körper des Verstorbenen exhumiert und mit päpstlichen Gewändern bekleidet in einen Stuhl gesetzt. So wurde er der Unwürdigkeit, das Amt des Papstes zu bekleiden, für schuldig befunden.

Papst Benedikt IX (1032-1048)

Abgesehen davon, dass er einer der jüngsten Päpste in der Geschichte der Kirche war, er war etwa 18 Jahre alt als er gewählt wurde, glaubt man, er habe das Amt des Papstes seinem Taufpaten verkauft, nachdem er sich entschlossen hatte, heiraten zu wollen. Leider ist uns der Kaufpreis nicht bekannt.

Innozenz III (1198-1216)

Eine Reihe von Päpsten Ende des 12. Jahrhunderts, inklusive des ironisch benannten Innozenz III (Im Englischen heißt Innozenz – „Innocent" was wiederum „Unschuldig" bedeutet Anm. d. Übersetzers), wiesen Kreuzfahrer an, die Stadt Jerusalem mit Waffengewalt aus muslimischer Herrschaft zu befreien. Sie sagten ihnen, dass Christen, die für die Kirche starben, in den Himmel auffahren würden. (Klingt bekannt?) Erkennen Sie den historischen Effekt dieser Aggression? (Kolonialismus, eine Geschichte des Orientalismus)

Papst Nikolaus V (1447-1455)

Er verfasste die päpstliche Bulle „Dum Diversas", welche dem König von Portugal das Recht gab, alle Sarazene, Heiden und andere Ungläubige, zur erblichen Sklaverei zu verurteilen. Dum Diversas legitimierte den kolonialen Sklavenhandel, der zur Zeit der Expeditionen von Heinrich dem Seefahrer begann. Die Expedition um einen Seeweg nach Indien zu finden, wurde durch afrikanische Sklaven finanziert. Diese Befürwortung der Sklaverei wurde in seiner Romanus Pontifex vom 8. Jänner 1455 bekräftigt und erweitert. An König Alfonso V von Portugal: Es wird bestätigt, dass der König die Herrschaft über alle Länder hat, die im Zeitalter der Entdeckung entdeckt oder erobert werden. Weiters nahm er „Sarazenen, Heiden und anderen Feinden Gottes" ihre Länder und versklavte sie, indem er sich auf des Papstes Bulle bezog. Die Bulle lobt frühere portugiesische Siege gegen die Muslime in Nordafrika und den Erfolg der Entdecker und Eroberer der Azoren und Afrikas südlich von Kap Bojador. Sie wiederholt auch frühere Anweisungen, wie das Verbot der Weitergabe von Waffen, Eisen, Holz und anderen Gegenständen, an Muslime oder Heiden, die zur Kriegsführung verwendet werden könnten. Das primäre Ziel der Bulle war es allerdings anderen christlichen Nationen zu verbieten, das Vorrecht des Königs von Portugal, an der Kolonialisierung der neuen Länder, anzufechten. Frankreich zeigte sich über diese Vorgaben sehr verärgert.

Kalixt III (1455-1458)

Er machte seinen Neffen zum Kardinal, der darauf später, im Jahre 1492, zum Papst Alexander VI gewählt wurde. Zumindest zeigte er Respekt vor seiner Familie.

Papst Alexander VI (1492-1503)

Seine Biografie beschreibt die Gier, Arroganz und politische Macht des Vatikans und des Christentums. Ich will nicht sagen, dass Papst Nikolaus V ein Heiliger war aber… Oh, tut mir Leid. Der Vatikan hat ihn ja tatsächlich heiliggesprochen. Wahrscheinlich, weil er den kolonialen Sklavenhandel legitimierte.

Papst Pius XII (1939-1958)

Als Papst während des Höhepunkts des Zweiten Weltkrieges hatte Pius eine einzigartige moralische Verpflichtung. Aber Anführer der Anti-Nazi Bewegung, wie Polens verbannter Präsident Wladyslaw Raczkiewicz, waren erbost, dass der Papst die Abschiebung aller Juden aus Italien und vielen anderen Ländern nicht verurteilte. Pius blieb für den Großteil des Krieges weiterhin unter Druck, obwohl historische Aufzeichnungen beweisen, dass er im Vatikan viele hunderte Juden vor der Abschiebung bewahrte.

Papst Benedikt XVI (2005-dato)

Kurz nachdem der derzeitige Papst im Jahre 2005 gewählt wurde, kam ans Licht, dass er als junger Bub in Deutschland Mitglied der Hitlerjugend war. Dabei handelte es sich um eine Organisation, in der junge Menschen den Aufstieg der NSDAP feierten. Seine Fürsprecher sagten, er könnte kein Antisemit sein. Damals wären alle deutschen Kinder zur Teilnahme an solchen Organisationen gezwungen worden. Benedikt, oder Joseph Ratzinger, wie er damals noch hieß, hätte gar keine andere Wahl gehabt. Er verblieb in der Organisation bis der Krieg endete. Benedikts jüngster Skandal betrifft wieder die Jugend. Aktuelle Nachrichtenberichte bringen ihn mit dem Vertuschen von Sexualstraftaten in Verbindung. Genauer geht es um zwei pädophile Priester, denen er zu Beginn seiner Karriere geholfen haben soll, der Strafverfolgung zu entgehen. Papst Benedikt stand der größten Krise seiner Amtszeit gegenüber, als der Skandal des sexuellen Missbrauchs die Kirche traf. Heute, während der Osterfeierlichkeiten, erklärte er allerdings, dass er sich nicht vom „armseligen Gerede" beeinflussen lassen werde.

All diejenigen, die diese wichtige Petition im Namen aller Ureinwohner der Welt unterzeichnen wollen, sollen bitte diesem Link folgen und die Petition unterschreiben. www.petitiononline.com/mod_perl/signed.cgi?1492

Den gleichen Text wie oben rechts finden Sie hier in deutscher Übersetzung.

Der folgende Text (Jagdsaison auf Indianer) stand auf einem Flyer, der vor ein paar Jahren in South Dakota ausgeteilt wurde. (Ich versichere Ihnen, dass Sie einen starken Magen haben müssen, um diese Zeilen zu verdauen.)

Der Staat von South Dakota – Amt für Jagd, Fischen und Parkanlagen – Pierre, SD

(605) 224-0000

ANTWORT AUF PROKLAMATION: Jagdsaison auf Indianer – Jagdgebühren: Für die ersten 7.683 Jäger kostenlos, danach $1.00 pro Jäger

Werte Jäger South Dakotas: Die Großwildjagd im Jahre 1999 im Staate South Dakota muss auf Grund von zu geringem Reh, Hirsch, Truthahn und Antilopenvorkommen leider abgesagt werden. Allerdings hat dies nicht zu bedeuten, dass es nichts zu jagen geben wird. Anstatt wie jedes Jahr auf Großwildjagd zu gehen, machen wir diese Saison Jagd in Sioux Reservaten. Dies beinhaltet die Jagd auf die wertlosen Siounis Pyutus, die gemeinhin auch als „wertlose rote Bastarde", „Prärie Nigger" und „Sch**** Indianer" bekannt sind. In der Saison 1999-2000 gelten keine Abschussrichtlinien, da der Bestand der sch**** Indianer alle zwei bis drei Jahre ausgedünnt werden muss.

RECHTSWIDRIG IST:
- In einer Gruppe von über
  150 Personen zu jagen
- Die Verwendung von mehr als 35
  blutrünstigen und tollwütigen Jagdhunden
- Das Schießen in öffentlichen Lokalen
  (Patronen könnten abprallen
  und zivilisierte weiße Leute verletzen)
- Einen schlafenden Indianer
  am Bürgersteig zu erschießen

VERORDNUNG ZUM FALLENSTELLEN:
- Innerhalb von 4,5m eines Schnapsladens dürfen keine Fallen aufgestellt werden
- Fallen dürfen nicht mit Ködern bestehend aus Muskateller, Franzbranntwein,
  Alkohol oder Lebensmittelmarken bestückt werden
- Alle Fallen müssen mindestens eine Federstärke von 60kg und eine Öffnungsweite
  von 1,60 m haben.

ANDERE REGELN UND VERORDNUNGEN:
- Längsweise in Warteschlangen vor der Wohlfahrt zu schießen, ist verboten
- Es ist illegal einen überfahrenen Indianer zu besitzen. Jedoch können spezielle
  Genehmigungen für Zugmaschinen, Sattelzug und Pickup Besitzer ausgestellt werden.
- Mit einer solchen Genehmigung ist es Ihnen gestattet auf der Autobahn Fallen aufzustellen.
  Hier ist das Ködern mit Muskateller, Franzbranntwein oder Lebensmittelmarken zulässig.

WIE SIE ERKENNEN, DASS SICH EIN INDIANER IN IHREM UMKREIS BEFINDET
- Sie finden Wegwerfwindeln auf der Straße
- Sie sehen lange Schlangen vor dem Sozialamt oder wo auch immer es gratis Käse gibt
- Sie sehen Spuren von leeren Weinflaschen, die von den städtischen Parkanlagen in alle Gassen
  der Stadt führen

- Sie finden leere Bücher für Lebensmittelmarken
- Wenn Wagenladungen von indianischen Kindern vor einem Schnapsladen warten

NICHT VERGESSEN: DAS LIMIT IST 10 PRO TAG
DIE BESITZGRENZE BETRÄGT 40.
VIEL SPASS BEIM JAGEN!

NEWSLETTER
ASSOCIATION ON AMERICAN INDIAN AFFAIRS
Winter 1999/00

Washington, DC – US Senator Ben Nighthorse Campbell forderte das Justizministerium auf, bezüglich eines in einer Zeitung erschienenen Artikels, der zur Jagd auf Original Natives aufrief, Untersuchungen einzuleiten. Campbell verlangte eine landesweite Untersuchung auf Grund dieses Flyers mit der Aufschrift „Jagdsaison auf Indianer"

Campbell erhielt eine Kopie der Anzeige, welche in einer Zeitung in South Dakota erschien, und wie eine echte Ankündigung für Jagdsaisonen aussah. Die Anzeige erklärt die Jagdsaison auf Original Natives in Sioux Reservaten für eröffnet. Weiters setzt die Anzeige das Abschusslimit auf 10 pro Tag an und nennt weitere Möglichkeiten wie und wo man Indianer töten kann. Campbell, Vorsitzender des Senats für Angelegenheiten der Original Natives, schrieb der Justizministerin Janet Reto: „Wenn eine solche Anzeige die Jagdsaison auf Menschen für eröffnet erklärt, und ein Abschusslimit festsetzt, wie viele man töten darf, ist es wohl an der Zeit für die Strafverfolgungsbehörden aktiv zu werden. Eine Aufforderung zum Massenmord muss wohl mit dem Bundesrecht in Konflikt stehen. Ich ersuche Sie eine Untersuchung durch die für Hassverbrechen zuständige Abteilung zu leiten."

„Allen, die denken, dass anti-indianische Gefühle und Stimmungen der Vergangenheit angehören, möchte ich ans Herz legen, dieses Produkt eines hasserfüllten und perversen Menschen zu lesen", sagte Campbell letzte Woche in einer Aufzeichnung für den Kongress. „Kurz vor der Jahrtausendwende gibt es hier, in der schönsten Nation der Erde, Unmengen von Hass, der immer mehr gedeiht.

Nach meiner Amtszeit hier im Kongress, kenne ich die Grenzen der Regierung nur zu genau. Ich weiß, dass wir kein Gesetz erlassen können, das die Leute zwingt sich gegenseitig zu respektieren, oder sie zwingt mehr Toleranz zu zeigen. Aber diese Anzeige geht weit über das Verwenden von verletzenden Worten hinaus und befürwortet den Mord an unseren Mitmenschen. Das verurteile ich aufs Schärfste." Weiters wies er darauf hin, dass Anfang des 19.Jahrhunderts Zeitungen in Colorado das Sand Creek Massaker, angeführt von Col. Chivington, einem methodistischen Priester, befürworteten. Es wird gesagt, dass Chivington und seine Miliz mit verstümmelten

Körperteilen von Original Natives durch die Straßen von Denver zogen. Dabei wurden sie von einer tobenden und jubelnden Menschenmenge empfangen.

Ich möchte des Weiteren noch auf ein viel älteres Dokument eingehen. Es stammt vom 5. März 1833 und soll zeigen, wie viel Liebe die Christen, die über den Ozean kamen, für die Menschheit übrig hatten. Und diese Gefühle gibt es immer noch!

Die rechts zu sehende Ankündigung eines Sklavenmarktes ist nur eine von vielen Missbräuchen, die den Original Natives, neben Tötungen und dem Völkermord, widerfahren sind. Alle diese Ungerechtigkeiten waren Alltag im Privatleben der christlichen, weißen Bevölkerung. Und all dies geschah, während sie sonntags in die Kirche liefen, um zu Jesus Christus, zu Gott und zu allen vom Vatikan ernannten Heiligen zu beten. Lesen Sie weiter…

Mit all der Macht, die der Vatikan ausübte, war es ein Leichtes, solch selbst erfundene, dunkle und undurchschaubare Gesetze zu erlassen. Diese Gesetze fanden bis heute ihre Fortsetzung und mussten nie jemandem außerhalb des Vatikans Rede und Antwort stehen. Viele Menschen sind sich bewusst, dass Priester Kinder mit weiblichen Gemeindemitgliedern und sogar Nonnen haben. Aber das „Schweigen" war immer ihr Weg, um weiterhin die Kontrolle zu haben.

Furcht und Schuld gehören zu ihren größten Mächten. Unter jedem anderen Gesetz wäre das, was sie der Menschheit an Verbrechen angetan haben, mit lebenslanger Haft bestraft worden. Es ist unrühmlich, für den Papst im Fernsehen aufzutreten und zu glauben, es sei genug zu sagen: „Wir haben gesündigt." Die Kirche erzählt uns nichts, was wir nicht ohnehin schon wissen. Die Schuldigen müssen nach vorne treten und sich vor einem Gericht des 21. Jahrhunderts verantworten. Die missbrauchten Opfer wurden für immer geschädigt. Ich spreche nicht aus Ärger, sonder aus Traurigkeit über die Zahl der Menschen, die unter dem Zorn der Kirche leiden mussten. Wenn es ihnen diesmal wieder erlaubt ist, ungeschoren davonzukommen, wird es der teuflischen, korrupten Macht der Kirche wieder mehr Kraft, Schwung und Energie geben, ihre naiven christlichen Jünger zu beeinflussen.

Es ist wichtig anzumerken, dass während der Papst „Wir haben gesündigt!" rief, dieser Bericht der International Herald Tribune am 25. May 2010 veröffentlich wurde.

Am Freitag verhaftete die Polizei Rev. Marcin Michale Strachanowski, einen römisch katholischen Priester. Es wird ihm der sexuelle Missbrauch eines 16-jährigen Ex-Ministranten vorgeworfen.

Vater Strachanowski nutzte das Pfarrhaus als sein „erotisches Verließ" zur Durchführung sexueller Handlungen mit Jungen. Es ist der bereits dritte Fall von Kindesmissbrauch in Brasilien innerhalb der letzten zwei Monate.

Papst Alexander VI und auch andere hatten dies schon lange zuvor in Rom getan. Wieso sollte man es dann nicht auch in Brasilien und vielen anderen Ländern der Welt genauso machen? In allen Ländern, in denen sie auf Grund von Analphabetentum und Naivität mit Angst und Schuldgefühlen die Menschen zu Jüngern machen konnten.
Es gibt viele Fälle wie jenen in Brasilien. Uns scheint das allen bewusst zu sein und trotzdem entscheiden wir uns schlussendlich doch lieber zu schweigen.

J Reuben Silverbirds Kommentar zu: „Widerruft die Bulle Inter Caetera"

Lesen Sie die folgende Information über die Verantwortlichen der Versklavung der Original Natives von Amerika. Sie wird Ihnen die Augen öffnen. Bitte lesen Sie den Artikel genau um zu verstehen, warum die Menschen unser Volk als Sklaven betrachteten und nie als eigene Nation akzeptierten. Sie werden über die Macht des Papstes, die er im Namen der Christlichkeit auf der ganzen Welt einsetzt, erstaunt und vielleicht sogar schockiert sein.

Widerruft die Bulle Inter Caetera

Steve T Newcomb, ein Gelehrter der Original Natives, stellte weiters fest, dass laut internationalem christlichen Recht jedes Land, das keinen christlichen Besitzer hatte, als unbewohntes Land galt, auch wenn es von Nicht-Christen bewohnt wurde. „So nahmen also Kolumbus und andere Eroberer alle von ihnen entdeckten Länder in Besitz, da sie keiner anderen christlichen Nation gehörten", schrieb Newcomb in seinem Buch, „Heiden im gelobten Land."

In der Entscheidung Johnson v. McIntosh, zitiere der Präsident des obersten Gerichtshofs, John Marshall mehrere Satzungen Englands, um zu zeigen, wie gut die Doktrin der Entdeckung akzeptiert wurde. Er sagte, dass jene europäischen Nationen, die solche Entdeckungen machten, nur die juristische Verpflichtung hätten, sicher zu gehen, ob keine anderen Christen das Land zuerst entdeckt hatten. Dies fand Newcomb in seinen Nachforschungen heraus.

„Kurz gesagt, hatten die Christen einen Titel und Heiden nur ein Nutzungsrecht", sagte er. „Wenige Menschen sind sich darüber bewusst, dass die Unterscheidung zwischen Christen und Heiden heute noch im obersten Gesetz des Landes steht."

„Auf Grund dieser Rechtslage verweigern die Vereinigten Staaten bis heute den Original Natives das Recht auf die in Besitznahme ihrer angestammten Wohngebiete und die vollständige Staatshoheit über ihre unabhängigen Nationen."

Kills Straight brachte die Weltansichten der industrialisierten Nationen mit der anschließenden Zerstörung der Natur durch Menschenhand in Verbindung. „Ihre Gesetze basieren nur auf der Herrschaft der kapitalistischen Wirtschaft über die Natur", sagte er.

„In 500 Jahren haben mehr als 96 Millionen Eingeborene auf Grund dieser Zerstörung ihr Leben verloren", sagte er. Weiters starben mit ihnen auch viele traditionelle Weisheiten, die sie in sich getragen hatten. Er sagte, dass es in einer Zeit, in der so viele Arten und Völker ausgerottet werden, von immenser Wichtigkeit ist, das traditionelle Wissen der Original Natives über Mutter Natur und ihre Gesetze weiterzuverbreiten und so am Leben zu erhalten.

„Es tut gut zu sehen, dass die Spiritualität in unseren Gemeinden wieder stark zunimmt", sagte er. „Es muss in irgendeiner Art und Weise zu Veränderungen kommen oder das Leben auf der Erde wird aufhören zu existieren. Der Rest der Welt war immer der Annahme, dass sie nichts von den Original Natives dieses Landes lernen könnten. Aber auch das beginnt sich zu ändern."

„Indem er die Bulle Inter Caetera widerruft, würde der Papst mit einem Mal seine Unterstützung der Original Natives zeigen, anstatt immer nur zu reden", sagte Newcomb. „Es würde symbolisch dazu aufrufen, der andauernden Tradition der Unterwerfung ein Ende zu setzen, in der wir für über 500 Jahre leben mussten."

„Dies ist eine spirituelle Anstrengung, die wir unternehmen, wobei es nicht nur um die katholische Kirche oder den Papst geht. Es geht um den Mangel an Ehre, Mitgefühl und Umsicht, die so bezeichnend für die industrielle Welt ist", sagte er.

„Wir machen den ersten Schritt, um die Kirche und den Rest der christlichen Welt eines der wichtigsten Prinzipien der Eingeborenen zu lehren: Respektiere die Erde, wie du deine Mutter respektierst, und zeige heiligen Respekt vor allem Leben auf ihr. Und das beinhaltet unsere Frauen, Kinder und alle zukünftigen Generationen."

Anmerkung des Autors:
Während dieses Parlaments entwickelten die 60 Delegierten der Ureinwohner eine „Deklaration der Vorstellung", die einen Aufruf an die katholische Kirche beinhaltete, die im Jahre 1493 verfasste Bulle Inter Caetera, zu widerrufen. Diese Deklaration wurde daraufhin dem versammelten Parlament von Charlotte Black Elk vorgelegt und beinahe einstimmig befürwortet. Doch Dr. David Ramage Jr., der Vorsitzende des Parlaments, widerrief kurz darauf in einem Treffen das Abstimmungsergebnis mit der Begründung: „Das Treffen war nur dazu da, um Einblicke und Erkenntnisse auszutauschen und nicht um Maßnahmen zu treffen." Es ist bis heute unklar, wie man mit der Erklärung umgehen wird.
Quelle des Dokuments: Taliman, Valerie. „Revoke the Inter Cetera Bull."
Turtle, Quarterly. Herbst-Winter 1994, p. 7-8. Turtle Quarterly Magazine25 Rainbow MallNiagra Falls, NY 14303

Ich sollte eines klarstellen: Diese mächtigen, als heilige Jünger Gottes und des Christentums verkleideten Bastarde, haben keinen Respekt vor dem menschlichen Leben. Die einzige Entschuldigung, die sie von Anfang an brauchten, um menschliche Leben auf die schlimmste und abstoßendste Art und Weise auszulöschen, war, dass andere Menschen ihre von Mythen geprägte Religion nicht annehmen wollten. Sie begannen damit kurz nach ihrer Gründung in Europa. Wie die schwarze Pest injizierten sie ihr Gift der Hölle Menschen überall in Europa bis sie es auch in das jungfräuliche Land unserer Vorfahren brachten. Noch immer sind sie überall in Europa verbreitet, wo sie durch die starke Bindung zum Bildungssystem weiterhin starke Macht besitzen. Hier finden sie nun einen Bericht einer irischen Person, die ihrer körperlichen und geistigen Folter ausgesetzt war.

Verfasst von Sinead O'Connor

Bis zum Jahre 2007 wurden 98% der irischen Schulen von der katholischen Kirche geführt. Aber in den Schulen für verhaltensauffällige Jugendliche waren barbarische, körperliche Bestrafungen sowie seelische und sexuelle Misshandlungen an der Tagesordnung. Im Oktober 2005 belegte ein Bericht, der von der irischen Regierung in Auftrag gegeben wurde, dass es in den Jahren 1962 bis 2002, in einer Stadt 70 Meilen südlich von Dublin entfernt, zu mehr als 100 Anschuldigungen des sexuellen Missbrauchs gegen Priester kam. Die beschuldigten Priester wurden allerdings nicht von der Polizei überprüft, sondern ihr Verhalten wurde nur als „moralisches Problem" erachtet. In Jahre 2009 ergab ein ähnlicher Bericht, dass Erzbischöfe Dublins zwischen 1975 und 2004 unzählige Male Fälle des sexuellen Missbrauchs vertuschten.

Warum wurde ein solch kriminelles Verhalten geduldet? Die „sehr wichtige Rolle, die die Kirche im irischen Leben spielt, ist der Grund warum bei Missbräuchen, die von einer Minderheit ihrer Anhänger begangen wurden, tatenlos zugesehen wurde", heißt es in dem Bericht von 2009. Trotz der langen und engen Verbindung zwischen der Kirche und der irischen Regierung, übernimmt die sogenannte Entschuldigung Papst Benedikts keinerlei Verantwortung für die von irischen Priestern begangenen Sünden. In seinem Brief heißt es, dass „Die Kirche Irlands die schwere Sünde gegen schutzlose Kinder vor Gott und vor anderen offen zugeben muss" Und was ist mit der Mitschuld, die der Vatikan an diesen Sünden hat? Benedikts Entschuldigung lässt uns glauben, dass er erst vor kurzem von diesen Missbräuchen gehört hat, und lässt ihn selbst wie ein Opfer dastehen. „Ich kann nur die Bestürzung und das Gefühl des Vertrauensbruchs teilen, die so viele von euch verspürten, als sie von diesen sündhaften und kriminellen Taten erfahren haben und davon, wie die kirchlichen Autoritäten in Irland damit umgegangen sind." Ein im Jahre 2001 von Benedikt verfasster Brief an Bischöfe weltweit hielt sie jedoch dazu an, Vorwürfe des sexuellen Missbrauchs unter Androhung von Exkommunikation geheim zu halten. Dabei handelt es sich um eine aktualisierte Version einer schändlichen Kirchenpolitik, die im Jahre 1962 niedergeschrieben wurden. Darin steht geschrieben, dass sowohl Priester, denen Sexualverbrechen zur Last gelegt werden, als auch ihre Opfer Teil eines Geheimnisses und zur ewigen Geheimhaltung gezwungen sind.

Als Benedikt, damals noch Joseph Ratzinger, diesen Brief schrieb, war der noch Kardinal. Nun sollen wir glauben, dass sich seine Ansichten geändert haben, nur weil er jetzt im Stuhl des heiligen Petrus sitzt? Soll uns etwa die erst letzte Woche bekanntgewordene Enthüllung Trost spenden, dass er es im Jahre 1996 ablehnte, einen Priester seines Amtes zu entheben, der über 200 taube Jungen in Wisconsin belästigt haben soll? In seiner Entschuldigung schreibt Benedikt, dass seine Sorge „vor allem den Opfern gilt und ihnen Heilung bringen will." Und doch verweigert er ihnen die eine Sache, die ihnen wirklich Heilung bringen kann – ein volles Geständnis des Vatikans, dass sie versucht haben Missbräuche zu vertuschen und jetzt versuchen, ihren gescheiterten Vertuschungsversuch zu vertuschen.

Für ihren vollständigen und schockierenden Bericht benutzten Sie bitte Google. Tippen Sie einfach „Sinead O'Connor Washington Post" in die Suchzeile.

Der Vatikan etablierte den gleichen Stil Schulsystem wie in Irland, um in die Köpfe der Kinder und Jugendlichen eindringen zu können und so unter ihren andächtigen Anhängern Ordnung schafften. Sie benutzten die Kinder, um so die zukünftigen Generationen zu beeinflussen. Aber nicht im positiven Sinne, sondern nur um ihr eigenes teuflisches Vergnügen an Sex und Missbrauch zu haben. Mit meinen Leuten war es nicht anders: und ich bin mir sicher, dass es in jedem Land gleich war, das von Expeditionen heimgesucht wurde, die von der Kirche direkt oder indirekt finanziert wurden. Und niemand wagte ihre angeblich heilige (aber doch eher scheinheilige) Autorität anzuzweifeln, nachdem sie ihren bösartigen Samen in die Köpfe der Menschen eingepflanzt hatten.
Keine Orden in der Geschichte der Welt hatten es zuvor geschafft, einen so starken Einfluss auf die Menschen zu haben, wie die christlichen, muslimischen und jüdischen Religionen. Und all das nur mit der Hilfe von zwei Worten: Angst und Schuld

Der Kern dieser drei wichtigsten und größten Religionen der Welt ist so faul und korrupt wie der verfaulteste Apfel in einem Fass. Und diese Fäulnis wird sich früher oder später auch auf die Gesunden auswirken.

Natürlich gibt es auch gute Menschen in den unteren Rängen aller Religionen. Aber leider sind es jene an der Spitze, die aus ihrer Religion ein reiches und lukratives Unternehmen machen wollen, die immer die Kontrolle und das letzte Wort haben und sich selbst über das Gesetz stellen.

Es ist eine wohlbekannte Tatsache, dass man einfach nur eine Religion gründen muss, um sich selbst materielle Reichtümer zu schaffen.

Es ist an der Zeit aufzuwachen Leute: Jesus Christus wurde im Alter von 30 Jahren getauft. Zu dieser Zeit wusste er schon, welche Religion für ihn die richtige war. 99% seiner Predigten hatte er auf dem Boden unserer schönen Mutter Erde abgehalten und nicht in jenen palastähnlichen Bauwerken, die nur Angst und Schuld heraufbeschwören.

21.Mai 2010 (Die neueste Entdeckung)

Der 90cm große Homo gautengensis, ein Baumschwinger, könnte der erste Mensch sein, von dem es Aufzeichnungen gibt. Er hatte viele Zähne und aß Pflanzen. Er schwang sich von Baum zu Baum und wurde gerade als erste Art von Mensch anerkannt. Diese Art Mensch entstand schon vor mehr als 2 Millionen Jahren.

Curnoe ist Anthropologe an der Universität von New South Wales am Institut für Erd- und Umweltsstudien. Sein Kollege ist Phillip Tobias, ein südafrikanischer Paläontologe. De Ruiter von der Texas A&M Universität und seine Kollegen hatten behauptet, dass A. sediba eine Zwischenspezies zwischen dem Australopithecus africanus **(einem Nicht-Menschen der nicht unserer Gattung angehört)** und dem Homo erectus (dem aufrechten Mann) sei.

Der neu identifizierte Mensch steht dieser Theorie nun allerdings im Weg, da der A. sediba „viel primitiver sei als der H. gautengensis aber zur gleichen Zeit am gleich Ort lebte", so Curnoe. Aus diesem Grund „lässt der Homo gautengensis den Australopithecus sediba noch weniger als Vorfahren des Menschen aussehen."

Curnoe schlägt stattdessen vor, dass der in Äthiopien gefundene Australopithecus garhi, der vor über 2,5 Millionen Jahren gelebt haben soll, wahrscheinlich der älteste nicht-Homo Vorfahre in der menschlichen Evolutionslinie ist.

Curnoe sieht noch immer Ostafrika als die Wiege des Menschen „weil es dort die ältesten Fossile gibt, die über 7 Millionen Jahre alt sind. Aber nun müssen wir ganz deutlich erkennen, dass es in **unserer Evolution eine viel größere Vielfalt gab, als wir die längste Zeit angenommen hatten.**" „Wenn wir die gesamte menschliche Evolution in ein einziges Jahr zusammenfassen würden, wären wir erst seit der letzten Stunde des 31. Dezembers alleine. Die Situation, in der wir uns heute befinden, dass wir alleine sind, ist also eher ungewöhnlich", sagte Curnoe. „**Wir müssen versuchen zu erklären**, warum dies der Fall ist. War es das Klima oder **sind wir selbst verantwortlich für den Niedergang aller unserer uns nahen Verwandten,** darunter auch die Neandertaler und der Hobbit (homo floresiensis)?"

Fußnote von J Reuben Silverbird:

Wissenschaftler verbrachten ihr ganzes Leben mit der Suche nach dem wertvollen Schlüssel, der das Unbekannte entsperren würde. Bis sie allerdings ein endgültiges Ergebnis gefunden haben, werden viele Original Natives, die den religiösen Gehirnwäschen entkamen, es weiter

„Das große Geheimnis" nennen. Eine kleine Zahl von Wissenschaftlern sucht weiter, während sich die Massen auf mythische Erzählungen verlassen, die von Schreibern verfasst wurden, die fast so verwirrt waren wie die Schriften, die sie versuchten zu interpretieren. Ich glaube an die Wissenschaft und an jene, die wie Galileo dachten und ihm glaubten.

WARUM ICH IN ÖSTERREICH BIN

Ich weiß nicht, ob es Glück, Bestimmung oder eine Aura ist, mit der einige von uns geboren werden. In meinem Fall hat sie mich umgeben und mir etwas Wertvolleres als finanziellen Gewinn gebracht. Einige behaupten, ich würde zu viele Menschen als Freunde bezeichnen und dass ich nicht so offen sein sollte. Doch eines ist sicher und daran glaube ich mit ganzer Kraft: Es ist schwer, das Herz eines Menschen oder dessen Sein zu ändern. Mein Motto lautete immer, alles und jeden in dein Herz zu lassen, bis etwas passiert, das sie von diesem Privileg enthebt. Dann, und nur dann überlege, es als Freundschaft zu bezeichnen. Und das auch nur, nachdem die andere Person zwei oder drei Möglichkeiten gehabt hatte, sich zu verändern. Nach dem, was ich einmal in einem Buch gelesen habe, sollten wir „die andere Wange öfter hinhalten". Nach dieser Klarstellung kann ich sagen, dass ich auf meinen Reisen nach Europa, Amerika, Australien, Neu Seeland, Asien und Südamerika freundliche Menschen getroffen und gute Beziehungen aufgebaut habe. Heutzutage hat durch das Internet und Skype keiner mehr die Ausrede, außer Reichweite zu sein.

Ich vermisse New York City, wo ich so viele Jahre verbracht habe, meine Besuche bei Ricki Olshan, Ronnie und seiner Frau Camille, Chip Cronkie (Walters Sohn) und unsere Abkommen. Ich vermisse die Lichter am Broadway, die Produzenten und Co-Artisten und alle Shows abseits des Broadways, an denen ich mitgearbeitet habe. Ich vermisse, durch Kalifornien zu fahren. Meine Schwester Sonny und meine Verwandten in Arizona und Neu Mexiko zu besuchen, ist immer großartig. Sicherlich gibt es traurige Momente, wenn ich lange genug verweile und darüber nachdenke, doch das erlaube ich mir nicht, wenn ich noch so viel vor mir habe. Ich denke, jeder hat einen Traum, der verwirklicht werden kann, egal wo man sich befindet. Nichts und niemand kann einen Traum aufhalten, einzig und allein der Träumer. Obwohl ich nicht Deutsch kann, beschloss ich, Wien zu meiner „Basisstation" zu machen. Ich tat dies aus guter Freundschaft zu den Menschen, die mich nicht nur in ihre Häuser, sondern auch in ihre Herzen aufgenommen haben.

Dies sind die Namen derjenigen, die mein Leben mit Liebe, Respekt und freundlicher Energie bestärkt haben: Alexandra und Alex Gottsinger, die mir ihre Herzen kurz nach meiner Ankunft geöffnet haben. Durch sie habe ich Catharina Roland kennen gelernt, die ihre Familie und Freunde zusammenkommen ließ. So lernte ich ihren Bruder Nicky Roland kennen, der mir mit seiner Liebe und seinem Bewusstsein geholfen hat, meinen Aufenthalt in Wien möglich zu machen. Die Familie Roland war wie der Fels von Gibraltar für mich. Es gibt noch weitere kontinuierliche Freunde wie Uwe, Sonja, ihr Sohn Markus, die mehr als eine liebe Familie sind. Markus Leyacker mit seiner beständigen, immer vorhandenen Freundschaft. Viki Martens, der mich zum Titel dieses Buches inspiriert hat und immer bereit ist, mir zu helfen. Evelyn half mir, in Schönheit zu wandeln, Christine Boehm, bei der ich einfach als Gast ein Jahr wohnen durfte, die Stärke der Haider-Familie, die Familie Amesbauer, Peter Zohrer, Moni und ihre wahre spirituelle Liebe, Heide und Noah. Eine herbe Enttäuschung war Bettina Wessely, die mich fragte, ob sie sich zu mir an meinen Tisch in Bad Waltersdorf setzen könnte. Wir haben ein Leben, eine Nacht miteinander verbracht. Sie liebte mich mit ihren tief-blauen Augen, während wir die Nacht durchtanzten. Wir hätten uns wieder treffen sollen, doch sie löste sich in Luft auf und bescherte mir dadurch den einzigen traurigen Moment in Österreich. Dennoch danke ich ihr für die schöne und ewige Erinnerung, die sie für immer tief in mein Herz eingraviert hat.

Andere nahestehende Familienfreunde sind Rudi Voka, Petra und ihre Kinder Lenny und Selina, die ich in meinem Herzen sehr gern habe. Margarete und ihre Tochter Nadia Baha, die mich mit ihrer spirituellen Fürsorge seit dem Moment, in dem wir uns begegnet sind, überschüttet haben. Professor Friedrich Wallner von der Universität Wien, der nicht nur derjenige war, der mich vier Jahre hintereinander eingeladen hat, Vorträge zu halten, sondern auch ein Freund geworden ist.

Während eines Sommers eröffnete ich mit Hilfe von zwei Promotern mein zweites Dorf. Mein erstes war die „Indian Village Europe" in der Nähe von Baden. Das zweite mit sieben Tipis war in Wien, an der Donau. Eines Nachmittags erhielt ich einen Anruf von meinem Freund Heini Staudinger, dem Eigentümer der Waldviertler GEA Schuhe. Er gab mir die Nummer von jemandem, der mich für eine Native-Veranstaltung buchen wollte. Heini hat mir auch ein Paar seiner Waldviertler Winterschuhe geschenkt, die ich nach sechs Jahren immer noch tragen kann.

Ich wählte die Telefonnummer und ein heiterer Mann namens Hubert fragte mich, ob ich bei dem Native-Fest seiner Partnerin auftreten könnte. Auf seine humorvollste Art versicherte er mir, dass ich es genießen würde. Die Beschreibung seines Hauses und dessen Umgebung war so überwältigend, dass es schwer fiel, abzulehnen. Er holte mich um 18.00 Uhr ab. Als ich in sein Auto einstieg und ihn ansah, musste ich sagen: „Du bist ein perfektes Abbild von Ernest Hemingway". Lachend fuhr er los und sprach ununterbrochen, unter anderem von den zehn Jahren mit seiner Partnerin. So verging die vierzigminütige Fahrt wie im Flug. Eine Menge an Dorfbewohnern wartete schon aufgeregt in einem kleinen Park mit einer kleinen Kirche auf uns. Nachdem ich geendet hatte, lud mich Hubert in sein Haus ein, das Ausblick auf den kleinen Park bot. Es war genauso, wie er es beschrieben hatte: ein komfortables und doch einzigartiges Architektendesign. Einige Wochen später rief mich Hubert zu meiner Überraschung erneut an und lud mich zum Abendessen ein. Soweit ich weiß, wurde ich von Herrn und Frau Reich-Rohrwig eingeladen, doch nachdem ich Hubert besser kennen gelernt hatte, denke ich, dass er außer dem Abendessen noch andere Gedanken hatte. Langsam stellte sich heraus, dass die beiden (Hubert und Irmgard) kein Paar mehr waren. Es fiel mir schwer, mich wohl zu fühlen, denn auch wenn die beiden getrennt sind, benehmen sie sich immer noch so, als ob sie noch ein Paar wären. Ich hätte nie geahnt, dass dies der Beginn einer wunderbaren Freundschaft sein sollte. Es ist eine lange Geschichte, zu lange, um hier erzählt zu werden. Vielleicht einmal zu einer anderen Zeit, an einer anderen Stelle, oder in einem anderen Buch. Ich wurde hineingezogen und halte Irmgard für die wirkliche Anführerin der Sippe. Sie ist ein Networker und liebt es, Dinge zu organisieren und im Mittelpunkt zu stehen. Sie stellte mir Anton, Maria und ihre netten drei Töchter Sonja, Marlene und Barbara vor. Nachdem sie die ersten der Familie Tucek waren, die ich kennen lernte, dachte ich, sie wären die einzigen. Ich hatte keine Vorstellung, wie verstrickt die Verhältnisse zwischen diesen beiden Familien waren. Ich stand Anton, der an Krebs erkrankt war, sehr nahe. Ich spielte Gitarre und sang Lieder, oder wir sprachen über Politik. Als er an seinem Leiden verstarb, brachte dies die Familie Tucek und mich näher. Die gesamte Familie Tucek, gemeinsam mit Irmi, so nennen wir sie, obwohl sie lieber Irmgard genannt werden würde, war ein ständig scheinender Lichtstrahl für mich. Ich glaube auch, dass Irmgard, die wie eine Mutter für den Tucek Klan war, diesen Lichtstrahl genauso sah. Zu Irmgards Welt und dem Rest der Tucek Familie gehören auch Tony, Birgit, Evelyne, Christina, Bernhard, Ann Marie und Oma und Opa Tucek. Es gibt noch einen guten Geist in der Nähe von Maria und ihren Töchtern: Paldy, eine sehr talentierte Person, zu der man Tag und Nacht kommen kann und die immer gleich positiv gestimmt ist. Seine Frau Petra ist eine einfühlsame und erfinderische Keramikkünstlerin. Ich möchte noch eins zu Paldy sagen. Die meisten als perfekt angesehenen, männlichen Individuen in der heutigen Zeit haben nicht so ein außerordentlich liebevolles Bewusstsein, Herz und gebenden Geist, mit dem Leopold Zehemayr (Paldy) von Geburt an gesegnet ist. Er ist ein sehr nettes menschliches Wesen.

Die Tatsache, dass ich nun in Wien beheimatet bin, bringt mir bis heute viele Vorteile. Ich habe einen sehr einfach Zugang zu allen Ländern Europas und zu all den Freunden in Italien, Deutschland, Norwegen, Schweden, der Schweiz und den Niederlanden, die ich über die Jahre gewinnen konnte. Ich freue mich jedes Mal auf meine Touren. Dann kann ich meine Freunde in Australien und Neuseeland besuchen. Weiters geben sie mir die Möglichkeit, meine Familie und Freunde in New Mexico, Arizona und Kalifornien zu besuchen. Dank des Internets ist es mir heute leicht möglich, mit ihnen Kontakt zu halten, so wie sie mit mir.

Es war schwierig, diese neu hinzugefügte Liste zu beginnen und zu beenden, da so viele gute Freunde, wie Guido, Daniela, Stefano, Lucia, Mauro, Giorgio, Ronnie, Camille, Mary, Manuela, Hay, Margit, Marga, Debbie, Jutta, und so unglaublich viele andere, die hier nicht erwähnt werden, mich ermutigt und mit der Energie ausgestattet haben, durch die ganze Welt zu reisen und meine spirituelle musikalische Botschaft der Liebe, des Friedens und des Respekts zu verbreiten.

Ich denke, wir sollten diese besondere, heilende und positive Energie immer mit anderen teilen. Um Liebe, Frieden und Respekt zu stärken und ewig andauern zu lassen, müssen diese für immer kontinuierlich fließen, so wie der nie endende Kreislauf des Lebens, der für mein Volk, die Original Natives, so heilig ist.

ABSCHLIESSENDE GEDANKEN

Nachdem nun alles gesagt und getan ist, sind wir zu einem Ende gelangt. Doch ich muss sagen, dass alles, was ich in diesem Buch geschrieben habe, zu irgendeinem Zeitpunkt mein Leben berührt oder gekreuzt hat. Ich glaube an alle meine Worte und so sollte es auch sein. Wenn wir nicht an uns selbst glauben, dann können wir auch nur von geringem Wert für uns selbst und noch viel weniger für andere sein.

Was ich in diesem Buch geschrieben habe, sind meine persönlichen Ansichten. Was ich gelernt habe, ist, dass es nicht immer einfach ist, anders zu denken und das auch auszudrücken. Ich habe mein Herz offenbart und meine Gedanken und Gefühle in aufrichtiger Ehrlichkeit ausgedrückt. Meine Ansichten entspringen meinen Auffassungen und ich bete, dass sie so respektiert werden, wie ich demütig die Ansichten anderer respektiere, auch wenn ich manchmal mit ihren Texten oder Meinungen nicht übereinstimme. Mein nächstes Buch wird sich mit verschiedenen Ansichten der Kraft des Aura-Lesens und der menschlichen Rasse befassen.

Widmung:

Dieses Buch ist Irmgard Karner gewidmet, deren Hingabe und Einsatz
für mich unbestritten ist. Eine solche Unterstützung, die ohne an eigennützige
Bedingungen geknüpft, von einem Menschen an den anderen weitergegeben wird,
sehe ich als „wahren Akt der Liebe".

"Der heilige Kreis des Lebens"

In memoriam
15. August 1948 – 8. April 2010
Wir waren zum Abendessen bei Mag. Baha eingeladen
Am 7. April 2010, und am nächsten Tag bist du von uns gegangen
Ka Dish Day mein Freund

Die ZEIT
John Herzog
Die grösste Liebe meines Lebens

John Herzog
ISBN: 978-3-902689-13-9

Natur, Menschen, Fotos, Worte, Sätze, Gedanken, Geschichten...
eines haben sie alle gemeinsam: Die Zeit. Die Zeit ist etwas Faszinierendes.
Eine Größe, eine Urgewalt, eine berechenbare und unberechenbare Erscheinung gleichzeitig.

Ein Foto ist ein Abbild einer bestimmten Zeit, betrachtet durch ein Objektiv, vollendet durch
Technik. Ein Wort ist ein Abdruck einer bestimmten Stimmung aus der Zeit, geschaffen durch
das Denken von Menschen, vollendet durch Hände.

Die Liebe zur Zeit, ja diese größte Liebe beschreibt John Herzog in Worten, Sätzen,
Gedanken und eben Fotos. Das Ergebnis ist eine persönliche Reise durch die Zeit,
die mit vorliegendem Buch beginnt.

Lassen Sie sich von diesem Buch inspirieren!
Erhältlich im Buchhandel und auf www.lebensgeschenke-verlag.com

LARIMAR - karibischer Edelstein & Wellnessoase im Südburgenland

Das Thermen-, Spa- und Golfhotel Larimar****Superior steht auf dem Sonnenhügel in Stegersbach im Südburgenland auf einem Platz mit besonderer Energie und Kraft. Die eiförmige Geborgenheitsarchitektur, natürliche Baumaterialien, begrünte Dächer und viel Holz machen das Larimar zu einem besonderen Ort der Ruhe und des Kraft-Sammelns.

Den Eigentümer und Erbauer Johann Haberl verbindet eine langjährige Freundschaft mit J. Reuben Silverbird, der regelmäßig im Hotel Larimar Kraft tankt.

Im Hotel Larimar erwarten Sie 111 liebevoll nach den 4 Elementen Erde, Feuer, Wasser oder Luft gestaltete Zimmer, eine 4.000 m² große Wellness- und Spalandschaft mit Larimar Therme, Saunawelt sowie die – ebenfalls inkludierte - Familientherme Stegersbach. Kulinarisch verwöhnen wir Sie vom Frühstücksbuffet bis zum 6-Gang-Abendmenü aus der Gourmet- und Vitalküche, in der wir sehr viel Wert auf regionale und biologische Produkte sowie sanfte Verarbeitung legen. Daher wurde die Larimar Küche auch mit der „Grünen Haube" ausgezeichnet.

Gesundheit und Vitalität spüren Sie auch im Larimar Spa. In einer Atmosphäre der Ruhe und Geborgenheit können Sie hier neue Lebensenergie tanken und mit bewährten Methoden Ihre Gesundheit optimieren. Während zahlreicher Spezialwochen ergänzen Ayurveda Meister und ein Arzt aus Indien sowie Shaolin Meister aus China das erfahrene Beauty- und Behandlungsteam. Genaue Termine erfahren Sie auf www.larimarhotel.at

Das Larimar ist auch ein Paradies für Golfer. Direkt vor dem Hotel breitet sich die 50-Loch Golfschaukel Stegersbach Lafnitztal aus, auf der Sie ein schönes Spiel genießen.

LARIMAR**Superior Hotel · Therme · Spa**
7551 Stegersbach · Tel.: 03326/55100
www.larimarhotel.at · urlaub@larimarhotel.at